D1692377

Dominik Peters
Sehnsuchtsort Sinai
Eine israelische Kulturgeschichte
der ägyptischen Halbinsel

Israel-Studien
Kultur – Geschichte – Politik

Band 2

Herausgegeben von Michael Brenner,
Johannes Becke und Daniel Mahla

ZIS ZENTRUM FÜR
ISRAEL-STUDIEN
LMU MÜNCHEN

Dominik Peters

Sehnsuchtsort Sinai

Eine israelische Kulturgeschichte der ägyptischen Halbinsel

WALLSTEIN VERLAG

Die Veröffentlichung wurde gefördert von
der Irène Bollag-Herzheimer Stiftung,
der Axel Springer Stiftung und
der Gerda Henkel Stiftung

Meinen Eltern

Bibliografische Information der Deutschen Nationalbibliothek
Die Deutsche Nationalbibliothek verzeichnet diese Publikation in der
Deutschen Nationalbibliografie; detaillierte bibliografische Daten
sind im Internet über http://dnb.d-nb.de abrufbar.

© Wallstein Verlag, Göttingen 2018
www.wallstein-verlag.de
Vom Verlag gesetzt aus der Adobe Garamond sowie der The Sans
Umschlaggestaltung: Susanne Gerhards, Düsseldorf
© Coverfotografie: Privatarchiv Avraham Schaked
Druck und Verarbeitung: Hubert und Co, Göttingen
ISBN 978-3-8353-3344-4

Inhalt

Vorwort 7

1. Einleitung 9

2. Prolog: Fata Morgana 23

3. Pioniergeist
   3.1. Blitzsieg 41
   3.2. Apollo 11 50

4. Altneuland
   4.1. Bauern in Uniform 61
   4.2. Früchte des Zorns 79
   4.3. El Dorado 100

5. Freigeist
   5.1. Der 32. Dezember 121
   5.2. Die Revolution nach Ikarus 128

6. Abenteuerland
   6.1. Zauberberg 141
   6.2. Sommernachtstraum 185
   6.3. Jüdisches Gibraltar 211

7. Kampfgeist
    7.1. Kammerspiel in der Knesset 237
    7.2. Eiserne Mauer 244

8. Grenzland
    8.1. Gartenstadt vor Gaza 251
    8.2. Etzel II 275
    8.3. Rote Taube 292

9. Epilog: Paradise Lost 311

10. Schlussbetrachtungen 317

Zeittafel 326

Quellen- und Literaturverzeichnis
    Archivalische Quellen 329
    Interviews 330
    Filmografie 330
    Literaturverzeichnis 330
        Zeitungen, Zeitschriften, Magazine und Nachrichtenagenturen (330) Monografien und Aufsätze (331)

Abbildungsverzeichnis 359

Register 360

Vorwort

Erich Gottgetreu flog 1971 mit dem Flugzeug von Tel Aviv nach Westberlin. Als der Journalist nach der Landung in seinem Geburtsland einem Taxifahrer auf die Frage, woher er denn komme, antwortete: »aus Israel«, sagte der Mann am Lenkrad: »Wissense, wenn wa uns hier in Berlin die Landkarte anse'n, dann denken wa: Sinai, det brauchense nich, det is bloß Wüste.«[1] Damals, vier Jahre nach dem Sechs-Tage-Krieg, wussten selbst Taxifahrer, dass Israel die ägyptische Halbinsel erobert und anschließend begonnen hatte, dort zu siedeln. Heute ist dies fast vollkommen in Vergessenheit geraten, nicht nur in Deutschland. Auch die internationale Forschung hat die israelische Geschichte des Sinais von 1967 bis 1982 fast vollständig ignoriert. Dieses Buch erzählt und analysiert diese Geschichte erstmals, von ihren Anfängen bis zu ihrem Ende – und darüber hinaus. Denn: Es ist auch ein alternatives Porträt des jüdischen Staates, seiner Gesellschaften und Kulturen in jener Epoche des Übergangs zwischen Vergangenheit und Gegenwart.

Entstanden ist diese kulturhistorische Studie an der Ludwig-Maximilians-Universität München unter der Betreuung von Michael Brenner, meinem Doktorvater. Ihm gilt mein besonderer Dank. Er hat mir beim Arbeiten an dieser Dissertation von Beginn an freie Hand gelassen und mich mit seinen kritischen Kommentaren gleichsam zum Weiterdenken herausgefordert. Ohne Noam Zadoff, meinen Zweitbetreuer, hätte ich diese Arbeit nie begonnen. Er hat mir aus der Ferne kontinuierlich Fragen gestellt, die ich mir nie gestellt hätte. Die daraus resultierenden Antworten haben die Arbeit entscheidend geprägt. Dafür gilt ihm mein herzlicher Dank.

Zwei Jahre lang habe ich in Deutschland und Israel für meine Arbeit geforscht. Ich konnte mich in dieser Zeit einzig und allein darauf konzentrieren zu lesen, zu denken und zu schreiben – möglich gemacht haben das die Gerda Henkel Stiftung, die mein Vorhaben von Juni 2015 bis April 2017 großzügig finanziell unterstützt hat, und die Studienstiftung des deutschen Volkes, die mich im Mai 2015 finanziell und hernach ideell gefördert hat.

---

1 Erich Gottgetreu, »Massada in Berlin«, in: *Filantropia – Organo de la Asociacion Filantropica Israelita*, Heft 443, 1971, S. 17.

Dank gebührt auch den Mitarbeiterinnen und Mitarbeitern der Israelischen Nationalbibliothek sowie den verschiedenen Archiven: dem Israelischen Staatsarchiv, dem Zionistischen Zentralarchiv und dem Jad-Tabenkin-Archiv, dem Menachem Begin-Archiv, dem Steven Spielberg Jewish Film Archive, dem Archiv der Gesellschaft für Naturschutz in Israel sowie dem Archiv der israelischen Verteidigungsstreitkräfte.

Besonders hervorheben möchte ich an dieser Stelle außerdem Avraham Schaked. Er hat mir sein umfangreiches Privatarchiv anvertraut. Wichtige Denkanstöße zu Beginn meiner Dissertation habe ich zudem von Maoz Azaryahu und Natan Sznaider erhalten.

Neben ihren Anregungen sind auch die Kommentare, Hinweise und Fragen von Clinton Bailey, Oz Barazani, Asher Bitansky, Peter Robert Demant, Eitan Eisenberg, Rachel Elior, Michael Feige (1957-2016), Neil Folberg, Motti Golani, Avner Goren, Zali Gurevitch, Joseph Hobbs, Yagil Henkin, Nurit Kliot, Raz Kletter, Emmanuel Marx, Hilik Magnus, Judd Ne'eman, Chajim Noy, Derek Penslar, Avi Perevolotzky, Dani Rabinowitz, Motti Regev, Jona Rosenfeld und Avi Shilon in dieses Buch miteingeflossen. Meiner Lektorin Ursula Kömen danke ich für die sorgsame Lektüre des Manuskripts.

Zu Dank für ihre Hilfe bin ich außerdem Sheer Ganor, Katharina Konarek, Dan Korn, Dani Kranz, Jacob Lackner, Philipp Lenhard, Daniel Mahla, Walter Rothschild, Shahar Sadeh, Sophia Schmitt, Alon Tal und Bernard Wasserstein verpflichtet. Martin Ruck danke ich für seine Unterstützung besonders.

Gewidmet ist dieses Buch meinen Eltern. Sie haben die Grundlagen dafür gelegt. Dass ich diese Arbeit in unruhigen Zeiten in Ruhe schreiben konnte, verdanke ich meinem Bruder Christoph. Und Maria, ohne die alles nichts wäre.

Hamburg, im Juni 2018

1. Einleitung

> »Every man, every woman, carries in heart and mind the image of the ideal place, the right place, the one true home, known or unknown, actual or visionary.«
>
> *Edward Abbey, Desert Solitaire*

Im Sommer 1967 ist Israel über sich hinausgewachsen. In jenen Junitagen, die als Sechs-Tage-Krieg in die Geschichte eingegangen sind, eroberte Israel das Westjordanland, den Gaza-Streifen, die Golanhöhen und die Sinai-Halbinsel. In weniger als einer Woche war der kleine Staat zu einem Imperium avanciert. Auf der Landkarte erschien Israel auf einmal grenzenlos – vor allem im Süden, mit Blick auf den Sinai, der mit 60.000 Quadratkilometern doppelt so groß ist wie das Königreich Belgien.

Die Halbinsel ist mehr als nur eine von der Sonne verbrannte Wüste. Allein in ihrer Mitte thront das mondgleiche al-Tih-Plateau. Diese sepiafarbene Stein- und Geröllebene geht im Süden des Sinais in ein Gebirge über, in dessen Tälern kleine und große Oasen mit vielfältiger Flora und Fauna liegen. Die Berge und Felsen dieses malerischen Massivs ragen bis zu 2.600 Meter in den Himmel, ehe sie in Form eines Dreiecks steil abfallen bis an die Ausläufer des marineblauen Roten Meeres – den Golf von Akaba im Osten und den Golf von Suez im Westen. Letzterer ist durch den Suezkanal mit dem Mittelmeer verbunden, der natürlichen Landesgrenze im Norden der Halbinsel. Das Mittelmeerufer mit seinen Palmenstränden ist von einem Dünengürtel umgeben, durch den hindurch sich die weitverzweigten Seitenarme des Wadi al-Arish bis tief in die al-Tih-Ebene erstrecken. »Jeden Tag, ja jede Stunde«, hatte Felix Fabri bereits im 15. Jahrhundert staunend festgestellt, »kommt man in ein neues Land einer anderen Art.«[1]

Woher die Halbinsel ihren Namen hat, über die der Ulmer Dominikanermönch von Jerusalem aus nach Alexandria gereist war, ist umstritten. Es gibt eine Vielzahl an Theorien: Sie reichen vom mesopotamischen Mondgott Sin bis hin zu »Sneh«, dem hebräischen Wort für Dornbusch.[2] Dieser steht im Zentrum der jüdischen und christlichen Glaubenstraditio-

---

1 Felix Fabri, *Evagatorium in Terrae Sanctae, Arabiae et Aegypti Peregrinationem*, Bd. 2, hg. v. Konrad Dietrich Haßler, Stuttgart 1843, S. 424.
2 Joseph J. Hobbs, *Mount Sinai*, Austin 1995, S. 46.

nen, die auf dem Sinai ihre Wurzeln haben, schließlich hat sich Gott der biblischen Überlieferung zufolge Mose hier aus einem brennenden Busch heraus offenbart (2. Buch Mose, 3:2-5).

Der Sinai liegt zwischen Asien und Afrika. In ihrer langen Geschichte hat die Halbinsel Millionen Menschen als Transitstrecke gedient: christlichen Pilgern wie Felix Fabri von und nach Jerusalem, muslimischen Hadsch-Reisenden auf der Wallfahrt nach Mekka und zurück, ebenso wie Handelskarawanen – mit der Via Maris hatte die wichtigste Handelsstraße der Antike über die Halbinsel geführt. Vor allem aber hatten von jeher zahllose Armeen die Halbinsel als Route für eine Invasion auf den einen oder anderen Kontinent genutzt.

Die alten Ägypter, Hethiter und Assyrer waren hier ebenso marschiert wie Perserheere, griechische Armeen und römische Kohorten, ehe ihnen erst die muslimischen Truppen des zweiten Kalifen Omar auf ihrem Eroberungsfeldzug im Namen des Islams und anschließend europäische Kreuzritter, der Osmanensultan Selim I. sowie Napoleon Bonaparte folgten.[3] Und selbst ein deutsches Expeditionskorps schlug 1916 sein Lager »in einem Hain von duftenden Feigenbäumen« am Mittelmeer auf, um von dort an den Suezkanal und gegen das vorrückende British Empire zu ziehen.[4] Vor diesem Hintergrund konstatierte Claude S. Jarvis, der nach dem Sieg Englands über das Osmanische Reich und das deutsche Kaiserreich im Ersten Weltkrieg Gouverneur des Sinais wurde, in seinen Memoiren: »Als Schlachtfeld hat der Sinai mehr vorrückende oder sich zurückziehende Heere gesehen wie jedes andere Land auf der Welt – Belgien ausgenommen.«[5]

Auch für Israel war der Sinai zunächst nur ein Schlachtfeld. Der jüdische Staat kämpfte dort im Unabhängigkeitskrieg von 1948/49, während der sogenannten »Suez-Krise« des Jahres 1956 und im Sechs-Tage-Krieg 1967 gegen Ägypten. Nach diesem Waffengang blieb Israel auf der Halbinsel, besetzte und besiedelte den Sinai 15 Jahre lang, bis 1982.

Theodor Herzl hätte diese Wendung der Geschichte kaum für möglich gehalten. Er wollte um die Jahrhundertwende eine jüdische Heimstätte in Altneuland errichten. Der Begründer der zionistischen Bewegung erlebte seine Vision nicht. Als der Staat Israel 1948 ausgerufen wurde, war Herzl bereits vier Jahrzehnte tot. In der Zeit zwischen seinem Tod und der Geburt des Staates Israel hatten sich Herzls Ideen multipliziert, eine Vielzahl an zio-

---

3 Gerold Walser, »Durchzugsstraßen und Schlachtfelder: Von der römisch-byzantinischen Zeit bis heute«, in: Beno Rothenberg (Hg.), *Sinai. Pharaonen, Bergleute, Pilger und Soldaten*, Bern 1979, S. 221-237.
4 Friedrich Kreß von Kressenstein, *Mit den Türken zum Suezkanal*, Berlin 1938, S. 192.
5 Claude Scudamore Jarvis, *Yesterday and Today in Sinai*, London 1931, S. 1.

nistischen Denkschulen und Strömungen herausgebildet. Es gab jene, die nach Palästina gekommen waren, um dort »die Königreiche Davids und Salomos von Neuem zu errichten«, und jene, »die einen marxistischen Garten Eden errichten wollten, vor dem sich sogar Russland ehrfürchtig verneigen würde«, wie es Amos Oz einst formulierte. »Es gab jene, die den Weg für den Messias bereiten wollten, und jene, die sich anmaßten, die Aufgabe des Messias selbst zu verkörpern. Solche, die auf der Erde Kanaans eine ukrainische Stadt errichten wollten, und solche, die hier Bayern oder Wien gründen wollten – mit roten Ziegeldächern, Mittagsruhe zwischen 14:00 Uhr und 16:00 Uhr, guten Manieren und Schlagsahne, Frau Doktor, Herr Direktor. Es gab Blut-und-Feuer-Romantiker. Sie träumten von einer Kämpferrasse, einer Version der Helden Jehoschua Ben Nuns«, so der Schriftsteller weiter. »Und es gab Natur-Romantiker, Arbeiterkolchosen im Geiste Tolstois und religiöse Kommunen, die sich der kontemplativen Versöhnung von Flora und Fauna, der Erdlandschaften und kosmischer Kreise verpflichtet hatten.«[6]

Sie alle wurden 1948 Bürger des Staates Israel. Die politische Führung des Landes lag bei der arbeiterzionistischen Bewegung um David Ben-Gurion. Diese hatte bereits den Jischuv, die jüdische Gemeinschaft im vorstaatlichen Palästina, dominiert und von 1948 bis 1977 eine hegemoniale Stellung im Staat inne. Nach dem Sechs-Tage-Krieg waren es die säkularen Gründerväter und -mütter der arbeiterzionistischen Bewegung, welche die israelische Besiedlung der Sinai-Halbinsel erst planten und dann umsetzten. Vor diesem Hintergrund lautet die Fragestellung dieses Buches: Wer siedelte auf dem Sinai – und warum? Mit dieser Fragestellung sind zwei Arbeitshypothesen verbunden. Zum einen wird angenommen, dass die politischen Entscheidungsträger die Halbinsel als einen Pionier(t)raum betrachteten, auf dem sie ihre zentralen Gründerzeitideale prolongieren wollten. Zum anderen wird davon ausgegangen, dass die fünfzehnjährige israelische Besatzung der Sinai-Halbinsel in einem hohen Maße und gleich einem Zeitraffer die Geschichte des Staates Israel von ihren Ursprüngen bis in die Gegenwart widerspiegelt.

Macht ist ein politisches Aphrodisiakum. Wer sie ausübt, kann gestalten, Träume leben, Visionen verwirklichen, will sie wahren, oft auch mehren. Allein, jede Macht, so groß sie auch scheint, ist immer begrenzt, niemals für die Ewigkeit. Wer sich in ihrem Besitz wähnt, hat sie meist schon verloren. Es ist dies der Rhythmus der Geschichte. Auf jede Revolution folgt eine

---

6 Amos Oz, »Al Ahavat ha-Aretz« [Über die Liebe zum Land, hebr.], in: Beni Gvirzman (Hg.), *Ha-Ma'amad ha-Zioni schel Schmirat ha-Teva*, Jerusalem 1981, S. 14. In: AGNI.

Gegenrevolution – mal mit Waffen, stets mit Worten. Es sind einzig die Zeitabfolgen, die variieren. In der Staatsform der Demokratie wird Politikern Macht periodisch durch das Votum an der Wahlurne verliehen. Israel ist eine solche Demokratie. Den politischen Wettbewerb um die Machtausübung im Namen des Volkes konnten die Parteien der arbeiterzionistischen Bewegung von 1948 bis 1977 in allen acht Wahlen stets für sich entscheiden.

Diese Siegesserie basierte nicht auf einer Zauberformel, sondern auf einem Machtmonopol, das die arbeiterzionistischen Pioniere bereits in den Jahrzehnten vor der Staatsgründung etabliert hatten. Diese Vatikim – das heißt: die Veteranen – wollten den Jischuv in ein Paradies der Proletarier unter der Sonne Palästinas verwandeln. Diese Bewegung bestand aus weit mehr als Kibbutz- und Moschav-Bewegungen und Parteien; auch eigene Tageszeitungen, Schulen, die Gewerkschaft »Histadrut«, eine Krankenkasse, Baufirmen und Banken gehörten dazu. Mit den Jahren war somit ein System von der Wiege bis zur Bahre entstanden, eine gigantische Maschinerie der Macht – nach Antonio Gramsci eine Conditio sine qua non für die Eroberung einer jeden Regierungsmacht.[7]

Der sardische Staatsphilosoph hat seine Theorie der kulturellen Hegemonie vor dem Hintergrund eines Ereignisses und einiger Nicht-Ereignisse entwickelt: Das sind zum einen die Russische Revolution von 1917, zum anderen das Ausbleiben beziehungsweise Scheitern verschiedener sozialistischer Revolutionen in Westeuropa nach dem Ersten Weltkrieg. Die Gründe hierfür hatten nach Gramsci in den unterschiedlichen Staatsstrukturen gelegen:

> »Im Osten war der Staat alles, die Zivilgesellschaft war in ihren Anfängen und gallertenhaft; im Westen bestand zwischen Staat und Zivilgesellschaft ein richtiges Verhältnis, und beim Wanken des Staates gewahrte man sogleich eine robuste Struktur der Zivilgesellschaft. Der Staat war nur ein vorgeschobener Schützengraben, hinter welchem sich eine robuste Kette von Festungen und Kasematten befand.«[8]

Übeträgt man diese Überlegungen auf den Jischuv, so kann konstatiert werden, dass die »Zivilgesellschaft«, die »robuste Kette von Festungen und Kasematten«, ebenjenes weitverzweigte Netzwerk der arbeiterzionistischen Organisationen war. Die Männer und Frauen um David Ben-Gurion hatten 1948 folglich nicht erst den langen Marsch durch die Institutionen antreten müssen, sondern hatten den Prozess der Machtübernahme bereits Jahr-

---

7 Antonio Gramsci, *Gefängnishefte. Kritische Gesamtausgabe*, Bd. 8, hg. unter der wiss. Ltg. v. Klaus Bochmann/Wolfgang Fritz Haug, Hamburg 1991-2002, S. 1947.
8 Antonio Gramsci, *Gefängnishefte*, Bd. 4, S. 874.

zehnte zuvor in die Wege geleitet. Dadurch dominierten sie in den Gründerjahren nicht nur die »Zivilgesellschaft«, sondern auch die »politische Gesellschaft« – ergo: den Staatsapparat und seine Institutionen der Legislative, Judikative und Exekutive. Nach Gramsci ist die prozesshafte Verbindung und Verschränkung dieser beiden Gesellschaften essenziell für den Erhalt hegemonialer Macht. Seine Formel lautet: »Staat = politische Gesellschaft + Zivilgesellschaft, das heißt Hegemonie, gepanzert mit Zwang.«[9]

Der Zwang wird dabei durch die »politische Gesellschaft«, die Hegemonie durch die »Zivilgesellschaft« ausgeübt. Letztere zielt auf die Herzen und Köpfe der Bürger ab. Diese gilt es freiwillig für das hegemoniale Herrschaftsprojekt, das auf einer Ideologie beruht, zu gewinnen, sie bildet »für die Zivilgesellschaft und folglich den Staat den innersten Zement.«[10] Die politische Führung ist bei der Ausbildung und der Vermittlung ihrer Ideologie auf Intellektuelle angewiesen.[11] Sie sind die Maurer der Macht. Zu ihnen zählen Schriftsteller, Dichter und Journalisten, Künstler, Wissenschaftler und auch Lehrer, schließlich prägen Pädagogen künftige Generationen von Staatsbürgern. Die Funktion der Intellektuellen ist es, die öffentliche Meinung zu formen. Diese ist »aufs engste mit der politischen Hegemonie verknüpft, es ist nämlich der Berührungspunkt zwischen der ›Zivilgesellschaft‹ und der ›politischen Gesellschaft‹, zwischen dem Konsens und der Gewalt.«[12]

Die Mittel, mit denen die öffentliche Meinung direkt oder indirekt beeinflusst werden kann, sind zahlreich. Sie reichen über »Verlagshäuser (die implizit und explizit ein Programm haben und sich auf eine bestimmte Strömung stützen), politische Zeitungen, Zeitschriften jeder Art, wissenschaftliche, literarische, philologische, populärwissenschaftliche usw.« über »die Bibliotheken, die Schulen, die Zirkel und Clubs unterschiedlicher Art, bis hin zur Architektur, zur Anlage der Straßen und zu den Namen derselben.«[13]

Die hegemoniale Stellung des israelischen Staatsgründers David Ben-Gurion basierte auf all diesen Machtmitteln. Er wurde zudem von vielen *public intellectuals* unterstützt, die mit Verve und Wortgewalt für den Arbeiterzionismus Partei ergriffen. Sie schrieben mit ihrem »engagierten« Œuvre die Saga des Staates in seinem Sinne. »In den 50er-Jahren spielten Intellektuelle bereitwillig eine Mitläuferrolle in einem charismatischen Zentrum, das von

---

9   Antonio Gramsci, *Gefängnishefte*, Bd. 4, S. 783.
10 Antonio Gramsci, *Gefängnishefte*, Bd. 6, S. 1313.
11 Antonio Gramsci, *Gefängnishefte*, Bd. 3, S. 515.
12 Antonio Gramsci, *Gefängnishefte*, Bd. 4, S. 916.
13 Antonio Gramsci, *Gefängnishefte*, Bd. 6, S. 346-347.

der alles überragenden Figur Ben-Gurions dominiert wurde.«[14] Die geistige Nähe zwischen den führenden Politikern und Intellektuellen des Landes resultierte unter anderem aus ihrer biographischen Nähe. Sie waren fast alle aus dem russischen Zarenreich und der österreichisch-ungarischen k. u. k.-Monarchie eingewandert. Mit anderen Worten, denen von Dan Diner: »Israel liegt zwar nicht in Europa, ist aber von Europa.«[15]

Jede revolutionäre Bewegung ist der Zukunft zugewandt. Ihre Weltanschauung entspringt einem spezifischen Zeitgeist. David Ben-Gurion und die Seinen hatten mit der Staatsgründung »ihre eigene Utopie erlebt.«[16] Nach dieser wollten sie den Pioniergeist von Palästina nach Israel überführen, ein revolutionäres Perpetuum mobile in Gang setzen und dadurch eine andauernde Gegenwart schaffen. Ben-Gurion brauchte dafür die arbeiterzionistischen Intellektuellen als zivilgesellschaftlichen »Dynamo« der Bewegung.[17] Im Bereich der »politischen Gesellschaft« baute er auf seine »Mamlachtiut«-Doktrin, die einen starken Staat bei gleichzeitiger Institutionalisierung der zentralen Pionierideale zum Ziel hatte.[18]

Seine etatistische Vision war auf den ersten Blick eine paradoxe: Einerseits baute er einen als »Ethos und Logos« fungierenden Staatsapparat auf,[19] andererseits wollte er den aktivistischen Zeitgeist des Jischuvs prolongieren. Bei näherer Betrachtung löst sich dieser Widerspruch jedoch auf: »Wenn Perikles der Athener dachte, ein unerwünschter Bürger sei, wer sich nicht an den Staatsangelegenheiten beteiligt«, so Nathan Yanai, »dann vertrat Ben-Gurion die Auffassung, Bürger zu sein bedeute sich selbst zum Pionier zu steigern; mit anderen Worten: freiwillig und über das gesetzliche Pflichtmaß hinaus etwas zur Gesellschaft beizutragen.«[20]

---

14 Michael Keren, *Ben Gurion and the Intellectuals: Power, Knowledge and Charisma*, DeKalb 1983, S. 14.
15 Dan Diner zitiert nach: Gisela Dachs, »Der ganze Nahe Osten«, in: *Die Zeit*, 4. 2. 1999, S. 8.
16 Amos Elon, *Die Israelis. Gründer und Söhne*, Wien/Zürich u. a. ³1972, S. 23.
17 Michael Keren, *The Pen and the Sword. Israeli Intellectuals and the Making of the Nation-State*, San Francisco/London 1989, S. 27.
18 S. hierzu: Nir Kedar, »Ben-Gurion's Mamlakhtiyut: Etymological and Theoretical Roots«, in: *Israel Studies*, 7/3, 2002, S. 117-133. Und: Charles S. Liebman/Eliezer Don-Yehiya, *Civil Religion in Israel. Traditional Judaism and Political Culture in the Jewish State*, Berkeley/Los Angeles u. a. 1983, S. 81-122.
19 Orit Rozin, *The Rise of the Individual in 1950s Israel. A Challenge to Collectivism*, Waltham 2011, S. xv-xvi.
20 Nathan Yanai, »The Citizen as Pioneer: Ben Gurion's Concept of Citizenship«, in: *Israel Studies*, 1/1, 1996, S. 139.

Im Jahr 1967 war David Ben-Gurion nicht mehr Ministerpräsident, sondern der prominenteste Pensionär des Staates. Die politische und intellektuelle Nomenklatura der arbeiterzionistischen Bewegung dominierte auch ohne ihn den Staat. Israel war zur Zeit des Sechs-Tage-Krieges »ein Land voller Staatsgründer«, wie es Göran Rosenberg treffend formuliert hat, »eine Republik, deren Jefferson und Washington noch lebten«.[21] Die Vatikim fühlten sich beim Anblick der grenzenlosen Panoramalandschaft des Sinais an ihre Pionierjahre im Jischuv erinnert, wo sie einst ihr neues Leben unter dem Banner des Zionismus und Sozialismus begonnen hatten. Besonders die unsicheren und unwirtlichen Grenzregionen des ungeteilten britischen Mandatsgebietes waren für sie mythische Räume gewesen.[22] Dort hatten sie versucht, ihre drei zentralen Ideale zu verwirklichen.

Als Landwirte, Bauarbeiter und Handwerker hatten sie, *erstens*, in ihren Kibbutzim und Moschavim von ihrer eigenen Hände Arbeit leben wollen. Dieses Ideal ist als »Hebräische Arbeit« bekannt geworden. Die zionistische Mayflower-Generation hatte, *zweitens*, in Grenzregionen solche landwirtschaftlichen Siedlungen auch als strategische Außenposten errichtet, um so ihren Gebietsanspruch zu demonstrieren. Dieses Ideal ist nicht durch einen spezifischen Terminus technicus bekannt geworden und wird im Folgenden als Ideal der »Frontsiedlung« bezeichnet. Schließlich und *drittens* hatten sie es sich zum Ziel gesetzt, Palästina bis an seine Grenzen im Norden und Süden, im Westen und Osten zu Fuß zu erkunden und seine Flora und Fauna zu entdecken, um so eine »organische« Verbindung zu ihrem Altneuland herzustellen. Dieses Ideal ist als »Jediat ha-Aretz« bekannt geworden, auf Deutsch: Landeskunde.

Auch nach 1948 hatten die arbeiterzionistischen Eliten diese peripheren Räume weiter als Labor ihrer Utopie, als Zentrum der jungen Nation betrachtet.[23] Vor diesem Hintergrund hat Adriana Kemp zu Recht darauf hingewiesen, »dass der Krieg 1967 und seine Folgen weit weniger eine Zäsur in Israels Raumgeschichte gewesen sind, als es üblicherweise in der Forschungsliteratur und dem öffentlichen Diskurs dargestellt wird«.[24] Es war

---

21 Göran Rosenberg, *Das verlorene Land: Israel – eine persönliche Geschichte*, aus dem Schwed. übers. v. Jörg Scherzer, Frankfurt a. M. 1998, S. 34.
22 Adriana Kemp, »The Frontier Idiom on Borders and Territorial Politics in Post-1967 Israel«, in: *Geography Research Forum*, Heft 19, 1999, S. 92.
23 Aharon Kellerman, *Society and Settlement. Jewish Land of Israel in the Twentieth Century*, New York 1993, S. 199-200.
24 Adriana Kemp, »From Politics of Location to Politics of Signification: The Construction of Political Territory in Israel's first Years«, in: *Journal of Area Studies*, 6/12, 1998, S. 97.

vielmehr ein neues Anknüpfen an Altes – vor allem auf dem Sinai, einer Grenzregion, einem liminalen Ort par excellence, der weit entfernt vom israelischen Kernland und gleichsam erreichbar war. Die Halbinsel, die niemals Teil des von Gott verheißenen Landes und doch zentral für die Geschichte des jüdischen Volkes gewesen ist, war ein materialistischer und symbolischer Ort, eine real existierende biblische Szenerie – »ebenso aus Schichten der Erinnerung zusammengesetzt wie aus Gesteinsschichten«.[25] Mit anderen Worten: Der Sinai war für die in die Jahre gekommenen Arbeiterzionisten ihr scheinbar endloser Pionier(t)raum. In diesen sollten ihre Söhne und Töchter ziehen und dort siedeln, um diesen auf- und sich selbst zu erbauen.

Mit diesem Vorhaben verhielt es sich wie mit der Parabel vom Maulbeer-Omelette, die Walter Benjamin verfasst hat. Diese handelt von einem alternden König, der trotz seines Reichtums und seiner Macht unglücklich war. Er rief seinen Koch zu sich und forderte ihn auf, eine Maulbeer-Omelette zuzubereiten, »so wie ich sie vor fünfzig Jahren in meiner frühesten Jugend genossen habe«. Wenn es dem Koch gelänge, diesen Wunsch zu erfüllen, heißt es in der Parabel weiter, wolle er ihn zu seinem »Eidam und zum Erben des Reiches machen. Wirst du mich aber nicht zufriedenstellen«, erklärte der König, »so mußt du sterben«. Mit dieser Aufgabe konfrontiert, antwortete der Koch:

> »Herr, so möget ihr nur den Henker sogleich rufen. Denn wohl kenne ich das Geheimnis der Maulmeer-Omelette und alle Zutaten, von der gemeinen Kresse bis zum edlen Thymian. Wohl weiß ich den Vers, den man beim Rühren zu sprechen hat und wie der Quirl aus Buchsbaumholz immer nach rechts muß gedreht werden, damit er uns nicht zuletzt um den Lohn aller Mühe bringt. Aber dennoch, o König, werde ich sterben müssen. Dennoch wird meine Omelette dir nicht munden. Denn wie sollte ich sie mit alledem würzen, was du damals in ihr genossen hast [?]«[26]

Im Israel des Jahres 1967, einem Staat im Korsett der Mamlachtiut-Doktrin, hatten solche Zweifel wenig Platz. Und so zogen viele Kinder und Enkel der Gründergeneration auf den Sinai, um sich einerseits an der Quadratur des zionistischen Kreises zu versuchen und andererseits ein neues Kapitel in der langen Geschichte der Halbinsel aufzuschlagen und dabei Lina Eckenstein zu widerlegen, die 1921 geschrieben hatte: »Eine Geschichte des Sinais befasst sich mit den Menschen, die zu unterschiedlichen Zeiten die

---

25 Simon Schama, *Der Traum von der Wildnis. Natur als Imagination*, aus dem Engl. übers. v. Martin Pfeiffer, München 1996, S. 16.
26 Walter Benjamin, »Essen«, in: ders., *Denkbilder*, Frankfurt a. M. 1994, S. 80-81.

Halbinsel besuchten, weniger mit seinen dauerhaften Bewohnern, deren Leben sich im Lauf der Jahrhunderte scheinbar kaum gewandelt hat.«[27]

Der diesem Buch in Kapitel 2 vorangestellte Prolog, »Fata Morgana«, behandelt eine solche Visite – die 1903 von Theodor Herzl initiierte Expedition einer kleinen Expertenkommission auf den Sinai. Ihre Aufgabe war es, die Halbinsel zu erkunden und festzustellen, ob dort Juden aus Europa siedeln konnten. Dieses Vorhaben war aus verschiedenen Gründen gescheitert, unter anderem aufgrund von Grenzstreitigkeiten zwischen dem Osmanischen Reich und dem British Empire.

Dem Hauptteil der vorliegenden Arbeit sind drei Chronologien inhärent. Zum einen die israelische Siedlungsgeschichte auf dem Sinai im Untersuchungszeitraum von 1967 bis 1982. Zum anderen und zeitlich parallel die israelische Geschichte diesseits der sogenannten »Grünen Linie«, das heißt im israelischen Kernland. Hierdurch kann nachvollzogen werden, wie die beiden israelischen Gesellschaften sich gegenseitig beeinflusst haben, welche Personen und welche Ereignisse wie, wann und warum in den jeweils anderen Landesteil hineingewirkt haben. Da keine Nation losgelöst vom Rest der Welt existiert, ihre Politik und Kultur fortwährend von externen Einflüssen mitgeprägt und mitbestimmt wird, kann durch die Berücksichtigung der nationalen Chronologie auch der internationale Kontext analysiert werden, in dem die israelische Besiedlung der Sinai-Halbinsel stattgefunden hat. Außerdem und drittens wird unter Rückgriff auf die Geschichte des Sinais und durch die Erörterung seiner zahlreichen Landschaften die geographische und historische Diversität der Halbinsel sichtbar gemacht. Die Gesamtheit der Sinai-Halbinsel wird auf diese Weise, gleich einer zusammengefalteten Landkarte, Kapitel für Kapitel aufgefaltet.

Unmittelbar aus diesen drei Chronologien ergibt sich die Kapitelanordnung. Das Buch ist – neben Prolog und Epilog – in zwei Hauptteile untergliedert: zum einen in »Geist«-Kapitel, zum anderen in »Land«-Kapitel. Je ein »Geist«-Kapitel ist unmittelbar mit je einem »Land«-Kapitel verbunden. In den »Geist«-Kapiteln wird der zweiten, also der nationalen – und damit auch internationalen – Chronologie gefolgt. Sie bilden den zeitlichen Rahmen, an dem sich die ihnen jeweils anschließenden »Land«-Kapitel orientieren. In den »Land«-Kapiteln wird der ersten, also der regionalen Sinai-Chronologie gefolgt. In ihnen werden die Geschichten von je drei israelischen Orten auf der Halbinsel analysiert, wobei der Ausgangspunkt für jede Ortsgeschichte im Regelfall der Sechs-Tage-Krieg ist. Diese Orte und ihre Geschichten stehen für sich. Sie sind aber gleichzeitig durch ein ihnen zuge-

---

27 Lina Eckenstein, *A History of Sinai*, London/New York 1921, S. 1.

ordnetes Gründerzeitideal – »Hebräische Arbeit«, »Jediat ha-Aretz«, »Frontsiedlung« – miteinander verbunden. Das jeweilige Ideal aus der Zeit des Jischuvs wird im ersten Teilkapitel eines jeden »Land«-Kapitels eingeführt, ehe in diesem und den nachfolgenden Teilkapiteln untersucht wird, ob es in den israelischen Sinai-Orten fortgeführt oder transformiert worden ist.

Hierbei werden zwei Gruppen besonders in den Blick genommen. Zum einen die an den jeweiligen Orten handelnden Personen – ergo: ihre israelischen Bewohner und die für den Auf- und Ausbau dieser Orte zuständigen Verantwortlichen aus Verwaltung, Politik und Militär. Dabei wird Barbara Tuchman gefolgt. Diese hat in ihrem Aufsatz »Geschichte – Gramm für Gramm« erklärt, eine »in Literkrügen abgefüllte Geschichte« sei nicht dazu geeignet, die »Gesellschaft, die Menschen und die Gefühlslage« einer Zeit zu illustrieren.[28] Deshalb werden überall dort, wo es sinnhaft ist und zu einem besseren Leseverständnis beiträgt, zusätzlich biographische Skizzen der handelnden Akteure in die Ortsgeschichten miteinbezogen. Zum anderen werden jene Intellektuelle berücksichtigt, die eine besondere Beziehung mit einzelnen Regionen des Sinais verband. Die Halbinsel evozierte bei diesen eine Jischuv-Nostalgie. »Nostalgie«, hat André Aciman geschrieben, »ist die Sehnsucht, zurückzukehren, heimzukehren; Nostographie das Schreiben über die Rückkehr.«[29] Deshalb werden die apotheotischen Reiseberichte, programmatischen Essays und larmoyanten Lieder engagierter Dichter, Schriftsteller und Liedermacher analysiert, die vom Sinai handeln.

Der Hauptteil des Buches beginnt mit Kapitel 3, »Pioniergeist«, und umfasst den Zeitraum von 1967 bis 1973. In diesem werden in den Unterkapiteln »Blitzsieg« und »Apollo 11« die Auswirkungen, die der Sechs-Tage-Krieg (1967) und der israelisch-ägyptische Abnutzungskrieg entlang des Suezkanals (1968-1970) auf die israelische Gesellschaft und die politische Kultur des Landes hatten, erörtert. Ferner werden das Ergebnis der siebten Knessetwahl (1969) eingeordnet und die diversen diplomatischen Bemühungen zur Lösung des Konflikts im Kontext des Kalten Krieges dargelegt.

In Kapitel 4, »Altneuland«, wird das Ideal »Hebräische Arbeit« analysiert. Das erste Teilkapitel, »Bauern in Uniform«, beginnt mit einer Reise des Schriftstellers Mosche Schamir. Diese hatte ihn vom Suezkanal bis zum Gaza-Streifen geführt. Dort, entlang der Mittelmeerküste, waren unmittelbar nach dem Sechs-Tage-Krieg drei Nachal-Siedlungen errichtet wor-

---

28 Barbara Tuchman, »Geschichte – Gramm für Gramm«, in: dies., *In Geschichte denken. Essays*, aus dem Engl. übers. v. Rudolf Schultz u. Eugen Schwartz, Düsseldorf 1982, S. 42.
29 André Aciman, *Hauptstädte der Erinnerung*, aus dem Amerikan. übers. v. Matthias Fienbork, Berlin 2006, S. 13.

den: Nachal Jam, Nachal Sinai und Nachal Dikla. In diesen Siedlungen gingen junge Wehrdienstleistende der Fischerei und Landwirtschaft nach. Die Einheit, welche Sichel und Schwert in ihrem Wappen führt(e), genoss hohes Prestige in der israelischen Bevölkerung und wurde von Naomi Schemer, der bekanntesten Sängerin des Landes, hymnisch besungen.

Im darauffolgenden Teilkapitel, »Früchte des Zorns«, wird die Geschichte des Moschavs Sadot untersucht. Dieser lag im Grenzgebiet zwischen der Sinai-Halbinsel und dem Gaza-Streifen. Er stand im Fokus einer langen und erbittert geführten öffentlichen Debatte, die der Schriftsteller, Dichter und Liedermacher Chajim Guri angestoßen hatte. Der Grund für die Debatte: Die Bewohner des Moschavs Sadot beschäftigten auf ihren Feldern Beduinen als Hilfsarbeiter und verstießen damit gegen das Ideal der »Hebräischen Arbeit«. Die Debatte darüber wird ebenso analysiert wie das Verhältnis zwischen Besatzern und Besetzten im Norden des Sinais selbst.

Das anschließende Teilkapitel, »El Dorado«, wendet sich der Küstenregion des Golfs von Suez zu und verlässt somit den Norden der Halbinsel. Dort entstand die Kleinstadt Schalhevet, in deren Nähe der Staat Israel Öl förderte. Damit einhergehend trat das Land in einen globalen Wirtschaftsmarkt ein. Dieser orientierte sich an einem kapitalistischen und nicht an dem sozialistischen Ideal der »Hebräischen Arbeit«. Die darüber in der Öffentlichkeit geführte Debatte wird analysiert. Auch die Geschichte von Schalhevet selbst wird untersucht, ebenso wie jene Diskussion über einen der größten Wirtschaftsskandale in der Geschichte des Landes, der unmittelbar mit den ölfördernden israelischen Unternehmen auf dem Sinai zusammenhing und im Kern eine Diskussion über die Werte und Normen des jungen Staates gewesen ist.

In Kapitel 5, »Freigeist«, wird der Zeitraum von 1973 bis 1978 in den Blick genommen. Zunächst werden in den Teilkapiteln »Der 32. Dezember« und »Revolution nach Ikarus« die Auswirkungen, die der Jom-Kippur-Krieg (1973) auf die israelische Gesellschaft hatte, untersucht, dann das Ergebnis der achten Knessetwahlen (1973) erörtert. Unmittelbar daran anschließend werden die Folgen des ersten ägyptisch-israelischen Sinai-Abkommens (1974), der Rücktritt Golda Meirs von ihrem Posten als Ministerpräsidentin und der damit verbundene Amtsantritt Jitzchak Rabins (1974) sowie das zweite ägyptisch-israelische Sinai-Abkommen (1975) analysiert. In dessen Folge hatte sich Israel vom Golf von Suez zurückgezogen. Sowohl das erste wie auch das zweite Abkommen waren maßgeblich auf Betreiben der USA zustande gekommen. Ferner wird der Sieg des konservativen Likud-Blocks unter der Führung Menachem Begins bei der neunten Knessetwahl (1977) in den Blick genommen. Dieser beendete die hegemoniale Stellung der arbeiterzionistischen Parteien, veränderte das Machtgefüge im Land nachhaltig und stärkte die (außer-)parlamentarischen nationalen und religiösen Kräfte im Land. Zudem wird abschließend die Reise des ägyptischen Präsidenten Anwar al-Sadat (1977) nach Jerusalem behandelt. Diese markierte den Beginn des binationalen Wandels durch Annäherung, der im darauffolgenden Jahr einsetzte.

In Kapitel 6, »Abenteuerland«, wird das Ideal »Jediat ha-Aretz« analysiert. Die diesem zugrunde liegenden drei Teilkapitel konzentrieren sich geographisch alle auf den Süden des Sinais. Dessen Besiedlung erfolgte auf der Basis eines von der israelischen Regierung genehmigten Masterplans, dem eine Vielzahl an Vorschlägen und Entwürfen vorausgegangen waren, die sämtlich vorgestellt werden. Das erste Teilkapitel, »Zauberberg«, beschäftigt sich mit der Feldschule Zukei David. Das Naturschutz- und Bildungszentrum befand sich in unmittelbarer Nähe zum weltberühmten Katharinenkloster. Einerseits wird hier untersucht, wie junge israelische Wanderführer dort das nationalistische Gründerzeitideal der Wanderungen in diesem exterritorialen Gebiet in ein universalistisches transformiert haben, andererseits das Zusammenleben zwischen Israelis, Mönchen und Beduinen in dieser historisch und religiös bedeutsamen Berg-Enklave erörtert und damit das komplexe Verhältnis zwischen Besatzern und Besetzten im Süden des Sinais selbst. Zudem werden zwei Schriftsteller – Joram Kaniuk und Amos Kenan – in den Blick genommen, die sich mit diesem Teil der Halbinsel besonders verbunden gefühlt haben.

Die beiden weiteren Teilkapitel folgen dem Küstenverlauf des Golfs von Akaba und einem Reisebericht von Burton Bernstein, Journalist beim Magazin »New Yorker«. Für einen Reisereportageband war er die Strecke von Eilat nach Sharm al-Sheikh entlanggefahren, wie auch viele junge Israelis, die auf diesem *highway* das »Jediat ha-Aretz«-Ideal durch eine Backpacking-Kultur ersetzten. Ausgehend von dem kleinen Ferienort Taba wird im zweiten Teilkapitel, »Sommernachtstraum«, die Geschichte des Moschavs Neviot untersucht. Dieser entwickelte sich zu einem *hotspot* für Hippies aus aller Welt und für ihre israelischen Pendants, die Beatnikim. Sie zelebrierten dort ihr ganz persönliches Woodstock in der Wüste, ein Musikfestival, dessen Historie stellvertretend für den (pop-)kulturellen Wandel der israelischen Gesellschaft untersucht wird, ehe dieses Teilkapitel mit der Geschichte des Moschavs Di-Zahav schließt.

Dem Straßenverlauf und den Backpackern nach Süden folgend, wird schließlich im dritten Teilkapitel, »Jüdisches Gibraltar«, die Geschichte und der Genius loci Ophiras diskutiert. Diese israelische Retortenstadt ist heute bekannt als Sharm al-Sheikh. Ophira war die Hauptstadt für israe-

Einleitung

lische Aussteiger. Sie hatten am südlichsten Ende des Sinais das Gefühl, ein Land ohne Volk für ein Volk ohne Land gefunden zu haben. Darüber hinaus wird in diesem Kapitel auch die kurzzeitige israelische Okkupation dieses Teils der Halbinsel infolge der sogenannten »Suez-Krise« von 1956 analysiert. Dieser Exkurs und die damit verbundene zeitliche Rückschau, welche bereits skizzenhaft in den beiden vorausgegangenen Teilkapiteln vorgenommen wird, läuft der Chronologie zuwider, ist aber essenziell für das Verständnis der Ortsgeschichte von Ophira ebenso wie für das Verständnis der übrigen Ortsgeschichten in diesem »Land«-Kapitel.

In Kapitel 7, »Kampfgeist«, wird der Zeitraum von 1978 bis 1982 in den Blick genommen. Zunächst werden in den Teilkapiteln »Kammerspiel in der Knesset« und »Eiserne Mauer« die durch US-Präsident Jimmy Carter angeleiteten ägyptisch-israelischen Friedensverhandlungen von Camp David (1978), die Knessetdebatten hierüber und das in Washington von Menachem Begin und Anwar al-Sadat unterschriebene Vertragswerk (1979) untersucht. Anschließend werden die Reaktionen innerhalb Israels auf diesen diplomatischen Meilenstein ebenso erörtert wie die (außen-)politischen Beweggründe Begins, den Friedensvertrag zu unterzeichnen, ehe er bei den Wahlen zur zehnten Knesset (1981) wiedergewählt wurde.

In Kapitel 8, »Grenzland«, wird das Ideal »Frontsiedlung« analysiert. Das erste Teilkapitel, »Gartenstadt vor Gaza«, behandelt die Errichtung der Stadt Jamit und die sie umgebenden Moschavim und Kibbutzim im Norden der Sinai-Halbinsel. Deren Errichtung erfolgte auf der Grundlage zahlreicher gigantischer Pläne, die alle diskutiert werden. Diese reichen bis in die frühen 1970er-Jahre zurück. De facto wurde aber mit dem Bau der Stadt und der Siedlungen in der Mitte dieses Jahrzehnts begonnen, und ihre Bewohner, mehrheitlich Neueinwanderer aus der Sowjetunion und den USA, zogen erst Ende der 1970er-Jahre in die neuen Kommunen. Sie waren in dem Glauben eingewandert, als Pioniere im israelischen Grenzgebiet zu siedeln. Stattdessen sahen sie sich, kaum angekommen, mit dem bevorstehenden Rückzug aus dem Sinai konfrontiert.

Das zweite Teilkapitel, »Etzel II«, erörtert den Rückzug auf Raten vom Sinai, zu dem sich Israel in Folge des Friedensvertrages mit Ägypten verpflichtet hatte. Dieser vollzog sich sowohl im Norden als auch im Süden der Halbinsel schrittweise. Zunächst wurde die Mittelmeerregion um al-Arish verlassen und der Moschav Neot Sinai evakuiert. Hierbei kam es zu gewalttätigen Protesten durch die Siedler von Neot Sinai sowie durch ihre Unterstützer aus dem israelischen Kernland. Letztere rekrutierten sich aus den nationalistischen und religiösen Gruppen, die seit der Machtübernahme Menachem Begins im Jahr 1977 erstarkt waren. Dazu zählten auch prominente Intellektuelle, wie der bereits erwähnte Mosche Schamir, die zur Zeit der Staatsgründung und darüber hinaus noch fest im arbeiterzionistischen Milieu verwurzelt gewesen waren. Die Beweggründe für ihren politischen Seitenwechsel werden untersucht. Anschließend wird der friedliche Rückzug Israels aus al-Tur am Golf von Suez und aus der Bergregion des Südsinais erörtert.

An diese komparatistische Perspektive anknüpfend, wird im dritten Teilkapitel, »Rote Taube«, die endgültige Räumung der Sinai-Halbinsel im Jahr 1982 analysiert. Auch hierbei werden der Norden und der Süden des Sinais in den Blick genommen; durch diesen Vergleich können die grundverschiedenen Siedlungsgeschichten dieser beiden Regionen noch einmal abschließend verdeutlicht werden. Während die Evakuierung der israelischen Gemeinden aus dem Südsinai friedlich verlief, eskalierte im Norden die Gewalt. Dort errichteten jene nationalistischen und religiösen Gruppen, die bereits in der ersten Evakuierungsphase versucht hatten, mit Gewalt eben diese zu verhindern, illegale Siedlungen. Die Strategie und die ihr zugrunde liegenden Motive werden untersucht, ehe der Hauptteil mit einer Analyse der Räumung aller israelischen Siedlungen auf der Sinai-Halbinsel endet.

Anschließend gerät in dem Epilog »Paradise Lost« der kleine Ferienort Taba abermals in den Blick. Dieser wurde erst 1989 von Israel an Ägypten zurückgegeben. Die Gründe für die jahrelange Weigerung Israels, Taba zu evakuieren, und das Beharren Ägyptens auf der Rückgabe dieses Ortes basierten auf den bereits im Prolog skizzierten Grenzstreitigkeiten zwischen dem Osmanischen Reich und dem British Empire, die Theodor Herzls Vorhaben, dort europäische Juden anzusiedeln, zunichtegemacht hatten. Und damit schließt sich der Kreis der zionistischen Geschichte der Sinai-Halbinsel im 20. Jahrhundert.[30]

---

30 Abschließend sei angemerkt, dass alle hebräischen und englischen Zitate, sofern nicht anders angegeben, von mir übersetzt wurden. Die einzigen beiden Ausnahmen bilden die Übersetzung von Hanoch Levins Kabarettstück auf Seite 55 und das Zitat von Berl Katznelson, welches dem Kapitel 8.2 vorgestellt ist. Dieses ist zitiert nach: Idith Zertal, *Nation und Tod. Der Holocaust in der israelischen Öffentlichkeit*, aus dem Hebr. übers. v. Markus Lemke, Göttingen 2003, S. 31. Um Sinn und Sound des jeweiligen hebräischen oder englischen Originals zu erfassen, habe ich so frei wie nötig und so genau wie möglich übersetzt. Gleichwohl gilt, was der hebräische Nationaldichter Chajim Nachman Bialik bereits 1917 konstatiert hat, nämlich dass eine Übersetzung wie ein Kuss durch ein Taschentuch ist. S. hierzu: Chajim Nachman Bialik, »Al Umah ve-Laschon« (Über Nation und Sprache), in: ders., *Devarim sche be al-Peh*, Tel Aviv 1935, S. 16. Bei der Schreibweise von hebräischen sowie arabischen Eigen- und Ortsnamen gibt es an einigen Stellen Abweichungen zwischen Fließtext und Fußnoten, da bei letzteren den Verlagsangaben gefolgt wird, die zuweilen eine englische Umschrift verwenden.

2. Prolog: Fata Morgana

> »Nach greisen Zeiten war es HERZL, der tote Melech, der lebendige, unsterbliche Wegweiser, THEODOR HERZL, der auf seines Herzens Papyros den Wiederaufbauplan des Hebräerlandes entfaltete.«
>
> *Else Lasker-Schüler, Das Hebräerland*

»Also auf!«, schrieb Oskar Marmorek am 10. Februar 1903 mit schwarzer Tinte auf Briefpapier. »In weiter Ferne sieht man einen schwachen blauen Streifen: es sind die Berge der Sinai-Halbinsel.«[1] Der Architekt und Zionist nahm an einer Expedition teil, die von Wien aus in die Wüste zog, um zu erkunden, ob dort eine jüdische Siedlung errichtet werden könne.[2] Ein Plan, aus der Not geboren und erdacht vom Empfänger des Briefes: Theodor Herzl.

Im Jahr 1896 hatte der Begründer des Zionismus als moderner Nationalbewegung seine Schrift »Der Judenstaat. Versuch einer modernen Lösung der Judenfrage« veröffentlicht. Es war ein 86 Seiten umfassendes Plädoyer für ein jüdisches Gemeinwesen als Antwort auf den in Europa grassierenden Antisemitismus. Theodor Herzl war nicht der Erste, der diese Idee formulierte.[3] Er schaffte es aber, mit seiner Vision nicht nur in Intellektuellenzirkeln, sondern auch in vielen »jüdischen Seelen tabula rasa« zu machen, wie er es nannte.[4]

Ein Jahr nach Erscheinen seines Buches unternahm der in Ungarn geborene weltgewandte Wiener den nächsten, entscheidenden Schritt. Im August 1897 tagte unter seiner Leitung der Erste Zionistenkongress im Stadtkasino von Basel. Das dort verabschiedete Programm, in dem die Schaffung einer rechtlich gesicherten Heimstätte für das jüdische Volk in Palästina als Ziel festgeschrieben wurde, avancierte zur Magna Charta der

---

1 Brief von Oskar Marmorek an Theodor Herzl, 10.2.1903, S. 1-2. In: CZA/H1/1607-27.
2 Zu Marmoreks Leben und Wirken s.: Markus Kristan, *Oskar Marmorek. Architekt und Zionist 1863-1909*, Wien/Köln u. a. 1996.
3 S. hierzu u. a. Tzvi Hirsch Kalischers Werk »Drischat Zion«, »Rom und Jerusalem. Die letzte Nationalitätsfrage« von Moses Hess (beide 1862) sowie die zwanzig Jahre später von Leo Pinsker verfasste Schrift »Autoemancipation! Mahnruf an seine Stammesgenossen von einem russischen Juden«.
4 Theodor Herzl, *Der Judenstaat. Versuch einer modernen Lösung der Judenfrage*, Leipzig/Wien 1896, S. 16.

Bewegung und markierte eine neue Zeitrechnung: n. B. – nach Basel.[5] Allein, um seinen Exodus-Plan verwirklichen zu können, fehlte Theodor Herzl die Conditio sine qua non: Land.

Herzl versuchte das Problem politisch zu lösen. Zu Beginn seines Wirkens hatte der polyglotte Feuilletonist nicht nur an Palästina als jüdische Heimstätte gedacht, auch Argentinien war für ihn eine Option gewesen.[6] Mit dem Erfolg des Zionistenkongresses und dem dort verabschiedeten Plädoyer für Palästina fokussierte er sich jedoch auf Altneuland. Herzl avancierte zu einem rastlosen Reisenden und warb bei Entscheidungs- und Würdenträgern in Europa und im Osmanischen Reich für seinen Plan. Er erzielte jedoch nur Pyrrhussiege: Weder das Treffen mit Kaiser Wilhelm II. bei dessen Palästinareise 1898, noch die Audienz bei Sultan Abdül Hamid II. im Mai 1901 waren von Erfolg gekrönt. Die osmanische Provinz Palästina blieb bis auf Weiteres für eine systematische Besiedlung durch die zionistische Bewegung verschlossen.

In jenen Jahren um die Jahrhundertwende, die zwischen der Veröffentlichung des »Judenstaates« und Herzls diplomatischen Bemühungen lagen, hatte sich die Lage der Juden in Westeuropa nicht verbessert, die der Juden in Osteuropa weiter verschlechtert. Herzl dachte deshalb wieder verstärkt über Alternativen zu Palästina als Ansiedlungsort nach. Er kam auf Zypern – und die Sinai-Halbinsel, die den Israeliten bereits zu biblischen Zeiten als Ausgangspunkt für die Landnahme Kanaans gedient hatte.[7] Die Besiedlung eines der beiden Gebiete sollte unter der Hoheit des British Empire erfolgen, das Zypern 1878 vom Osmanischen Reich gepachtet hatte und seit 1882 de facto die Macht in Ägypten ausübte, obwohl das Land – zumindest nominell – von einem ägyptischen Khedive regiert wurde und formal weiterhin zum Osmanischen Reich gehörte.[8]

---

5 S. hierzu: *Zionisten-Congress in Basel. Officielles Protocoll*, 29.-31. 8.1897, veröff. im Verlag des Vereins »Eretz Israel«, Wien 1898, S. 114.

6 S. hierzu Herzls Tagebucheintrag vom 13.6.1895 in: ders., *Briefe und Tagebücher*, Bd. 2, hg. v. Alex Bein/Hermann Greive/Moshe Schaerf/Julius H. Schoeps, Berlin 1983, S. 156-159.

7 Die Idee, auf Zypern zu siedeln, stammte von Davis Trietsch (s. folgende Seiten); Herzl befasste sich in seinem Tagebuch erstmals im November 1899 mit dieser Idee und nahm diese immer wieder auf, zuletzt im Zuge des Sinai-Plans im Juli 1902. S. hierzu: Theodor Herzl, *Briefe und Tagebücher*, Bd. 3, hg. v. Alex Bein/Hermann Greive/Moshe Schaerf/Julius H. Schoeps, Berlin 1985, S. 404-409.

8 Zu den verschiedenen Gebietsansprüchen der unterschiedlichen Länder auf der Sinai-Halbinsel bis zur Jahrhundertwende, s.: Patricia Toye (Hg.), *Palestine Boundaries, 1833-1947. Vol. 1. Palestine-Egypt*, London 1989, S. xxi-xv.

Prolog: Fata Morgana

Unter verhandlungstaktischen Gesichtspunkten war der Zeitpunkt für Herzls Vorhaben günstig. Da immer mehr Juden aus dem von der Ostsee bis zum Schwarzen Meer reichenden Ansiedlungsrayon des russischen Zarenreichs nach England flohen, war dort im Frühjahr 1902 eine »Royal Commission on Alien Immigration« eingesetzt worden, die sowohl die Ursachen als auch etwaige Begrenzungsmöglichkeiten der Einwanderung erörtern sollte.⁹

Vor diesem Hintergrund und durch Vermittlung des englischen Zweigs der Familie Rothschild erreichte Herzl am 22. Oktober 1902 eine Unterredung mit dem für die Kolonien der britischen Krone zuständigen Minister Joseph Chamberlain. »Ich stehe mit dem Sultan in Verhandlungen«, eröffnete Herzl das Gespräch. »Aber Sie wissen ja, was türkische Verhandlungen sind. Wenn Sie einen Teppich kaufen möchten, müssen Sie zunächst ein halbes Dutzend Tassen Kaffee trinken und hundert Zigaretten rauchen. Dann erzählen Sie sich Familienangelegenheiten und sprechen dann von Zeit zu Zeit einige Worte über den Teppich. Ich habe nun Zeit für Verhandlungen, mein Volk aber nicht. Sie verhungern im Ansiedlungsrayon. Ich muss ihnen sofort helfen.«¹⁰

Als Kolonialminister konnte Chamberlain nur über Zypern sprechen. Er schloss eine jüdische Besiedlung aufgrund der dort lebenden griechischen und muslimischen Bevölkerungen aus. Die Sinai-Halbinsel war keine britische Kolonie und unterstand deshalb dem Außenministerium.¹¹ Herzl skizzierte ihm seine Sinai-Idee dennoch, wobei er Chamberlain, der die Halbinsel offenbar nicht ad hoc verorten konnte, das Territorium in einem Atlas zeigen musste. »Es war«, notierte Herzl anschließend amüsiert in seinem Tagebuch, »wie in einem grossen Trödelgeschäft, dessen Führer nicht ganz genau weiss, ob irgendein absonderlicher Gegenstand in den Magazinen existirt. Ich brauche ein Versammlungsland für das jüdische Volk. Er will mal nachsehen, ob England so was auf Lager hat.«¹²

Chamberlain arrangierte ein Treffen mit Lord Landsdowne, der als britischer Außenminister für den Sinai zuständig war. In der Downing Street, dem politischen Kraftzentrum des Weltreiches, sprach Herzl mit ihm über das Land, das er so sehr brauchte und das England »auf Lager« hatte.

---

9 Herzl selbst wurde von dieser Kommission am 7. Juli 1902 angehört. S. hierzu: Royal Commission on Alien Immigration, *Report of the Royal Commission on Alien Immigration with Minutes of Evidence and Appendix*, Vol. II, London 1903, S. 211-221.
10 Theodor Herzl, *Briefe und Tagebücher*, Bd. 3, S. 463-464.
11 Ebd., S. 464-466.
12 Ebd., S. 466.

Landsdowne forderte Herzl auf, seinen Vorschlag zu verschriftlichen, er werde währenddessen bei Lord Cromer, dem britischen Generalkonsul in Ägypten, ein Gutachten einholen.[13] Herzl willigte ein und erreichte zudem, dass er einen Emissär, den Journalisten Leopold Greenberg, für Sondierungsgespräche nach Ägypten schicken durfte.[14]

Dieser Termin war für Herzl mehr als nur ein Etappenerfolg. In der »Höhle Ali Babas und der vierzig Räuber«,[15] wie er den Yildiz-Palast von Konstantinopel nannte, hatte er noch vergeblich für seine Idee geworben. Nun hatte er bei einem der mächtigsten Minister der britischen Krone vorgesprochen und anschließend auch noch Grund zur Zuversicht – für den Staatsmann ohne Staat nicht weniger als »ein grosser Tag in der jüdischen Geschichte«.[16]

Herzl war als junger Jurastudent an der Universität Wien Mitglied der schlagenden Burschenschaft »Albia« gewesen. Als Kneipnamen hatte er »Tancred« gewählt, nach einem Ritter, der 1095 dem Aufruf Papst Urban II. zum Ersten Kreuzzug gefolgt war und als »Fürst von Galiläa« in die Geschichte einging.[17] Herzl machte sich nun umgehend daran, ein Memorandum seiner »egyptischen Provinz Judäa« für das britische Außenministerium zu verfassen.[18]

»Im Südosten des Mittelmeeres hat England eine gegenwärtig werthlose u. fast gar nicht bevölkerte Besitzung«, schrieb er. »Es ist die Küstenstrecke von El Arisch und der Sinai Halbinsel. Diese könnte zum Zufluchtsorte, zur Heimat der in aller Welt bedrängten Juden gemacht werden, wenn England die Errichtung einer jüdischen Colonie daselbst gestattet.«[19] Herzl plädierte – die Zustimmung des Empires vorausgesetzt – für die Schaffung einer Siedlungsgesellschaft. Diese »Jewish Eastern Company« würde mit fünf Millionen Pfund Sterling Startkapital eine planmäßige Besiedlung realisieren.[20] Die Vorteile, die das Vorhaben für London haben würde, seien nicht von der Hand zu weisen. Das Königreich hätte eine weitere wohlhabende Kolonie und die Dankbarkeit der dort siedelnden Juden sicher.

---

13 Theodorf Herzl, *Briefe und Tagebücher*, Bd. 3, S. 472-473.
14 Getzel Kressel, »Greenberg, Leopold Jacob«, in: Fred Skolnik/Michael Berenbaum (Hgg.), *Encyclopaedia Judaica*, Bd. 8, Detroit u. a. ²2007, S. 71.
15 Theodor Herzl, *Briefe und Tagebücher*, Bd. 3, S. 450.
16 Ebd., S. 466-467.
17 Theodor Herzl, *Briefe und Tagebücher*, Bd. 1, hg. v. Alex Bein/Hermann Greive/Moshe Schaerf/Julius H. Schoeps, Berlin 1983, S. 126.
18 Theodor Herzl, *Briefe und Tagebücher*, Bd. 3, S. 482.
19 Ebd., S. 467.
20 Ebd., S. 468.

Prolog: Fata Morgana

Mehr noch: »Es gibt gering gerechnet zehn Millionen Juden in der ganzen Welt. Sie werden nicht überall die Farben Englands offen tragen dürfen, aber im Herzen werden sie alle England tragen, wenn es durch eine solche That die Schutzmacht des jüdischen Volkes wird.«[21]

Für den einstigen Polit-Novizen war dieser geschickt formulierte Text die diplomatische Meisterprüfung. Der Plan war indes nicht neu. Herzl griff damit lediglich eine Idee auf, die schon eine Weile unter den pragmatischen Territorialisten in der zionistischen Bewegung zirkulierte, aber von den tonangebenden Nationalisten, für die Palästina den archimedischen Punkt darstellte, a priori abgelehnt wurde.[22] Davis Trietsch, ein Zionist der ersten Stunde, war einer der Urheber dieser Idee.[23] Bereits im Juni 1900 hatte er den kurzlebigen Verein »Tore Zions« mitgegründet, um für Zypern und die al-Arish-Region auf der Sinai-Halbinsel als Ansiedlungsorte zu werben, solange die Tore Palästinas für eine jüdische Masseneinwanderung verschlossen waren.[24] Er nannte diesen Plan »Greater Palestine«.[25] Der Publizist verfügte als (Mit-)Begründer zweier Zeitschriften zudem über Sprachrohre zur Verbreitung seines Ansinnens.[26] Er nutzte sie virtuos und publizierte unter Klarnamen sowie seinem Nom de Plume »B. Ebenstein« zahlreiche Aufsätze mit meist programmatischen Titeln: »Ein vergessenes Stueck Palaestina«[27] oder auch »Der aeusserste Suedwesten Palaestinas«.[28] Wie der im Ernstthal geborene Karl May in seinen Abenteuerromanen, so schuf auch der in Dresden geborene Trietsch mit Phantasie und schriftstellerischem Talent in seinen Texten ein »Märchenland voller exotischer Wesen«.[29] Die beiden Sachsen waren Kinder ihrer Zeit.

21 Theodorf Herzl, *Briefe und Tagebücher*, Bd. 3, S. 469.
22 S. hierzu: Gur Alroey, *Zionism without Zion. The Jewish Territorial Organization and its Conflict with the Zionist Organization,* Detroit 2016.
23 Oskar K. Rabinowicz, »Trietsch, Davis«, in: Fred Skolnik/Michael Berenbaum (Hgg.), *Encyclopaedia Judaica*, Bd. 20, Detroit u. a. ²2007, S. 146.
24 *Informationsblatt der Gesellschaft »Sch'are Zion« (Thore Zions)*, verfasst v. Bureau d. Gesell. »Scha'are Zion«, Berlin, o. D., S. 1. In: CZA/DD1/7647.
25 Davis Trietsch, »Greater Palestine«, in: *Palaestina. Zeitschrift für die culturelle und wirtschaftliche Erschliessung des Landes*, Heft 3-4, 1902, S. 154-159.
26 Mit Leo Winz gründete er »Ost und West: Illustrierte Monatsschrift für Modernes Judentum« (1901), mit Alfred Nossig »Palaestina. Zeitschrift für die culturelle und wirtschaftliche Erschliessung des Landes« (1902).
27 B. Ebenstein, »Ein vergessenes Stueck Palaestina«, in: *Ost und West: Illustrierte Monatsschrift für Modernes Judentum*, Heft 1, 1901, S. 49-54.
28 Davis Trietsch, »Der aeusserste Suedwesten Palaestinas«, in: *Palaestina. Zeitschrift für die culturelle und wirtschaftliche Erschliessung des Landes*, Heft 1, 1902, S. 27-30.
29 Edward Said, *Orientalismus*, aus dem Engl. übers. v. Hans Günter Holl, Frankfurt a. M. ²2010, S. 9.

In seinen Artikeln über den Sinai plädierte Trietsch für eine Besiedlung der Mittelmeerküste um die Stadt al-Arish; das gleichnamige Wadi hatte er als Grenzbach Ägyptens, der Abraham von Gott als Südgrenze des gelobten Landes verheißen worden war, identifiziert.[30] Dieses Gebiet, in welches das »Gerstenland von Gaza«[31] hineinreiche, sei kein Wüstenland, sondern eine »umgekehrte Fata Morgana«,[32] zudem »[v]om jüdisch-nationalen Standpunkte« aus »absolut einwandfrei« und »moralisch ebenso wertvoll wie ein sonst ähnlicher Teil des türkischen Palästina«.[33] Zudem würde die Halbinsel künftig ein interkontinentaler Wirtschafts- und Verkehrsknotenpunkt werden, da sich die »grosse afrikanische Continentalbahn Capetown-Cairo mit der Euphratbahn und weiter mit dem Orient-Express und der transsibirischen Linie verbindet«.[34]

Skeptikern, die angesichts des in weiten Teilen des Sinais vorherrschenden ariden Klimas eine groß angelegte Besiedlung für unmöglich hielten, begegneten Trietsch und Herzl auf ähnliche Weise. In seinem Memorandum an Lord Landsdowne stellte Herzl die klimatischen Bedingungen als ein zu überwindendes Hindernis dar, schließlich sei auch Venedig »in einer technisch viel hilfloseren Zeit nicht einmal auf Sand, sondern ins Wasser gebaut worden.«[35] Trietsch hatte zwei Jahre zuvor lediglich einen anderen Ort gewählt – das Argument indes war ein ähnliches gewesen: »Eines der fruchtbarsten Ländchen der Erde ist die Inselgruppe Malta, die unsere Vettern, die Phönizier, zur Zeit, als auch Israel noch von Richtern regiert wurde, als nackten Felsen vorfanden. Diese Cultur-Ingenieure grössten Stiles bedeckten den Felsen mit aus Sicilien importierter Erde, und heute ist die Inselgruppe mit 175.000 Einwohnern auf ihren 323 km² Oberfläche das bevölkertste Land der Welt!«[36]

Die Vision von Davis Trietsch war eine Blaupause für das Memorandum, das Theodor Herzl verfasst hatte. Doch die beiden sollten nie zueinander finden, denn der für seinen autokratischen Führungsstil bekannte Herzl sah in Trietsch einen »unabhängige[n] Geist« von »geradezu

---

30 S. hierzu: 1. Buch Mose, 15:18. Zu den zahlreichen Bibelauslegungen der Südgrenze Israels s. Kap. 8.3.
31 B. Ebenstein, »Aegyptisch-Palästina«, in: *Die Welt: Zentralorgan der zionistischen Bewegung*, Heft 46, 1901, S. 5.
32 Davis Trietsch, »Schlussnotiz«, in: *Palaestina. Zeitschrift für die culturelle und wirtschaftliche Erschliessung des Landes*, 1902, Heft 1, S. 36.
33 Davis Trietsch, »Greater Palestine«, S. 157-158.
34 B. Ebenstein, »Aegyptisch-Palästina«, S. 5.
35 Theodor Herzl, *Briefe und Tagebücher*, Bd. 3, S. 469.
36 B. Ebenstein, »Aegyptisch-Palästina«, S. 5.

Prolog: Fata Morgana

principielle[r] Disciplinlosigkeit«.[37] Herzl setzte bei der Verwirklichung seines Plans stattdessen auf treue Paladine – Männer wie Leopold Greenberg, seinen Emissär in Kairo. Der schickte ihm bereits Anfang November 1902 erste Depeschen vom Nil, wo er mit Lord Cromer, Boutros Ghali, dem ägyptischen Außenminister, und hohen britischen Verwaltungsbeamten zusammengetroffen war; Ende Dezember erhielt Herzl auch eine Antwort aus dem britischen Außenministerium, die auf dem Ceterum censeo Lord Cromers basierte. Er gab zu bedenken, dass man aufgrund der Grenzstreitigkeiten mit dem Osmanischen Reich die nördliche und östliche Region um al-Arish zwar nicht ins Auge fassen könne, hielt eine Besiedlung auf dem Sinai jedoch nicht für grundsätzlich ausgeschlossen und plädierte für die Entsendung einer Expedition, die das Gebiet auf seine Tauglichkeit hin überprüfen sollte.[38]

Die Aussicht, vielleicht bald seinen Traum vom Judenstaat verwirklichen zu können, elektrisierte Herzl. In den darauffolgenden Wochen plante er die geheime Expedition – und phantasierte, wie man blühende Landschaften auf dem Sinai schaffen könnte. Am 30. Dezember 1902 notierte er in sein Tagebuch: »Heute zwischen Nacht u. Morgen fiel mir ein: Vielleicht könnten wir das Wüstenland durch den Nil befruchten! Eine einfache Leitung zwar wegen des Suezkanals wahrscheinlich nicht möglich, man müsste es in Schiffshöhe (!?) hinüberpumpen oder in grosser Tiefe unten durch. Letzteres schiene mir das viel Leichtere. Ein solcher Aquädukt könnte Millionen kosten u. wäre noch nicht zu theuer bezahlt.«[39]

Am 27. Januar 1903 machten sich in London die ersten drei der von Herzl handverlesenen Expeditionsteilnehmer auf den Weg nach Wien: Leopold Kessler, ein Bergbauingenieur aus Oberschlesien, der in Südafrika gearbeitet hatte und die Expedition leitete;[40] der britische Bewässerungsingenieur George Henry Stephens;[41] und Albert Goldsmid, ein in Indien geborener Absolvent der Königlichen Militärakademie Sandhurst, der im Burenkrieg gekämpft hatte und in den argentinischen Landwirtschafts-

---

37 Theodor Herzl, *Briefe und Tagebücher*, Bd. 7, hg. v. Alex Bein/Hermann Greive/Moshe Schaerf/Julius H. Schoeps, Berlin 1996, S. 134. Er schrieb dies nach dem Entstehen der von Trietsch mitgegründeten »Juedischen Orient-Kolonisations-Gesellschaft«, einer Nachfolgeorganisation des Vereins »Tore Zions«; auf dem Sechsten Zionistenkongress kam es zum endgültigen Bruch zwischen beiden.
38 Theodor Herzl, *Briefe und Tagebücher*, Bd. 3, S. 473-483.
39 Ebd., S. 483.
40 Getzel Kressel, »Kessler, Leopold«, in: Fred Skolnik/Michael Berenbaum (Hgg.), *Encyclopaedia Judaica*, Bd. 12, Detroit u. a. ²2007, S. 91.
41 Theodor Herzl, *Briefe und Tagebücher*, Bd. 7, S. 33.

siedlungen des Baron Maurice de Hirsch Generaldirektor gewesen war.[42] In Brüssel stieg Professor Emile-Ghislain Laurent in den Ostende-Express hinzu. Der belgische Landwirtschaftsexperte hatte an der Pariser Sorbonne gearbeitet und im Kongo Expeditionserfahrung gesammelt.[43] Das Quartett erreichte die Hauptstadt der Habsburger Monarchie am Abend des 28. Januar. Das »Zionistische Aktionskomitee« und der Begründer der Bewegung verabschiedeten sich von der Gruppe – zu der in der Zwischenzeit auch Oskar Mamorek gestoßen war – mit einem »vin d'honneur«.[44] Um 19 Uhr fuhr der Nachtzug nach Triest ab. Von dort aus ging die Reise mit dem Dampfer »Semiramis« weiter, der am 2. Februar im ägyptischen Alexandria einlief.[45]

Die Expedition wurde von der Reiseagentur »Thomas Cook & Son« ausgestattet. Die Kairoer Dependance des australischen Tourismuspioniers baute sogar ein Bohrungsinstrument, das zur Entnahme von Bodenproben dienen sollte – ein acht Fuß langes und zwei Zoll breites Rohr mit T-Stück und Querstange. Am 9. Februar fuhr die in der Zwischenzeit um den vom »Egyptian Survey Department« entsandten Thomas Humphrys erweiterte Männerrunde mit dem Zug nach Ismailia, wo Hillel Jaffe, ein Arzt aus Jaffa, die Unternehmung komplettierte; er war der Gruppe in einem fünftägigen Kamelritt über die Sinai-Halbinsel entgegengereist.[46]

Zwei Tage später, am 11. Februar, begann schließlich die mit Proviant, 46 Kamelen und sechs Zelten ausgestattete Expedition, die in den kommenden 43 Tagen rund 600 Meilen zurücklegen sollte.[47] Bei schwachem Südwind setzte sich die Karawane um 9.30 Uhr in Bewegung. Mit Verlassen der Stadt Kantara auf der Ostseite des Suezkanals begann ein großes, monotones Nichts: die Sinai-Halbinsel. Die Gruppe zog Richtung Mittelmeer und sah auf ihrem Weg regelmäßig Fata Morganas, auch schwarze Ameisen, Gazellen und Eidechsen, ebenso wie Spuren von Schakalen und wilden Wüstenratten – Menschen keine.[48]

---

42 S. hierzu: Emil Lehman, *The Tents of Michael. The Life and Times of Colonal Albert Williamson Goldsmid*, Lanham/London 1996.
43 Theodor Herzl, *Briefe und Tagebücher*, Bd. 3, S. 489.
44 Ebd., S. 499.
45 Albert E. Goldsmid, *Log Book of the Commission appointed to report on the Practicability of Establishing Settlements on the Land under Egyptian Administration East of the Suez Canal and Gulf. February 11th 1903 – March 26th 1903*, S. 1b. In: CZA/A31/31.
46 Ebd., S. 1d.
47 Ebd., S. 1e-1f.
48 Ebd., S. 5-16.

Prolog: Fata Morgana

Am Nachmittag des 13. Februar wurde der Sirbonische See an der Mittelmeerküste erreicht – eine mit Geschichte(n) und lokalen Legenden überfrachtete Naturlandschaft. Bereits Herodot hatte die sumpfige Brackwasserlagune um 440 v. u. Z. bereist. Er hatte sie als Grenze zwischen Ägypten und Syrien betrachtet.[49] Auf einer Erhebung der sandigen Nehrung hatte der griechische Geograph Strabo einen Tempel, der dem Berggott Zeus Kasios gewidmet war, verortet.[50] Dieser 13 Meter hohe Hügel war der deutlich kleinere Namensvetter des am Orentes – im heutigen Grenzgebiet zwischen Syrien und der Türkei – gelegenen und fast 1.800 Meter hohen Kasios-Berges, jenes »Olymp des Vorderen Orients«, der bereits für Hurriter und Hethiter ein heiliger Ort gewesen war.[51] Besonders die tückischen Sumpf- und Schlammböden der Lagune zogen die Geschichtsschreiber der Antike in den Bann, etwa Diodor. Den »sagenhaft tiefen See« hatte er »Barathra« genannt – nach jener tiefen Schlucht im antiken Athen, in die verurteilte Verbrecher kopfüber hineingeworfen wurden.[52] Dort seien schon ganze Armeen verschwunden, hatte er geschrieben und sich dabei auf das Perserheer von Artaxerxes III. bezogen, dem um 350 v. u. Z. der Treibsand zum Verhängnis geworden war.[53] Die Tücken dieser Gegend hallten über Jahrtausende nach: Einige Forscher lokalisier(t)en dort das biblische Schilfmeer, in dem die Streitmacht des Pharao »wie Steine« (2. Buch Mose, 15:5) versunken war, und der Philosoph Edmund Burke griff die Wasserlandschaft in seiner Schrift »Reflections on the Revolution in France« auf, die ein Jahr nach dem Sturm auf die Bastille von Paris erschien, und prophezeite darin den »trügerischen Träumen und Visionen« der neuen politischen Ordnung an der Seine den Untergang im »Sirbonischen Sumpf«.[54]

49 Herodot, *Historien*, III. Buch, aus dem Griech. übers. v. Christine Ley-Hutton u. hg. v. Kai Brodersen, Stuttgart 2007, S. 17.
50 Strabo, *Erdbeschreibung in siebzehn Büchern*, Bd. XVI, aus dem Griech. übers. v. Christoph Gottlieb Groskurd, Berlin/Stettin 1833, S. 263.
51 Robin Lane Fox, *Reisende Helden. Die Anfänge der griechischen Kultur im homerischen Zeitalter*, aus dem Engl. übers. v. Susanne Held, Stuttgart 2011, S. 298.
52 Diodor, *Diodoros Griechische Weltgeschichte*, Bd. I, aus dem Griech. übers. v. Gerhard Wirth, eingeleitet u. kommentiert v. Thomas Nothers, Stuttgart 1992, S. 57-58.
53 Diodor, *Diodoros Griechische Weltgeschichte*, Bd. XVI, aus dem Griech. übers. v. Otto Veh, überarbeitet, eingeleitet u. kommentiert v. Thomas Nothers, Stuttgart 2007, S. 67.
54 Edmund Burke, *Reflections on the Revolution in France, and on the Proceeding in Certain Societies in London Relative to that Event. In a Letter Intended to Have Been Sent to a Gentleman in Paris*, London 1790, S. 283.

In der arabischsprachigen Welt wurde die Lagune nicht »Sirbonischer See« genannt, sondern Sabhat Bardawil.[55] Bardawil stand für Balduin I. (1058-1118). Der König von Jerusalem hatte das Kreuzfahrerreich ausgedehnt, unter anderem Beirut und Caesarea erobert, ehe er seinen Feldzug gegen Ägypten gerichtet hatte, auf dessen Rückzug er unweit der Lagune gestorben war.[56] Der lokalen Legende zufolge kam der fromme Franke jedoch nur zur Bardawil-Lagune, um eine muslimische Mätresse zu treffen. Sie sei von den Fatimiden Ägyptens gezwungen worden, ihm seine magische Mütze zu stehlen, die ihn für seine Feinde unsichtbar machte – und am nächsten Tag, so die Legende, wurde er ermordet.[57]

Dort nun, in der von Flamingos, Pelikanen und Möwen bevölkerten Bardawil-Lagune, wollte Theodor Herzl einen Hafen und eine Stadt von Oskar Marmorek errichten lassen.[58] Doch während die Expedition den Küstenstrich erkundete, begann Herzl in Wien an seinem mit den Vorverhandlungen betrauten Emissär in Kairo zu zweifeln. Leopold Greenberg informierte ihn, dass seine Bemühungen vor Ort durch den osmanischen Sultan torpediert würden, der ägyptische Khedive einen Chartervertrag für die Sinai-Halbinsel verweigere und er deshalb einen Alternativvorschlag unterbreitet habe.[59] Herzl schickte ihm ein kodiertes Telegramm nach Kairo, um mehr über dieses unabgesprochene Vorgehen zu erfahren: »MANCINUS. ALTERNATIVE. ELKAITE«. Im Klartext: »VERSTEHE NICHT WAS SIE MEINEN. [MIT] ALTERNATIVE. GEBEN SIE VOLLSTÄNDIGE ERKLÄRUNG.«[60]

Die Forschungsdelegation zog unterdessen von der Bardawil-Lagune aus weiter und erreichte am 24. Februar al-Arish. Die Gäste aus Europa statteten dem Gouverneur der Stadt, in der rund 4.000 Einwohner lebten, noch am gleichen Tag einen Besuch ab. »Das Fort ist eine große steinerne Festung mit hohen Mauern«, notierte Albert Goldsmid, der während der gesamten Reise für das Führen des Logbuchs verantwortlich war. »An den Ecken gibt es vier Rundtürme, die jeweils mit einer Krupp-Kanone ausgestattet sind.«[61] Im Anschluss an das Treffen besichtigten die Expeditions-

---

55 Herbert Verreth, *The Northern Sinai from the 7th Century BC till the 7th Century AD. A Guide to the Sources*, Bd. 1, Leuven 2006, S. 138-145.
56 Sylvia Schein, »Baudouin I.«, in: *Lexikon des Mittelalters*, Bd. 1, hg. v. Bettina Marquis/Charlotte Bretscher-Gisiger/Thomas Meier, Stuttgart/Weimar 1999, Sp. 1366.
57 Claude Scudemore Jarvis, *Yesterday and Today in Sinai*, S. 120-121.
58 Theodor Herzl, *Briefe und Tagebücher*, Bd. 7, S. 33.
59 Theodor Herzl, *Briefe und Tagebücher*, Bd. 3, S. 508-511.
60 Theodor Herzl, *Briefe und Tagebücher*, Bd. 7, S. 55.
61 Albert E. Goldsmid, *Log Book*, S. 54.

Prolog: Fata Morgana

teilnehmer die Palmenhaine am Rand des Stadtstrandes. In den dortigen Gärten wurden Zwiebeln und Tomaten, Kumin, Karotten und Knoblauch angebaut. Ferner gab es Feigenbaumplantagen, die durch angepflanzte Tamarisken vor Wanderdünen geschützt wurden. Daneben wuchsen Granatapfelbäume und Weinreben wild.[62] Die örtlichen Bedingungen schienen erstmals seit Beginn der Reise vielversprechend für das Herzlsche Vorhaben zu sein. In Kairo lagen die Dinge indes anders.

Leopold Greenberg hatte in der Zwischenzeit vom ägyptischen Außenministerium ein Dokument erhalten, jedoch – wie bereits von ihm angekündigt – keinen Chartervertrag. In dem vage gehaltenen Schriftstück wurde lediglich die Gründung einer »Stadtgemeinde« in Aussicht gestellt, wenn die Expedition abgeschlossen und ein passender Ort gefunden worden sei.[63] Herzl war entsetzt. Mit diesem Dokument, das weder ihn noch die zionistische Bewegung namentlich nannte, war vorerst kein Staat zu machen, auch keine temporäre Sammelstätte für das jüdische Volk. Greenberg, den er in seinen Korrespondenzen »Issachar« nannte und damit auf den neunten von zwölf Söhnen Jakobs, den »frohnenden Knecht« (1. Buch Mose, 49:14-15) anspielte, hatte die Mission in seinen Augen nicht erfüllt.[64]

Die Kamelkarawane auf dem Sinai hatte ihren Weg derweil fortgesetzt, die Mittelmeerküste verlassen und war landeinwärts gezogen, bis sie an Wanderdünen vorbei zu den Bergen Halal und Libni gelangte. Dahinter liegt die al-Tih-Ebene. Entlang des riesigen Flussbettes des Wadi al-Arish und seiner Seitenarme, die sich wie die Äste eines Baumes nach allen Himmelsrichtungen abzweigen, erkundeten sie zehn Tage lang diese »große und furchterregende Wüste« (5. Buch Mose, 8:15), in der die Israeliten nach der biblischen Überlieferung vierzig Jahre lang umhergezogen waren. Am 8. März erreichten sie schließlich die ägyptische Garnison Nakhl.[65] Das osmanische Fort im Herzen der Halbinsel war seit Jahrhunderten eine zwischen Akaba und Suez gelegene Raststation auf dem »Darb al-Hadsch«, der Pilgerroute nach Mekka und Medina. Die Kommission widmete sich vor Ort ihren Pflichten, suchte nach Mineralien, entnahm Gesteinsproben und maß die Temperaturen, die nachts unter den Gefrierpunkt sanken.[66] Der für Gesundheits- und Hygienefragen zuständige Arzt Jaffe konstatierte mit Blick auf die Bevölkerung von Nakhl, rund hundert Angehörige der Wachmannschaft, »wie bemerkenswert gesund« diese aussah, »die Kinder

---

62 Albert E. Goldsmid, *Log Book*, S. 54-56.
63 Theodor Herzl, *Briefe und Tagebücher*, Bd. 3, S. 515.
64 Ebd., S. 516.
65 Albert E. Goldsmid, *Log Book*, S. 64-92.
66 Ebd., S. 94-96.

stark und rosig, weitaus gesünder als in Palästina. Es gab einige Kranke, aber keine Anzeichen für Malaria.«[67] Auch verzeichnet das Logbuch ein Treffen mit den Repräsentanten der fernen Staatsgewalt. Herzl, der detailversessene Dramaturg dieser zionistischen Traumreise, hatte Oskar Marmorek vor Expeditionsbeginn angewiesen, für Zusammenkünfte mit Bewohnern des Sinais und zu deren »Amusement« ein Grammophon sowie eine »grosse Anzahl Platten, Militärmusik, Gesänge etc.« zu kaufen.[68] Am Abend des 10. März kam es zum Einsatz: »Das Grammophon löste Verwunderung bei ihm [dem örtlichen Geistlichen, Anm. d. Verf.] aus«, heißt es im Logbuch. »Während des Gesangs betete er inbrünstig und schien sich die Frage zu stellen, ob das Ganze nicht Teil einer unheiligen Zauberei und ob die Stimme, die er da hörte, nicht die eines Nachkommens des Teufels sei. Trotz allem war er bis zum Ende aufmerksam und sein Adieu äußerst herzlich.«[69]

Am nächsten Morgen begann die Expedition den letzten Teilabschnitt ihrer Reise. Die vom Wetter der Jahrtausende geformten Wadis am Rande des Südsinais, der aus Zeitgründen nicht gänzlich erkundet werden konnte, begeisterten die Reisenden, und ein Stein führte zu eigenwilligen Assoziationen: »Die Gipfelspitze einer gigantischen Klippe war vom Wetter in das außergewöhnliche Profil ihrer Königlichen Majestät verwandelt worden, der Duke von Cambridge blickte über das Wadi, während Lord Wolseley janusgleich in die entgegengesetzte Richtung schaute.«[70] Während die Teilnehmer sich Flora und Fauna widmeten, das Vorkommen von Rebhühnern, Akazienbäumen sowie Insekten – darunter Moskitos, Bienen, Schmetterlinge und Flugkäfer – akribisch in das Logbuch eintrugen,[71] reiste der über die diplomatischen Entwicklungen beunruhigte Herzl in die ägyptische Hauptstadt, um seinen Plan persönlich zu retten.[72]

Am 26. März 1903 empfing er die vom Sinai zurückkehrende Kommission am Hauptbahnhof von Kairo. Die »nussbraune[n] Herren« brachten einen elfseitigen Kommissionsbericht mit.[73] Es war eine Mängelliste: Man hatte weder Mineralien-, Erdöl- oder Kohlevorkommen gefunden, noch ein funktionierendes Kommunikations-, Straßen- und Schienennetz. Angesichts der klimatischen Bedingungen und der Bodenbeschaffenheit

---

67 Albert E. Goldsmid, *Log Book*, S. 98.
68 Theodor Herzl, *Briefe und Tagebücher*, Bd. 7, S. 37.
69 Albert E. Goldsmid, *Log Book*, S. 99.
70 Ebd., S. 106.
71 Ebd., S. 114-119.
72 Theodor Herzl, *Briefe und Tagebücher*, Bd. 3, S. 527.
73 Theodor Herzl, *Briefe und Tagebücher*, Bd. 7, S. 85.

würde neben den bereits vorhandenen Obst- und Gemüsepflanzungen nur der Anbau von einigen wenigen weiteren Agrarprodukten möglich sein – darunter Sisal-Agaven und Erdnüsse, Rohrzucker und Rizinusöl – und sich etwaige Exportgüter dadurch zunächst vor allem auf (Trocken-)Früchte, Spirituosen und das vielseitig verwendbare Gummi Arabicum beschränken. Das größte Hindernis stellte in den Augen der Kommission aber das Fehlen von Wasser dar, das man nur in einigen Wadis und wenigen, weit voneinander entfernten Brunnen gefunden hatte – und auch dort oftmals nur in Form von salzigem oder schwefelhaltigem Brackwasser. Um das Problem in den Griff zu bekommen, schlugen die Expeditionsteilnehmer eine Vielzahl an kostenintensiven Lösungen vor, etwa das Nilwasser durch Transportkamele auf die Sinai-Halbinsel tragen zu lassen, mittels großer Rohrleitungen Wasser unterhalb des Suezkanals hindurchzupumpen oder durch den Bau von windmühlenbetriebenen Ziehbrunnen, Dämmen sowie Reservoirs Grundwasser zu fördern und Regenwasser zu speichern.[74] Vor diesem Hintergrund kam der Bericht zu dem Fazit, dass die Sinai-Halbinsel »für europäische Siedler gänzlich ungeeignet« sei.[75] Herzl ließ diese zentrale Einschränkung aus dem Bericht, den er Lord Cromer übergab, streichen.[76]

Am 28. März sprachen Herzl und einige Delegationsteilnehmer mit dem britischen Generalkonsul über den Kommissionsbericht. Lord Cromer erklärte, der nächste Schritt müsse es sein, von der ägyptischen Regierung eine Konzession für die Sinai-Halbinsel zu erhalten, und empfahl, für das Verfassen dieses Vertragsentwurfs die Hilfe eines ortsansässigen englischen Anwalts belgischer Herkunft, Carton de Wiart, in Anspruch zu nehmen.[77] Cromer war von Herzl aber ganz und gar nicht begeistert. Nach dem Treffen warnte er das Außenministerium in London: »Er ist ein wilder Enthusiast. Passen Sie auf, dass Sie sich zu nichts verpflichten, wenn Sie mit ihm verhandeln.«[78]

---

74 Leopold Kessler u. a., *Report on the Commission appointed to enquire into the Practicability Establishing Settlements from European Countries in the Land under the Egyptian Jurisdiction, lying to the East of the Suez Canal and Gulf*, S. 4-9. In: CZA/H1/837-3.
75 Ebd., S. 6.
76 S. hierzu: Leopold Kessler u. a., *Report on the Sinai-Commission with handwritten corrections*. In: CZA/H1/837-2.
77 Theodor Herzl, *Briefe und Tagebücher*, Bd. 3, S. 535.
78 Zitiert nach: Raphael Patai, »Herzl's Sinai Project: A Documentary Record«, in: ders. (Hg.), *Herzl Yearbook*, Bd. 1, New York 1958, S. 116.

Herzl hatte hiervon keine Kenntnis und wies de Wiart an, einen Vertrag aufzusetzen, welcher der zionistischen Bewegung im Erfolgsfall die Sinai-Halbinsel bis zum 29. Breitengrad – der zwischen Nord- und Südsinai gelegenen Wasserscheide der al-Tih-Hochebene – für 99 Jahre und gegen einen jährlichen Pachtzins sichern würde.[79] In der ersten Aprilwoche verließ Herzl schließlich Ägypten, ließ den Exepditionsteilnehmer Goldsmid, der mit Cromer von Englishman zu Englishman sprechen konnte, als Repräsentanten in Kairo zurück und hoffte, er würde einen Vertragsabschluss erzielen.[80] Die Dringlichkeit, einen Zufluchtsort für die Juden Osteuropas zu finden, nahm in den folgenden Wochen dramatisch zu. Am 19. und 20. April war es nach Ritualmordgerüchten in Kischinew, der multiethnischen Hauptstadt Bessarabiens, zu einem Pogrom an der dortigen jüdischen Bevölkerung gekommen. Zwei Tage lang plünderte, vergewaltigte und mordete der christliche Mob an jenem Osterwochenende in der Südwest-Provinz Russlands.[81] Das von Zar Nikolaus II. regierte Reich war endgültig zum Herzen der Finsternis für Juden geworden.

Anfang Mai 1903 erhielt Herzl schließlich die in Kairo getroffenen Entscheidungen von Goldsmid telegraphiert: Der von Lord Cromer in der Frage betraute Unterstaatssekretär des Ministeriums für öffentliche Arbeiten in Ägypten, Sir William Garstin, sprach sich gegen eine Erteilung des angestrebten Vertrags aus, da fünf Mal so viel Wasser für die Bewässerung des Sinais nötig sei, wie die Kommission in ihrem Bericht angegeben hatte; zudem wären mit dem Bau von Wasserleitungen unterhalb des Suezkanals langwierige Beeinträchtigungen für den Schiffsverkehr verbunden.[82] Auf dieser Einschätzung basierend, teilte auch das ägyptische Außenministerium mit, dass eine »colonie israélienne« nicht genehmigt werden könne.[83] Die Idee, eine jüdische Siedlung auf der Sinai-Halbinsel zu errichten, war damit begraben und Herzl desillusioniert. Am 16. Mai 1903 schrieb er in sein Tagebuch: »Ich hielt die Sinai-Sache für so fertig, dass ich keine Familiengruft mehr auf dem Döblinger Friedhofe kaufen wollte, wo mein Vater provisorisch ruht. Ich halte die Sache jetzt für so gescheitert, dass ich schon auf dem Bezirksamt war u. die Gruft Nr 28 erwerbe.«[84]

---

79 Der auf Französisch verfasste Vertragsentwurf findet sich in: CZA/H1/3282-10.
80 Theodor Herzl, *Briefe und Tagebücher*, Bd. 3, S. 544-545.
81 Jean Ancel, »Kishinev«, in: Fred Skolnik/Michael Berenbaum (Hgg.), *Encyclopaedia Judaica*, Bd. 12, Detroit u. a. ²2007, S. 198.
82 W. E. Garstin, *Note on the Irrigation of the Pelusiac Plane*, 5.5.1903. In: CZA/H1/3282-22.
83 Brief von Boutros Ghali an Albert Goldsmid, 11.5.1903. In: CZA/H1/3282-21.
84 Theodor Herzl, *Briefe und Tagebücher*, Bd. 3, S. 564.

Ein Jahr später, am 3. Juli 1904, starb Theodor Herzl im Alter von 44 Jahren. In seinem letzten Lebensjahr hatte er noch die Möglichkeit einer Kolonialisierung Mosambiks oder Ugandas ausgelotet, und auch nach seinem Ableben gab es eine Vielzahl an Versuchen, das gelobte Land an fast allen Enden der Welt zu errichten: auf Madagaskar und Tasmanien, in Niederländisch-Neuguinea – dem heutigen Surinam – und in Angola.[85] Doch wie der Sinai-Plan, so verliefen sich auch alle anderen Projekte im Sand. Palästina, die »mächtige Legende«, erwies sich als zu stark für die Zentrifugalkräfte innerhalb der zionistischen Bewegung.[86]

---

85 S. hierzu: Adam Rovner, *In the Shadow of Zion. Promised Lands before Israel*, New York/London 2014.
86 Theodor Herzl, *Briefe und Tagebücher*, Bd. 2, S. 90.

3. Pioniergeist

Pioniergeist

3.1. Blitzsieg

»Denk dir: / der Moorsoldat von Massada / bringt sich Heimat bei, aufs / unauslöschlichste, / wider / allen Dorn im Draht.«

Paul Celan, Denk dir (Juni 1967)

»Es war dies der größte Krieg in unserer Geschichte und als Resultat wurden Grenzen bestimmt, die so weit sind, wie sie die Geschichte des jüdischen Staates im Land Israel noch nie gekannt hat.«

Jitzchak Rabin, Rede anlässlich des 70. Jahrestages des Ersten Zionistenkongresses vor der Versammlung Europäischer Zionisten in Basel

»Soldaten der Stählernen Division!
Das Signal wurde gegeben.
Heute ziehen wir los, um die Hand zu zermalmen, die ausgestreckt wurde, um uns zu erwürgen. Heute ziehen wir los, um das Tor des Südens weit zu öffnen, das der ägyptische Angreifer verschlossen hat. Unsere Panzer werden den Krieg tief in das Feindesland tragen. Wir waren nicht begierig auf diese Schlacht. Der Feind wollte die Schlacht und hat sie begonnen. Wir werden den Feind doppelt so hart schlagen wie er uns geschlagen hat.
Erinnert Euch: Zum dritten Mal wurde der ägyptische Dolch gegen uns erhoben. Zum dritten Mal hat sich der Feind der wahnwitzigen Illusion hingegeben, er könne Israel in die Knie zwingen.
Mit Blut, Feuer und Schwert werden wir den Komplott diesmal aus seinem Herzen tilgen.
Erinnert Euch außerdem: Wir haben keinen Krieg mit dem ägyptischen Volk. Wir begehren weder ihren Boden noch ihr Eigentum. Wir sind nicht gekommen, um ihr Land zu zerstören oder um es uns anzueignen. Wir stoßen vor, um die konzentrierte Kraft zu vernichten, die darauf abzielte, unseren Frieden zu bedrohen.
Wir stoßen vor, um sie zu beseitigen.
Wir stoßen vor, um den Komplott der Vernichtung zu zerschlagen.
Heute wird die Wüste Sinai die Kampfkraft der Stählernen Division erfahren. Bei ihrer Ankunft wird die Erde erbeben.«[1]

---

1 Amos Oz, *Pkudat Jom li-Uzbah Pladah* [Tagesbefehl für die »Stählerne Division«, hebr.], 5.6.1967. In: IDFA/13-289/2011.

Mit diesen Worten begann am 5. Juni 1967 der Sechs-Tage-Krieg auf dem Sinai. Es war der junge Schriftsteller Amos Oz, der diese Sätze formuliert hat. Diese Erklärung richtete sich an die Soldaten der 7. Division, die sogenannten »Stählerne Division«, und war vor Beginn der Kämpfe verteilt worden.² Sechs Tage später hatte Israel die Halbinsel und den Gaza-Streifen von Ägypten, das Westjordanland und Ost-Jerusalem vom haschemitischen Königreich Jordanien sowie die Golanhöhen von Syrien erobert. Der jüdische Kleinstaat war Geschichte. Israel reichte nun, siebzig Jahre nach dem Ersten Zionistenkongress, vom Bergmassiv Hermon im Norden bis zum Suezkanal im Süden. Der Blitzsieg, den die Armee unter dem Befehl von Generalstabschef Jitzchak Rabin errungen hatte, löste im ganzen Land einen messianisch aufgeladenen Freudentaumel aus. Die psychologische Wirkung war mindestens ebenso groß wie der militärische Sieg selbst.

Der ägyptische Präsident Gamal Abd al-Nasser hatte in den Wochen zuvor die Wasserstraße von Tiran für die israelische Schifffahrt gesperrt, die Vereinten Nationen gezwungen, ihre Soldaten aus dem Sinai abzuziehen und seine eigenen Truppen anschließend einmarschieren lassen. Vor diesem Hintergrund hatte in Israel bis zum israelischen Präventivschlag am 5. Juni ein Gefühl der Angst vorgeherrscht. Es war zu Hamsterkäufen gekommen, und die Gefahr eines zweiten Holocausts war öffentlich diskutiert worden.³ Das Oberrabbinat hatte den 1. Juni zu einem Fast- und Bettag ausgerufen. Zudem waren zusätzliche Friedhofsflächen in den urbanen Ballungszentren benannt worden.⁴ Mit jeder neuen Erfolgsmeldung von den drei Fronten war diese Angst jedoch gewichen und in eine ekstatische Euphorie umgeschlagen. Bereits am 9. Juni hatte der Liedermacher Chajim Chefer in der Tageszeitung »Jediot Acharonot« eine Eloge auf Jitzchak Rabin veröffentlicht, in der das aktuelle Kriegsgeschehen mit den nationalen Narrativen und Gründungsmythen Israels verbunden war:

> »Im Monat Ijar im Jahr 1967, da begab es sich: / Der Generalstabschef und sein Gefolge kamen zum Grabe Davids auf dem Berg. / Sie standen vor ihm in verstaubten Uniformen / und wischten den Schweiß, der an ihren Stirnen gleich einem Fluss herabströmte, weg. / Der Generalstabs-

---

2 Die Tradition, solche Texte vor Beginn einer Schlacht zu verfassen und an die Soldaten zu verteilen, war im israelischen Unabhängigkeitskrieg von Abba Kovner eingeführt worden. S. hierzu: Michal Arbell, »Abba Kovner: The Ritual Function of His Battle Missives«, in: *Jewish Social Studies*, 18/3, 2012, S. 99-119.

3 Tom Segev, *1967. Israels zweite Geburt*, aus dem Engl. übers. v. Helmut Dierlamm, Hans Freundl u. Enrico Heinemann, Bonn 2007, S. 343.

4 Daniel Dishon (Hg.), *Middle East Record*, Bd. 3, Jerusalem 1971, S. 373-374.

chef atmete tief ein, salutierte und sagte: / Mein König, der Tempelberg ist befreit. / Es entstand eine große und gewaltige Stille, / eine göttliche Stille. / Und der König sagte mit gebrochener Stimme: / Sprich, sprich, mein Engel Jitzchak. / Der Generalstabschef näherte sich dem König und sagte: / Nicht wir alleine haben den Berg befreit. / Nicht wir alleine haben das Wunder vollbracht. / Es ist nicht unser Verdienst, dass die Flagge auf der Klagemauer weht, / auch wenn unsere Kämpfer wie Löwen angegriffen haben. / Nicht sie alleine haben das Löwentor der Altstadt von Jerusalem aufgebrochen. / Nicht sie alleine haben mit Granaten und Messern gekämpft, / einen Krieg von Haus zu Haus, einen Kampf von Angesicht zu Angesicht. / Nicht allein ihr Blut wurde in den steinernen Gassen vergossen. / Nein, mein König, an ihrer Seite marschierte / eine ganze Brigade der Kämpfer Masadas. / Und die heldenhaften und mutigen Männer Bar Kochbas / kämpften an ihrer Seite mit Pfeil und Bogen. / An ihrer Seite marschierten in einer Gruppe, / die durch die Briten Gehängten und die Unabhängigkeitskämpfer, / alle Soldaten der Lechi, der Etzel und der Palmach. / König David sagte zum Generalstabschef: / Dies ist richtig, aber das Schicksal hat dich bestimmt, / Gesandter all der Träume und Gebete, / all der über alles erhabenen Bitten zu sein. / In einem ›Krieg der Söhne des Lichts‹, wie es geschrieben steht in den Schriften, warst du der Beste. / König David stand auf und spielte die Harfe. / Er schaute auf den Generalstabschef und das Licht auf seinem Gesicht. / Und er sang jenes Lied, in dem es heißt: Für den Sieger, für Jitzchak, Lobpreis.«[5]

Auch in weiten Teilen der westlichen Welt wurde der israelische Sieg wohlwollend kommentiert. Die »New York Times« hatte die Soldaten zu Beginn des Waffengangs als »rauchend und singend wie Hemingways Helden beim Beginn des Spanischen Bürgerkrieges« porträtiert,[6] und »Der Spiegel« an dessen Ende geschrieben: »Mit einem Blitzkrieg, der schneller gewonnen wurde als je ein deutscher Sieg, eroberten die Israelis in der vergangenen Woche die Halbinsel Sinai und die ganze Bundesrepublik.«[7] Beim britischen »Economist« zog man mit Blick auf die Niederlage Nassers ebenfalls einen Vergleich zur deutschen Geschichte. »Für die Araber hatte er halbwegs geschafft, was Bismarck 1870 für die Deutschen gelungen war: Er war

---

5   Chajim Chefer, »Hainu ke-Cholmim« [Wir waren wie Träumende, hebr.], in: *Jediot Acharonot*, 9.6.1967, S. 1.
6   James Reston, »Tel Aviv: The Israeli Strategy«, in: *The New York Times*, 9.6.1967, S. 16.
7   N. N., »Blitz und Blut«, in: *Der Spiegel*, Heft 25, 1967, S. 90.

in der Lage, sie für einen Sieg über den gemeinsamen Gegner zu einen«, hieß es in einem Leitartikel. Im Krieg jedoch habe er sich als ein »Möchtegern-Bismarck« erwiesen, »der die Vorbereitungen wie ein Meister händelte – das Ems-Telegramm, die Versammlung der Armeen und all das – nur, um dann in Sedan geschlagen zu werden.«[8]

Die Frage, was mit den eroberten Gebieten geschehen sollte, wurde erstmals am 19. Juni in der vor dem Krieg gebildeten nationalen Einheitsregierung diskutiert. Die Öffentlichkeit war über die Beratungen nicht im Bilde. Die Minister um Levi Eschkol kamen zu dem Schluss, den Gaza-Streifen zu annektieren. Die Sinai-Halbinsel und die Golanhöhen sollten als Faustpfand für Friedensgespräche mit Ägypten und Syrien genutzt werden. In der Frage, wie mit dem Westjordanland verfahren werden sollte, gab es einen Dissens, woraufhin man entschied, sich nicht zu entscheiden. Jerusalem war nicht verhandelbar. Das Kabinett betrachtete den stadtgewordenen Fixpunkt der jüdischen Geschichte als befreit und wiedervereint.[9]

Wenige Wochen später, am 9. Juli, gab das Israelische Philharmonie-Orchester unter der Leitung von Leonard Bernstein ein Konzert im Amphitheater der Hebräischen Universität. Im Publikum auf dem Jerusalemer Scopusberg saßen Ministerpräsident Levi Eschkol, Präsident Salman Schazar und Staatsgründer David Ben-Gurion. In weißer Hose, hellblauem Hemd und mit schwarzer Sonnenbrille dirigierte Bernstein die Zweite Sinfonie von Gustav Mahler. Er wählte die »Auferstehungssinfonie« – für ihn die Hymne der in Israel weitverbreiteten Redewendung »Ain Brerah« (Keine Wahl).[10]

Israel hatte keine andere Wahl, als alle eroberten Gebiete zu behalten und zu besiedeln – davon war auch die »Groß-Israel-Bewegung« überzeugt, die nach dem Sechs-Tage-Krieg gegründet wurde. Zumal nachdem sich die Führer der arabischen Welt vom 28. August bis 2. September in der sudanesischen Hauptstadt Khartum getroffen und auf eine Resolution geeinigt hatten, die drei Kernpunkte beinhaltete: kein Frieden mit Israel, keine Anerkennung Israels und keine Verhandlungen mit Israel. Die Groß-Israel-Bewegung verfasste ein Manifest gegen die Rückgabe der neugewonnenen Territorien, das am 22. September in den Tageszeitungen des

---

8   N.N., »Two Day's Work«, in: *The Economist*, 10.6.1967, CCXXIV/6459, S. 1087.
9   Avi Shlaim, *The Iron Wall. Israel and the Arab World*, London/New York u.a. 2001, S. 251-253.
10 Robert Farren, *A Journey to Jerusalem*. In: SSJFA/000220628.

Landes veröffentlicht wurde. In den zentralen ersten zwei Absätzen dieser Proklamation erklärte sie:

»Das ganze Land Israel ist nun in der Hand des jüdischen Volkes, und so wenig wir das Recht haben, den Staat Israel aufzugeben, so sehr ist uns geboten zu verwirklichen, was wir aus seinen Händen erhalten haben: das Land Israel. Wir sind der Einheit unseres Landes verpflichtet – um der Vergangenheit des Volkes ebenso wie um seiner Zukunft willen, und keine israelische Regierung hat das Recht, diese Einheit aufzugeben.«[11]

Die 72 Gründerväter und -mütter dieser Bewegung kamen aus allen Parteien und Denkschulen, die der Zionismus hervorgebracht hatte. Sie repräsentierten die intellektuelle Elite des Landes. Es war »die vermutlich angesehenste Gruppe, die sich jemals in Israel für eine Sache zusammengetan hat.«[12] Zu ihnen zählten Veteranen des Sicherheitsestablishments wie der erste Generalstabschef der israelischen Armee, Ja'acov Dori, und Isser Harel, der erste Direktor des Auslandsgeheimdienstes »Mossad«, ebenso wie Mosche Tzvi Nerija, ein einflussreicher Rabbiner des national-religiösen Lagers, und Joseph Joel Rivlin, Arabistik-Professor und Vater von Reuven Rivlin, Israels zehntem Präsidenten. Daneben gehörten Tzivia Zuckerman, eine Anführerin des Warschauer Ghettoaufstandes, Rachel Janait Ben-Tzvi, die Prima inta pares der Pionierinnen im Jischuv, und Uzi Feinerman, der Generalsekretär der mächtigen Moschav-Bewegung, dazu. Mit ihrer Unterschrift gaben die Veteranen der zionistischen Bewegungen dem Manifest in den Augen vieler ein Gütesiegel.

Es war vor allem die ideologische Diversität der mehrheitlich säkularen Gruppe, durch die es gelang, mit dem Manifest viele gesellschaftliche Gruppen in Israel anzusprechen. So gab es in der Groß-Israel-Bewegung auf der einen Seite Vertreter der von Wladimir Jabotinsky gegründeten revisionistisch-zionistischen Bewegung. Dazu zählten etwa sein Sohn Ari und Israel Eldad, eine Führungsfigur der radikalen Gruppe Lechi, die vor der Staatsgründung einen Untergrundkrieg gegen die britische Mandatsmacht geführt hatte. Auf der anderen Seite gab es aber auch Vertreter der von Jitzchak Tabenkin als Spiritus rector geführten Vereinigten Kibbutzbewegung. Dessen beide Söhne gehörten ebenso dazu wie Benni Marschak, eine der prägendsten Persönlichkeiten der Palmach, eine Eliteeinheit der (in-)offiziellen jüdischen Untergrundarmee Haganah, die den

---

11 S. hierzu u. a.: *Davar*, 22.9.1967, S. 5.
12 Ehud Sprinzak, *The Ascendance of Israel's Radical Right*, New York/Oxford 1991, S. 39.

Staat maßgeblich erkämpft hatte. Die Vertreter dieser beiden Lager – des revisionistischen einerseits, des arbeiterzionistischen andererseits – und weitere Mitglieder, die kleineren ideologischen Strömungen angehörten, einte nichts, außer dem Glauben daran, dass die Teilung des Landes der Geburtsfehler des Staates gewesen sei. Sie betrachteten sich nicht nur als in der Tradition der Pioniere der zionistischen Bewegungen stehend. Diese Männer und Frauen waren jene Pioniere. Sie waren lebende Legenden. Das Wertefundament dieser Vatikim basierte auf dem prolongierten *spirit* des Jischuvs. Mit dem Sieg im Sechs-Tage-Krieg zogen die einstigen Untergrund- und Unabhängigkeitskämpfer wieder in die Schützengräben, um für ihren Traum von einem Groß-Israel zu kämpfen.

Die Munition der Bewegung waren Worte. In den Reihen der Groß-Israel-Bewegung standen die wichtigsten Schriftsteller und Dichter des Landes. Sie stellten die größte Gruppe innerhalb der Bewegung dar. Neben dem Literaturnobelpreisträger S. J. Agnon gehörten ihr die beiden Antipoden Natan Alterman, der Doyen der arbeiterzionistischen Bewegung, und Uri Tzvi Grinberg, der Dichterfürst der revisionistischen Bewegung, an. Mit Chajim Guri und Mosche Schamir zählten zudem zwei der führenden Vertreter der jüngeren, sogenannten »48-er Generation« zur Groß-Israel-Bewegung. Dies führte bei der Ausformulierung des Manifests zu der paradoxen Situation, dass es zwar von einer »eschatologischen Rhetorik« geprägt war und die Zukunft der eroberten Gebiete zum Inhalt hatte, gleichzeitig aber den aktivistischen Zeitgeist der engagierten Gründerväterprosa und -poesie widerspiegelte.[13]

Trotz alledem gingen die Stimmen, die das Soldatentum nicht glorifizierten und vor den möglichen Gefahren des »siebten Tages« für die israelische Gesellschaft warnten – ergo: vor der dauerhaften Besetzung der eroberten Gebiete – im Jubel nicht unter. Eine dieser Stimmen gehörte Jigal Tumarkin.

Der in Dresden geborene Bildhauer schuf noch 1967 eine mannsgroße Bronzeskulptur, einen toten Soldaten ohne Arme, mit weit aufgerissenem

---

13 Dan Miron, *Noge'a ba-Davar. Masot al-Sifrut, Tarbut ve-Chevrah* [Essays über Literatur, Kultur und Gesellschaft, hebr.], Tel Aviv 1991, S. 378. Für eine Übersicht über die verschiedenen Entwürfe des Manifests s.: Mosche Schamir, *Alterman ke-Manhig* [Alterman als Führer, hebr.], Tel Aviv 1988, S. 165-172. Dieser dem Manifest inhärente *spirit* findet sich auch in vielen weiteren politischen Texten der einzelnen Mitglieder der Groß-Israel-Bewegung, die noch 1967 in einem Sammelband unter dem unzweideutigen Titel *Ha-Kol. Gvulot ha-Schalom schel Eretz Jisrael* [Alles. Die Friedensgrenzen des Landes Israel, hebr.] von Aharon Ben-Ami herausgegeben wurden.

Mund und herausgestreckter Zunge. Sie ist blutrot. Seine Augen sind durch eine Brille verdeckt. Der offene Oberkörper gleicht einem Schlachtfeld. Statt Eingeweiden ragen Gewehrläufe aus dem Bauch, und sein Glied hängt nackt aus der geöffneten Hose. Tumarkin nannte seine Skulptur: »Er ging durch die Felder«,[14] nach dem Titel des wirkmächtigsten Romans und Theaterstücks der Gründerzeit, einer von Mosche Schamir geschaffenen Verschriftlichung des Pionierethos, der seinerseits den Titel als Reminiszenz an das Gedicht »Die dritte Mutter« von Natan Alterman gewählt hatte.[15] Schamir und Alterman waren die treibenden Kräfte hinter der Groß-Israel-Bewegung. Tumarkins Skulptur war somit ein Frontalangriff gegen sie.

Auch Amos Oz, der Verfasser des Tagesbefehls für die »Stählerne Division«, hinterfragte in den Monaten nach dem Krieg ebendiesen. Er avancierte zu einem öffentlichen Intellektuellen. Bereits im August erklärte der Schriftsteller in einem Essay für die Tageszeitung »Davar«: »Wir haben Hebron und Ramallah und al-Arish nicht befreit und wir haben deren Bewohner nicht erlöst.«[16] Daneben besuchte Oz gemeinsam mit dem Historiker Avraham Schapira einige Kibbutzim und befragte dort Soldaten, die gerade erst von den Schlachtfeldern auf ihre Äcker zurückgekehrt waren, nach ihren Gefühlen. Aus den Aufzeichnungen dieser Gespräche machten sie ein Buch. Die erste Auflage wurde bereits im Oktober in den landwirtschaftlichen Siedlungen verteilt. Aufgrund der großen Nachfrage wurde das Buch schließlich im ganzen Land verkauft und avancierte zum Best-

---

14   Esther Levinger/Dalia Manor, »Yigal Tumarkin«, in: Glenda Abramson (Hg.), *Encyclopedia of Modern Jewish Culture*, Bd. 1, London/New York 2005, S. 912-913.
15   S. hierzu: Mosche Schamir, *Hu Halach ba-Sadot* [Er ging durch die Felder, hebr.], Tel Aviv 1968. Sowie: Natan Alterman, »Ha-Em ha-Schlischit« [Die dritte Mutter, hebr.], in: ders., *Kochavim Bachuz. Schirim*, Tel Aviv 1959, S. 115. Die Premiere des Theaterstückes fand im Mai 1948 statt. Die erste Produktion wurde von 172.000 Männern und Frauen in 171 Vorstellungen gesehen, rund einem Drittel der damaligen jüdischen Gesamtbevölkerung. S. hierzu: Yigal Schwartz, *The Zionist Paradox. Hebrew Literature & Identity*, Hanover/London 2014, S. 143. Der Roman erschien zwischen 1948 und 1951 in acht Auflagen. Es wurden 132.000 Exemplare verkauft. S. hierzu: Ezra Spicehandler, »The Fiction of the Generation in the Land«, in: S. Ilan Troen/Noah Lucas (Hgg.), *Israel. The First Decade of Independence*, New York 1995, S. 329. Nach dem Sechs-Tage-Krieg wurde der Roman beziehungsweise das Theaterstück verfilmt. In der Hauptrolle: Assi Dajan, Sohn des damaligen Verteidigungsministers Mosche Dajan. S. hierzu: Mikhal Dekel, »Citizenship and Sacrifice: The Tragic Scheme of Moshe Shamir's *He Walked through the Fields*«, in: *Jewish Social Studies*, 18/3, 2012, S. 197-198.
16   Amos Oz, »Sar ha-Bitachon/Merchav ha-Michija« [Der Verteidigungsminister/Lebensraum, hebr.], in: *Davar*, 22.8.1967, S. 4.

seller: »Der siebte Tag. Soldaten sprechen über den Sechs-Tage-Krieg« verkaufte sich rund 95.000 Mal.[17]

Auch in diesem Buch über den Krieg und darüber, was er mit Menschen macht, findet sich das Motiv, das Tumarkin hinterfragend aufgriff und das der Dynamo der Groß-Israel-Bewegung war – die Pionierideale des Jischuvs. Ein 26-jähriger Kibbutznik erklärte:

»Unsere Generation stand vor vollendeten Tatsachen. Wir kamen auf dem Höhepunkt einer sozialen Revolution hinzu, als all die großartigen Dinge bereits erreicht waren. Es ist schade, dass es einen Krieg brauchte, um dies zu ermöglichen; aber der Krieg gab uns die Chance, uns von diesem Gefühl zu befreien. Wir konnten uns selbst etwas beweisen, konnten etwas schaffen, auf dem gleichen Wege, wie jene vor uns.«[18]

Jigal Tumarkin und Amos Oz sind zwei Beispiele von vielen. Einzig: Den zahlreichen Mahnern und kleinen Gruppen gelang es zu diesem Zeitpunkt nicht, inhaltliche Gräben sowie persönliche Befindlichkeiten zu überwinden und eine große Friedensbewegung zu bilden.[19]

Auch der wachsende internationale Druck auf Israel stärkte ihre Position im Land selbst nicht. Nach dem dreifachen »Nein« von Khartum verhärtete sich die Position der israelischen Regierung. Die Möglichkeit eines Rückzugs zum Status quo ante bellum im Gegenzug für Frieden wurde ausgeschlossen. Stattdessen legte das Kabinett im Geheimen fest, dass ein etwaiges Abkommen mit Ägypten oder Syrien sichere Landesgrenzen beinhalten müsse; wo diese liegen sollten, wurde offengelassen.[20] Ganz öffentlich verabschiedete indes der UN-Sicherheitsrat am 22. November die Resolution 242. Diese verlangte die »Schaffung eines gerechten und dauerhaften Friedens«, forderte die »Freiheit der Schifffahrt auf den internationalen Wegen der Region« und Israel auf, sich aus »besetzten Gebieten« zurückzuziehen.[21] Der erfahrene schwedische Diplomat Gunnar Jarring

---

17 Alon Gan, »The Tanks of Tammuz and The Seventh Day: The Emergence of Opposite Poles of Israeli Identity after the Six Day War«, in: *Journal of Israeli History: Politics, Society, Culture*, 28/2, 2009, S. 159.
18 Henry Near (Hg.), *The Seventh Day. Soldiers' Talk about the Six-Day War. Recorded and Edited by a Group of Young Kibbutz Members*, Harmondsworth/Baltimore u. a. 1971, S. 308.
19 Mordechai Bar-On, *In Pursuit of Peace. A History of the Israeli Peace Movement*, Washington 1996, S. 25-69.
20 Avi Shlaim, *The Iron Wall*, S. 258-259.
21 S. hierzu: Resolution 242 des UN-Sicherheitsrats, 22.11.1967, in: http://www.un.org/depts/german/sr/sr_67/sr242-67.pdf [zuletzt abgerufen am 4.11.2017].

wurde als UN-Sonderbotschafter für den Nahen Osten eingesetzt. Er sollte die Konfliktparteien an den Verhandlungstisch bringen.

Diese Resolution forcierte in weiten Teilen der israelischen Gesellschaft das Gefühl, nicht mit dem gleichen Maß gemessen zu werden wie die arabischen Anrainerstaaten. Der Verdruss war groß. Im Jahr 1968 erschien ein Buch mit dem Titel »Pardon, wir haben gewonnen«, das dieses Gefühl prägnant porträtierte. Neben kurzen Texten des Satirikers Ephraim Kischon fanden sich darin Zeichnungen des Karikaturisten Kariel »Dosch« Gardos, der mit dem Schelm »Srulik« die israelische Nationalfigur der Gründerjahre geschaffen hatte. Auf einer dieser Zeichnungen reitet »Srulik« auf einen Wegweiser zu, der mit dem Wort »Frieden« beschriftet ist. Er feuert sein Pferd mit einem Stock zum Galopp an – es ist ein Schaukelpferd.[22]

---

22 Ephraim Kishon, *Pardon, wir haben gewonnen. Vom Sechstagekrieg bis zur ersten Siegesparade*, aus dem Hebr. übers. v. Friedrich Torberg, München/Wien ²1968, S. 17.

3.2. Apollo 11

»There are no ›secure boundaries‹. Positing defense on fortified lines – the Maginot Line mentality – always failed, from the time of the Chinese Wall and the Roman Lines through the Atlantic Wall of Hitler.«

Jeschajahu Leibowitz, The Territories

»Er, der den Tod sieht, weiß nicht, was er sagen soll. Er tritt zur Seite, lebt weiter, wie jemand, der seinen Weg verloren hat.«

Hanoch Levin, Du und ich und der nächste Krieg
(Uraufgeführt im August 1968)

Am Morgen des 5. Juni 1967 fuhr der deutsche Handelsfrachter »Münsterland« in einem Konvoi mit dreizehn weiteren Schiffen aus aller Welt in den Suezkanal ein. Sie waren zur falschen Zeit am falschen Ort, als der Sechs-Tage-Krieg ausbrach. Ein Passieren war infolge der Kampfhandlungen nicht mehr möglich. Ägypten hatte gezielt Schiffe am Ein- und Ausgang des Kanals versenkt. Der Konvoi musste im Großen Bittersee vor Anker gehen, einem Binnensee innerhalb des Suezkanals.[23]

Gamal Abd al-Nasser wusste um die Bedeutung der internationalen Wasserstraße, von der schon Johann Wolfgang von Goethe geträumt und die der Universalgelehrte Gottfried Wilhelm Leibniz bereits im 17. Jahrhundert in seiner Denkschrift »Consilium Aegyptiacum« dem sogenannten Sonnenkönig Ludwig XIV. vorgeschlagen hatte,[24] ehe Ferdinand de Lesepps das technische Meisterwerk gelungen und der Suezkanal 1869 eröffnet worden war.[25]

Nasser öffnete den Kanal auch nach Ende der Kampfhandlungen im Sommer 1967 nicht. Der Konvoi musste bleiben, wo er war. Im Falle der »Münsterland« lautete die Position im Logbuch: »30 Grad 19,4 Minuten nördlicher Breite, 32 Grad 21,6 Minuten östlicher Länge«.[26] Die Schiffe aus

---

23 Elmar Hess, »Gefangen im Bittersee«, in: *Mare. Die Zeitschrift der Meere*, Heft 40, 2003, S. 58.
24 Johann Peter Eckermann, *Gespräche mit Goethe in den letzten Jahren seines Lebens. Dritter Theil*, Magdeburg 1848, S. 120. Und: Gottfried Wilhelm Leibniz, »Consilium Aegyptiacum«, in: ders., *Sämtliche Schriften und Briefe*, hg. v. Zentralinst. f. Philosophie a.d. Akademie d. Wissenschaften d. DDR, vierte Reihe, Politische Schriften, Bd. 1, Berlin ³1983, S. 217-410.
25 Zachary Karabell, *Parting the Desert. The Creation of the Suez Canal*, New York 2003, S. 249-253.
26 N.N., »Fett wird hier keiner«, in: *Der Spiegel*, Heft 36, 1968, S. 98.

Deutschland, England, Frankreich und den USA, aus Schweden, Polen, Bulgarien und der Tschechoslowakei waren gefangen im Großen Bittersee. Die Verpflegung erfolgte durch ägyptische Händler, die Lebensmittel und Getränke auf einem Boot an Bord brachten, und durch die Ladungen auf den Schiffen selbst. Allein im Frachtraum der »Münsterland« befanden sich 40 Tonnen Gefrierfleisch, sechs Tonnen Weintrauben und vier Tonnen Butter.[27] Wie lange dieser Zustand anhalten würde, wusste niemand. Der Kontakt mit der Außenwelt war eingeschränkt. Ägypten hatte die Funkräume verplombt. Wenn die Mannschaften mit ihren Reedereien oder Familien kommunizieren wollten, mussten sie eine gelbe Flagge hissen, anschließend kam ein ägyptisches Boot, um die Mitteilungen entgegenzunehmen. Da die Männer keine Briefmarken hatten, malten sie diese selbst.[28]

Um sich in dieser kafkaesken Situation gegenseitig zu unterstützen, schlossen sich die Schiffsbesatzungen aus Ost und West mitten im Kalten Krieg zur »GBLA« zusammen, zur »Great Bitter Lake Association«. Die »GBLA« verfügte über eine eigene blau-weiß-blaue Flagge, auf der ein goldener Anker und die Zahl 14 abgebildet waren. Sie veranstaltete Rettungsboot-Regattas, BBQ-Partys mit Hai-Steaks und 1968, parallel zur Sommerolympiade in Mexiko, ein eigenes Sportturnier mit 14 Disziplinen, darunter Tauziehen, Gewichtheben und Langstreckenschwimmen. Die erste Goldmedaille, die sich Deutschland während dieser Suez-Spiele sicherte, war – im Angeln. England ging beim Fußballwettbewerb als Sieger von Bord. Die polnische Manschaft holte sich den Gesamtsieg des Turniers.[29]

Auch am Ende des Jahres 1968 lagen noch alle 14 Schiffe im Großen Bittersee. Insgesamt sollten es acht Jahre werden. Erst 1975 öffnete Ägypten den Suezkanal wieder. Die Situation war für die Besatzungen zermürbend und spiegelte die Lage an Land wider. Auf den Sechs-Tage-Krieg folgte der sogenannte Abnutzungskrieg. Es war der bis dato längste Krieg in der Geschichte Israels. Er wurde ab 1968 an zwei Fronten ausgetragen – entlang der Grenze zu Jordanien und auf dem Sinai entlang des Suezkanals. Auf der ägyptischen Seite war man zu der Auffassung gekommen, dass ein konventioneller Krieg gegen Israel nicht zur Rückeroberung der Halbinsel führen würde. Deshalb setzte man auf eine Sitzkrieg-Strategie und Kommandounternehmen, die psychologische Wirkungstreffer erzielen und die israelische Gesellschaft wie eine still schwelende Glut zermürben sollten.

---

27 N.N., »Fett wird hier keiner«, S. 97.
28 Jens Arndt/Fayd Jungnickel, *Gefangen im Bittersee – Schiffsfalle Suez*, Mainz 2010.
29 Ebd.

»Israel, ein Staat, der in seinen Tageszeitungen Fotos und Biographien eines jeden Soldaten, der im Kampf gefallen ist, auf Seite eins veröffentlicht«, so Nasser, »wird kaum mit der Situation eines Abnutzungskrieges zurechtkommen.«[30]

Um die Halbinsel vor Angriffen zu schützen, war bereits wenige Monate nach Ende des Sechs-Tage-Krieges damit begonnen worden, Verteidigungsposten am Suezkanal zu errichten. Entlang der sogenannten »Bar-Lev-Linie« – benannt nach dem damaligen israelischen Generalstabschef Chajim Bar-Lev – entstanden in einem Abstand von zehn Kilometern 35 befestigte Stellungen, die von Landminen und Stacheldraht umgeben waren. Am Ufer wurden zudem 20 Meter hohe Sandwälle in einem 45-Grad-Winkel aufgetürmt.[31] Die Bunker waren zusätzlich mit Stahlbalken verkleidet, die Artilleriebeschuss standhielten. Diese stammten aus den Trassen der alten, noch vom British Empire errichteten Sinai-Bahn, die seit dem Sechs-Tage-Krieg nicht mehr im Betrieb war.[32] Mit diesem Bollwerk wollte Israel den Sinai versiegeln.

Der Ägyptologe Heinrich Brugsch hatte im 19. Jahrhundert nach einer Reise entlang des Suezkanals begeistert geschrieben, man habe »das Vergnügen bald Asien hüben, bald Afrika drüben zu begrüßen.«[33] Nun lagen sich dort die verfeindeten Armeen gegenüber und warteten auf den nächsten Artillerieangriff oder einen Überfall von Kommandotruppen der jeweils anderen Seite. Eine solche Aktion fand in der Nacht des 19. Juli 1969 statt: Israelische Spezialeinheiten stürmten als Vergeltung für einen vorausgegangenen ägyptischen Angriff eine Stellung, die sich auf der im Norden der Bucht von Suez gelegenen »Grünen Insel« befand.[34] Es war

---

30 Zitiert nach: Dan Schueftan, *Hatascha: Ha-Estrategia ha-Medinit schel Mizrajim ha-Nazerit be-Ekvot Milchemet Scheschet ha-Jamim 1967* [Abnutzung: Die politische Strategie des nasseristischen Ägyptens nach dem Sechs-Tage-Krieg 1967, hebr.], Tel Aviv 1989, S. 104.
31 Eyal Weizman, *Sperrzonen. Israels Architektur der Besatzung*, aus dem Engl. übers. v. Sophia Deeg u. Tashy Endres, Hamburg 2009, S. 69.
32 Die sogenannte »Sinai-Bahn« wurde während des Ersten Weltkrieges vom British Empire begonnen und später von Ägypten fortgeführt. Bis 1967 existierte eine Strecke zwischen Kantara und Rafach mit zahlreichen Stationen. Daneben gab es eine 112 Kilometer lange Bahnstrecke, die entlang des Suezkanals von Kantara bis nach al-Shatt am Südende des Kanals reichte. S. hierzu: Walther Rothschild, *Arthur Kirby and the Last Years of Palestine Railways. 1945-1948*, Berlin 2009, 2Diii-2Div.
33 Heinrich Brugsch, *Wanderung nach den Türkis-Minen und der Sinai-Halbinsel*, Leipzig 1866, S. 21.
34 Avi Kober, *Israel's War of Attrition. Attrition Challenges to Democratic States*, London/New York 2009, S. 137.

keine Nacht wie jede andere: Am 19. Juli war die Apollo 11 in den Weiten des Weltalls unterwegs, um die ersten Menschen auf den Mond zu bringen und erreichte eine Mondumlaufbahn. Die Astronauten um Neil Armstrong hatten Botschaften von 74 Nationen im Gepäck. Israels Präsident Salman Schazar hatte auf Englisch und Hebräisch Psalm 72:7 zum Mond geschickt: »Die Gerechtigkeit blühe auf in seinen Tagen und großer Friede, bis der Mond nicht mehr da ist.«[35]

Die Mondlandung glückte kurze Zeit später. Ein Frieden am Suezkanal blieb indes auch danach in scheinbar unerreichbarer Ferne. »Taktisch war jeder Angriff brillanter als der davor«, konstatiert der Militärhistoriker Martin van Creveld. »Aber keiner war auch nur annähernd effektiv genug, um die Ägypter zur Aufgabe zu bewegen.«[36] Auch die systematischen israelischen Angriffe auf die am Suezkanal gelegenen urbanen Zentren Ismailia, Kantara und Suez, die diese in Geisterstädte verwandelten, änderten daran nichts.[37]

Die beiden Konfliktparteien richteten sich an der Kanalfront ein. Zwar war die räumliche Distanz zwischen den Stellungen im Sinai und dem israelischen Kernland groß, doch auch dort war der Krieg stets präsent. So gab es etwa in dem Jugendmagazin »Unser Land« eine Rubrik, die mit »Die Verluste dieser Woche« betitelt war. Durch ebendiesen Verweis wurde die jugendliche Leserschaft darauf vorbereitet, dass es auch in »dieser Woche« Tote und Verwundete geben würde, so wie es bereits in der Woche davor Verluste gegeben hatte und vermutlich auch in der Woche danach Gefallene geben würde. Durch diese wöchentliche Wiederholung spiegelte die Rubrik den nationalen psychologischen Ausnahmezustand.[38] Es war wiederum der Satiriker Ephraim Kischon, der das vorherrschende Gefühl im Land bissig auf den Punkt brachte. Er schrieb in jenen Jahren eine Kolumne, die sowohl in der Tageszeitung »Maariv« als auch in der »Jerusalem Post« erschien. Im August 1969 notierte er:

---

35 Jewish Telegraph Agency, »Rabin to Attend Moon Flight Launching; Astronaut Will Carry Psalm from Shazar«, 9.7.1969, in: http://archive.jta.org/1969/07/09/archive/rabin-to-attend-moon-flight-launching-astronauts-will-carry-psalm-from-shazar?_ga=1.14427249.732935569.1480249484 [zuletzt abgerufen am 4.11.2017].
36 Martin van Creveld, *The Sword and the Olive. A Critical History of the Israeli Defense Force*, New York 1998, S. 213.
37 David A. Korn, *Stalemate. The War of Attrition and Great Power Diplomacy in the Middle East, 1967-1970*, Boulder/San Francisco u. a. 1992, S. 208.
38 Dalia Gavriely-Nuri, *Israeli Culture on the Road to the Yom Kippur War*, Lanham/New York/Toronto u. a. 2014, S. 78.

»Wir geben alle Verluste bekannt, jeden Lkw, der über eine Mine fährt. Das ägyptische Oberkommando hingegen hat Jossi Banais Verteidigungsstrategie übernommen. Dieser herausragende Künstler wendet sich nach einer Premiere mit den folgenden Worten an jeden Gast im Umkleideraum: ›Leute, ich möchte nur Lob hören! Jeder, der daran denkt, mein Schauspiel zu kritisieren – raus!‹ Und Jossi kommt nach jeder Premiere glücklich und in exzellenter Laune nach Hause. So ist es auch beim ägyptischen Oberkommando. Wenn bei einem ihrer Angriffe 19 ägyptische Soldaten getötet werden und ein israelischer Zivilist verletzt wird, verkünden sie: 91 israelische Soldaten wurden getötet. Unsere Einheit hat drei verwundetete Zivilisten. Wenn wir, so Gott will, 39 ägyptische Flugzeuge abschießen und eines verlieren, erklären die Ägypter öffentlich: Wir haben die israelischen Luftstreitkräfte zerstört und wahrscheinlich noch vier weitere Flugzeuge beschädigt. Unsere Piloten, tatsächlich einer mehr als beim Start, sind sicher zur Basis zurückgekehrt. Und Ägypten jubelt und tanzt in den Straßen und dankt Gott für die großartigen Neuigkeiten. Wir Israelis schauen bemitleidend auf sie herab, die Überlegenheitsgefühle sind aber in keiner Weise gerechtfertigt.«[39]

Doch die festgefahrene Situation auf dem Sinai schadete der Regierung nicht. Nach dem Tod von Ministerpräsident Levi Eschkol im Februar 1969 führte Golda Meir den arbeiterzionistischen Parteien-Block Ma'arach bei den Parlamentswahlen im Oktober desselben Jahres zu einem Wahlsieg. Die linken Pioniere an der Spitze einer Einheitsregierung lehnten im Dezember 1969, ebenso wie Ägypten, den »Rogers-Plan« ab. Dieser war nach William Rogers benannt, der nach der Wahl Richard Nixons zum US-Präsidenten amerikanischer Außenminister geworden war. Er unternahm nach dem Scheitern der UN-Mission von Gunnar Jarring einen weiteren Versuch, auf der Basis der UN-Resolution 242 einen Frieden zu vermitteln.[40]

Nach Ablehnung dieses Plans durch die beiden Konfliktparteien eskalierte der Abnutzungskrieg. Israel hatte bis dato seine Luftstreitkräfte als »fliegende Artillerie« entlang des Suezkanals eingesetzt und sich nun dazu entschlossen, Stellungen im ägyptischen Hinterland strategisch zu bombardieren. Am 7. Januar 1970 begannen die Angriffe mit aus US-Produk-

---

39 Ephraim Kishon, »I Envy the Egyptians«, in: *Jerusalem Post International Edition*, 21.9.1969, S. 6.
40 Avi Shlaim, *Iron Wall*, S. 209-291.

tion stammenden Phantombombern gegen Ägypten.⁴¹ In den Augen der Sowjetunion war das eine Provokation.

Auch an der Heimatfront gab es eine Provokation. Verantwortlich dafür war der Dramatiker Hanoch Levin. Er forderte die israelische Regierung, Armee und Gesellschaft immer wieder kunstvoll und kompromisslos mit seinen Satiren und Stücken heraus. Im April, während viele Israelis mit Unbehagen die Ereignisse am Suezkanal verfolgten, wurde sein Kabarettstück »Die Königin der Badewanne« im Cameri-Theater von Tel Aviv uraufgeführt. Es war eine Anklage: Auf der Anklagebank saßen die Väter des Krieges, die Generation der Pioniere. Die Kläger waren ihre Söhne, die Soldaten des Sechs-Tage-Krieges und des Abnutzungskrieges. In dieses Stück baute Hanoch Levin ein Gedicht ein, das thematisch um die biblische Opferung Isaaks durch seinen Vater Abraham kreist:

»Lieber Vater, wenn du an meinem Grabe stehst, / alt, müde und sehr einsam, / wirst du sehen, wie man meinen Körper mit Staub bedeckt, / wirst über mir stehen, Vater. / Steh dann nicht so stolz / und hebe nicht dein Haupt, Vater, / wir sind Fleisch gegenüber Fleisch / es ist die Zeit zu weinen, Vater. / Lasse deine Augen über meinen weinen, / schweige nicht mir zu Ehren, / Etwas, das wichtiger als die Ehre war, / liegt jetzt zu deinen Füßen, Vater. / Und sage nicht, du hättest ein Opfer gebracht, / denn ich war es, der das Opfer darbrachte, / sprich keine erhabenen Wörter, / denn ich bin schon tief unten, Vater. / Lieber Vater, wenn du an meinem Grab stehst, / alt, müde und sehr einsam, / wirst du sehen, wie man meinen Körper mit Staub bedeckt, / bitte mich dann um Verzeihung, Vater.«⁴²

Dieses Gedicht kam einem Sakrileg gleich. Das Stück führte zu stürmischen Auseinandersetzungen, sowohl rhetorisch in den Feuilletons des Landes als auch real im Theaterraum selbst. Das Cameri-Theater musste aufgrund des

---

41 Yaacov Bar-Siman-Tov, »Thy Myth of Strategic Bombing: Israeli Deep-Penetration Air Raids in the War of Attrition, 1969-1970«, in: *Journal of Contemporary History*, 19/3, 1984, S. 550-556.
42 Hanoch Levin, *Ma Ichpat la-Zippor* [Was kümmert es den Vogel, hebr.], Tel Aviv 1987, S. 92. Die deutsche Übersetzung folgt Christina Mulolli und entstammt dem folgenden Aufsatz: Ruth Kartun-Blum, »Isaaks Schrecken: Der Mythos der Opferung in der hebräischen Dichtung«, in: Anat Feinberg (Hg.), *Moderne hebräische Literatur*, München 2005, S. 71.

öffentlichen Drucks das Werk von Hanoch Levin nach 19 Vorführungen absetzen.[43]

Nicht ab, sondern aus setzte Israel seine als *game changer* gedachten Flüge ins ägyptische Hinterland am 13. April. Ägypten hatte nicht nachgegeben, sondern die Sowjetunion um militärische Hilfe ersucht. Im Frühjahr 1970 schickte Moskau daraufhin eine kleine Armee an den Nil: 10.000 Soldaten, darunter zwei Kampffliegerregimente und Mannschaften für die Bedienung von Flugabwehrraketensystemen. Die Sowjetunion wollte mit der Operation »Kaukasus« ein deutliches Zeichen an die USA senden, die Israel die Phantombomber geliefert hatten. Israel stoppte infolge der Stationierung seine Angriffe auf das ägyptische Hinterland. Am Suezkanal gingen die Gefechte jedoch weiter, bis israelische Piloten am 30. Juni fünf MIGs bei einem Luftkampf abschossen, die von sowjetischen Soldaten geflogen wurden.[44]

Diese gefährliche Eskalation des Konflikts rief abermals William Rogers auf den Plan. Er schlug den »Rogers B-Plan« vor, der aus vier Kernpunkten bestand: einer dreimonatigen Feuerpause, der Anerkennung der UN-Resolution 242 durch Ägypten, Israel und Jordanien sowie der Zusage, dass diese drei Länder unter Vermittlung des UN-Sondergesandten Gunnar Jarring Verhandlungen aufnehmen sollten. Zudem sollte es weder Ägypten noch Israel erlaubt sein, während der dreimonatigen Feuerpause ihre jeweiligen Raketensysteme näher an das jeweilige Ufer des Suezkanals zu verlegen. Die israelische Einheitsregierung stimmte dem Plan auf Drängen der USA zu. Aus Protest gegen diesen Schritt verließen einige Minister des freiheitlich-liberalen Gachal-Blocks, darunter Menachem Begin, das Kabinett der nationalen Einheitsregierung von Golda Meir. Die Feuerpause entlang des Kanals trat am 7. August in Kraft – und Ägypten verlegte mit sowjetischer Hilfe noch am gleichen Tag Raketen an das Kanalufer. Israel reagierte darauf mit der Absage der avisierten Verhandlungen.[45]

Der Abnutzungskrieg war zwar im August zu einem Ende gekommen, der Konflikt aber blieb damit auch im dritten Sommer nach dem Sechs-Tage-Krieg ungelöst. Am 28. September 1970 starb Gamal Abd al-Nasser an einem Herzinfarkt. Anwar al-Sadat wurde sein Nachfolger. Auch nach

---

43 S. hierzu: Nurit Yaari, »Life as a Lost Battle: The Theater of Hanoch Levin«, in: Linda Ben-Zvi (Hg.), *Theater in Israel*, Ann Arbor 1996, S. 151-172.
44 Dima P. Adamsky, »How American and Israeli Intelligence Failed to Estimate the Soviet Intervention in the War of Attrition«, in: Nigel J. Ashton (Hg.), *The Cold War in the Middle East. Regional Conflict and the Superpowers 1967-73*, London/New York 2007, S. 113-114.
45 Avi Shlaim, *Iron Wall*, S. 293-294.

seiner Machtübernahme wurden unter der Vermittlung von Gunnar Jarring und später der US-Administration eine Vielzahl indirekter Gespräche zwischen Israel und Ägypten geführt, Vorschläge und Gegenvorschläge formuliert, Positionen eingenommen, revidiert und wieder eingenommen, ein Friedensvertrag oder ein Interimsabkommen kam jedoch bis Ende des Jahres 1973 nicht zustande.[46]

In diesem Jahr feierte Israel seine 25-jährige Existenz. In einem Essay fasste Golda Meir in jenem Frühling ihre Position wie folgt zusammen: »Totaler Frieden wäre ein weit konstruktiverer Slogan als vollkommener Rückzug.«[47] Dieser Beitrag für das Magazin »Foreign Affairs« war eine direkte Replik auf einen Aufsatz, den Anwar al-Sadat an gleicher Stelle zwei Ausgaben zuvor veröffentlicht und in dem er geschrieben hatte: »Unser Motto enthält kein ›Delenda est Carthago‹. Wir streben nicht danach, zu erobern und zu zerstören.«[48] Im Oktober 1973 brach der Jom-Kippur-Krieg aus.

---

46 S. hierzu: Ronald Ranta, *The Wasted Decade. Israel's Policies towards the Occupied Territories 1967-1977*, London 2009, S. 159-202 [unveröffentlichte Dissetation, UCL London]. S. hierzu außerdem: Moshe Gat, *In Search of a Peace Settlement. Egypt and Israel between the Wars, 1967-1973*, New York 2012.

47 Golda Meir, »Israel in Search of a Lasting Peace«, in: *Foreign Affairs*, 51/3, 1973, S. 458.

48 Anwar al-Sadat, »Where Egypt Stands«, in: *Foreign Affairs*, 51/1, 1972, S. 121.

4. Altneuland

4.1. Bauern in Uniform

> »Die Mythen leben nicht aus sich selbst. Sie warten darauf, dass wir sie verkörpern.«
>
> *Albert Camus, Heimkehr nach Tipasa*

> »Ta-ben-kin! Drei proletarische Hammerschläge, wie Schal-ja-pin, wie Bul-ga-nin!«
>
> *Amos Oz, Geschichten aus Tel Ilan*

> »Einmal hatte die Stadt Ramat Gan eine feierliche Baumpflanzung am Neujahrsfest der Bäume veranstaltet. Der erste, schon alte Bürgermeister, Abraham Krenizi, stand vor tausend Kleinen aus allen Kindergärten, jedes Kind mit einem Setzling in der Hand. Auch der Bürgermeister hielt ein junges Bäumchen. Er hatte die Aufgabe, den Kindern eine Rede zu halten, wußte aber nicht, was er sagen sollte. Plötzlich entrang sich ihm aus tiefstem Herzen eine Ansprache von einem – stark russisch gefärbten – Satz: ›Liebste Kinderlein, ihr seid die Bäume, und wir sind der Dünger.‹«
>
> *Amos Oz, Der dritte Zustand*

Mosche Schamir war überwältigt, als er nach dem Sechs-Tage-Krieg am Suezkanal stand und auf die Sinai-Halbinsel blickte. »Dies ist der erste Anblick, der sich den Sklaven bot, nachdem sich das Meer hinter ihnen geschlossen und die Armee des Pharaos sowie seine Streitwagen verschluckt hatte«, schrieb er. Der Sinai war für den Schriftsteller und Dramatiker, dessen Œuvre seit den Gründerjahren des Staates zum (arbeiter-)zionistischen Literaturkanon gehörte, jedoch weit mehr als eine rein biblische »Grenze zwischen Sklaverei und Freiheit«, die von den Israeliten bei ihrem Auszug aus Ägypten überquert worden war. Der prominente Anhänger der Groß-Israel-Bewegung betrachtete die Halbinsel als integralen Teil des Landes und Staates Israel. »Wenn du Ägypten den Rücken zudrehst und nach Osten blickst, Richtung Asien«, schrieb er, »fühlst du, dass hier dein Land beginnt. Von hier aus führt es weiter, aufsteigend, windet sich, absteigend, oder verengt sich auch; von hier, vom Klima der Sahara bis hin zum Gipfel des Hermon, bis zu alpinem Klima.«[1]

Auf seiner Reise über die Sinai-Halbinsel fuhr Mosche Schamir vom Suezkanal aus nach Norden bis an den Gaza-Streifen. Er wählte dafür die jahrtausendealte Küstenstraße entlang des Mittelmeeres. Als er zur Barda-

---

1 Moshe Shamir, *My Life with Ishmael*, London 1970, S. 117.

wil-Lagune kam, fand er weder den »sagenhaft tiefen See« Diodors noch die von Theodor Herzl erträumte Hafenstadt vor (s. Kap. 2). Der 650 Quadratkilometer große sumpfige Salzsee voller Fische und Kiesalgen, Würmer der Augeneriella-lagunari-Gattung und Mücken der Cricotopus-mediterraneus-Art war an seinen tiefsten Stellen nur eineinhalb Meter tief,[2] an seinem Ufer standen rund zwei Dutzend Holzhütten. Es war das Nachal Jam, ein Dorf der israelischen Armee.[3]

Das Wort Nachal ist ein Akronym und steht für »Kämpfende Pionierjugend«. Die Nachal-Einheiten sollten Fußtruppe und ideologische Speerspitze des israelischen Staates sein. Die jungen Männer und Frauen, die den Nachal-Einheiten angehörten, absolvierten eine militärische Grundausbildung und erlernten die Grundregeln der Landwirtschaft. Die Idee zur Schaffung einer solchen Einheit hatte David Ben-Gurion zur Zeit der Staatsgründung gehabt. Der Esprit de Corps, der in den Nachal-Einheiten vorherrschte und den diese verkörpern sollten, reichte jedoch noch weiter zurück. Er wurzelte im Jischuv – genauer: im Kibbutz Ein Harod, dem Ort, »an dem alles begann« und der »in die Psyche jedes Israelis eingebrannt« ist.[4]

Ein Harod liegt im Norden Israels, am Fuße des »elefantenförmigen Berg Gilboa«.[5] Es wurde 1921 von Mitgliedern der nach Joseph Trumpeldor (s. Kap. 8.1) benannten »Arbeiterbrigade« gegründet.[6] Diese Pioniere waren die Baumeister des Jischuvs. Eine säkulare »Aristokratie in Lumpen«,[7] die zwar zu keinem Zeitpunkt mehr als 700 Mitglieder zählte und doch erst »die palästinensische Arbeiterschaft, dann die zionistische Bewegung und schließlich den Staat Israel« beherrschte.[8] Sie zogen durch das Land, um zu bauen und erbaut zu werden. Dabei trugen die »Enkel Dostojewskis und Neffen Brenners«[9] das Banner der »Hebräischen Arbeit« wie eine marxistische Monstranz vor sich her. Es war das einflussreichste Ideal jener Jahre

---

2 Francis Dov Por, *Lessepsian Migration. The Influx of Red Sea Biota into the Mediterranean by Way of the Suez Canal*, Berlin/Heidelberg u. a. 1978, S. 34-36.
3 Mordechai Naor (Hg.), *Album ha-Nachal* [Das Nachal-Album, hebr.], Tel Aviv 1971, o. S.
4 Ari Shavit, *Mein Gelobtes Land*, aus dem Amerikan. übers. v. Michael Müller, München 2015, S. 54.
5 Erich Gottgetreu, *Das Land der Söhne. Palästina nahe gerückt*, Wien 1934, S. 8.
6 Anita Shapira, »Gedud ha-Avoda: A Dream that Failed«, in: *Jerusalem Quarterly*, Heft 30, 1984, S. 62-69.
7 Amos Elon, *Die Israelis*, S. 163-164.
8 Walter Laqueur, *Der Weg zum Staat Israel. Geschichte des Zionismus*, Wien 1972, S. 331.
9 Ebd., S. 313.

gewesen, eines, das zahllose (Vor-)Denker der zionistischen Bewegung wortreich beschrieben und beschworen hatten, vor allem das arbeiterzionistische Triumvirat Nachman Syrkin,[10] Ber Borochov[11] und Aaron David Gordon.[12]

Syrkin hatte bereits 1898 öffentlich erklärt: »Wenn der jüdische Staat Wirklichkeit werden soll, muss es ein sozialistischer sein.«[13] Die Juden, die nach Palästina aufbrechen würden, sollten dort als Arbeiter in landwirtschaftlichen Kooperativen leben. Der Sozialist hatte dies als die beste sozialistisch-zionistische Lebensform betrachtet, als eine Möglichkeit, »gänzlich befreit zu werden vom Gegensatz zwischen dem Grundbesitzer und dem Arbeiter, zwischen Boaz dem Kolonisten [der biblischen Figur, Anm. d. Verf.] und dem kanaanitischen oder hebräischen Sklaven, zwischen dem Ausbeuter und dem Ausgebeuteten.«[14]

Auch Ber Borochov war davon überzeugt gewesen, dass ein jüdischer Staat nur durch »Hebräische Arbeit« errichtet werden dürfe. Der Marxist hatte erklärt, eine Gesellschaft bestehe aus Arbeitern, die das Fundament einer ökonomischen Pyramide bildeten. In der Diaspora hätten die Juden diese Funktion jedoch nicht ausgefüllt, sondern eine umgekehrte Pyramide gebildet und seien dadurch über die Jahrhunderte hinweg zum Spielball fremder Mächte geworden. In Palästina würde sich das ändern, hatte Borochov geglaubt, und eine jüdische Arbeiterklasse würde entstehen. Vor diesem Hintergrund hatte er 1906 konstatiert: »Der Zionismus kann nur dann verwirklicht werden, wenn der proletarische Zionismus verwirklicht wird.«[15]

Aaron David Gordon schließlich hatte die Arbeit auf den Feldern, die ihm die Welt bedeuteten, als Religion betrachtet. Er war zu Beginn des 20. Jahrhunderts mit fast fünfzig Jahren nach Palästina ausgewandert und hatte dort – im Gegensatz zu Syrkin und Borochov – als einfacher Landarbeiter gearbeitet. In einem seiner vielen Aufsätze hatte Gordon 1920 erklärt: »Wir, die entwurzelt wurden, müssen zuerst das Erdreich kennenler-

---

10   Shlomo Avineri, *Profile des Zionismus. Die geistigen Ursprünge des Staates Israel*, S. 150-164.
11   Ebd., S. 165-176.
12   Ebd., S. 177-186.
13   Nachman Syrkin, *Essays on Socialist Zionism*, New York 1935, S. 28.
14   Nachman Syrkin zitiert nach: Zeev Sternhell, *The Founding Myths of Israel. Nationalism, Socialism, and the Making of the Jewish State*, Princeton/Chichester 1998, S. 102.
15   Ber Borokhov, »Our Platform«, in: Mitchell Cohen (Hg.), *Class Struggle and the Jewish Nation. Selected Essays in Marxist Zionism*, New York/London 1984, S. 85.

nen und es für unsere Umpflanzung aufbereiten. Wir müssen das Klima beobachten, in dem wir wachsen und produzieren werden.«[16] Aufgrund seiner Worte und Taten war Gordon von vielen der wesentlich jüngeren Chalutzim – auf Deutsch: Pioniere – fasziniert bewundert worden und zu ihrem »Guru« avanciert,[17] ehe er bei seinem Tod im Jahr 1922 von der arbeiterzionistischen Bewegung als »eine Mischung zwischen Baal Schem Tov und Tolstoi« gepriesen wurde.[18]

In jenem Jahr reiste der Romancier und Essayist Arthur Holitscher nach Palästina. Er kam dabei auch in das arabische Dorf Nuris am Berg Gilboa. »Alte Namen steigen auf«, schrieb er, »es ist die Ebene des Armageddon, der völkermordenden Schlacht; Sunem verbirgt sich in den Ausläufern des Gilboagebirges, das zu Basan gehört, dem Fürstentum Ogs. Hier entspringt aus tiefer Felsengrotte die Goliathquelle, ihr Wasser zieht sich in reglos sumpfigem Gelände durch das ganze Gebiet Nuris. Sechs Reihen Zelte erheben sich vor der Goliathquelle; hundertundzwanzig Menschen leben dort.« In diesen Zelten lebten die Mitglieder der »Arbeiterbrigade« und unternahmen den Versuch, die Visionen von Syrkin, Borochov und Gordon zu verwirklichen. »An der Quelle waschen junge Mädchen die Wäsche der Hundertzwanzig. In modischen Schuhen und engen Röcken, die noch aus Lodz, Odessa, München herübergebracht wurden, trippeln sie über die spitzen Steine, knien an trocknen Stellen nieder und bearbeiten die Hemden und Hosen mit breiten Klöppeln«, porträtierte Holitscher die Pioniere. »Im Bach, der aus der Grotte fließt und sich zum Sumpf verbreitet«, so Holitscher weiter, »stehen, bis an den Gürtel nackt, junge Männer mit Spaten, die glänzende Haut bronzen gebeizt von der prallen Sonne«, während ein »Cowboy, wunderbarer brauner Junge, in Khakihemd, Rauhreiterhut, Lederhosen« um die »Heimat der jüdischen Arbeiterarmee« ritt.[19]

Dass Ein Harod, in dem 1923 neben 122 Milchkühen nur 229 Menschen lebten,[20] sich im Jischuv in den folgenden Jahren zur Herzkammer des Arbeiterzionismus entwickelte, war der Verdienst eines Mannes: Jitzchak Ta-

16 Aaron David Gordon, *Erlösung durch Arbeit*, aus dem Hebr. übers. v. Victor Kellner, Berlin 1929, S. 106.
17 Eric Zakim, *To Build and Be Built. Landscape, Literature and the Construction of Zionist Identity*, Philadelphia 2006, S. 55.
18 Alon Tal, *Pollution in a Promised Land. An Environmental History of Israel*, Berkeley/Los Angeles u. a. 2002, S. 22.
19 Arthur Holitscher, *Reise durch das jüdische Palästina*, Berlin 1922, S. 46-48. Zur Geschichte von Ein Harod s. außerdem: Henry Near, *The Kibbutz Movement. A History. Origins and Growth 1909-1939*, Bd. 1, Oxford/Portland 2007.
20 J. Ettinger, *Jewish Nuris. How the Keren Hayesod is Populating Historic Rural Districts in Palestine*, London 1925, S. 11.

benkin. Er war eine Art roter Rabbiner des Kibbutzes. Während Nachman Syrkin, Ber Borochov und Aaron David Gordon die (Vor-)Denker des Arbeiterzionismus gewesen waren, waren Jitzchak Tabenkin, David Ben-Gurion und Berl Katznelson die unumstrittenen Anführer während dieser Belle Époque des Arbeiterzionismus. Berl Katznelson hat »keine geordnete Dogmenlehre« hinterlassen.²¹ Tabenkin und Ben-Gurion vertraten indes zwei Denkschulen innerhalb des Arbeiterzionismus, deren Streitigkeiten mit jenen in den »Klöstern von Byzanz nach dem Konzil von Nicäa« verglichen worden sind.²² Wenn Ben-Gurion einen Staatsfetisch gehabt hat, dann hat Tabenkin einen Landfetisch gehabt.

Die Weltanschauung von Jitzchak Tabenkin war ein Ideenamalgam, so transparent wie Milchglas.²³ Eines aber hat der Spiritus rector der Vereinigten Kibbutzbewegung stets klar und deutlich betont: Er wollte Palästina landauf, landab besiedeln und in eine große zionistische Kommune verwandeln, in der die zionistischen Proletarier durch »Hebräische Arbeit« sich und seinen Pionier(t)raum verwirklichen sollten.²⁴ Für ihn war das Land heilig, seine Teilung ein Sakrileg.²⁵ Dieses Denken hat der Schriftsteller A. B. Jehoschua mit folgenden Worten pointiert zusammengefasst: »Im Kibbutz Ein Harod haben sie die Lichter ausgemacht, als das UN-Teilungsvotum verkündet wurde – aus Trauer.«²⁶

Für David Ben-Gurion hat im Gegensatz zu Tabenkin die Gründung des Staates Israel stets Vorrang vor der Unteilbarkeit des Landes gehabt. Deshalb akzeptierte er bereits im Sommer 1937, ein Jahrzehnt vor der Abstimmung der Vereinten Nationen, den von der britischen Peel-Kommission vorgelegten Teilungsplan, der den jüdischen Staat auf Galiläa und die Küstenebene reduziert hätte – ein Gebiet »in etwa vergleichbar mit der Fläche, die London und Oxford von Cambridge trennt.«²⁷

---

21 Anita Shapira, *Berl Katznelson. Ein sozialistischer Zionist*, aus dem Hebr. übers. v. Leo u. Marianne Koppel, Frankfurt a. M. 1988, S. 421.
22 Karl Loewy, »Kibbuzim«, in: *Neue Wege*, 48/3-4, 1954, S. 134.
23 Yehuda Harell, *Tabenkin's View of Socialism*, Ramat Efal 1988, S. 9.
24 Ebd., S. 45.
25 Yaacov Tsur, *Bein Aretz le-Medinah. ›Schlemut ha-Aretz‹ be-Darkam schel Tabenkin ve ha-Kibbutz ha-Meuchad* [Zwischen Land und Staat. Die Integrität des Landes Israel nach Tabenkin und der Vereinigten Kibbutzbewegung, hebr.], Haifa 2011, S. 177 [unveröffentlichte Dissertation, Universität Haifa].
26 A. B. Jehoschua zitiert nach: Hillel Schenker, »We Must Be Concerned with the Present, the People«, in: *New Outlook*, 21/3, 1978, S. 8.
27 Bernard Avishai, *The Tragedy of Zionism. How its Revolutionary Past Haunts Israeli Democracy*, New York 2002, S. 143.

Als die zionistische Bewegung unter Führung von David Ben-Gurion in den 1940er-Jahren am Scheideweg stand und sowohl gegen die britische Mandatsmacht als auch die arabischen Bewohner Palästinas und im Unabhängigkeitskrieg schließlich gegen die Armeen der arabischen Anrainerstaaten um seine Unabhängigkeit kämpfte, waren es jedoch Männer und Frauen der Palmach und damit mehrheitlich treue Anhänger Jitzchak Tabenkins, die als Schild und Schwert für den Jischuv dienten.

Das Wort Palmach ist ein Akronym. Es steht für »Stoßtruppen«. Die Palmach war, wie bereits erwähnt, eine Eliteeinheit der (in-)offiziellen zionistischen Untergrundarmee Haganah. »Der Geist der ›Männer von Panfilov‹ (eine Erzählung, die das Heldentum der sowjetischen Soldaten beschreibt, die Moskau im Zweiten Weltkrieg verteidigten) und sowjetischer Partisanen, die tief hinter den feindlichen Linien operierten, pulsierte durch die Adern der Anhänger von Jitzchak Sadeh, dem Kommandeur der Palmach«, so Shlomo Aronson.[28] Als die Palmach 1943 aus finanziellen Gründen kurz vor der Auflösung stand, war es Jitzchak Tabenkin – dessen Sohn Mosche Tabenkin zu den führenden Kommandeuren der Palmach gehörte –, der in seiner Rolle als Vorsitzender der Vereinigten Kibbutzbewegung das Fortbestehen sicherte. Die Palmach-Mitglieder erhielten auf seinen Vorschlag hin während ihrer Ausbildung an der Waffe freie Kost und Logis in den Kibbutzim seiner Bewegung und arbeiteten dort im Gegenzug als Bauern.[29] Ein Harod, Tabenkins Wohnsitz, war in jenen Tagen als »Brutstätte der Palmach« bekannt, wie Gilead Zerubavel, der Verfasser der Palmach-Hymne, geschrieben hat.[30]

David Ben-Gurion bewunderte den *spirit* der Palmach – und löste sie doch im November 1948 auf.[31] In seinem Konzept von einem starken Staat und einer straff organisierten Armee war kein Platz mehr für die mächtige »Privatarmee Jitzchak Tabenkins«.[32] Stattdessen rief er noch im gleichen

---

28 Shlomo Aronson, *David Ben-Gurion and the Jewish Renaissance*, New York u. a. 2011, S. 195.
29 Amos Perlmutter, *Military and Politics in Israel. Nation-Building and Role Expansion*, London 1969, S. 38-39.
30 Gilead Zerubavel/Dorothea Krook, *Gideon's Spring. A Man and his Kibbutz*, New York 1985, S. 206.
31 Ze'ev Drory, *The Israeli Defense Force and the Foundation of Israel: Utopia in Uniform*, London/New York 2005, S. 89-96.
32 Anita Shapira, *Ben-Gurion: Father of Modern Israel*, New Haven 2014, S. 169. Zu Ben-Gurions Entscheidung, die Palmach aufzulösen, s.: Anita Shapira, *Yigal Allon. Native Son: A Biography*, Philadelphia 2008, S. 253-293. Tom Segev hat die bislang umfangreichste Biografie Ben-Gurions vorgelegt: ders., *David Ben Gurion. Ein Staat um jeden Preis*, aus dem Hebr. übers. v. Ruth Achlama, München 2018.

Jahr die Nachal-Einheiten ins Leben. Ihre Mitglieder sollten die Erben des Palmach-Ethos werden und als Bauern in Uniform über die Peripherie wachen, diese aufbauen und dabei selbst erbaut werden. Ben-Gurion betrachtete sie als S(t)aat der Zukunft. Ihm, der sich noch 1957, im Alter von 62 Jahren, bei der ersten Volkszählung als »Landarbeiter« registrieren ließ,[33] war es darum gegangen, die »Funktion des Kibbutz als ideologischer Erzieher, strategischer Eroberer und Baumeister der jüdischen Nation« mit staatlichen Mitteln fortzusetzen und zu institutionalisieren.[34]

Gerade weil der »Pfad hin zu symbolischem sozialem Kapital« in den Gründerjahren bereits nicht mehr ausschließlich »durch die Grenzsiedlungen des Landes« führte,[35] widmete er den Grenzregionen sein besonderes Augenmerk. »Nur eine dichte landwirtschaftliche Besiedelung an den Grenzen kann das Land vor Angriffen effektiv schützen«, erklärte David Ben-Gurion seine Vision am 13. November 1948 auf der ersten Nachal-Parade. »Jeder Ort, an dem das Fließen von Wasser kontinuierlich gewährleistet werden kann, muss sofort in eine mit Soldaten bemannte landwirtschaftliche Siedlung umgewandelt werden. Dies ist die besondere Mission des Siedlungscorps der Nachal.«[36]

Sein Versuch, den aktivistischen arbeiterzionistischen Zeitgeist des Jischuvs durch das Nachal-Corps zu prolongieren, hat in der israelischen Öffentlichkeit bis 1967 eine hohe Popularität genossen.[37] Nach dem Sechs-Tage-Krieg stieg diese noch weiter an. Für die Erschließung und Besiedelung der riesigen Sinai-Halbinsel kam den Nachal-Einheiten eine besondere Rolle zu. Während die Jugend in den USA und in Europa in jenem Jahr zum ersten Mal »All Along the Watchtower« von Bob Dylan hörte, ehe Jimi Hendrix 1968 das Lied in seiner weltberühmten psychedelischen Version spielte, zogen in Israel junge Männer und Frauen aus den Kibbutz-, Pfadfinder- und Jugendbewegungen als Nachal-Einheiten aus, um den neuen Pionier(t)raum der Vatikim zu (er-)füllen, Borochovs Vision von der umgekehrten Wirtschaftspyramide auf der ägyptischen Halbinsel zu realisieren und dabei von den Wachtürmen ihrer Agrardörfer aus über die Wüste zu wachen.

---

33 Göran Rosenberg, *Das verlorene Land*, S. 93.
34 Ebd., S. 300.
35 Orit Rozin, *The Rise of the Individual in 1950s Israel*, S. 133.
36 David Ben-Gurion, »Tzava li-Haganah u-li-Binjan [Armee für Verteidigung und Aufbau, hebr.]«, in: ders., *Tzava u-Bitachon*, Tel Aviv 1955, S. 66.
37 Anita Shapira, »Native Sons«, in: Jehuda Reinharz/dies., *Essential Papers on Zionism*, New York u. a. 1996, S. 817.

Levi Eschkol galt damals vielen in der israelischen Öffentlichkeit als politischer Zauderer. Einer apokryphen Anekdote jener Jahre zufolge, wie sein Biograph Shlomo Aronson schreibt, konnte sich der Ministerpräsident bei einem Cafébesuch nicht entscheiden, ob er den vom Kellner angebotenen Kaffee oder einen Tee trinken wollte, und entschied sich dann dafür »chetzi-chetzi« zu bestellen – auf Deutsch: halb-halb.[38] Nach dem dreifachen »Nein« der arabischen Staaten in Khartum entschied er jedoch, dass sich Israel nicht unilateral aus den eroberten Gebieten zurückziehen werde, auch nicht vom Sinai.[39] Diese Entscheidung wurde von Verteidigungsminister Mosche Dajan unterstützt. Darüber hinaus teilten zwei weitere einflussreiche Minister im Kabinett der nationalen Einheitsregierung Eschkols Standpunkt: Israel Galili und Jigal Alon – beide treue Anhänger von Jitzchak Tabenkin.

Mit dem Sechs-Tage-Krieg sah Tabenkin die Chance gekommen, auf die er seit 1948 gewartet hatte. Der charismatische Primus inter pares der Vereinigten Kibbutzbewegung wollte den Genius loci von Ein Harod in die eroberten Gebiete verpflanzen und dort multiplizieren. Er wollte seinen alten Traum erfüllen, das ganze Land besiedeln und einen grenzenlosen Arbeiter- und Bauernstaat errichten,[40] in den zwei Millionen Juden aus der Diaspora einwandern würden.[41] Bereits am 23. Juni 1967 rief seine Kibbutzbewegung die Regierung auf, den Bau von hunderten Siedlungen, die Schaffung einer »Plethora an Kibbutzim«[42] zu genehmigen, und erklärte sich bereit, Pioniereinheiten zu mobilisieren, die im Rahmen des Nachal-Corps dienen sollten.[43] »Das Ziel unseres ganzen Unternehmens war und ist immer das ganze Land Israel in seinen natürlichen alten Grenzen gewe-

---

38 Shlomo Aronson, *Levi Eshkol. From Pioneering Operator to Tragic Hero – A Doer*, London/Portland 2011, S. 149.
39 Jechiel Admoni, *Ischur schel Schikul Da'at. Ha-Hitjaschvut mi-ever ha-Kav ha-Jarok 1967-1977* [Eine Dekade der Diskretion. Siedlungspolitik jenseits der Grünen Linie 1967-1977, hebr.], Ramat Efal 1992, S. 33-34.
40 Aryeh Naor, *Ha-Ideologia schel Eretz Israel ha-Schlema mi-as Milchemet Scheschet ha-Jamim* [Die Groß-Israel-Ideologie seit dem Sechs-Tage-Krieg, hebr.], Jerusalem 1997, S. 86 [unveröffentlichte Dissertation, Hebräische Universität Jerusalem].
41 Jitzchak Tabenkin, *Ain lean Laseget* [Es gibt keinen Ort zum Zurückziehen, hebr.], Tel Aviv 1967, S. 6.
42 Colin Shindler, *The Rise of the Israeli Right. From Odessa to Hebron*, New York 2015, S. 278.
43 Jitzchak Tabenkin, *Lakach Scheschet ha-Jamim. Jeschuva schel Eretz biliti-Machloket*, [Die Lehren aus dem Sechs-Tage-Krieg. Die Besiedlung des ungeteilten Landes, hebr.], Tel Aviv 1970, S. 152.

Abb. 1: Soldatin im Bikini in Nachal Jam an einem Ruderboot (Aufnahme 12.8.1969).

sen, vom Mittelmeer bis zur Wüste, vom Libanon bis zum Roten Meer«, sagte er. »Dies ist das ursprüngliche, das zionistische Ideal.«[44]

Drei Monate nach dem Sechs-Tage-Krieg schien es, als würden die Groß-Israel-Phantasien Tabenkins Realität werden. Am 1. Oktober 1967 wurde das Nachal Jam an der Bardawil-Lagune errichtet und von Mitgliedern seiner Kibbutzbewegung als Nachal-Einheit besiedelt. Es war nicht nur die erste Nachal-Siedlung auf der Sinai-Halbinsel, sondern die erste überhaupt, die in den eroberten Gebieten offiziell und auf Basis eines Entschlusses der Eschkol-Regierung errichtet wurde.[45] Zwar wurden in Nachal Jam auch einige landwirtschaftliche Hydrokulturexperimente durchgeführt, der Fokus lag jedoch auf der Fischerei.[46]

Die jungen Männer und Frauen, die in der isoliert gelegenen Siedlung arbeiteten und lebten, avancierten rasch zu *poster boys* und *girls* der Armee. »Ba-Machane ha-Nachal«, eine Militärzeitschrift, die sich speziell an die Mitglieder des Nachal-Corps richtete,[47] porträtierte die Soldaten als Pio-

---

44 Jitzchak Tabenkin, *Ain lean Laseget*, S. 6-7.
45 Jair Douer, *Lanu ha-Magal Hu Cherev* [Unsere Sichel ist unser Schwert, hebr.], Bd. 1, Ramat Efal 1992, S. 126-127.
46 Ebd., S. 128.
47 David Koren, *Nachal – Tzava im Erech nosaf* [Nachal – Armee mit zusätzlichen Werten, hebr.], Tel Aviv 1997, S. 67.

niere, die auf motorisierten Holzbooten raus in die Lagune fuhren, um dort Fische zu fangen, oder oberkörperfrei im knietiefen, blau-grün-trüben warmen Wasser am Ufer standen und angelten, ehe sie abends ihre Netze ausbesserten, Fische mit Messern und Macheten sezierten und Pfeife rauchend ihren Feierabend genossen.[48]

Das in die Jahre gekommene Establishment aus Politik und Armee kam oft zu Besuch nach Nachal Jam, um seinen Pionier(t)raum zu besichtigen. Neben Staatspräsident Salman Schazar und Generalstabschef Chajim Bar-Lev, der Nachal Jam als Vorzeigesiedlung pries,[49] reiste auch der Außen- und Verteidigungsausschuss der Knesset aus Jerusalem an. Die Parlamentarier wurden in dem kleinen Restaurant, das in Nachal Jam eröffnet worden war, um Reisenden auf ihrem Weg entlang der Mittelmeerküste als Raststätte zu dienen, mit frischen Fischen aus der Lagune verköstigt. Während die Soldaten Schimon Peres stolz ein besonders großes Prachtexemplar präsentierten, ging Golda Meir, die einzige Frau unter den Abgeordneten, in die kleine Küche, um dort – wie es in einem Zeitungsbericht hieß und dem damaligen Rollenverständnis entsprach – die »geheimen« Rezepte zu erfahren.[50]

Als Jitzchak Tabenkin im Frühjahr 1968 schließlich höchstpersönlich nach Nachal Jam kam, »flatterten die Flaggen der Nation und der Nachal im kalten Wind«, und er »hat wie immer mit seinem Auftritt und seiner Rede beeindruckt«, so ein »Ba-Machane ha-Nachal«-Reporter.[51] »Der Sinn unseres Lebens ist die Besiedlung und Entwicklung der Gebiete, die wir mit unserem Blut und Waffengewalt erobert haben«, erklärte der Patron der Nachal-Soldaten. »Wir erwerben unsere altneue Erde mit unserer schweren Arbeit und Hartnäckigkeit.«[52]

Mit den »sieben goldenen Stunden unseres Arbeitstages«, von denen Theodor Herzl in seinem »Judenstaat« einst geträumt hatte, war es in Nachal Jam in der Tat nicht getan.[53] Die Bardawil-Lagune, im Winter ein

---

48 N. N., »Ha-Nachlaim Holchim al ha-Jam« [Die Nachal-Soldaten laufen am Meer, hebr.], in: *Ba-Machane ha-Nachal*, 1967, Heft 3, S. 6-7. Und: Pinchas Mur, »Kachol Zahov ve-Lavan ba-Nachal Jam« [Blau, Gold, Weiß in Nachal Jam, hebr.], in: *Ba-Machane ha-Nachal*, Heft 7, 1969, S. 31.
49 N. N., »Ha-Ramatkal Bikar ba-Nachal Jam« [Der Generalstabschef besuchte Nachal Jam, hebr.], in: *Ba-Machane ha-Nachal*, 1968, Heft 5, S. 14.
50 Dorit Limor, »Ha-Achamim Bau Levaker« [Die VIPs kamen zu Besuch, hebr.], in: *Ba-Machane ha-Nachal*, Heft 6, 1968, S. 4.
51 N. N., »Jom Huledet le-Nachal Jam« [Geburtstag von Nachal Jam, hebr.], in: *Ba-Machane ha-Nachal*, Heft 8, 1968, S. 9.
52 Jair Douer, *Lanu ha-Magal Hu Cherev*, S. 128.
53 Theodor Herzl, *Der Judenstaat*, S. 76-77.

Rastplatz für tausende Vögel auf ihrem Flug nach Afrika,[54] war schwieriges Terrain zum Fischen. Es gab nur drei Öffnungen, durch die Fische aus dem Mittelmeer in die in hohem Maße salzhaltige Lagune schwimmen konnten, und diese waren immer wieder durch Sedimentablagerungen verschlossen.[55] Um den Salzgehalt zu minimieren, wurde im Sommer 1968 eine Wasserentsalzungsanlage in Nachal Jam gebaut.[56]

Die Soldaten waren zudem nicht allein bei ihrer Suche nach den wenigen Fischen der Lagune. Wie schon zu Herzls Zeiten, so fischten dort auch nach dem Sechs-Tage-Krieg Beduinen.[57] In den Berichten von »Ba-Machane ha-Nachal« tauchten sie gar nicht auf, waren unsichtbar – mit einer Ausnahme. Der Schriftsteller Jehoschua Kanz schrieb in einem Beitrag für die Militärzeitung, er habe beim Verlassen von Nachal Jam einen Beduinen mit gekreuzten Beinen im Schatten von Palmen sitzen gesehen. Kanz, der in Jerusalem und an der Pariser Sorbonne Philosophie und Romanistik studiert hatte, schrieb weiter, er habe sich bei diesem Anblick an François-René de Chateaubriand erinnert gefühlt, und zitierte eine Textstelle aus dessen 1848 erschienenen »Mémoires d'outre-tombe« in »Ba-Machane ha-Nachal« wortwörtlich auf Hebräisch:

> »Ach, wenn ich wenigstens die Sorglosigkeit eines Küsten-Arabers besäße, welche ich in Afrika getroffen! Mit gekreuzten Beinen auf kleinen Bastmatten sitzend, den Kopf mit dem Burnus verhüllt, bringen sie ihre letzten Stunden damit zu, in das Azur des Himmels hineinzublicken, welches sich ob den Ruinen Karthago's wölbt; eingezwingt von gedankenlosem Gemurmel, vergessen sie ihr Dasein, singen mit leiser Stimme ein Lied vom Meer und so sterben sie.«[58]

---

54 Malka Rabinowitz, »Seeking the Secrets of Sinai«, in: *Jerusalem Post International Edition*, 23.6.1969, S. 12-13.
55 Francis Dov Por, *Lessepsian Migration*, S. 34-36.
56 Jewish Telegraph Agency, »Desalination Plant Ordered for Nahal Outpost Fishing in Northern Sinai«, 1.7.1968, in: http://www.jta.org/1968/07/01/archive/desalination-plant-ordered-for-nahal-outpost-fishing-in-northern-sinai [zuletzt abgerufen am 4.11.2017].
57 Bis 1970 vergaben die israelischen Behörden an lokale Beduinen insgesamt 1.300 Lizenzen zum Fischen. S. hierzu: Menachem Ben-Jamei, *Seker ha-Daig ba-Jamat Bardawil* [Untersuchung des Fischfangs in der Bardawil-Lagune, hebr.], Haifa 1971, S. 5. In: CZA/S15/44161.
58 Jehoschua Kanz, »Lo be-Masal Dagim« [Kein Glück beim Fischen, hebr.], in: *Ba-Machane*, Heft 1-2, 1970, S. 72. Das französische Original findet sich in deutscher Übersetzung bei: François-René de Chateaubriand, *Chateaubriands Memoiren. Vierter Theil*, aus dem Franz. übers. v. Gottlob Fink, Stuttgart 1850, S. 320.

Diese Art Orientalismus war kein Einzelfall (s. Kap. 4.2 und 6.1). Wie Jehoschua Kanz, der »zwischen Nachal Jam und dem 19. Jahrhundert«[59] durch die Dünen nach Norden fortfuhr, so folgte auch Mosche Schamir dieser Route und ließ die Siedlung an der Bardawil-Lagune hinter sich, die in der Nähe der alten Bahnstation Mitzfaq lag.

Diese hatte zu der bereits erwähnten Eisenbahnstrecke gehört, die das British Empire im Zuge des Ersten Weltkrieges zwischen dem Suezkanal und dem Gaza-Streifen erbaut hatte. Einen Reporter der »Jerusalem Post« erinnerte sie nach dem Sechs-Tage-Krieg an die »abgezogene Haut einer schwarzen Schlange, die Dünen verschlingen sie an manchen Stellen, an anderen wandern sie unter ihren absackenden Holzschwellen hinweg. Die endlose Reihe Telegrafenmasten, die einst gerade und symmetrisch standen, stolz ihre Leitungen hoch oben trugen, stehen wie eine Kolonne geschlagener Soldaten mit hängenden Schultern da, in jede Richtung schwankend, manche schon umgefallen.«[60] Mosche Schamir fühlte sich während seiner Fahrt über die Straße, die »Verstecken mit der Zugtrasse« spielte, an die Strophe »From Dan to El Arish new roads we shall unleash« erinnert, die einem Lied entstammte, »das wir in den Tagen des Mandats sangen, als unsere Arbeiter und Ingenieure die Highways und Camps der Briten in den endlosen Weiten des Negevs und des Sinais bauten«.[61]

Nach rund 20 Kilometern erreichte Mosche Schamir die Stadt al-Arish (s. Kap. 4.2), in deren unmittelbarer Nähe sich eine zweite Siedlung der israelischen Armee befand: Nachal Sinai. Nachal Sinai war im Dezember 1967 errichtet worden.[62] Es war die 38. Siedlung in der Geschichte des Nachal-Corps.[63] Die von Kasuarinen-Pflanzen umgebene Siedlung befand sich auf dem Gelände einer ehemaligen ägyptischen landwirtschaftlichen Versuchsstation.[64] Die Soldaten renovierten die weißen, einstöckigen Flachdachhäuser, die wie eine Mischung aus Kleingarten- und eingeschossiger Plattenbaukolonie aussahen,[65] nahmen jeden Tag Malaria-

---

59 Jehoschua Kanz, »Lo be-Masal Dagim«, S. 72.
60 Asher Wallfish, »Now it's the Time of Israel«, in: *Jerusalem Post International Edition*, 2.9.1968, S. 7.
61 Moshe Shamir, *My Life with Ishmael*, S. 124-125.
62 Jair Douer, *Lanu ha-Magal Hu Cherev*, S. 228.
63 Aharon Bier, *Ha-Hitjaschvut ba-Eretz Jisrael mi-as Milchemet Scheschet ha-Jamim* [Die Besiedlung des Landes Israel seit dem Sechs-Tage-Krieg, hebr.], Jerusalem 1981, S. 82.
64 Arnon Lapid, »Chaklaut schel Nachal Sinai« [Die Landwirtschaft von Nachal Sinai, hebr.], in: *Ba-Machane ha-Nachal*, Heftnr. unbekannt, 1970, S. 8.
65 Israel »Puchu« Weisler (Hg.), *Sinai ba-Jarok. Album ha-Hitjaschvuiot ba-Sinai (1967-1982)* [Der grüne Sinai: Album der Sinai-Siedlungen (1967-1982), hebr.], Kibbutz Beeri 1984, S. 24.

Pillen ein[66] und bauten unter Verwendung der Tröpfchenbewässerungsmethode Auberginen und Aprikosen, Tomaten und Trauben an;[67] aufgrund der hohen Temperaturen begannen sie damit täglich um vier Uhr morgens.[68] Im Gegensatz zu Nachal Jam war es in Nachal Sinai nicht die Vereinigte Kibbutzbewegung, die ihre Mitglieder in die Siedlung entsandte, sondern neben der Pfadfinderbewegung auch die revisionistische Jugendbewegung Beitar.[69]

Die einzelnen Einheiten in den Nachal-Siedlungen gaben sich jeweils eigene Gruppennamen. Diese sollten den Pioniercharakter ihres Auftrages widerspiegeln. In Nachal Sinai lauteten diese unter anderem »Morgen«, »Zukunft«, »Erbauer«, »Ziel«, »Einheit«, »Faktum« und »Späher«,[70] aber auch »Taschach«,[71] das hebräische Akronym für das Jahr 1948, wenngleich die ersten Soldaten, die in Nachal Sinai ihren Dienst antraten, in jenem und den darauffolgenden zwei Jahren – 1949 oder 1950 – überhaupt erst geboren worden waren. Der Sinai war ein »Eretz ha-Jeladim«, ein »Kinderland«, wie Rachel Elior es treffend formuliert hat. Sie war damals im Nachal Sinai als junge Rekrutin stationiert, ehe sie später Professorin für Jüdische Philosophie an der Hebräischen Universität in Jerusalem wurde.[72]

Die jungen Männer und Frauen lebten wie ihre Mütter und Väter zu Zeiten des Jischuvs. »Die Mädchen mit ihren kurzen Hosen und langen Beinen«, schrieb eine Reporterin, »schaffen Platz und schleppen schwere Schläuche, die Jungs fahren Traktoren und protokollieren Ernteexperimente – alles scheint Teil irgendeines sonnenüberfluteten Filmsets in einem mit Klischees überfrachteten Streifen über die Pionierjugend.«[73] Wie die Pioniere der zweiten und dritten Alija, so führten auch die Nachal-Soldaten ein eher karges Leben. Im Gegensatz zu den Vatikim hatten sie aber Eltern, die sie umsorgten. So beschwerten sich einige bei der israelischen Armee über die schlechte Versorgung ihrer Söhne und Töchter. In

---

66 Persönlich kommuniziert von Prof. Dr. Rachel Elior, 4.1.2016, Jerusalem.
67 N.N., »Chaklaut ba-Nachal Sinai« [Die Landwirtschaft in Nachal Sinai, hebr.] in: *Ba-Machane ha-Nachal*, Heft 7, 1969, S. 30.
68 Eli Mohar, »Hehachsuiot ba-Midbar« [Nachalsiedlungen in der Wüste, hebr.], in: *Ba-Machane ha-Nachal*, Heft 11, 1968, S. 22.
69 Persönlich kommuniziert von Prof. Dr. Rachel Elior, 4.1.2016, Jerusalem.
70 Jair Douer, *Sefer Garinei Nachal. 40 Schanah: 1948-1987* [Das Buch der Nachal-Gruppen. 40 Jahre: 1948-1987, hebr.], Tel Aviv 1989, S. 130-146.
71 N.N., »Mi-Sinai ad ha-Banjas« [Vom Sinai bis zum Banjas-Fluss, hebr.], in: *Ba-Machane ha-Nachal*, 1967, Heft 1, S. 17.
72 Persönlich kommuniziert von Prof. Dr. Rachel Elior, 4.1.2016, Jerusalem.
73 Helga Dudman, »Youth Takes over Building Model Village at Nahal Sinai Outpost«, in: *Jerusalem Post*, 12.8.1968, S. 11.

Abb. 2: Die Unterkünfte der Soldaten in Nachal Sinai (Aufnahme 12.8.1969).

einem Brief monierten sie, es habe zwei Wochen lang zum Frühstück lediglich Tee, Marmelade und Brot und zu den Hauptmahlzeiten weder Eier noch Fisch und für alle 120 Soldaten zusammen insgesamt nur vier Kilo Fleisch gegeben.[74]

Dieses Pionierdasein lockte wie im Fall von Nachal Jam viele Persönlichkeiten des öffentlichen Lebens nach Nachal Sinai, darunter Staatsgründer David Ben-Gurion,[75] aber auch die bekannteste Sängerin des Landes – Naomi Schemer. Sie hatte mit »Jerusalem aus Gold« die inoffizielle Hymne des Sechs-Tage-Krieges geschrieben und sang vor den Soldaten im Mai 1969 eines ihrer vielen bekannten Lieder: »Zwei aus dem gleichen Dorf«.[76] Die »Ikone der israelischen Kultur« war so fasziniert vom Leben in Nachal Sinai, dass sie ein Lied darüber verfasste, das ebenfalls zu einem Hit der frühen israelischen Popkultur wurde.[77] »Ich habe meinen Augen nicht ge-

74 Brief der Eltern an das israelische Verteidigungsministerium, 1.9.1970, S. 9. In: IDFA/688-466/1957.
75 N. N., »Ben-Gurion ba-Hehachsut Sinai« [Ben-Gurion in Nachal-Sinai, hebr.], in: *Ba-Machane ha-Nachal*, Heft 5, 1969, o. S.
76 N. N., »Mah Evakesch ba-Nachal Sinai« [Was ich in Nachal Sinai erwarte, hebr.] in: *Ba-Machane ha-Nachal*, Heft 9, 1969, S. 15.
77 Yael Reshef, »From Hebrew Folksong to Israeli Song: Language and Style in Naomi Shemer's Lyrics«, in: *Israel Studies*, 17/1, 2012, S. 157.

traut, / als ich wie Magie sah, / kleine Poesiebücher auf Regalen, / Rachels Gedichte und ›Sterne im Freien‹, / wie vor tausend Jahren im Kibbutz«, hieß es darin.»Im Nachal Sinai, / habe ich meinen Augen nicht getraut, / als ich plötzlich an der Ecke / das alte Eretz Jisrael getroffen habe, / das verlorene Eretz Jisrael, / das wunderschöne und das in Vergessenheit geratene, / das seine Hand reichte, / um zu geben und nicht, um zu nehmen.«[78]

Dieses Lied war mehr als eine Hommage an das Nachal Sinai, es war eine Hymne auf den durch die jungen Soldaten prolongierten alten Zeitgeist des Jischuvs. Die Bücher, die Schemer in deren Regalen erblickte und besang, waren fester Bestandteil des (arbeiter-)zionistischen Literaturkanons. Bei »Rachels Gedichten« handelt es sich um die Poesie von Rachel Bluwstein. Die mythisch verehrte Dichterin hatte zur Zeit der zweiten Alija in Palästina als Landarbeiterin gearbeitet und war mit nur 40 Jahren an Tuberkulose gestorben. Heute ist Bluwsteins Konterfei auf den 20 Schekel-Banknoten abgebildet. Bei »Sterne im Freien« handelt es sich um den bereits erwähnten, 1938 veröffentlichten ersten Gedichtband von Natan Alterman, dessen »neosymbolistische Manier« sowie die »brillante nichtreferentielle, figurative Sprache und betonte Musikalität« dazu geführt hatten, so Dan Miron, dass diese Anthologie »die gesamten 1940er Jahre hindurch« eine »Inspirationsquelle« für Dichter war.[79]

Das Lied von Nomi Schemer wurde zum Soundtrack einer ganzen Generation – auch weil es in der Folge zum Repertoire der Nachal-Unterhaltungsgruppe gehörte.[80] Diese Gruppe war eine von vielen in jener Zeit.[81] Solche Militärbands und Unterhaltungsgruppen, die bis in die 1970er-Jahre hinein sowohl Talentschmieden für die größten israelischen Rock- und Popmusiker, als auch zentrale Multiplikatoren zionistischer Wertvorstellungen waren,[82] gelten in der Forschung zur israelischen Popkultur als

---

78 Der Liedtext befindet sich ebenso wie das dazu gehörige Soundfile in: Bella and Harry Wexner Libraries of Sound and Song der Israelischen Nationalbibliothek.
79 Dan Miron, *Verschränkungen. Über jüdische Literaturen*, aus dem Hebr. übers. v. Liliane Granierer, Göttingen 2007, S. 179.
80 Das Lied gehörte zum Repertoire des 22. Bühnenprogramms der Nachal-Unterhaltungsgruppe, das im Jahr 1969 aufgeführt worden ist. S. hierzu: http://www.army-bands.co.il/programm.asp?id=32 [zuletzt abgerufen am 4.11.2017].
81 S. hierzu: Schmulik Tessler, *Schirim ba-Madim. Sipuran schel Lachakot ha-Zvajiot* [Lieder in Uniformen. Geschichte der Armeebands, hebr.], Jerusalem 2007, S. 73-120. Zur Bedeutung des Volkslieds in der israelischen Gesellschaft insgesamt, s.: Natan Schahar, *Schir Schir Ale-Na. Toldot ha-Semer ha-Ivri* [Lied, Lied, erhebe deine Stimme. Geschichte des hebräischen Lieds], Ben Schemen 2006.
82 Ariel Hirschfeld, »Locus and Language: Hebrew Culture in Israel, 1890-1990«, in: David Biale (Hg.), *Cultures of the Jews. A New History*, New York 2002, S. 1055.

»Phänomen von größter Bedeutung«.[83] Ihren Ursprung hatten sie im Jischuv, der Keimzelle für das Wertesystem des Staates. Bereits die Palmach hatte über eine solche Unterhaltungsgruppe verfügt, die von Chajim Chefer und Dan Ben-Amotz gegründete »Chizbatron«. Über sie hat Oz Almog in seinem Standardwerk zum Jischuv geschrieben:

> »Der offenkundig kumpelhafte Sabra-Stil der Chizbatron und ihrer Nachfolger leitete sich nicht allein aus ihrem Programm ab, sondern resultierte auch aus der Tatsache, dass die Band selbst eine Sabra-Gang war – junge, aschkenasische Männer und Frauen in ihren Zwanzigern mit muttersprachlichem Sabra-Akzent, gekleidet wie Palmachniks, die Lieder im Stil der Jugendbewegungen und der Palmach sangen und die Hora zu Akkordeon und Mundharmonika tanzten. [...] Man könnte sagen, diese Gruppen haben das Sabra-Leben auf die gleiche Weise institutionalisiert wie William Cody – Buffalo Bill – und seine Truppe ein Jahrhundert zuvor den amerikanischen Pionier mit ihrer Wild-West-Show.«[84]

Mosche Schamir war wie Naomi Schemer und viele weitere im arbeiterzionistischen Milieu sozialisierte Vatikim, deren Erwachsenwerden mit der Staatswerdung einhergegangen war, auf der Sinai-Halbinsel der Lagerfeuer-Larmoyanz verfallen. Der Schriftsteller fuhr auf seiner Reise von al-Arish aus weiter nach Norden. Auf diesem Weg kam er durch die Rafach-Ebene.

Die Rafach-Ebene ist panzergängiges Gelände, dessen Lehmerde »im Sommer fast so glatt und fest wie Asphalt anmutet«.[85] Sie trennt die Sinai-Halbinsel vom Gaza-Streifen. In diesem vom Mittelmeer auf der einen und Dünen auf der anderen Seite umgebenen strategischen Nadelöhr hatten 1948, 1956 und 1967 blutige Schlachten zwischen israelischen und ägyptischen Truppen stattgefunden. »Einige Kilometer entfernt«, schrieb Schamir nach seiner Ankunft, »führt eine verfallene Straße zu einem zerstörten Camp der Briten – die ›Rafach-Hora‹ wurde hier geboren. Hunderte Inhaftierte des ›Schwarzen Samstag‹ aus Israels Städten und Kibbutzim, fast die Hälfte davon gehörten der Palmach an, hielten ihre Moral und ihren Kampfgeist unter der harten Hand des Regimes der Briten hoch,

---

83 Motti Regev/Edwin Seroussi, *Popular Music and National Culture in Israel*, Berkeley/Los Angeles u. a. 2004, S. 90.
84 Oz Almog, *The Sabra: The Creation of the New Jew*, Berkeley/Los Angeles u. a. 2000, S. 249.
85 Armin T. Wegner, *Am Kreuzweg der Welten. Eine Reise vom Kaspischen Meer zum Nil*, Berlin 1930, S. 363.

indem sie tanzten!!«[86] Darüber hinaus berichtete Schamir den Lesern auf seiner Zeitreise von Avschalom Feinberg.[87]

Avschalom Feinberg hatte zur Zeit des Ersten Weltkrieges im osmanischen Palästina gelebt und einem Spionagering namens »Nili« angehört – ein Akronym für »er, der Israels Ewigkeit ist, lügt nicht« (1. Buch Samuel, 15:29) –, der das British Empire unterstützt hatte. Als die Gruppe 1917 enttarnt wurde, hatte Feinberg versucht, über die feindlichen Linien hinweg zur britischen Armee zu flüchten, und war vermutlich in der Rafach-Ebene erschossen worden.[88] Er galt als erster Sabra der zionistischen Geschichte. Als Sabras werden im Land Israel geborene Juden bezeichnet, ein »Idealtypus, eine fiktive hegemoniale Identität, die den kulturellen Hintergrund, die Werte und kollektiven Sehnsüchte der europäischen Gründerväter widerspiegelt«.[89] Der Begriff wird zurückgeführt auf die Pflanze Opuntia ficus indica, die innen fruchtig süß, außen stachelig ist und damit den Charakter der jungen Männer und Frauen repräsentieren soll.[90]

Auf seiner Flucht hatte Feinberg – »einer Legende der Beduinen zufolge«, wie Tom Segev schreibt – »als Wegzehrung ein paar Datteln bei sich, und nach seinem Tod keimte einer der Kerne und entwickelte sich zur Dattelpalme.«[91] Nach der Eroberung der Sinai-Halbinsel im Sechs-Tage-Krieg führten die lokalen Beduinen israelische Soldaten zu einer Palme in der Rafach-Ebene, unter der eine Leiche begraben lag. Nach einer Exhumierung wurde erklärt, es handele sich dabei um den Leichnam von Avschalom Feinberg. Er erhielt im November 1967 ein Ehrenbegräbnis auf dem Herzlberg in Jerusalem. An der Beisetzung nahmen unter anderem der Oberrabbiner der israelischen Armee und Verteidigungsminister Mosche Dajan teil.[92]

---

86 Moshe Shamir, *My Life with Ishmael*, S. 124-125. An jenem sogenannten »Schwarzen Samstag« im Juni 1946 hatte die britische Mandatsmacht fast die gesamte Führung des Jischuvs verhaftet.
87 Ebd., S. 124-125.
88 S. zu der Geschichte der Gruppe und Feinberg: Shmuel Katz, *The Aaronsohn Saga*, Jerusalem/New York 2007.
89 Yael Zerubavel, »The ›Mythological Sabra‹ and Jewish Past: Trauma, Memory, and Contested Identities«, in: *Israel Studies*, 7/2, 2002, S. 116-117.
90 Tsili Doleve-Gandelman, »The Symbolic Inscription of Zionist Ideology in the Space of Eretz Israel: Why the Native Israeli is Called Tsabar«, in: Harvey E. Goldberg (Hg.), *Judaism Viewed from Within and from Without*, New York 1987, S. 281.
91 Tom Segev, *1967*, S. 171.
92 Anita Engle, »Avshalom Feinberg – Poet and Spy«, in: *Jerusalem Post International Edition*, 4.12.1967, S. 11.

Die Zeitschrift »Ba-Machane ha-Nachal« druckte 1968 einige Briefe von Avschalom Feinberg ab.[93] Im Sommer 1969 wurde in der Rafach-Ebene schließlich eine Nachal-Siedlung im Gedenken an Feinberg errichtet.[94] Ihr Name lautete Dikla – auf Deutsch: Palme. Es war die 44. Nachal-Siedlung des Landes.[95] Wie die übrigen Wehrbauern, so lebten auch die Soldaten in Nachal Dikla zunächst in großen Zelten, die sie im Sand aufgestellt hatten, ehe sie in einfache Holzhütten umzogen.[96] Eines unterschied diese Rekruten jedoch von den anderen beiden Nachal-Einheiten im Sinai: Sie stammten aus den religiösen Kibbutzim Ein Tzurim und Ein ha-Natziv. Auf ihrem Weg aus dem Norden Israels auf die Halbinsel hatten sie einem Zeitungsbericht zufolge die ganze Zeit über den Chanukka-Segensspruch »Gepriesen seist Du, Ewiger, unser Gott, König der Welt, der Du uns hast Leben und Erhaltung gegeben und uns hast diese Zeit erreichen lassen« gesungen.[97]

Bei der feierlichen Eröffnung des Nachal Dikla am 13. Juli 1969 dominierte jedoch das arbeiterzionistische Ethos. Zu dieser Veranstaltung kam Jaffa Jarkoni, neben Naomi Schemer war sie die andere große Sängerin des Landes.[98] Nach den Reden der Honoratioren stieg sie damals in einem »weißen, wehenden Kleid« auf die Bühne und sang ein arbeiterzionistisches Evergreen von Salman Chen: »Seht, blickt, schaut, / was ist dieser Tag groß, dieser Tag. / Eine Flamme lodert in der Brust. / Und der Pflug gräbt sich wieder in das Feld ein. / Ein Spaten, ein Pickel, eine Hacke und eine Mistgabel, / haben sich im Sturm vereint. / Und wir werden die Erde wieder erleuchten / mit einer grünen Flamme.«[99]

---

93 N.N., »Michtavei Avshalom Feinberg« [Die Briefe Avschalom Feinbergs, hebr.], in: *Ba-Machane ha-Nachal*, 1968, Heft 5, S. 15.
94 Jair Douer, *Lanu ha-Magal Hu Cherev*, S. 99.
95 Aharon Bier, *Ha-Hitjaschvut ba-Eretz Jisrael mi-as Milchemet Scheschet ha-Jamim*, S. 50. Infolge des Sinai-Feldzuges im Jahre 1956 war in der Rafach-Ebene eine Nachal-Siedlung errichtet worden. Diese Siedlung war jedoch bereits am 1. März 1957 wieder geräumt worden. Die Nachal-Soldaten hatten zwischen Januar und März 1957 gemeinsam mit 350 Hühnern, sieben Kamelen, 80 Schafen, einem Bullen und acht Kühen in der Siedlung gelebt. Es waren Zwiebeln, Karotten und Sonnenblumen angebaut worden. S. hierzu: Jair Doer, *Lanu ha-Magal Hu Cherev*, S. 216. Zur israelischen Präsenz in den Wintermonaten um die Jahreswende 1956/57 s. Kap. 6.3.
96 Israel »Puchu« Weisler (Hg.), *Sinai ba-Jarok*, S. 27.
97 Jair Douer, *Lanu ha-Magal Hu Cherev*, S. 100.
98 Motti Regev/Edwin Seroussi, *Popular Music and National Culture in Israel*, S. 83-84.
99 N.N., »Tekes ha-Alija« [Zeremonie anlässlich der Einwanderung, hebr.], in: *Ba-Machane ha-Nachal*, Heft 11, 1969, S. 14.

4.2. Früchte des Zorns

> »Es reden gegenwärtig viele über ›die Gebiete‹ und was man mit ihnen machen solle. Wie jeder weiß, gibt es in Wahrheit keine Gebiete, sondern nur Menschen. Aber es ist einfacher über die Annexion von Gebieten zu reden, und weniger angenehm, über die Annexion von Menschen zu reden.«
>
> S. Jizhar, *Über die Dichter der Annexion* (»Haaretz«, 8. Dezember 1967)

Chajim Bar-Lev hatte eine klare Vorstellung davon, wie Israel die arabischen Armeen im Sechs-Tage-Krieg schlagen würde. Der General fasste diese kurz vor Ausbruch der Kampfhandlungen in drei Adjektiven zusammen: »Stark, schnell und elegant.«[100] Vor jenen Junitagen im Sommer 1967 hatten nur wenige an einen solchen Sieg geglaubt. In Israel und der jüdischen Diaspora war die Furcht vor Gamal Abd al-Nasser zu groß gewesen. »Hitler ist nie gestorben, wurde mir als Kind erzählt, sondern schwamm nach Ägypten und wurde Nasser«, hat Bernard Avishai dieses Gefühl einmal beschrieben.[101]

Nach dem Sieg im Sommer 1967 suchten viele israelische Intellektuelle nach einer Antwort auf die Frage, wie es Israel gelungen war, die Landkarte des Nahen Ostens in nur sechs Tagen zu verändern. Sie blickten dafür nicht allein auf die Strategie der Militärs, sondern auch tief in die Volksseele. »Als er die Truppen im Sinai aufmarschieren ließ, dachte Nasser schlicht, die israelische Armee würde ihn erwarten«, erklärte etwa der Schriftsteller Joram Kaniuk. »Er ahnte nicht, dass ein Mann, der sein eigenes Baby in einem Bunker erwürgt hatte, während über ihm deutsche Soldaten marschierten, da das Kind geweint und das Leben der anderen 25 in Gefahr gebracht hatte – dass dieser Mann seine Faust ballen und die nimbierte ägyptische Armee zerschmettern würde.«[102]

Auch vor diesem Hintergrund war Israels Sieg in weiten Teilen der westlichen Welt wohlwollend aufgenommen worden. Allein, im Spätsommer dieses Jahres wurde auch deutlich, dass Israel nun eine Besatzungsmacht war. Die Folgen für das internationale Image des jungen Staates waren fatal. »Im

---

100 Diese Formulierung wurde landauf, landab bekannt. Chajim Chefer hat daraus ein gleichnamiges Lied gemacht. S. hierzu: Chajim Chefer, »Chazak, Maher u-beofen Eleganti« [Stark, schnell und elegant, hebr.], in: ders./Marcel Janko, *Misdar ha-Lochamin*, Tel Aviv 1968, S. 17.
101 Bernard Avishai, »You Can't Go Home Again«, in: *The New York Review of Books*, XXIV/18, 10. 11. 1977, S. 24.
102 Yoram Kaniuk, »The Plastic Flower Children«, in: *Life Special Report. The Spirit of Israel. 25th Anniversary*, 1973, S. 77.

Westen haben wenige Ereignisse seit dem Spanischen Bürgerkrieg die Emotionen so sehr aufgewühlt wie es dieser Krieg tat«, beschrieb der israelische Intellektuelle Amos Elon diesen Wandel zwischen New York und Paris.[103]

Zwischen Warschau und Wladiwostok herrschte damals neben KPdSU-Generalsekretär Leonid Breschnew Alexei Kosygin als Ministerpräsident. In der Sowjetunion fielen die Reaktionen auf den Sechs-Tage-Krieg von Beginn an deutlich harscher aus. Auf einer Dringlichkeitssitzung der Vereinten Nationen am 19. Juni 1967 verglich Kosygin im Namen der Mitgliedsstaaten seines kommunistischen Riesenreichs, die mit Ausnahme Rumäniens ihre diplomatischen Beziehungen zum jüdischen Staat alle abbrachen, Israel mit Nazi-Deutschland. »Was auf der von israelischen Truppen besetzten Sinai-Halbinsel, im Gaza-Streifen, dem Westjordanland und dem syrischen Gebiet geschieht, erinnert an die abscheulichen Verbrechen, die von den Faschisten im Zweiten Weltkrieg begangenen wurden«, urteilte er. »Genau so wie Hitler-Deutschland Gauleiter in seinen besetzten Gebieten ernannte, etabliert die israelische Regierung eine Besatzungsverwaltung in den Gebieten, die es an sich gerissen hat, und ernennt Militärgouverneure.«[104]

Israel hat nach dem Sechs-Tage-Krieg weder einen Völkermord an den Palästinensern begangen, noch »Gauleiter« im Westjordanland, dem Gaza-Streifen, den Golanhöhen oder auf der Sinai-Halbinsel ernannt. Wie andere Besatzungsmächte davor und danach, so hat auch Israel 1967 die im Krieg eroberten Gebiete in einzelne Regionen unterteilt und dort Verwaltungsstrukturen geschaffen, die sowohl militärischer als auch ziviler Natur waren. Die Halbinsel wurde in drei Regionen aufgeteilt: Nord-, Zentral- und Südsinai. Die beiden erstgenannten bildeten gemeinsam mit dem Gaza-Streifen eine administrative Einheit, die wiederum in vier Distrikte unterteilt war: Gaza, Chan Junis, al-Arish und Zentralsinai. Das Militärkommando Süd in Beerscheva und eine untergeordnete Zivilverwaltung waren für diese Gebiete zuständig; die Verwaltung gliederte sich in 18 Bereiche, die das tägliche Leben – von der Religionsausübung über die Gesundheitsversorgung bis hin zum Postwesen – regelten.[105]

In den ersten Monaten nach dem Krieg entfernte Israel Schritt für Schritt die symbolischen Insignien der ägyptischen Macht auf der Sinai-

---

103 Amos Elon, »The Israel-Arab Deadlock«, in: *The New York Review of Books*, XI/2, 1.8.1968, S. 14.
104 A. N. Kosygin, *Selected Speeches and Writings*, Oxford/New York u. a. 1981, S. 50.
105 Melvin Fried, *Israels Besatzungspolitik. Eine Fallstudie über Politik, Wirtschaft und Verwaltung in militärisch besetzten Gebieten*, Tübingen 1975, S. 126 [unveröffentlichte Dissertation, Eberhard-Karls-Universität Tübingen].

Halbinsel. Am 11. Oktober 1967 wurden zunächst alle staatlichen Feiertage verboten, darunter der »Revolutionstag« (23. Juli) sowie der Feiertag anlässlich der Nationalisierung des Suezkanals (26. Juli).[106] Im Februar 1968 folgte das Verbot des ägyptischen Pfunds als Währung.[107] Ab dem 29. Februar 1968 bezeichneten die israelischen Behörden alle eroberten Gebiete nicht länger als »Feindesland«.[108] Alle männlichen Bewohner, die älter als 16 Jahre waren, mussten ab März 1968 einen Personalausweis bei sich führen. Im Nord- und Zentralsinai waren das 21.340 Männer.[109] Ein Zensus ergab, dass in diesen beiden Teilen der Halbinsel 33.441 Menschen lebten – und im Südsinai »einige Tausend« (s. Kap. 6.1).[110] Der gesamte Sinai hatte somit nach der Eroberung durch Israel eine Bevölkerungsgröße, die in etwa mit den deutschen Kleinstädten Bautzen oder Schwäbisch-Hall vergleichbar ist.[111] Die überwiegende Mehrheit der Bevölkerung des Sinais lebte am Mittelmeer in der einzigen Stadt, al-Arish; 1967 waren es 30.000 gewesen.[112]

106 Jewish Telegraph Agency, »Israel Bans Celebration of Egyptian National Holidays in Sinai and Gaza Strip«, 11.10.1967, in: http://www.jta.org/1967/10/11/archive/israel-bans-celebration-of-egyptian-national-holidays-in-sinai-and-gaza-strip [zuletzt abgerufen am 4.11.2017].
107 Jewish Telegraph Agency, »Israel Bars Egyptian Pound as Legal Tender in Gaza Strip«, 7.2.1968, in: http://www.jta.org/1968/02/07/archive/israel-bars-egyptian-pound-as-legal-tender-in-gaza-strip-offer [zuletzt abgerufen am 4.11.2017].
108 Jewish Telegraph Agency, »Areas Occupied by Israel no Longer to be Regarded as Enemy Territory«, 1.3.1968, in: http://www.jta.org/1968/03/01/archive/areas-oc cupied-by-israel-no-longer-to-be-regarded-as-enemy-territory [zuletzt abgerufen am 10.3.2017].
109 *Three Years of Military Government 1967-1970. Data on Civilian Activities in Judea and Samaria, the Gaza Strip and Northern Sinai*, hg. v. israel. Verteidigungsministerium, Tel Aviv 1970, S. 116.
110 Efraim Orni/Elisha Efrat, *Geography of Israel*, Jerusalem ³1971, S. 381. Für eine Übersicht aller 72 Beduinenstämme, s.: Clinton Bailey/Rafi Peled, *Schivtei Beduim ba-Sinai* [Beduinenstämme im Sinai, hebr.], Tel Aviv o.J. Die bislang vollständigste Auflistung aller Monographien und Artikel zu den Beduinen des Sinais ist: Avinoam Meir/Yosef Ben-David (Hgg.), *The Bedouin in Israel and Sinai. A Bibliography*, Beersheva 1989.
111 Die israelischen Behörden zählten jedoch nicht nur die Menschen auf der Sinai-Halbinsel, sondern auch die Tiere. Einer Berechnung zufolge gab es im Gaza-Streifen und dem Nord- und Zentralsinai im Jahr 1969 insgesamt 3.817 Rinder, 22.000 Schafe und Ziegen, 1.100 Kamele sowie 6.200 Esel und Pferde. S. hierzu: *Three Years of Military Government 1967-1970*, S. 84-97.
112 Ra'anan Weitz, *Haza'at Tochnit li-Jischuv 10.000 Mischpachot Plitim be-al-Arish* [Vorschlag für einen Plan zur Schaffung eines Ortes für 10.000 Flüchtlingsfamilien in al-Arish, hebr.], Jerusalem 1967, S. 1. In: CZA/BK/70613.

Al-Arish blickt(e) auf eine lange Historie zurück. Bereits in der römisch-hellenistischen Zeit war der Ort besiedelt. Zu dieser Zeit hatte er jedoch Rhinokorura geheißen, die »Stadt der abgeschnittenen Nasen«. Dieser Name wird auf Sträflinge zurückgeführt, die aus Ägypten nach Rhinokorura verbannt worden waren und denen man zur Strafe die Nasen abgetrennt hatte.[113] Al-Arish war auch in den folgenden Jahrhunderten ein Ort geblieben, der nicht zum Verweilen einlud. So schrieb etwa der Kaufmann und Rabbiner Meschullam ben Menachem da Volterra, der von Italien über Ägypten nach Jerusalem gereist und dabei durch al-Arish gekommen war, im Jahr 1481: »Dort steht heute nur ein einziges verfallenes Gebäude. Außerdem gibt es eine Quelle mit salzigem Wasser. In der Nacht kamen die Läuse des Pharao aus dem Sand hervor. Jeder dieser Läuse ist groß wie zwei Fliegen zusammen, und sie sind von leicht rötlicher Farbe.«[114]

Ein ähnliches Bild zeichnete ein englischer Kleriker mit dem Namen Reverend Strange, als er im Sommer 1901, zwei Jahre vor Herzls zionistischer Sinai-Expedition, die Grenzstadt am Mittelmeer besuchte. Der reisende Geistliche zählte 3.545 »Eingeborene« – darunter Kameltreiber, Korbmacher und Koranleser, Wasserträger, Schächter und Barbiere – in »jämmerlichen Schlammhütten«.[115] Es war allein der zionistische Aktivist Davis Trietsch, der von al-Arish rundum begeistert gewesen war (s. Kap. 2). Noch 1917, mehr als ein Jahrzehnt nachdem der zionistische Versuch, dort zu siedeln, gescheitert war, schwärmte er von dem Ort am Mittelmeer als Handelsmetropole mit angeschlossenem Sanatorium, das »mancherlei Vorzüge gegenüber Heluan und anderen ägyptischen Kurorten besitzen« würde.[116] Die israelischen Entscheidungsträger glaubten nicht an diese Vision. Nach 1967 siedelten zu keinem Zeitpunkt israelische Zivilisten in al-Arish, wenngleich der arabische Bürgermeister öffentlich befand, der Strand sei so schön wie der von Miami.[117]

113 Othmar Keel/Max Küchler, *Orte und Landschaften der Bibel. Ein Handbuch und Studien-Reiseführer zum Heiligen Land*, Bd. 2, Köln/Göttingen 1982, S. 112. Zur Stadtgeschichte von al-Arish, s.: Clinton Bailey, *Ha-Ir al-Arish* [Die Stadt al-Arish, hebr.], o. O. 1976.
114 Meshullam da Volterra, *Von der Toskana in den Orient. Ein Renaissance-Kaufmann auf Reisen*, aus dem Hebr. übersetzt, komm. u. eingeleitet v. Daniel Jütte, Göttingen 2012, S. 63.
115 Rev. Strange, »Notizen ueber einen Besuch von El-Arisch im Juli 1901«, in: *Palästina: Zeitschrift für den Aufbau Palästinas*, Heft 1, Wien 1902, S. 32-33.
116 Davis Trietsch, *Jüdische Emigration und Kolonisation*, Berlin/Wien ²1923, S. 158.
117 Jewish Telegraph Agency, »El Arish Mayor Invites Jews and Arabs to Settle in his Town«, 28.11.1972, in: http://www.jta.org/1972/11/28/archive/el-arish-mayor-invites-jews-and-arabs-to-settle-in-his-town [zuletzt abgerufen am 4.11.2017].

Stattdessen stand die Stadt nach dem Sechs-Tage-Krieg im Fokus einer öffentlich geführten innerisraelischen Debatte, ob man in al-Arish und seiner näheren Umgebung tausende Palästinenser ansiedeln und diese damit umsiedeln könne. Bereits während des Krieges hatte Verteidigungsminister Mosche Dajan in einem Gespräch mit Generalstabschef Jitzchak Rabin darüber nachgedacht, »das Westjordanland von seinen Bewohnern zu leeren«.[118] Zu den ersten Persönlichkeiten des öffentlichen Lebens, die den Sinai als möglichen Umsiedlungsort in Erwägung zogen, gehörte dann Rachel Saborai. Die ehemalige Palmach-Kämpferin, die während des Jischuvs durch ihre Wanderung an der Seite von Meir Har-Tzion in die jordanische Wüstenstadt Petra landesweite Berühmtheit erlangt hatte, plädierte für den Norden der Halbinsel.[119] Auch Jehuda Don, ein Wirtschaftswissenschaftler der Bar-Ilan-Universität, vertrat am 28. Juni 1967 in einem Debattenbeitrag in der Tageszeitung »Haaretz« die Auffassung, auf dem Sinai könnten rund eine Million Palästinenser leben.[120] Die erste umfassende Projektskizze dieses Plans zur Umsiedlung von Palästinensern legte jedoch Ra'anan Weitz vor.

Ra'anan Weitz war Direktor des Siedlungsdepartments der Jewish Agency. Die Jewish Agency war bereits während der britischen Mandatszeit gegründet worden. Als Interessenvertretung der Juden Palästinas hatte sie parallel zu der von Theodor Herzl 1897 gegründeten internationalen Zionistischen Organisation als vorstaatliche Quasi-Regierung den Traum von einer nationalen Heimstätte vorangetrieben. Vor Ort waren diese beiden Organisationen vom Jüdischen Nationalfonds (KKL) unterstützt worden, der für den Landerwerb zuständig war. Ra'anan Weitz war jedoch nicht nur Direktor des Siedlungsdepartments der Jewish Agency, sondern auch der Sohn von Josef Weitz – dem Direktor des KKL zur Zeit des Jischuvs. In den ersten zwei Jahrzehnten seiner Existenz gab es im Staat Israel nur wenige Entscheidungsträger außerhalb des Sicherheitsestablishments, die einen größeren Einfluss auf die nationale Politik hatten als Vater und Sohn Weitz. Denn: Auch nach der Staatsgründung war das Siedlungsdepartment der Jewish Agency weiterhin »ein bürokratischer Schrein für einen Ethos aus revolutionären Zeiten: das Ideal der Besiedlung des Lan-

---

118 Avi Raz, *The Bride and the Dowry. Israel, Jordan, and the Palestinians in the Aftermath of the June 1967 War*, New Haven/London 2012, S. 3.
119 Rachel Saborai, »Schlemut ha-Aretz« [Die Integrität des Landes, hebr.], in: Aharon Ben-Ami (Hg.), *Ha-Kol*, S. 172-181. Zur Wanderung von Saborai s. Kap. 6.1.
120 Jehuda Don, »Efschar lo Lehisug mi ha-Schtachim« [Man darf sich nicht aus den Gebieten zurückziehen, hebr.], in: *Haaretz*, 28.6.1967, S. 8.

des« geblieben.[121] Ra'anan Weitz war der Hohepriester dieses Schreins. Er war seit 1948 zu einem »Baumeister der jüdischen Renaissance« avanciert und hatte damit jene Rolle übernommen, die Theodor Herzl für den Architekten Oskar Marmorek vorgesehen hatte.[122] »Nach dem Unabhängigkeitskrieg«, hat Weitz einmal gesagt, »sah ich mich auf einen Schlag mit einem Problem konfrontiert, von dem ich geträumt hatte, es würde eintreten – freie Flächen«.[123]

Nun, nach dem Sechs-Tage-Krieg, hatte der in Florenz ausgebildete Raumplaner noch mehr Platz zur Verfügung – und veröffentlichte drei Monate nach Kriegsende eine Projektskizze im »vereinten Jerusalem«, wie es auf dem Deckblatt dieses Plans hieß, demzufolge 10.000 palästinensische Familien – rund 50.000 Menschen – den Gaza-Streifen verlassen und in der Umgebung von al-Arish angesiedelt werden sollten.[124] Ra'anan Weitz und Mosche Dajan, Rachel Saborai und Jehuda Don standen nicht allein mit ihrer Meinung. Auch Levi Eschkol erklärte im November desselben Jahres auf einer Versammlung der Vereinigten Kibbutzbewegung: »Das Problem ist – der Mitgift folgt eine Braut, die wir nicht wollen.«[125] Der damalige Ministerpräsident betrachtete die eroberten Gebiete folglich als Mitgift des Krieges, seine Bewohner jedoch als ungeliebte Braut. Jigal Alon vertrat eine ähnliche Auffassung. Der damalige Arbeitsminister erklärte 1968 öffentlich, Israel solle auf dem Sinai zwei Siedlungen errichten und dort palästinensische Flüchtlinge ansiedeln.[126] Auf Alon folgte Golda Meir: Im Mai 1969 berichteten israelische Medien, die neue Ministerpräsidentin wolle Palästinenser aus dem Gaza-Streifen im Westjordanland und auf dem Sinai ansiedeln.[127]

Diese Zeitungsberichte waren keine Falschmeldungen. Einen Monat später, am 30. Juni 1969, legte Ra'anan Weitz der Ministerpräsidentin of-

---

121 Gershom Gorenberg, *The Accidental Empire. Israel and the Birth of the Settlements, 1967-1977*, New York 2006, S. 65.
122 Theodor Herzl, *Briefe und Tagebücher*, Bd. 4, S. 266.
123 Ra'anan Weitz zitiert nach: John Forester/Raphaël Fischler/Deborah Shmueli, *Israeli Planners and Designers. Profiles of Community Builders*, New York 2001, S. 324.
124 Ra'anan Weitz, *Haza'at Tochnit li-Jischuv 10.000 Mischpachot Plitim be-al-Arish*, S. 1.
125 Avi Raz, *The Bride and the Dowry*, S. 3.
126 Jewish Telegraph Agency, »Allon Urges Experimental Arab Refugee Settlements in Sinai«, 13.5.1968, in: http://www.jta.org/1968/05/13/archive/allon-urges-experimental-arab-refugee-settlements-in-sinai [zuletzt abgerufen am 4.11.2017].
127 Jewish Telegraph Agency, »Mrs. Meir Said to Be Considering Plan to Settle Refugees on West Bank and Sinai«, 5.6.1969, in: http://www.jta.org/1969/06/05/archive/mrs-meir-said-to-be-considering-plan-to-settle-refugees-on-west-bank-and-sinai [zuletzt abgerufen am 4.11.2017].

fiziell eine detaillierte Beschreibung seiner im Sommer 1967 verfassten Projektskizze vor. An der Ausarbeitung dieser Studie waren neben dem Siedlungsdepartment der Jewish Agency das Außen- und Landwirtschaftsministerium sowie das Arbeits- und Bauministerium beteiligt. Ra'anan Weitz erklärte in seinem Vorwort, der Plan solle »die Lösung eines Teils der Flüchtlingsproblematik im Gaza-Streifen« sein.[128] Für die 50.000 Palästinenser sollten im Großraum al-Arish neun Dörfer in zwei Siedlungsblöcken errichtet werden. Von den rund 10.000 männlichen Palästinensern sollten 3.000 in der Landwirtschaft beschäftigt werden, 2.000 weitere in kleineren Unternehmen der verarbeitenden Textil- und Metallindustrie und rund 5.000 in anderen Berufsfeldern.[129]

Der Plan von Ra'anan Weitz wurde jedoch in dieser Form und zu diesem Zeitpunkt nicht umgesetzt. Stattdessen versuchte Israel sich zuächst als »aufgeklärte« Besatzungsmacht in der Region zu etablieren. Die Regierung rief im fiskalischen Jahr 1968/69 das »Essen für Arbeit«-Programm ins Leben, durch das lokale Arbeiter in den zahlreichen Infrastrukturprojekten des Nordsinais neben ihrem Lohn zusätzliche Essensrationen erhielten;[130] ähnlich gingen die Behörden in den Schulen vor, wo alle Schüler neben kostenlosem Unterricht eine kostenlose Mahlzeit am Tag bekamen: eine Pita, die eine Hälfte mit Bohnenaufstrich, die andere mit Marmelade, dazu eine Orange und ein Ei.[131] Im gleichen Zeitraum erhielten zudem insgesamt 3.200 bedürftige Familien in al-Arish Essenszuwendungen. Pro Kopf und – vermutlich – pro Monat betrugen diese zehn Kilo Mehl, ein halbes Pfund Fett zum Kochen und 250 Gramm Milchpulver.[132] Um die hohe Arbeitslosenrate zu bekämpfen, richtete Israel außerdem eine Art Jobcenter in der Stadt ein. Dort wurden unter anderem Schlosser und Pflasterer, Mechaniker und Schweißer aus- und weitergebildet,[133] aber auch Rettungsschwimmer.[134] Ferner gab es eine Modellfarm, wo moderne Landwirtschaftsmethoden unterrichtet wurden. Die Lehrlinge aus der lokalen

---

128 Ra'anan Weitz, *Tochnit li-Jischuv 50.000 Plitim be-Esor al-Arish* [Plan zur Errichtung eines Ortes für 50.000 Flüchtlinge in der Region al-Arish, hebr.], Jerusalem 1969, S. 2. In: CZA/BK/33506.
129 Ebd., S. 2-12.
130 *Three Years of Military Government 1967-1970*, S. 91.
131 Herbert Ben-Adi, »El Arish Children Flock to School for Free Meals«, in: *Jerusalem Post International Edition*, 5. 2. 1968, S. 2.
132 *Three Years of Military Government 1967-1970*, S. 112. Es geht aus den Dokumenten nicht hervor, wie oft die Rationen verteilt wurden.
133 Ebd., S. 91.
134 N. N., »El Arish Lifeguards Get Fortnight Refresher«, in: *Jerusalem Post International Edition*, 24. 6. 1968, S. 2.

Bevölkerung pflanzten Bohnen, Erdbeeren und Auberginen an und unternahmen Exkursionen in die Kibbutzim und Moschavim jenseits der »Grünen Linie«, um von den israelischen Bauern zu lernen.¹³⁵

Das zweifellos größte israelische Projekt in al-Arish war jedoch die Renovierung und Wiedereröffnung des örtlichen Kreiskrankenhauses, das – wie alle medizinischen Einrichtungen des Sinais – vom Scheba-Krankenhaus in Tel ha-Schomer verwaltet wurde. 1969 arbeiteten in al-Arish einige israelische Ärzte, fünf Krankenschwestern, ein Röntgentechniker, drei Verwaltungsangestellte und 70 lokale Mitarbeiter. Im gleichen Jahr gab es 1.014 Krankenfälle, 253 Operationen und eine Bettenauslastung von 39 Prozent. Zudem reiste ein Ärzteteam in Begleitung eines lokalen Assistenten und israelischer Soldaten einmal in der Woche in die entlegenen Regionen des Nord- und Zentralsinais, um auch dort eine medizinische Grundversorgung der Beduinen sicherzustellen.¹³⁶

Wie weit die israelische Lebenswelt von jener im Herzen der Halbinsel entfernt war, macht eine im orientalistischen Stil geschriebene Reportage der »Jerusalem Post« deutlich. »Die Szenerie ist ein Unterstand irgendwo in den sandigen Weiten des Zentralsinai«, hieß es darin, »ein atemberaubender Anblick aus Armut und Sand.« Eine halbe Stunde und »eine Million Fliegen später« erschienen dem Reporter zufolge »40 Beduinen – Männer, Frauen, Kinder – mit Ziegen« und »warteten, um vom ›Doktur‹ untersucht zu werden und, das Wichtigste, um ihre Pillen zu kriegen«. Die Medikamentenausgabe beschrieb er wie folgt: »Es war interessant zu sehen, wie die Frauen ihre Pillen verglichen und sie dann nach Farben tauschten.«¹³⁷

Diese Reportage katapultierte die Leser in die Frühphase des Jischuvs zurück, in das Palästina der 1910er- und frühen 1920er-Jahre. In dieser Zeit war der Schriftsteller S. Jizhar aufgewachsen. In seinem in den 1990er-Jahren erschienenen autobiographischen Roman »Auftakte« ließ er seine Kindheit wieder aufleben und erinnerte sich daran, wie sein Vater als Farmer seinerzeit das Feld der Familie bestellt hatte. Er schrieb retrospektiv:

»[I]n jenem kleinen Theater, in dem eben jetzt die größte Aufführung der Welt lief, das Schauspiel von der Geburt des neuen Juden im neuen Land, in der Hauptrolle der jüdischen Landarbeiter als freier, selbstständiger Mensch, der weder ausbeutet noch sich ausbeuten läßt, vielmehr das Programm des Hapoel Hazair am eigenen Leib verwirklicht, schlicht

---

135 *Three Years of Military Government 1967-1970*, S. 94.
136 Ebd., S. 107-109.
137 Herbert Ben-Adi, »Doctors to the Bedouin«, in: *Jerusalem Post International Edition*, 20.7.1970, S. 9.

Früchte des Zorns 87

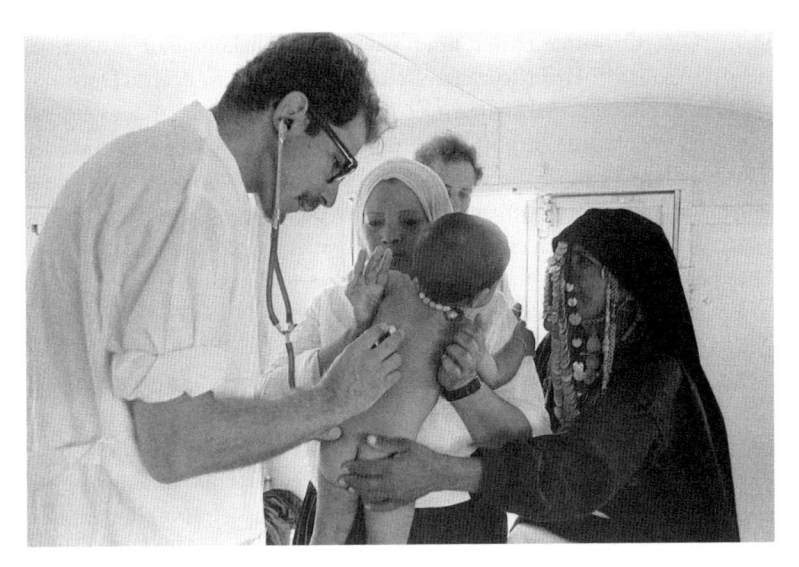

Abb. 3: Ein israelischer Arzt untersucht unweit von al-Arish ein Kind im Beisein seiner Mutter (Aufnahme 10.6.1969).

und einfach, eine derart aufrüttelnde, befeuernde, atemberaubende Tat, daß Menschen in weiter Ferne davon hören und sich aufmachen, Heimat, Elternhaus, Studium und Gelderwerb aufgeben, einen mäßig schweren Rucksack packen, beschwert nur durch die beiden gewichtigen Bücher, die Bibel und Tolstoi, hineingestopft zwischen Kleidung, die weder für das Klima noch zur Arbeit taugt, und Abschied nehmen, fast gewaltsam ihre weinenden Angehörigen von sich stoßen, um nun mit Pferdewagen, Bahnen und Schiffen über Land und Meer zu fahren, bis sie mit Gesang an der Küste Jaffas landen, das sie mit einem Eimervoll Hitze, Elend und Arbeitslosigkeit empfängt, so daß sie bald nach Petach Tikva und Rischon Lezion flüchten, ja hungrig gehen sie und singen doch ›Auf nach Galiläa‹.«[138]

In Galiläa war 1921 der erste Moschav gegründet worden: Nachalal. Die Gründerväter- und mütter von Nachalal bearbeiteten im Gegensatz zu den Bauern in den Kibbutzim ihre eigenen Landparzellen, nur der Erwerb von Saatgut und der Vertrieb der Agrarerträge war genossenschaftlich organisiert. An Sendungsbewusstsein fehlte es den Pionieren, zu denen auch Schmuel Dajan, der Vater von Mosche Dajan, gehörte, jedoch ebenfalls

138 S. Jizhar, *Auftakte*, aus dem Hebr. übers. v. Ruth Achlama, Hamburg 1998, S. 21-22.

nicht. Den Ortsmittelpunkt ihrer Landwirtschaftskooperative nannten sie »Akropolis«.[139] Der Moschav Nachalal war – und ist – ein »Dorf, das wie eine mathematische Figur im Kreise gebaut ist und vorher auf dem Papier berechnet wurde. Erblickt man das Dorf von der Höhe«, so einst der Schriftsteller Armin T. Wegner nach einem Besuch, »scheint es, als wenn seine Häuser mit den strahlenförmig sich verbreitenden Äckern, die immer genau den Bedürfnissen einer einzelnen Familie angepaßt sind, sich wie die Speichen eines riesigen Rades um seinen Mittelpunkt drehen«.[140]

Ein solcher Moschav wurde am 4. Januar 1971 in unmittelbarer Nähe zu Nachal Dikla in der strategisch bedeutsamen Rafach-Ebene zwischen al-Arish und dem Gaza-Streifen gegründet. Israel war in jenen Jahren »ein Museum von Ideen des neunzehnten Jahrhunderts in einer Umgebung des zwanzigsten: ein Tschechow-Stück von Dürrenmatt.«[141] Die Bewohner dieser musealen Zweigstelle in der Rafach-Ebene hatte die Moschav-Bewegung mit Zeitungsannoncen für das Pionierleben begeistern können. Der Moschav erhielt am 27. Juni 1971 den Namen Sadot, auf Deutsch: Felder. Im Sommer dieses Jahres lebten in Sadot 35 junge Paare mit 50 Kindern, von denen 20 jünger als zwei und die ältesten neun Jahre alt waren. Felder gab es zu diesem Zeitpunkt in Sadot noch keine, nur Sand, zwei Stromgeneratoren und einige einstöckige provisorische Unterkünfte.[142] Auf einer Fläche von 2.500 Dunam, rund 250 Hektar, begannen die Moschavnikim Obst und Gemüse anzubauen und Hühner zu züchten, sie eröffneten eine Autowerkstatt und errichteten erste eigene kleine Häuser, die mit ihren weißen Wänden, braunen Dachziegeln und grünen Vorgärten die Monotonie der Landschaft kolorierten.[143] Bereits ein Jahr nach der Gründung des Moschavs zählte Sadot 173 Einwohner, die in 52 Häuser lebten.[144]

Allein, das Pionieridyll bekam früh Risse. In der unmittelbaren Umgebung von Sadot lebten Beduinen. Sie wohnten in Wellblechhütten, Zelten

---

139 Naomi Nevo, »Change or Renewal? Israel's First Moshav Ovdim in a New Political and Economic Order«, in: Moshe Schwartz/Susan Lees/Gideon M. Kressel (Hgg.), *Rural Cooperatives in Socialist Utopia. Thirty Years of Moshav Development in Israel*, London 1995, S. 101.
140 Armin T. Wegner, *Jagd durch das tausendjährige Land*, Berlin 1932, S. 74.
141 Amos Elon, *Die Israelis*, S. 50.
142 *Sefer Sadot: Eser Schanim* [Das Sadot-Buch. Zehn Jahre, hebr.], hg. v. Moschav Sadot, Sadot 1982, S. 4-23.
143 Aharon Bier, *Ha-Hitjaschvut ba-Eretz Jisrael mi-as Milchemet Scheschet ha-Jamim*, S. 106-107.
144 *Avshalom – Mercaz Esori Pitchat Rafiach* [Avschalom – Ziviles Zentrum in der Rafach-Ebene, hebr.], hg. v. der Siedlungsabteilung der Zionistischen Weltorganisation, o. O. 1973, S. 10. In: YTA/15-46/74/10.

Früchte des Zorns

und einigen Betonhäusern. Zu ihrem Lebensunterhalt trugen einerseits Schaf- und Ziegenherden, andererseits der Anbau von Mandel-, Pfirsich- und Olivenbäumen bei.[145]

Wie bereits erörtert, bildeten der Gaza-Streifen sowie der Nord- und Zentralsinai zu dieser Zeit eine administrative Einheit, die dem Militärkommando Süd in Beerscheva unterstand. Dieses führte zu Beginn der 1970er-Jahre Ariel Scharon. Nachdem der Abnutzungskrieg am Suezkanal im Sommer 1970 zu einem Ende gekommen war, richtete er sein Augenmerk auf den Gaza-Streifen und die angrenzende Rafach-Ebene. Im Kampf gegen militante Widerstandskämpfer in den palästinensischen Flüchtlingslagern des Gaza-Streifens setzte er auf Patrouillen, Spezialeinheiten und den Einsatz von Bulldozern, mit denen Häuser zerstört und anstelle des Gassengewirrs breite Straßen geschaffen wurden.[146] Dieses Vorgehen war kein zufälliges. In seiner Autobiographie schrieb Scharon freimütig:

»Als mich ein Kabinettkomitee für ein Briefing aufsuchte, um über den Anti-Terror-Einsatz informiert zu werden, beschrieb ich die verschiedenen militärischen Maßnahmen, die wir unternahmen. Ich empfahl außerdem die Errichtung mehrer jüdischer Siedlungen, ›Jüdischen Fingern‹, wie ich sie nannte, um den Gaza-Streifen aufzuteilen. Ich strebte eine Siedlung zwischen Gaza und Deir al-Balah an, eine zwischen Deir al-Balah und Chan Junis, eine zwischen Chan Junis und Rafach, und eine weitere westlich von Rafach – alle gebaut, wie die Siedlungen in Judäa und Samaria, auf staatlichem Land. […] Darüber hinaus war es essenziell, eine Pufferzone zwischen dem Gaza-Streifen und dem Sinai zu schaffen, um den Waffenschmuggel unterbinden zu können und – mit Blick auf eine zukünftige Vereinbarung mit Ägypten –, um die beiden Regionen voneinander zu trennen.«[147]

Ariel Scharon setzte seinen Plan in die Tat um und schuf im Januar 1972 an zwei Orten im Norden der Sinai-Halbinsel, die einstmals ägyptisches Staatsland und nun israelisches Territorium war, Fakten. Zunächst in der Rafach-Ebene, wo er am 14. und 15. Januar 1972 die Vertreibung einiger Tausend Beduinen anordnete und das gesamte Gebiet der avisierten Pufferzone umzäunen sowie die dortigen Unterkünfte zerstören ließ. Ob Scha-

---

145 Gershom Gorenberg, *The Accidental Empire*, S. 197.
146 Ronen Bergman, *Der Schattenkrieg. Israel und die geheimen Tötungskommandos des Mossad*, aus dem Engl. übers. v. Henning Dedekind, Jens Hagestedt, Norbert Juraschitz u. Heide Lutosch, München 2018, S. 158-175.
147 Ariel Sharon/David Chanoff, *Warrior. The Autobiography of Ariel Sharon*, New York/London u. a. 1989, S. 258.

ron auf Anweisung von Mosche Dajan gehandelt hat, ist bis heute ebenso ungeklärt wie die exakte Zahl der Vertriebenen.¹⁴⁸ Es erscheint jedoch unrealistisch, dass Ariel Scharon eigenmächtig gehandelt hat, und wahrscheinlich, dass der Verteidigungsminister mindestens Kenntnis von der Vertreibungsaktion gehabt hat. Dies aus vier Gründen.

Zum einen wussten die israelischen Behörden über jeden noch so kleinen Vorgang auf der Sinai-Halbinsel Bescheid, so zum Beispiel, dass in al-Arish im fiskalischen Jahr 1969/70 insgesamt 45.000 Briefmarken verkauft wurden, es im Jahr zuvor jedoch nur 35.000 gewesen waren.¹⁴⁹ Zum anderen besteht die Möglichkeit, dass Dajan den Befehl zur Vertreibung mündlich erteilt hat. »Dajan wusste nicht, wie man schreibt«, so beschrieb Schlomo Gazit, der unter Dajan Koordinator aller israelischen Aktivitäten in den besetzten Gebieten gewesen war, die informelle Amtsführung und das Erteilen von Befehlen durch seinen Vorgesetzten.¹⁵⁰ Diese Möglichkeit erscheint zudem durch Ariel Scharons Ausführungen in dessen Autobiographie als eine realistische. Er schrieb:

»Jahre zuvor, nicht lange, nachdem ich das Fallschirmjägerkommando übernommen hatte [in den frühen 1950er-Jahren, Anm. d. Verf.], sagte Dajan einmal zu mir [damals in seiner ersten Amtszeit als Verteidigungsminister, Anm. d. Verf.], ›Weißt du, warum du derjenige bist, der alle Operation ausführt? Weil du nie nach schriftlichen Befehlen fragst. Alle anderen wollen ganz genaue Erklärungen. Aber du brauchst es nie schriftlich. Du machst es einfach.‹«¹⁵¹

Außerdem, und drittens, war Mosche Dajan die treibende Kraft hinter einem Großbauprojekt in der Rafach-Ebene, an dessen Ende Mitte der 1970er-Jahre die Stadt Jamit stand (s. Kap. 8.1). Der vierte und gewichtigste Grund hängt unmittelbar mit der zweiten Vertreibungsaktion von Beduinen zusammen, die Scharon am 12. sowie am 20. und 26. Januar 1972 durchführen ließ. Er ordnete an diesen drei Tagen die Vertreibung von einigen Tausend Beduinen in der Nähe von Abu Agheila an. Dieser Ort

---

148 Gorenberg zufolge bezifferten die Beduinen die Zahl auf 20.000 Personen, das israelische Militär auf 4.950 Personen, s. hierzu: Gershom Gorenberg, *The Accidental Empire*, S. 220-222. Der Jahresreport für das Jahr 1972 des »International Committee of the Red Cross« berichtet von rund 10.000 Personen. S. hierzu: *International Committee of the Red Cross, Annual Report 1972*, Genf 1973, S. 83.
149 *Three Years of Military Government 1967-1970*, S. 118.
150 Shlomo Gazit, *Trapped Fools. Thirty Years of Israeli Policy in the Territories*, London/New York 2003, S. 65.
151 Ariel Sharon/David Chanoff, *Warrior*, S. 250.

liegt weiter im Inneren des Nordsinais, rund 45 Kilometer südöstlich v(
al-Arish. In der Nähe der strategisch bedeutsamen Weggabelung von Abu
Agheila befindet sich der Ruaf'a-Damm. Ebendort fand wenig später,
vom 20. bis 25. Februar, im Beisein von Verteidigungsminister Mosche
Dajan und Ministerpräsidentin Golda Meir, eines der größten und teuersten Truppenmanöver in der Geschichte der israelischen Streitkräfte statt.
In der sogenannten Operation »Oz« – auf Deutsch (Helden-)Mut, Kraft
oder auch Macht – simulierte eine ganze Panzerdivision die Überquerung
des Suezkanals unter feindlichem Beschuss.[152] »Sharon hatte eine großartige
Idee«, konstatierte der an dieser Übung beteiligte General Avraham Adan
hernach:

> »Mittels verhältnismäßig unaufwendiger Ingenieursarbeiten war er in
> der Lage, den inmitten der Wüste des Nordsinais gelegenen kleinen
> Ruaf'a-Damm so zu vergrößern, dass er die Fluten der Winterregenfälle,
> die durch das Wadi al-Arish schossen, aufnehmen konnte. Es entstand
> ein kleines Wasserhindernis, das es uns trotz der begrenzten Größe und
> den geografischen Einschränkungen ermöglichen würde, eine ›nasse‹
> Überquerung mit einer kombinierten Feuerübung durchzuführen.«[153]

Die israelische Öffentlichkeit erfuhr von dieser Wehrübung und der zweiten Vertreibung nichts. Es war allein Clinton Bailey, ein damals junger
Anthropologe aus Sde Boker, der die Beduinen des Negevs und der Sinai-Halbinsel erforschte, der von der Vertreibung von den Beduinen selbst erfuhr. Er verfasste daraufhin einen Beschwerdebericht, den er an die
Armeeführung ebenso wie an einen Journalisten sandte.[154] Es geschah:
nichts. Erst das Internationale Komitee vom Roten Kreuz (IKRK) deckte
die Vertreibung auf und erklärte in seinem Jahresbericht für 1972 implizit,
Dajan habe von Scharons Vorgehen gewusst. In diesem Bericht heißt es:

> »Das IKRK brachte seine tiefe Besorgnis über die Notlage der vertriebenen Stämme zum Ausdruck und die Hoffnung, dass es diesen bald wieder erlaubt werde, in ihre Gebiete zurückzukehren. Zudem fragte das
> IKRK, ob Stämme, deren Behausungen und Zisternen zerstört worden
> waren, eine adäquate Entschädigung und neue Lebensgrundlagen erhielten. Die israelischen Behörden erwiderten, die Umsiedlungen seien
> aus Sicherheitsgründen notwendig gewesen, und fügten hinzu, dass

---

152 David Landau, *Arik. The Life of Ariel Sharon*, New York 2014, S. 84-87.
153 Avraham Adan, *On the Banks of the Suez. An Israeli General's Personal Account of the Yom Kippur War*, Jerusalem 1979, S. 247.
154 Auszüge dieses Berichts finden sich in: David Landau, *Arik*, S. 85-86.

jene, die enteignet wurden, entschädigt und Hilfe bei der Neuansiedlung an anderen Orten erhalten würden. Nach einem Gespräch mit dem israelischen Verteidigungsminister und IKRK-Vertretern am 22. April wurde 6.000 Beduinen aus dem Zentralsinai die Rückkehr in ihr Gebiet gestattet.«[155]

Aus welchen Gründen die israelischen Medien seinerzeit nicht über die Vertreibung berichteten, ist unklar. Um die Militärzensur zu umgehen, hätten sie, wie sonst üblich, auf die ausländische Quelle – das Internationale Komitee vom Roten Kreuz – verweisen können. Eine mögliche Erklärung für das Schweigen bietet das streng geheime Armeemanöver. Ein jeder Bericht über die Vertreibung hätte vermutlich auch die Operation »Oz« zumindest andeutungsweise erwähnt, schließlich standen beide Ereignisse in einem direkten Zusammenhang. Wenngleich man zu diesem Zeitpunkt nicht wissen konnte, dass diese gigantische Militärübung ein Jahr später, während des Jom-Kippur-Krieges, Realität werden würde (s. Kap. 5.1), so kann doch davon ausgegangen werden, dass sich die politischen und militärischen Entscheidungsträger darin einig gewesen waren, dass die Bekanntmachung der Operation »Oz« die nationale Sicherheit gefährdet hätte, und sie deshalb die publizistischen Verantwortlichen im Land aufgefordert haben, von einer Berichterstattung abzusehen. Archivalisch belegt werden kann dies zum gegenwärtigen Zeitpunkt jedoch nicht.

Wenngleich die Presse zunächst auch nicht über die Vertreibung der Beduinen in der Rafach-Ebene rund um den Moschav Sadot berichtete, so ließ sich diese jedoch im Gegensatz zur Vertreibung der Beduinen um Abu Agheila nicht geheim halten. Der Grund: Die Rafach-Ebene lag nicht tief im Herzen der Halbinsel, sondern in der Nähe einiger Kibbutzim entlang der »Grünen Linie«, die zur linksgerichteten »ha-Schomer ha-Zair«-Bewegung (auf Deutsch: Der junge Wächter) gehörten. Einige Mitglieder dieser Kibbutzim hatten während ihres Reservedienstes auf dem Sinai die Vertreibungen mitbekommen. Sie informierten ihre Kommunen, und einige Aktivisten begannen damit, Zeugenaussagen von den vertriebenen Beduinen zu sammeln.[156] Stück für Stück gelangte dadurch das Handeln

---

155 *International Committee of the Red Cross*, S. 73.
156 Gershom Gorenberg, *The Accidental Empire*, S. 223. Es ist anzunehmen, dass die Soldaten, die an dem streng geheimen Truppenmanöver »Oz« teilgenommen hatten, nichts von der vorausgegangenen Vertreibung gewusst hatten. Falls dies doch der Fall gewesen sein sollte, besteht die Möglichkeit, dass sie einen Stillschweigebefehl erhalten hatten; belegen lässt sich zum gegenwärtigen Zeitpunkt weder das eine noch das andere.

Ariel Scharons an die Öffentlichkeit, ohne dass sein Name aus Zensurgründen genannt werden durfte. Die Armee leitete eine interne Untersuchung ein. Der zuständige Ermittler konzentrierte sich jedoch primär auf die Einzäunung des Gebietes in der Rafach-Ebene und weniger auf die Vertreibung der Beduinen. Scharon erklärte, er habe keinen schriftlichen Befehl für das Errichten des Zauns erhalten. Die Folge: Er wurde für sein Verhalten gerügt.[157]

Der Vorfall war damit aber nicht vom Tisch, sondern zog immer größere Kreise. Im April 1972 versammelten sich schließlich einige hundert Friedensaktivisten in der Nähe der »Grünen Linie«, um gegen die Vertreibung der Beduinen aus und die Errichtung des Zauns um die Rafach-Ebene zu demonstrieren.[158] David Schacham teilte die Meinung der Demonstranten. Er war Herausgeber der Wochenzeitung »Ot«, des Parteiorgans der Arbeiterzionisten. Darin setzte Schacham ein deutliches Zeichen des Protests:

»Wenn ein hoher Offizier – ein sehr hoher Offizier! – kommt und Dinge tut, für die er keinen Befehl gehabt hat und damit die Regierung mit Fakten konfrontiert, warum hebt die Regierung ebendiese nicht auf? Bedeutet nicht die nachträgliche Bestätigung der aus dieser Aktion folgenden Resultate – in all ihrer abartigen Art und Weise, in der sie durchgeführt wurden, all ihrer Brutalität und Barbarei, derer sich jede moderne Gesellschaft schämen sollte! – eine Ermutigung weiterer ›Initiativen‹ dieser Art? Jemand muss all diese Fragen beantworten. Unserer Meinung nach wird jede Reaktion, die geringer ausfällt als Trumans Antwort, ein gefährlicher Präzedenzfall für die Zukunft demokratischen Lebens in diesem Land sein.«[159]

Indem Schacham im publizistischen Parteiorgan der Arbeiterzionisten Golda Meir öffentlich aufforderte, es dem einstigen US-Präsidenten Truman gleichzutun – der den populären General MacArthur während des Koreakrieges wegen politischen Ungehorsams entlassen hatte – und Ariel Scharon seines Amtes zu entheben, brachte er die Ministerpräsidentin in die Bredouille. Schließlich würde eine Weigerung ihrerseits bedeuten, dass

---

157 David Landau, *Arik*, S. 83.
158 Jewish Telegraph Agency, »Left-Wing Groups Hold Rally to Protest Policy in Raffah Area«, 4.4.1972, in: http://www.jta.org/1972/04/04/archive/left-wing-groups-hold-rally-to-protest-policy-in-raffah-area [zuletzt abgerufen am 4.11.2017].
159 David Schacham, »Rafiah – Some Disturbing Questions«, in: *New Outlook*, 15/4, 1972, S. 39. Es handelt sich hierbei um eine englische Reprint-Übersetzung des hebräischen Originals.

sie sein Handeln billigte, und die Entlassung Scharons gleichsam bedeuten, dass sie das Urteil der Armeeuntersuchungskommission als falsch empfände. Mosche Dajan kritisierte Schachams Beitrag öffentlich, und Golda Meir reagierte auf ihre Weise. Als Vorsitzende der Arbeiterpartei verfügte sie die Einrichtung eines »editorial boards« für das Parteiorgan; Schacham war damit entmachtet.[160] Zudem scheiterten die Beduinen der Rafach-Ebene im Sommer 1972 mit einer Klage vor dem Obersten Gerichtshof, in der sie ihr Land zurückverlangten.[161] Somit waren die Fakten, die Ariel Scharon zu Beginn des Jahres geschaffen hatte, zementiert – und der Plan von Josef Weitz zwar an einem anderen Ort, aber ähnlich umgesetzt worden.

In Sadot hatten die jungen Familien während dieser ganzen Zeit scheinbar unberührt von den sie umgebenden politischen Entwicklungen weiter daran gearbeitet, ihren Moschav auf- und auszubauen. Mit ökonomischem Erfolg: Die Agrargenossenschaft entwickelte sich profitabel. Doch der Pionier(t)raum geriet im Juni 1972 erneut in den Fokus der Öffentlichkeit. Der Anlass war ein Besuch des Schriftstellers und Dichters Chajim Guri. Sadot war für ihn ein Wunder, wie er schrieb, »eine einzigartige Mischung aus begeistertem Patriotismus und dem Geist des Wilden Westens«. Die jungen Männer und Frauen, alle Söhne und Töchter der Moschavim und Kibbutzim des Landes, seien Landwirte durch und durch, betonte er. Nicht nur das: Als Guri sich bei Kaffee und Kuchen mit einem Moschavnik unterhielt, entdeckte er in dessen Haus – wie einst Naomi Schemer in Nachal Sinai – die wichtigsten nationalen Kulturgüter im Regal: die Bücher Natan Altermans, daneben auch Werke von S. J. Agnon. Die Familie schien wie aus einer Propagandabroschüre der Jewish Agency entsprungen, verkörperte den Zeitgeist des Jischuvs durch und durch. Allein, vor der Haustür stand ihr »persönlicher Arbeiter, ein Beduine, ein Mitglied des Stammes, der vertrieben worden war«.[162]

Es war dies ein klarer Bruch mit dem (vor-)staatlichen Ideal der »Hebräischen Arbeit«. Guri fragte: »Stört es euch denn nicht, hier euer Leben mit arabischer Arbeit aufzubauen, mit einem Beduinen auf jedem Grundstück?« Die Antwort fiel deutlich aus: »Was wollt ihr denn? Dass sie gar nicht arbeiten, dass sie hungrig und ohne Arbeit bleiben?«, fragte der Moschavnik, der den Beduinen, der wenige Monate zuvor noch ein »Sicherheitsrisiko« dargestellt hatte, mit einem mageren Tagelohn und von Zeit zu

---

160 David Landau, *Arik*, S. 84.
161 Shlomo Gazit, *Trapped Fools*, S. 64.
162 Chajim Guri, »Ha-Koach ve ha-Pez'a« [Die Kraft und die Wunde, hebr.], in: *Davar*, 9. 6. 1972, S. 2.

Zeit mit einem Truthahn bezahlte.»Wer arbeitet denn im Norden [d. h. in Israel, Anm. d. Verf.], etwa keine Araber?«, fragte er. »Und in den Kibbutzim gibt es keine arabische Arbeit? Und beim ha-Schomer ha-Zair – keine? Und wer baut Jerusalem und Tel Aviv? Haben wir hier die arabische Arbeit erfunden?«[163]

Der Artikel löste in Israel eine kontrovers geführte Debatte aus, die so alt war wie nur wenige Pioniere selbst. Im Gegensatz zu Syrkin, Borochov, Gordon und anderen hatte etwa Achad ha-Am, der Vordenker des Kulturzionismus, nach einer Reise durch Palästina in seinem Aufsatz »Summa Summarum« bereits im Jahr 1912 am Ideal der »Hebräischen Arbeit« gezweifelt:

»Die landwirtschaftliche Idylle, wie wir sie in unseren Visionen von vor 30 Jahren vorhergesehen haben, wurde nicht realisiert – uns sie wird es auch in Zukunft nicht. Der Jude kann ein kompeteter Farmer werden, ein Land-Gentleman – so wie Boaz es war –, der die Landwirtschaft versteht, sich ihr widmet und seinen Lebensunterhalt mit ihr verdient: Ein Mann, der morgens hinausgeht aufs Feld oder in sein Weingut, um nach seinen Arbeitern zu schauen, während sie sein Land pflügen oder Saatgut ausbringen, seine Reben pflanzen oder pflegen, und der ihnen die Hand reicht, wenn er es für nötig hält. Ein solcher Mann – mit dem Land und seiner Natur verbunden und seinem Charakter nach gänzlich anders als der Jude in der Stadt – kann ein Jude werden.«[164]

Vor diesem Hintergrund hatte Achad ha-Am den damaligen Traum vieler Zionisten von einem jüdisch-sozialistischen Staat in Altneuland als einen unrealistischen bezeichnet:

»Solche großbürgerlichen Landwirte, die auf die Arbeit anderer angewiesen sind, können nicht das Fundament eines solchen Gebildes sein. Das Fundament eines jeden Staates basiert auf dem ländlichen Proletariat: die Arbeiter und mittellosen Bauern, die einen spärlichen Lebensunterhalt aus ihrer Arbeit auf den Feldern verdienen, ob in einer kleinen, eigenen Landparzelle oder von den Feldern der Landwirte der Oberschichten. Aber das ländliche Proletariat in Palästina ist heute nicht das unsere, und es fällt schwer, sich vorzustellen, dass es jemals das unsere sein wird, selbst wenn sich die Kolonien über das ganze Land hinweg vervielfachen. Wir

163 Chajim Guri, »Ha-Koach ve ha-Pez'a«, S. 2.
164 Achad ha-Am, »Summa Summarum (1912)«, in: Hans Kohn (Hg.)., *Nationalism and the Jewish Ethic. Basis Writings of Aham Ha'am*, New York 1962, S. 136-137.

Abb. 4: Ein Bauer im Moschav Sadot nimmt Beduinen auf seinem Traktor mit (Aufnahme 10.3.1972).

alle wissen, dass die Arbeit gegenwärtig von Arabern aus den benachbarten Dörfern erledigt wird, entweder von Tagelöhnern, die am Morgen kommen und abends zurückkehren zu ihren Familien, oder fest angestellten Arbeitern, die mit ihren Familien in den Kolonien leben.«[165]

Die Pioniere der zweiten und dritten Alija hatten versucht, Achad ha-Am ebenso wie die Erben des biblischen Boaz, welche im Zuge der ersten Alija ins Land gekommen waren, mit ihren landwirtschaftlichen Kommunen zu widerlegen. Diese arbeiterzionistischen Landarbeiter und Abonnenten der Tageszeitung »Davar«, einer »seltsamen Mischung von früher Prawda und altmodischem Quäkertum«, wie Amos Elon einst spöttisch bemerkte,[166] betrachteten nun die Beduinen auf den Feldern von Sadot als Sündenfall auf dem Sinai. Die jungen Familien hatten den Lackmustest in ihren Augen nicht bestanden. Die Vatikim irritierte nicht allein der Umstand, dass ihr Ideal der »Hebräischen Arbeit« offenkundig keine Rolle mehr spielte, sondern auch die bis dato nie dagewesene selbstbewusste Selbstverständlich-

---

165 Achad ha-Am, »Summa Summarum (1912)«, S. 137.
166 Amos Elon, *Die Israelis*, S. 263.

keit, mit der die Bewohner von Sadot ihre wirtschaftlichen Eigeninteressen diesem Ideal überordneten.

Sie waren nicht auf die Halbinsel gekommen, um zu bauen und erbaut zu werden. Der hebräische Proletarier war für sie ein »Freier«, wie man in Israel sagt, das heißt eine Person, die sich ausnutzen lässt.[167] Die Moschavnikim betrachteten sich als pragmatische Profiteure, die durch die Beschäftigung der Beduinen ihre Produkte kostengünstig ins europäische Ausland exportieren und damit auf den dortigen freien Märkten Gewinne, »gute Dollars«, erzielen konnten.[168] Ihr Held hieß Herzl, nicht Syrkin, Borochov oder Gordon. Sie folgten dem liberalen Gründer der zionistischen Bewegung, der bereits 1896 in seinem »Judenstaat« geschrieben hatte: »Wenn man den Bauer künstlich conserviert, so geschieht es wegen der politischen Interessen, denen er zu dienen hat. Neue Bauern nach dem alten Recept machen zu wollen, ist ein unmögliches und thörichtes Beginnen.«[169]

Es waren aber nicht alleine die Bewohner von Sadot, die Früchte des Zorns ernteten beziehungsweise ernten ließen. Auch diesseits der »Grünen Linie« wurden die »hebräischen Arbeiter« nach dem Sechs-Tage-Krieg sukzessive durch arabische Arbeiter ersetzt. Die Erosion dieses Mythos war keine Petitesse und zog bis weit über die Landesgrenzen hinweg Aufmerksamkeit auf sich. »Ein neuer Stand wurde geschaffen – der der Meister, der Unternehmer und ›Patrone‹, die in die Gebiete einfallen und die palästinensische Bevölkerung anwerben, damit sie in Israel unter Aufsicht arbeiten«, warnte Jehoschua Arieli in einem Debattenbeitrag für »The New York Review of Books«. Diese aus der Besatzung resultierende Praxis, so der israelische Historiker, »läuft der Überzeugung und Philosophie der zionistischen Pioniergenerationen zuwider, derzufolge das Land und die Nation nicht von jenen aufgebaut werden können, die nicht Bürger sind und die sich selbst nicht als Teil der nationalen Gemeinschaft betrachten«.[170]

In Israel wurde die Debatte nicht nur in Akademikerkreisen geführt, sondern von der gesamten Öffentlichkeit. »Wir pflegen den Lebensstil von

---

167 Gideon M. Kressel, »He Who Stays in Agriculture Is Not a ›Freier‹ – The Spirit of Competition among Members of the Moshav is Eroded when Unskilled Arab Labor Enters the Scene«, in: Moshe Schwartz/Susan Lees/Gideon M. Kressel (Hgg.), *Rural Cooperatives in Socialist Utopia*, London 1995, S. 155-185.
168 Chajim Guri, »Ha-Koach ve ha-Pez'a«, S. 2.
169 Theodor Herzl, *Der Judenstaat*, S. 23.
170 Yehoshua Arieli, »The Price Israel is Paying«, 31.8.1972, in: http://www.nybooks.com/articles/1972/08/31/the-price-israel-is-paying/ [zuletzt abgerufen am 4.11.2017].

Efendis«, schrieb etwa eine Bewohnerin aus dem Moschav Kfar Vitkim in einem Brief an Mosche Dajan, der in der Tageszeitung »Jediot Acharonot« veröffentlicht wurde. »Es hat sogar den Punkt erreicht, dass sich mein ältester Sohn weigert, den Rasen zu mähen: ›Mohammed wird ihn mähen‹, sagt er.« Entsetzt fügte sie hinzu: »Meine Kinder, Kinder, die in einem Moschav geboren wurden und aufgewachsen sind, werden zu versnobten Kindern, die Diener haben, die sie von vorne bis hinten bedienen.«[171]

In einem anderen Artikel mit der Überschrift »Das ganze Land ist Sadot« fielen schließlich die beiden Worte, welche Chajim Guri nicht erwähnt hatte, die aber vielen Lesern seines Textes unwillkürlich in den Sinn gekommen waren – »Algerien« und »Zeitbombe«. Der Autor Aharon Geva schrieb, Israel stehe an einer Weggabelung und die Gesellschaft müsse sich entscheiden, welchen Weg sie einschlagen wolle. An die Intellektuellen des Landes und »meinen Freund« Chajim Guri gerichtet, erklärte er: »Wenn dies in Lateinamerika, Ostasien oder der Sowjetunion geschehen würde, dann würden unsere Dichter aufschreien. Sie würden Gedichte verfassen und Petitionen unterschreiben, um dagegen zu protestieren. Aber es passiert hier. Einige Kilometer von Tel Aviv und Jerusalem entfernt. Deshalb ist das Herz unserer Dichter gespalten.«[172]

Es war Schlomo Gazit, der ehemalige Koordinator aller Aktivitäten in den besetzten Gebieten und Ex-Direktor des Militärgeheimdienstes, der vor diesem Hintergrund geschrieben hat: »Mitte der 1960er-Jahre blickte die Welt bereits dem Ende der Kolonialzeit entgegen, und da war Israel, das sich in die entgegengesetzte Richtung aufmachte und versuchte, die Zeit zurückzudrehen.«[173] Der Begriff Kolonialismus ist ein weiter, noch dazu stark aufgeladen. Er evoziert Jahrhunderte übergreifende Assoziationen – an die japanische Schreckensherrschaft in Korea; die holländischen Massaker an den Einwohnern des heutigen Inselstaates Indonesien; die Gräueltaten des belgischen Königs Leopold II. im Kongo; ebenso wie an die Erben Heinrichs des Seefahrers, die im Hinterland ihrer portugiesischen Überseeprovinz Angola Bananen- und Maisfelder bis zum Horizont anbauen ließen; die britischen Großgrundbesitzer, die in Ceylon, dem heutigen Sri Lanka, Teeplantagen besessen hatten; und eben an die Farmen der französischen Pieds-noirs in Algerien. Derek Penslar stellt vor diesem Hintergrund und mit Blick auf Israels Politik in den besetzten Ge-

---

171 Dvorah Namir, »Anu Chajim ba-Signon schel Eefendim« [Wir leben wie Efendis, hebr.], in: *Jediot Acharonot*, 6.10.1972, S. 8.
172 Aharon Geva, »Kol ha-Aretz Sadot« [Das ganze Land ist Sadot, hebr.], in: *Davar*, 19.6.1972, S. 7.
173 Shlomo Gazit, *Trapped Fools*, S. 11.

bieten nach dem Sechs-Tage-Krieg fest, dass der klassische Zionismus und seine ideologischen Grundlagen zwar aus dem europäischen Hochimperialismus und dessen orientalistischen Überzeugungen hervorgegangen, aber zunächst auf signifikante Weise davon abgewichen seien. »Nach 1967«, so Penslar, »durchlief Israel jedoch eine rasante Evolution hin zu einem kolonialen Staat.«[174]

Der Unwillen zu sagen, was ist, war, wie Aharon Geva in seinem Beitrag treffend festgestellt hat, jedoch nicht nur bei vielen arbeiterzionistischen Intellektuellen zu finden, sondern auch bei den politischen Entscheidungsträgern. »Freiwillig mit dem Ziel zu siedeln aus der Erde des Vaterlandes Brot zu gewinnen, war und ist immer noch der erste moralische Pionierimperativ, und ich kenne keine Tat, die damit vergleichbar ist«, schrieb etwa Israel Galili, der mächtige Schattenminister im Kabinett von Golda Meir und Vorsitzende des interministeriellen Siedlungskomitees, auf dem Höhepunkt der Debatte im Sommer 1972 in einem Brief an die Bewohner von Sadot. Er mahnte an, dass die Anstellung von arabischen Arbeitern dem »wertebasierten Leben« der zionistischen Landwirtschaftslehre widerspreche, zeigte sich aber gleichzeitig optimistisch: »Dank eurer Loyalität zu den Grundwerten, auf denen eure Bewegung basiert, glaube ich, werdet ihr diese Schwierigkeiten überwinden.«[175]

Um das Ideal der Borochovschen Arbeitspyramide im Norden der Sinai-Halbinsel wieder herzustellen, erklärte das Siedlungsdepartment der Jewish Agency schließlich im September 1973, man werde für alle künftigen Kommunen die Art des Anbaus ändern; anstelle der personalintensiven Feldarbeit sollten Gewächshauskulturen der »Hebräischen Arbeit« in den 1970er-Jahren zu neuer Blüte verhelfen.[176] Sadot, so viel stand damit bereits 1973 fest, war erst der Beginn der israelischen Besiedlung der Rafach-Ebene.

---

174 Derek J. Penslar, »Zionism, Colonialism and Postcolonialism«, in: *Journal of Israeli History: Politics, Society, Culture*, 20/2-3, 2001, S. 97.
175 Israel Galili in einem Brief an die Bewohner von Sadot, 11.7.1972, in: *Sefer Sadot*, S. 29.
176 Jewish Telegraph Agency, »No Hired Labor in Raffah Region«, 19.9.1973, in: http://www.jta.org/1973/09/19/archive/no-hired-labor-in-raffah-region [zuletzt abgerufen am 4.11.2017].

4.3. El Dorado

>»Wenn ihr wollt, Freunde, / dann ist es kein Märchen. / Denn kein Traum und kein Wunder / bist du uns, Abu Rudeis. / An Sand, Meer und Öl reich, / wir können nicht anders, als dich lieben.«
>
>*Avraham Kohel, Hymne von Abu Rudeis*
>
>»Seine Haare waren weiß und sein Gesicht ruhig: ein Gesicht / von 1946, dem einzig wahren Jahr, / zwischen berühmten und schrecklichen Jahren.«
>
>*Jehuda Amichai, Als ich jung war, war das ganze Land jung*

»Abu Rudeis ist ein Name ohne Bedeutung in der jüdischen Geschichte«, schrieb Meir Bareli in der Tageszeitung »Davar« im Oktober 1967 und glaubte, das werde sich ändern. Denn: »In Abu Rudeis gibt es Öl. Es gibt dort gutes Öl. Es gibt dort viel Öl.«[177] Abu Rudeis ist ein kleiner Ort am Golf von Suez.

Diesen Teil des Sinais hatten die alten Ägypter als »Land der Bergwerke« bezeichnet.[178] Bereits die Pharaonen der III. Dynastie hatten in der zweiten Hälfte des dritten Jahrtausends v. u. Z. damit begonnen, Expeditionen in die Kalksteinberge im Westen der Halbinsel zu entsenden, deren Ausläufer bis an den Golf von Suez reichen. Die Arbeiter hatten auf dem Plateau von Serabit al-Khadem und in den Stollen des Wadi Maghara nach Türkis geschürft.[179] Das Tal der Höhlen war ein schwer zugänglicher Ort gewesen, über den Karl Baedeker Mitte des 19. Jahrhunderts in seinem Reiseführer geschrieben hatte:

>»Einige Gebirgshänge, an denen man vorüberzieht, sehen wie gigantische von Menschenhänden aus Quaderwürfeln zusammengefügte Mauern aus. Weiterhin zeigen sich Granitfelsen in grau und roth zwischen weniger festen Formationen. Überall liegen in langen Haufen schwarze, vom vulkanischen Feuer ausgebrannte Schlacken, welche der Laie für Hüttenschlacken zu halten geneigt ist. Daneben lagern in Menge braune, graue und rothe Steinfragmente; darunter Felsitporphyr, ausgezeichnet durch die grell ziegelrothe Farbe des Orthoklas-

---

[177] Meir Bareli, »Abu Rudeis ve-Atideinu« [Abu Rudeis und unsere Zukunft, hebr.], in: *Davar*, 8.10.1967, S. 10.
[178] Beno Rothenberg/Yohanan Aharoni/Avia Hashimshoni, *Die Wüste Gottes. Entdeckungen auf Sinai*, München/Zürich 1961, S. 109.
[179] Avner Goren, »Der Sinai: Land der Zeugnisse und Wahrzeichen alter Kulturen«, in: Jan Parik, *Sinai. Wege ins verheißene Land*, Berlin u. a. 1988, S. 182-183.

Feldspathes. An den Berghängen ragen Klippen und Zinken in manigfaltigen Farben und seltsamen Formen in die Höhe. Der Weg führt von Kessel zu Kessel, von denen jeder seinen eigenen Horizont hat, bis nach 1 ¼ St. eine schroffe Wand den Weg abschliesst und das weitere Vorgehen unmöglich zu machen scheint. Bald zeigt es sich, dass ein ziemlich steiler Saumpfad über die den Weg versperrende Höhe führt. Schon im Alterthume ist Nakb el-Budra von den Lasttieren beschritten worden, welche die in Wadi Maghara gewonnenen Mineralien zum Meere führten.«[180]

Erst mit Beginn des 20. Jahrhunderts wurde die Region durch die britische »Sinai Mining Company« sowie später unter der Herrschaft Gamal Abd al-Nassers in Ansätzen industriell erschlossen und unter anderem Kaolin, Kohle, Kupfer und Mangan gewonnen.[181] So baute man etwa in der auf rund 500 Meter Höhe gelegenen Mine von Um Bugma Mangan ab, das mit Seilbahnen ins Flachland transportiert und mit einer Schmalspurbahn schließlich in den Hafen von Abu Zenima am Golf von Suez gebracht wurde.[182] Neben Abu Rudeis und Abu Zenima gab es entlang des Golfs im Laufe der langen Siedlungsgeschichte der Sinai-Halbinsel überhaupt nur zwei weitere kleinere Ansiedlungen. Zum einen al-Shatt, das am Ende des

---

180 K. Baedeker, *Ägypten. Handbuch für Reisende. Erster Theil: Unter-Ägypten und die Sinai-Halbinsel*, Leipzig ²1885, S. 504.
181 Martin Ira Glassner, »The Bedouin of Southern Sinai under Israeli Administration«, in: *Geographical Review*, 64/1, 1974, S. 47. C. K. Macdonald, ein englischer Kavalleriemajor, hatte sich bereits Mitte des 19. Jahrhunderts aufgemacht und versucht, das Werk der Pharaonen fortzusetzen. Er war mit diesem Vorhaben gescheitert. S. hierzu: John D. Cooney, »Major Macdonald. A Victorian Romantic«, in: *The Journal of Egyptian Archaeology*, Heft 58, 1972, S. 281-282.
182 Paul Cotterell, *Railways of Palestine and Israel*, Abingdon 1984, S. 123. Die Sinai-Region am Golf von Suez ist eine lebensfeindliche Umgebung. So war etwa das Trinkwasser für die »Sinai Mining Company« noch in den 1940er-Jahren von Suez-Dampfern gebracht worden. S. hierzu: Henry Field, *The Faiyum. Sinai. Sudan. Kenya*, Berkeley/Los Angeles u. a. 1952, S. 73. Die dortigen Arbeiter waren zum größten Teil aus dem Niltal und dem Sudan gekommen. Sie waren von der Administration in Kairo gezielt ausgewählt worden, um mögliche Unruhe in ihrer Heimat im Keim zu ersticken, wo es kaum Arbeitsplätze gegeben hatte. S. hierzu: Smadar Lavie, *The Poetics of Military Occupation: Mzeina Allegories of Bedouin Identity under Israeli and Egyptian Rule*, Berkeley/Los Angeles u. a. 1990, S. 58-59. Die Beduinen der Sinai-Halbinsel hatten infolgedessen das Nachsehen gehabt. Einige wenige hatten sich als Tagelöhner in den Minen oder als LKW-Fahrer, welche die Minerale und Erze nach Abu Zenima gebracht hatten, verdingen können. S. hierzu: Emanuel Marx, *Bedouin of Mount Sinai. An Anthropological Study of their Political Economy*, New York u. a. 2015, S. 125.

Suezkanals gegenüber der gleichnamigen Stadt liegt, welche sich auf dem ägyptischen Festland befindet, zum anderen das weiter südlich am Golf von Suez gelegene al-Tur. In al-Shatt entstand während des Zweiten Weltkrieges im Jahr 1944 eine Zeltstadt für rund 24.000 jugoslawische Flüchtlinge.[183] Sie waren – nachdem Nazi-Deutschland die dalmatinische Küste erobert hatte – zunächst auf die Adriainsel Vis geflüchtet, die in der Hand der Partisanen Titos geblieben war. Von dort waren sie über Süditalien von der britischen Armee nach Ägypten in Sicherheit gebracht worden. Das jugoslawische Flüchtlingslager auf dem Sinai, in dem es neben Schulen, Kirchen und Krankenhäusern auch vier Zeitungen gab, wurde von der United Nations Relief and Rehabilitation Administration (UNRRA) bis 1946 betreut und dann aufgelöst.[184]

Die Stadtgeschichte von al-Tur reicht länger zurück. Bereits der jüdische Reisende Benjamin von Tudela war im 12. Jahrhundert durch das Fischer- und Perlentaucherdorf gekommen. »Die Einwohner sprechen die Sprache des Targums«, hatte er in seinen Aufzeichnungen über den Ort berichtet.[185] Die Schiffsanlegestelle an der korallenfreien Küste von al-Tur war als Umschlagplatz über Jahrhunderte von großer Bedeutung für den Welthandel gewesen. Mit der Entdeckung des Seewegs nach Indien durch Vasco da Gama verlor der Sinai für die Karawanen aus Asien jedoch an Bedeutung. Al-Tur versank in einen Dornröschenschlaf und erwachte erst in der Mitte des 18. Jahrhunderts durch den Bau einer Quarantänestation für muslimische Mekka-Pilgerreisende wieder.

Norman Bentwich, ein engagierter Zionist und späterer Generalstaatsanwalt der britischen Mandatsmacht in Palästina, zeigte sich von der schieren Größe dieser Quarantänestation beeindruckt. Er besuchte al-Tur in den 1930er-Jahren und notierte, sie sei »größer als die Immigrantenbehausungen auf Ellis Island«. Ansonsten zeichnete er von al-Tur eher das Bild eines Außenpostens am Ende der Welt:

»Die Schenke wäre ein Ort gewesen, wie geschaffen für [Joseph] Conrads Beschreibungen. Die Gäste spielten verzweifelt Glücksspiele, die unsere Anwesenheit zu unterbrechen schienen. Sie waren braun und schwarz in allen Schattierungen; und einige von ihnen vom Haschisch mal mehr, mal weniger berauscht. Aber zumindest der Wirt pflegte ver-

---

183 Jozo Tomasevich, *War and Revolution in Yugoslavia, 1941-1945. Occupation and Collaboration*, Stanford 2001, S. 321.
184 Florian Bieber, »Niemand hieß sie willkommen«, in: *Die Zeit*, 8.9.2016, S. 19.
185 Marcus Nathan Adler, *The Itinerary of Benjamin of Tudela*, London 1907, S. 77.

Abb. 5: Manganmine in Um Bugma im Sommer 1967 (Aufnahme 10.9.1967).

nünftige kommerzielle Prinzipien; auf einer großen Tafel an der Wand lasen wie den Hinweis ›Nullo credito‹.«[186]

Bis 1967 war al-Tur ein kleiner Ort, in dem rund 1.000 Muslime sowie einige wenige griechisch-orthodoxe Christen lebten,[187] darüber hinaus befand sich hier die ägyptische Armee-Regionalkommandantur ebenso wie ein Sträflingslager.[188] Nach dem Sechs-Tage-Krieg verwandelte sich al-Tur in eine Geisterstadt. »Offene Türen. Zerbrochene Fensterscheiben. Straßen, auf denen kein Mensch geht. Boote, die auf weißem Sand verfallen. Boote, mit denen kein Mensch segelt«, beschrieb ein Reporter der Tageszeitung »Maariv« die Szenerie. »Alles ist erstarrt. Steht still. Ist verstummt. Nicht tot, aber schon seit langem nicht mehr am Leben.«[189]

186 Norman Bentwich, *A Wanderer in the Promised Land*, London 1932, S. 210.
187 Uri Thon, *Doch Rischoni mi-Memschal Tzvai Sinai* [Erster Bericht der Militärregierung Sinai, hebr.], 12.11.1956, S. 1. In: IDFA/688-466/1957.
188 Martin Ira Glassner, »The Bedouin of Southern Sinai under Israeli Administration«, S. 43. Und: Martin Gilbert, *In Ishmaels House. A History of Jews in Muslim Lands*, New Haven/London 2010, S. 290-291.
189 Menachem Talmei, »Ir Rifaim le-Chof Sinai« [Geisterstadt am Strand des Sinais, hebr.], in: *Maariv*, 8.1.1971, S. 58. Bis 1972 lebten nur zehn Israelis dauerhaft in al-Tur. Sie arbeiteten in einer landwirtschaftlichen Beobachtungs- und Expe-

Israel hatte weder Interesse am Perlenfischen noch am Betrieb der ägyptischen Minen im unwegsamen Hinterland des Golfs von Suez. Israel hatte ein anderes Gut im Auge: Öl. Die Ölfelder an der Küste des Golfs von Suez können geographisch in zwei Regionen unterteilt werden: Zum einen in die Fördergebiete um Ras al-Sudar, zu denen neben dem Ölfeld von Ras al-Sudar selbst auch jene von Matarma und al-Asal gehören, zum anderen in die Fördergebiete um Abu Rudeis, zu denen neben Abu Rudeis Sidri auch Firan sowie die On- und Offshore-Felder von Bilajim zählen.[190]

rimentierstation sowie in einer Snackbar für Touristen, die einen Stopp in al-Tur einlegten. S. hierzu: *Taskir al-Minhal Esrachi Merchav Schlomo* [Memorandum über die Ziviladministration Südsinai, hebr.], o. O. 1972, S. 2-16. In: ISA/6600/12-2.

[190] Bereits im Herbst 1956, im Zuge der Vorbereitungen des Sinai-Feldzuges an der Seite Englands und Frankreichs (s. Kap. 6.3), hatte David Ben-Gurion nach einem Treffen mit dem damaligen französischen Ministerpräsidenten Guy Mollet in sein Tagebuch geschrieben: »Ich erzählte ihm von der Entdeckung großer Ölvorkommen im Südwesten des Sinais und dass es lohnenswert sei, die Halbinsel von Ägypten zu trennen, schließlich gehört sie nicht Ägypten, sondern die Engländer hatten sie den Türken gestohlen, als sie gedacht hatten, sie hätten Ägypten in ihrer Tasche. Ich schlug vor, eine Pipeline vom Sinai bis zu den Raffinierien in Haifa zu legen, und Mollet äußerte sein Interesse.« Zitiert nach: S. Ilan Troen, »Ben-Gurion's Diary: The Suez-Sinai-Campaign«, in: Moshe Shemesch/ders. (Hgg.), *The Suez-Sinai Crisis: A Retrospective and Reappraisal*, London 1990, S. 235. Als Israel den Sinai dann in den Wintermonaten 1956/57 tatsächlich besetzt hatte, war der Fotograf und Archäologe Beno Rothenberg zur Golfküste gereist. Seine Notizen über Ras al-Sudar spiegeln die ersten Eindrücke vieler, die nach 1967 dorthin kamen, wider. »Das Wohnviertel des Ölfeldes bestand aus einer langen Reihe von Gebäuden im Halbkreis am weiten Sandstrand des Golfes von Suez. Bohrtürme säumten die Straße, Rohrleitungen führten in alle Richtungen, riesige Behälter standen blinkend gegen den klaren Himmel«, schrieb er. »Wir kamen an einigen sonderbaren Stahlkonstruktionen vorbei, die wie Christbäume aussahen. Das waren die ersten Zeichen eines großen Plans zur Entwicklung der Wüstenölgewinnung. Die Aufschrift ›Fifth Avenue‹ an einer häuserleeren Straßenkreuzung gab der Sache einen städtischen Anstrich. Wir fuhren zum Strand. Zu beiden Seiten der Straße sahen wir große schwarze Pfützen, vermutlich Rohöl, das aus den Pipelines gesickert war und den hellen Sand verschmutzte. Es wurde sehr schnell Nacht. Der Sonnenuntergang über den afrikanischen Granitbergen erwies sich als ein denkwürdiges Erlebnis. Die undeutlichen Schatten des Gebirges am jetzt dunklen Horizont kontrastierten lebhaft mit den blutroten Strahlen der untergehenden Sonne. Der mit kleinen weißen Wolkenbüscheln gesprenkelte Himmel wechselte von blassem zu kräftigem Rot, zu Rosa, Rosaweiß und schließlich zu Weiß vor düsterem Hintergrund.« Beno Rothenberg/Yohanan Aharoni/Avia Hashimshoni, *Die Wüste Gottes*, S. 61.

El Dorado

Bis zum Sechs-Tage-Krieg waren diese Ölfelder von unterschiedlichen Unternehmen betrieben worden. Jene in Abu Rudeis Sidri, Firan und Belajim waren durch die »Compagnie Orientale des Petroles« (COPE) ausgebeutet worden, einem Joint Venture der staatlichen »Egyptian General Petroleum Company« (EGPC) und der »International Egyptian Oil Company« (IEOC), die »Agip Mineralia« gehörte, einer Tochtergesellschaft der staatlichen italienischen »Ente Nazionale Idrocarburi« (ENI) und der belgischen Firma »Petrofina«. Das Öl der Felder von Ras al-Sudar, al-Asal und Matarma war von der »EGPC« gefördert worden.[191]

Im Sommer 1967 arbeitete Israel unter Hochdruck daran, die Ölfelder in Betrieb nehmen zu können. Bereits wenige Tage nach Kriegsende wurde ein Reservist mit der Aufgabe betraut, die zum Teil durch die Kampfhandlungen beschädigten Ölförderanlagen wieder nutzbar zu machen: Mordechai Friedman. Der in den USA ausgebildete Fachmann war im israelischen Polit- und Sicherheitsestablishment bestens vernetzt. Friedman, ein Sabra und Alumnus des Herzlija-Gymnasiums, hatte in den 1960er-Jahren zunächst für eine kanadische Ölfirma in Israel gearbeitet und schließlich sein eigenes Öl-Unternehmen gegründet: »Continental«.[192]

Mordechai Friedman erfüllte die Erwartungen, die in ihn gesetzt worden waren. Bereits am 15. Juni 1967 sandte er einen ersten Lagebericht an das Verteidigungsministerium, eine Woche später begannen die Vorbereitungen zur Wiederaufnahme der Ölförderung und am 21. Juli wurde das erste Öl auf einen Tanker gepumpt.[193]

Israel in seinen Grenzen vor dem Sechs-Tage-Krieg war ein rohstoffarmes Land gewesen, das Öl unter anderem aus dem Iran und aus Venezuela hatte importieren müssen.[194] Ein Umstand, den Jitzchak Rabin in einem Gespräch mit dem »Spiegel« einmal wie folgt zusammengefasst hat: »Dem alten Moses haben wir nur eines vorzuwerfen: 40 Jahre hat er uns durch die Wüste geschleppt, um uns schließlich im einzigen Nahost-Staat anzusiedeln, der keinen Tropfen Öl birgt.«[195]

191 Karim Wissa, *The Oil-Question in Egyptian-Israeli Relations, 1967-1979: A Study in International Law and Ressourcce Politics*, Kairo 1990, S. 9-10.
192 *Din u-Heschbon* [Report, hebr.], hg. v. der Untersuchungskommission »Netivei Neft«, Jerusalem 1972, S. 27.
193 *Schalom Lecha Abu Rudeis* [Mach's gut, Abu Rudeis, hebr.], hg. v. Netivei Neft, Tel Aviv 1975, S. 7-8.
194 Uri Bialer, »Fuel Bridge across the Middle East – Israel, Iran, and the Eilat-Ashkelon Oil Pipeline«, in: *Israel Studies*, 12/3, 2007, S. 57.
195 Jitzchak Rabin zitiert nach: N. N., »Die Lage hat sich zugespitzt«, in: *Der Spiegel*, Heft 45, 1974, S. 118.

Nun, nach dem Krieg, avancierte man durch die rasche Wiederaufnahme der Produktion binnen weniger Wochen zu einem *player* auf dem globalen Rohstoffmarkt. Dieser wurde damals von den sogenannten »Sieben Schwestern« – einem internationalen Kartell, bestehend aus den Firmen BP, Chevron, Esso, Gulf, Mobil, Shell und Texaco – dominiert. Die mehrheitlich arabischen OPEC-Staaten, die seinerzeit von der »Washington Post« als »eine zerstrittene Gruppe von Kamel-Scheichtümern und Bananenrepubliken« bezeichnet wurden,[196] sollten erst im Laufe der 1970er-Jahre die Vorherrschaft der Ölmultis aufbrechen. Vor dem Hintergrund dieser globalisierten Ölwirtschaft konnte Israel im Geschäft mit dem schwarzen Gold auf der Basis »Hebräischer Arbeit« nicht bestehen. Der Beginn der Erdölförderung auf dem Sinai markierte für den jüdischen Staat eine wirtschaftliche Zeitenwende.

Die Felder von Ras al-Sudar, Matarma und al-Asal, die zwischen 1946 und 1948 entdeckt worden waren, wurden von der israelischen Firma »Lapidot« betrieben. Aus den zwischen 1948 und 1961 erschlossenen und wesentlich größeren Quellen von Abu Rudeis Sidri, Firan und Bilajim förderte »Netivei Neft«.[197] Diese erst im August 1967 gegründete staatliche Firma war wesentlich jünger als »Lapidot«. Ihr Direktor wurde Mordechai Friedman.[198]

Der italienische Ölkonzern »AGIP«, der vor dem Sechs-Tage-Krieg gemeinsam mit Ägypten das Öl aus den Quellen des Sinais gefördert hatte, protestierte nicht gegen die israelische Ausbeutung der selbigen, wenngleich man öffentlich betonte, nicht zu »kollaborieren«.[199] Dies war aber nicht der Fall. Zwischen »Netivei Neft« und dem italienischen Unternehmen existierte eine enge Zusammenarbeit, wie Dokumente aus dem Israe-

---

196 Anshuman Prasad, »The Colonizing Consciousness and Representations of the Other: A Postcolonial Critique of the Discourse of Oil«, in: Mary Godwyn/Joddy Hoffer Gittell (Hgg.), *Sociology of Organizations. Structures and Relationships*, Los Angeles/London u. a. 2012, S. 556.
197 Ja'acov Gilboa, »Sdot ha-Neft schel Ras al-Sudar, Abu Rudeis Sidri u-Belajim« [Die Ölfelder von Ras al-Sudar, Abu Rudeis Sidri und Belajim, hebr.], in: Gdaliahu Gvirtzman/Avshalom Shmueli/Yehuda Gradus/Itzhaq Beit-Arieh/Menashe Har-El (Hgg.), *Sinai*, Bd. 1, Tel Aviv 1987, S. 312-314.
198 Elischa Roei, »Chipusei Neft u-Hafkato ba-Mifratz Suez al-Jadei Medinat Israel« [Ölsuche und -förderung im Golf von Suez durch den Staat Israel, hebr.], in: Gdaliahu Gvirtzman/Avshalom Shmueli/Yehuda Gradus/Itzhaq Beit-Arieh/Menashe Har-El (Hgg.), *Sinai*, S. 320.
199 Jewish Telegraph Agency, »Israel to Start Pumping Oil from Captured Sinai Wells«, 11. 7. 1967, in: http://www.jta.org/1967/07/11/archive/israel-to-start-pumping-oil-from-captured-sinai-wells [abgerufen am 18. 2. 2017].

lischen Staatsarchiv belegen. Es existiert eine rund 400 Seiten umfassende Korrespondenz zwischen Ingenieuren von »AGIP« und »Netivei Neft«, die über einen Zeitraum von mehr als vier Jahren, zwischen April 1968 und März 1973, geführt wurde. Aus diesen Dokumenten geht hervor, dass alle weitreichenden technischen Entscheidungen zwischen Israelis und Italienern in enger Absprache erfolgten.

Neben Telefaxen finden sich darin auch Sitzungsprotokolle von Arbeitstreffen in Mailand und Tel Aviv, welche die vertraute Zusammenarbeit belegen. »Lieber Emilio«, schrieb etwa der israelische Geologe Eitan Eisenberg in einem auf den 28. November 1968 datierten Brief an einen »AGIP«-Ingenieur, »unsere Gruppe und ich haben es sehr genossen, euch zu besuchen und mit euch zusammenzuarbeiten, vor allem das Essen und Weintrinken mit euch im Portune-Restaurant.«[200] Während der gesamten Besatzungszeit arbeiteten zudem weiterhin italienische Ingenieure vor Ort auf dem Sinai. Zudem hatte die italienische Firma ein eigenes Büro in der Zentrale von »Netivei Neft« in Tel Aviv.[201]

Israel kooperierte nicht nur mit Italien, sondern auch mit dem Iran. Das Ziel der israelischen Öltanker aus dem Golf von Suez war der Hafen von Eilat. Der Rohstoff des Sinais gelangte von dort mittels einer Pipeline nach Aschkelon ans Mittelmeer. Diese rund 250 Kilometer lange Pipeline wurde 1968 in Betrieb genommen und war im Geheimen von Israel und Iran gebaut worden. Israel konnte auf diese Weise sein Öl schnell transportieren und verarbeiten, der Schah von Persien den durch Ägypten gesperrten Suezkanal als Transitstrecke umgehen, um etwa das kommunistische Ceaușescu-Regime in Rumänien mit Öl zu beliefern.[202]

Abu Rudeis entwickelte sich durch die Ölförderung nicht nur zu einem israelischen El Dorado am Golf von Suez, sondern auch sukzessive zu einem Ort mit jüdischer Geschichte, nachdem die Ingenieure und Facharbeiter ihre Familien nachholen durften und dadurch Anfang der 1970er-Jahre eine kleine israelische Enklave entstand. Mit der Ankunft von Frauen und Kindern erhielt die kleine Arbeitersiedlung der israelischen Ölanlagen von Abu Rudeis einen eigenen Namen. Statt »Oase Libna« (4. Buch Mose, 33:20), wie die Bewohner gebeten hatten, wurde die Siedlung offiziell Schalhevet genannt – auf Deutsch: Flamme.[203]

---

200 *Brief von Eitan Eisenberg an Emilio Henking*, 28.11.1968. In: ISA/17215/6-בב.
201 Persönlich kommuniziert von Eitan Eisenberg, 14.6.2016, Herzlija.
202 Uri Bialer, »Fuel Bridge across the Middle East«, S. 48-50.
203 *Brief v. der Ziviladministration Südsinai an die Namensgebungskommission*, 22.10.1971. In: ISA/12410/2-ב.

Schalhevet war eine Kleinstadt mit einer Filiale der »Bank Leumi«, einer Dependance der israelischen Post und einem kleinen »Schekem«-Supermarkt.[204] Die medizinische Grundversorgung war durch einen niedergelassenen Arzt gewährleistet, es gab einen Kindergarten und eine Grundschule, daneben auch eine kleine Bibliothek, eine eigene Zeitung, »Netivon«, und sogar ein Kino.[205] Die Kinder wurden zunächst von Soldatinnen des Bildungscorps der israelischen Armee unterrichtet, bis eine junge Lehrerin eingestellt wurde. Sie fuhr mit den Schülern ihrer kleinen Klassen oft mit dem Auto zum Strand und hielt dort den Unterricht ab. An den Wochenenden fuhren manche ortsansässigen Familien zum Fischen mit kleinen Booten auf das Meer,[206] vor allem Makrelen und Milchfische gab es reichlich.[207] An der Ausfallstraße von Abu Rudeis hatte die Busgenossenschaft »Egged« ein kleines Motel mit Restaurant errichtet.[208] Das Hauptverkehrsmittel der Einwohner von Schalhevet waren indes die firmeneigenen Dakota-Flugzeuge, mit denen sich die enorme Distanz nach Israel leichter und schneller überbrücken ließ. Die israelische Kleinstadt war so weit entfernt von Tel Aviv und Jerusalem wie keine andere im Land.

Es war allerdings nicht das erste Mal in der zionistischen Geschichte, dass eine Arbeiterstadt in einem weit entfernten Grenzgebiet errichtet wurde. Moshe Novomeysky hatte den Präzedenzfall geschaffen: Der am sibirischen Baikalsee geborene Entrepreneur hatte in den 1930er-Jahren von der britischen Mandatsmacht eine Konzession erhalten, um am Toten Meer Pottasche zu fördern.[209] Die »Palestine Pottash Company« hatte nicht nur eine Fabrik am tiefsten Punkt der Erde gebaut, sondern auch fernab des damaligen Landeszentrums eine Wohnsiedlung für die Ingenieure und Arbeiter. Das Leben dort hat die Schriftstellerin Lola Landau skizzenhaft dokumentiert.

Nach ihrer Flucht vor den Nationalsozialisten aus Deutschland erhielt Landau 1941 eine Anstellung als Englischlehrerin in der kleinen Schule der Siedlung. »Weiße niedrige Häuser ragen kahl und schmucklos wie Pfähle aus der fahlen Erde. Hier wachsen Kinder auf, Kinderstimmen beleben die tote Landschaft. Wie farbige Blumen leuchten ihre Kleider gegen das

---

204 *Taskir al-Minhal Esrachi Merchav Schlomo*, S. 17.
205 *Schalom lecha Abu Rudeis*, S. 11.
206 Persönlich kommuniziert von Dr. Oz Barazani, 13. 6. 2016, Rischon le-Zion.
207 Martin Ira Glassner, »The Bedouin of Southern Sinai under Israeli Administration«, S. 49.
208 *Touring in the Sinai*, hg. v. israel. Tourismusministerium, Jerusalem 1972, S. 5.
209 Jacob Norris, *Land of Progress: Palestine in the Age of Colonial Development, 1905-1948*, Oxford 2013, S. 139-167.

El Dorado

Abb. 6: Die Unterkünfte der Arbeiter von Abu Rudeis (Aufnahme 8.11.1971).

Abb. 7: Der »Schekem«-Supermarkt von Schalhevet (Aufnahme 2.11.1971).

Graugelb des Bodens«, schrieb sie.²¹⁰ Das Werk und die Siedlung konnten aufgrund der schlechten Infrastruktur nicht ohne weiteres verlassen werden. Dazu brauchte es einen Sitzplatz im oder auf einem Lkw, der beladen mit Säcken voll Pottasche Richtung Jerusalem »aufstieg«. Die Haltestelle, eine zugige Bretterbude, war für die Bewohner geradezu ein Sehnsuchtsort. Lola Landau beobachtete dort immer Wartende, »sehnsüchtig, wieder an die kühle ›Oberwelt‹ zu gelangen«.²¹¹

Wie in der Unterwelt kam sich 1971 auch David Niv vor. Er arbeitete für das staatliche Geologische Institut und hatte sich auf eigene Initiative mit Gerüchten über Korruption, Misswirtschaft und Betrug in Abu Rudeis unter der Führung von Mordechai Friedman beschäftigt. Er glaubte, Friedman habe Herzl falsch interpretiert. »Das Privateigentum, als die wirtschaftliche Grundlage der Unabhängigkeit, soll sich bei uns frei und geachtet entwickeln«, hatte der Gründervater des Zionismus im »Judenstaat« geschrieben. »Der Unternehmungsgeist soll auf jede Weise gefördert werden.«²¹²

Im Israel der Gründerjahre hatte es nur wenig privates Eigentum und Unternehmertum gegeben. Der wirtschaftliche Aufbau des Einwandererlandes war damals fest in der Hand der Regierung. Nach 1948 rekrutierte der junge Staatsapparat seine bürokratische Elite unter den Alumni der (Schlacht-)Felder und den akademisch ausgebildeten europäischen Einwanderern der vierten und fünften Einwanderungswellen. Wie überall auf der Welt, so fand auch in Israel das Prinzip der »Protektija« Anwendung. Grosso modo galt, wer den Staat mit aufgebaut oder erkämpft und das richtige Parteibuch hatte, war im Vorteil. Die Vatikim setzten vor diesem Hintergrund vor allem auf diejenigen, die über das informelle arbeiterzionistische Prädikat »Echad mi-Schelanu« (»Einer von uns«) verfügten.²¹³ Dies führte so weit, dass etwa die linksgerichtete Mapam-Partei im Februar 1948, noch vor der Proklamation des Staates, eine eigene Abteilung einrichtete, deren Aufgabe es war, Parteigängern Stellen im künftigen Regierungsapparat zu beschaffen.²¹⁴

---

210   Lola Landau, *Leben in Israel*, gesammelt u. mit einem Vorwort versehen v. Margarita Pazi, Stuttgart 1987, S. 14.
211   Ebd., S. 20.
212   Theodor Herzl, *Der Judenstaat*, S. 64.
213   David Nachmias, »Israel's Bureaucratic Elite: Social Structure and Patronage«, in: *Public Administration Review*, 51/5, 1991, S. 414-416.
214   Itzhak Galnoor, *Public Management in Israel. Development, Structure, Functions and Reforms*, London/New York 2001, S. 28.

El Dorado

Die zumeist bürokratisch unerfahrenen Beamten zeichneten sich durch ein hohes Maß an Pragmatismus aus. Angesichts der vielen Unwägbarkeiten, denen der Staat aufgrund seiner geographischen Lage gegenüberstand, wurde in den Ministerien eine Politik des »Feueraustretens« verfolgt, das heißt, in kritischen Situationen wurden schnelle, zuweilen unkonventionelle Entscheidungen getroffen. Ebenfalls ein Teil dieser Kultur, die sich mit den Jahren sowohl im öffentlichen wie auch im privaten Management verfestigte, war es, Erfolgsmöglichkeiten mindestens schneller zu ergreifen als etwaige Mitbewerber oder die feindlichen arabischen Anrainerstaaten. Das prominenteste Beispiel dieses nicht immer freiwilligen Entrepreneurtums ist die Transformation Israels von einem Arbeiter- und Bauernstaat hin zur sogenannten Start-up-Nation: der weltweit überproportionale Erfolg der vielen jungen »Hightech-Farmer«.[215] Dieser Ethos des Improvisierens hat jedoch auch Kehrseiten, die Jitzchak Galnoor wie folgt beschreibt:

»Improvisation wird zu einer Last, wenn sie nicht ausschließlich unter dem Druck der Umstände angewandt wird, sondern als Grundsatzprinzip in der Management-Kultur verwurzelt ist – wenn es zu der Überzeugung führt, dass Entscheidungen treffen bedeutet, sich durchzuwursteln. [...] Aktionismus ist zu einer beherrschenden Weltanschauung in Israels politisch-administrativer Kultur geworden und spiegelt sich in der Weigerung wider, zu planen [...]. Der Verdienst dieses Aktionismus ist es, mit Nachdruck Dinge in Ordnung zu bringen und Ergebnisse zu erzielen. Seine Kehrseite – die meistens die positive Seite überschattet – ist die Bereitschaft, Abkürzungen zu nehmen, Recht und Ethik als zu umgehende Hindernisse zu betrachten.«[216]

Mordechai Friedman war ein solcher Mann der Tat. Sein Werdegang – und damit auch die Entwicklung von »Netivei Neft« – steht beispielhaft für die Kultur der informellen Netzwerke. Am Golf von Suez herrschte in den ersten Jahren nach dem Sechs-Tage-Krieg, bevor die zivile Siedlung errichtet wurde, eine Goldgräberstimmung.[217] Es war in den ersten drei Jahren ein Männerort.

Das (in-)offizielle Netzwerk Friedmans war ein komplexes, das auf mehreren Personen basierte. Seine Ernennung zum israelischen Repräsentanten der Ölförderstätten in jenen turbulenten Nachkriegstagen des Jah-

---

215 Dan Senor/Saul Singer, *Start-Up Nation. The Story of Israel's Economic Miracle*, New York/Boston 2011, S. 272.
216 Itzhak Galnoor, *Public Management in Israel*, S. 46.
217 Persönlich kommuniziert von Prof. Dr. Zali Gurevitch, 15. 6. 2016, Tel Aviv.

res 1967 war durch einen Mitarbeiter des Finanzministeriums erfolgt. Dieser war von der israelischen Armee als ziviler Aufseher über das in Abu Rudeis, Abu Zenima, Ras al-Sudar und der Mine von Um Bugma sichergestellte Förderequipment eingesetzt worden. Daneben war dieser Beamte im Finanzministerium mit allen Fragen, die Treibstoffe betrafen, betraut gewesen, ehe er noch im Dezember 1967 durch Tzvi Dinstein ersetzt wurde. Dinstein war seit 1960 vorsitzender Direktor des »Israelischen Petroleum- und Energieinstituts« sowie während des Sechs-Tage-Krieges stellvertretender Verteidigungsminister gewesen, ehe er im Spätsommer das Ressort gewechselt hatte und stellvertretender Finanzminister geworden war. Die Welt des Öls war in Israel eine kleine. Alle kannten Friedmann, und Friedman kannte alle.

Der Geologe Niv, welcher gleichzeitig Mitglied im »Board of Directors« von »Lapidot« war,[218] verfasste auf der Basis seiner Nachforschungen einen Beschwerdebrief, den er an das zuständige Finanzministerium sandte. In diesem listete er seine Beanstandungen detailliert auf und beschuldigte Friedman, wie ein »Mafiosi« zu agieren.[219] Er erklärte, nach dem Sechs-Tage-Krieg sei aus Abu Rudeis, Abu Zenima und Ras al-Sudar Förderequipment in »astronomischen Summen« verschwunden. Dieses sei zunächst an einem Lagerplatz aufbewahrt worden, der sowohl von der staatlichen Firma »Netivei Neft«, deren Direktor Mordechai Friedman war, als auch von seiner privaten Firma »Continental« genutzt worden sei. Das staatseigene Equipment, darunter Traktoren und Maschinen, sei nach Israel gebracht worden und schließlich in den Besitz von »Continental« übergegangen.[220] Eine ausländische Firma, »Midbar«, habe Friedman anschließend hohe Summen für das Bohrungsequipment gezahlt, so Niv.[221] Er sah darin eine unrechtmäßige Bereicherung Friedmans, der als privater Geschäftsmann zudem die Sympathien von Tzvi Dinstein genossen habe, der ihn habe gewähren lassen. Nach Nivs Auffassung war es von Anfang an der Plan Friedmans gewesen, sein eigenes Öl-»Königreich« zu schaffen.[222]

Darüber hinaus, so Niv, seien in Abu Rudeis Orgien mit Prostituierten veranstaltet worden. Zusätzlich beschuldigte er Friedman, Sommercamps

218 Mark Segal, »Mordechai Friedman Answers Back«, in: *Jerusalem Post*, 12.11.1971, S. 5.
219 *Din u-Heschbon*, Anhang, S. 5.
220 Ebd., S. 4.
221 Ebd., S. 6
222 Ebd., S. 9.

für Jugendliche aus angesehenen Familien in Abu Rudeis veranstaltet zu haben, um so sein Netzwerk zu pflegen.[223] »Netivei Neft« war keine geheime staatliche Gesellschaft zur Förderung von Öl. Die Existenz wurde aber auch nicht forciert in die Öffentlichkeit getragen. Als Nivs Brief publik wurde und neben dem Magazin »ha-Olam ha-Seh« die Tageszeitungen »Davar« und »Haaretz« ausführlich über den Fall berichteten, löste das einen Aufschrei in der israelischen Gesellschaft aus, die nun erstmals über die Ölbohrungen detailliert informiert wurde. Golda Meir sprach mit Blick auf die Berichterstattung über Mordechai Friedman von einer Hexenjagd wie zu McCarthys Zeiten.[224] Die Anschuldigungen wogen schwer. Sie stellten nicht nur die Integrität Friedmans in Frage, sondern brachten auch das verworrene Firmengeflecht ans Licht der Öffentlichkeit, das sich hinter »Midbar« verbarg – jener ausländischen Firma, die das Förderequipment von Mordechai Friedman erworben hatte.

»Midbar« war eine in London registrierte Tochterfirma des in Denver ansässigen »King Ressources«-Konzerns von John McCandish King, einem Erdölunternehmer. Er arbeitete mit Bernard Cornfeld zusammen. Cornfeld war der schillernde Inhaber des in Paris gegründeten Unternehmens »Investors Overseas Services« (IOS), einer der seinerzeit weltweit größten Fondsverwaltungsgesellschaften. Dieses bestand aus Investmentfonds, Banken, Versicherungsgesellschaften und mehreren Dutzend Tochtergesellschaften, von denen manche in Panama, andere auf den Bahamas oder im Großherzogtum Luxemburg registriert waren. Cornfelds weitverzweigtes und undurchsichtiges Firmenkonglomerat – das wie ein Kartenhaus zusammenbrechen und dadurch den weltweit größten Finanzskandal in der zweiten Hälfte des 20. Jahrhunderts auslösen sollte – ermöglichte es ihm, den »Lebensstil eines Maharadschas« zu führen, wie es das Magazin »Der Spiegel« seinerzeit in einer Titelgeschichte über den in Istanbul geborenen »Midas vom Genfersee« formuliert hat.[225] King und Cornfeld

---

223 *Din u-Heschbon*, Anhang, S. 6.
224 Jewish Telegraph Agency, »Mrs. Meir Accuses News Media of Witch-Hunt in Report of Probes into Alleged Scandals Involving Firms«, 23.12.1971, in: http://www.jta.org/1971/12/23/archive/mrs-meir-accuses-news-media-of-witch-hunt-in-report-of-probes-into-alleged-scandals-involving-firms [zuletzt abgerufen am 4.11.2017].
225 N. N., »Völlig unrealistisch«, in: *Der Spiegel*, Heft 21, 1970, S. 104-121. S. außerdem hierzu: Charles Raw/Bruce Page/Godfrey Hodgson, *Do You Sincerely Want to Be Rich?: The Full Story of Bernard Cornfeld and I. O. S.*, New York 1971.

tätigten mit »Midbar« unter anderem Investitionen in natürliche Ressourcen, auch auf dem Sinai.[226]

Das Duo hinter »Midbar« hatte im August 1968 einen Vertrag mit der staatlichen israelischen Firma »Netivei Neft« unterzeichnet. In diesem Vertrag hatte sich »Midbar« verpflichtet, eine israelische Vertragsfirma für avisierte Arbeiten im Golf von Suez und auf dem Sinai zu nutzen.[227] King und Cornfeld hatten zwei Optionen gehabt: »Lapidot« oder »Continental«. Die Privatfirma von Mordechai Friedman hatte den Zuschlag bekommen – und, wie bereits ausgeführt, das in den Besitz der Firma übergegangene und umstrittene Bohrungsequipment an »Midbar« verkauft.[228] 1969 hatte »Midbar« schließlich mit ersten seismischen Untersuchungen im Golf von Suez und Probebohrungen auf der Halbinsel begonnen, die jedoch ohne nennenswerten Erfolg blieben.[229]

Nachdem der exzessive Lebensstil sowie die Geschäftspartner und -praktiken Mordechai Friedmans publik geworden waren, erklärte der israelische Justizminister Ja'acov Schapiro zunächst, es bedürfe keiner Kommission zur Untersuchung der Vorgänge in Abu Rudeis. Aber: Auch er gehörte zum (in-)offiziellen Netzwerk von Mordechai Friedman.

Schapiro war eine graue Eminenz der linksgerichteten Mapai-Partei, der in den 1950er-Jahren unfreiwillig aus der Knesset ausgeschieden war. Er hatte damals als Rechtsberater für die Firma »Lapidot« gearbeitet. Infolge dessen war er über Nacht zum Millionär geworden, was sich schlecht mit dem Image der Arbeiterpartei vereinbaren ließ. Aus diesem Grund war er aus der Knesset ausgeschieden, ehe Levi Eschkol ihn 1966 zurück in die Politik geholt hatte.[230] Ergo: Auch Schapiro war mit der kleinen israelischen *community* der Ölexperten vertraut, gar ein Teil von ihr. Aufgrund des großen öffentlichen Drucks setzte Schapiro schließlich doch zwei Untersuchungsbeauftragte ein: Ja'acov Arnon, ein ehemaliger Direktor des

---

226 Zvi Alexander, *Oil: Israel's Covert Efforts to Secure Oil Supplies*, Jerusalem 2004, S. 124.
227 *Din u-Heschbon*, S. 34.
228 Ebd., S. 35.
229 Ägypten sabotierte im Frühjahr 1970 die Arbeiten zusätzlich, als eine Kommandoeinheit eine für Abu Rudeis bestimmte und aus Kanada kommende Ölplattform bei einem Zwischenstopp im Hafen von Abidjan, der damaligen Hauptstadt der Elfenbeinküste, durch das Anbringen von Haftminen beschädigte. S. hierzu: Benny Morris, *Righteous Victims: A History of the Zionist-Arab Conflict, 1881–1998*, New York 1999, S. 353.
230 Jewish Telegraph Agency, »Special JTA Analysis behind the Justice Minister's Resignation«, 15.6.1972, in: http://www.jta.org/1972/06/15/archive/special-jta-analysis-behind-the-justice-ministers-resignation [zuletzt abgerufen am 4.11.2017].

El Dorado

Finanzministeriums, und Mosche Ben-Ze'ev, ein ehemaliger Generalstaatsanwalt. Dieser empfahl, die Anschuldigungen des Geologen Niv der Polizei zur Untersuchung zu übergeben, was Schapiro nach erheblichem öffentlichen Druck schließlich tat.

Am 14. November 1971 wurde eine Kommission zur Untersuchung der Vorwürfe gegen den Direktor von »Netivei Neft«, Mordechai Friedman, durch die israelische Regierung ins Leben gerufen. Dieser saß Alfred Vitkon, Richter am Obersten Gerichtshof, vor. Die beiden anderen Mitglieder waren Meir Zoreah, ein Reservegeneral und Unterstützer der Groß-Israel-Bewegung,[231] sowie Avraham Kalir, Eigentümer einer der größten Textilfabriken des Landes. Die Kommission hielt insgesamt 49 Sitzungen ab, die meisten davon hinter verschlossenen Türen. Sie hörte 48 Zeugen. Die Kommission reiste auch nach Abu Rudeis.[232]

Während dieses Untersuchungsprozesses ging die öffentliche Debatte in Israel weiter. So erhielt etwa der Geologe Niv von Chajim Guri in einer seiner »Davar«-Kolumnen Unterstützung. Bereits im ersten Absatz jenes Textes schrieb Guri, er kenne Niv, der bei der Palmach gewesen war, noch aus der Zeit der Negev-Brigade, in der beide während des israelischen Unabhängigkeitskrieges gekämpft hatten.[233] Mit diesem Satz wollte der Autor offenkundig für die Integrität seines einstigen Waffenkameraden werben. Das zuvor mit Blick auf »Netivei Neft« erörterte – oftmals lebenslange – Band zwischen jenen, die den Staat erkämpft und aufgebaut hatten, verband auch Guri und Niv. Der Mechanismus des Informellen funktionierte also auch in diese Richtung. Niv, so fuhr Guri fort, gehe es nicht nur um die Ölfrage, sondern darum, den Werteverfall in der israelischen Polit- und Wirtschaftselite anzuprangern, die ihre Pionierideale vergessen habe. Er schrieb: »Der Fisch stinkt vom Kopf.«[234] Eine ähnliche und grundsätzliche Haltung nahm Jitzchak Ben-Aharon ein. »Seit dem Sechs-Tage-Krieg«, mahnte der einflussreiche »Histadrut«-Generalsekretär Ende März 1972 öffentlich, »ist eine soziale Kluft entstanden, deren Wesensmerkmal die ungerechte Aufteilung des nationalen Kuchens ist.«[235] Wenige

231 Die Liste der Unterzeichner des Manifests wurde bis 1968 erweitert. Meir Zoreah gehörte zu dieser zweiten Gruppe. Die zweite Liste findet sich bei: Tzvi Schiloa, *Aschmat Jeruschalajim* [Die Schuld von Jerusalem, hebr.], Tel Aviv 1989, S. 311.
232 *Din u-Heschbon*, S. 1.
233 Chajim Guri, »Ma Omrim?« [Was sagt man?, hebr.], in: *Davar*, 4. 11. 1971, S. 2.
234 Ebd., S. 2.
235 Jitzchak Ben-Aharon zitiert nach: N. N., »Asur Lanu La'sot Milchemet Hataschah le-Azmeinu« [Es ist uns verboten, einen Abnutzungskrieg gegen uns selbst zu führen, hebr.], in: *Maariv*, 31. 3. 1972, S. 5.

Tage später, am 14. April 1972, kam die Vitkon-Kommission zu ihrem Urteil: In dubio pro reo.
Zwar sprach sich Meir Zorea dafür aus, Mordechai Friedman des Amtes zu entheben, und rügte den stellvertretenden Finanzminister Tzvi Dinstein scharf.[236] Vitkon und Kalir überstimmten den General jedoch. Sie sahen keinen Grund, Friedman zu entlassen, und begründeten dies mit den Worten: »Wir sind der Auffassung, dass Herr Friedman ein Mann ist, der bereit ist, für die Wahrung seiner eigenen finanziellen Interessen einen Standpunkt einzunehmen, den ein moralisch integrer Mensch nicht verteidigen würde. Gleichwohl: Dies spielt keine Rolle mit Blick auf die Aufgabe, die er in der Öl-Welt innehat – eine Aufgabe, die er mit Hingabe, Geschick und großem Erfolg ausführt.«[237] Die beiden Kommissionsmitglieder bewerteten somit letztlich den Erfolg des Projektes »Ölförderung auf dem Sinai« und nicht die Art und Weise, wie Friedman dabei vorgegangen war. Auch Ziv Dinsteins Integrität stellten sie nicht in Frage, sondern konstatierten lediglich, dass der Minister zu lax gehandelt und es versäumt habe, klare Richtlinien für »Netivei Neft« aufzustellen.

Angesichts dieses Votums war die Empörung in der israelischen Öffentlichkeit groß. So monierten etwa der Philosoph und ehemalige Rektor der Hebräischen Universität in Jerusalem, Natan Rotenstreich, und der Dekan der sozialwissenschaftlichen Fakultät, Schmuel N. Eisenstadt, öffentlich, dass die Kommission wirtschaftlichen Erfolg als Maßstab bei der Urteilsfindung angelegt habe, Fragen von Moral und Ethik indes eine untergeordnete Rolle gespielt hätten.[238] Ähnlich formulierten es Hunderte Studenten ihrer Universität, die einen Protestbrief an Ministerpräsidentin Golda Meir verfassten.[239]

Mordechai Friedman trat schließlich am 29. April 1972 vom Amt des Direktors von »Netivei Neft« zurück. Meir Giron übernahm sein Amt. Dieser war zuvor Direktor des staatlichen Containerschifffahrtsunter-

---

236 *Din u-Heschbon*, S. 85.
237 Ebd., S. 76.
238 N.N., »Bikoret Professorim al Maskanot ha-Rov schel Va'adat Vitkon« [Professoren üben Kritik an der Mehrheitsconclusio der Vitkon-Kommission, hebr.], in: *Davar*, 24. 4. 1972, S. 2.
239 Jewish Telegraph Agency, »Protests Mount over Majority Report Absolving Head of Netivei Neft Firm«, 26. 4. 1972, in: http://www.jta.org/1972/04/26/archive/protests-mount-over-majority-report-absolving-head-of-netivei-neft-firm [zuletzt abgerufen am 4. 11. 2017].

El Dorado

nehmens »Zim« gewesen.[240] Auch der Justizminister Ja'acov Schapiro trat wenig später von seinem Ministerposten zurück; in der Geschichte des Staates Israel war es nach der Lavon-Affäre erst das zweite Mal, dass ein aktiver Minister aufgrund von Fehlern in der Amtsführung aus dem Amt schied.[241]

Und auch für die Ölstadt am Golf von Suez waren die Tage gezählt. Bereits ein Jahr später, im Oktober 1973, endete mit Ausbruch des Jom-Kippur-Krieges die Zeit des zivilen Lebens in Schalhevet. Zu diesem Zeitpunkt arbeiteten für »Netivei Neft« fast 700 Angestellte, davon rund 550 in Abu Rudeis.[242] Schalhevet lag an vorderster Front. Frauen und Kinder wurden mit dem letzten Flug, der die Sinai-Halbinsel verlassen konnte, evakuiert.[243] Sie durften nach dem Krieg nicht zurückkehren.

---

240 Jewish Telegraph Agency, »Giron Named Netivei Neft Head«, 4.5.1972, in: http://www.jta.org/1972/05/04/archive/giron-named-netivei-neft-head [zuletzt abgerufen am 4.11.2017].
241 Gleichwohl sei angemerkt, dass er nach nur zwei Monaten auf Bitten Golda Meirs, die seinen Posten kommissarisch geführt hatte, zurückkehrte. S. hierzu: Jewish Telegraph Agency, »Shapiro to Return to Post in Cabinet as Justice Minister«, 31.8.1972, in: http://www.jta.org/1972/08/31/archive/shapiro-to-return-to-post-in-cabinet-as-justice-minister [zuletzt abgerufen am 4.11.2017].
242 *Doch al-ha-Bikoret ba-Chevrat Netivei Neft Ltd.* [Report über die Kritik am Unternehmen Netivei Neft Ltd., hebr.], hg. v. staatlichen Kontrollgremium, Jerusalem 1973, S. 38.
243 *Schalom lecha Abu Rudeis,* S. 19.

5. Freigeist

5.1. Der 32. Dezember

»Der Kapitän und seine Matrosen träumen vom Trankopfer ihrer Größe und sind sich ihrer Sache sicher. Der Steuermann blickt zum nahen Horizont. Er erscheint ihm klar und weit. Die Möwe sieht am fernen Horizont riesige, angsteinflößende, gezackte Felswände aus dem Meer ragen. Sie sieht diese, denn das Schiff fährt direkt auf die Felswand zu. Die Möwe fliegt im Sinkflug zur Brücke, schlägt ihre Flügel zusammen, versucht die Herzen der Seeleute aufzuwecken, pfeift, alarmiert. Umsonst.«

Arije Eliav, Die Möwe (15. September 1973)

Badr war im Jahr 624 n. u. Z. ein kleiner Marktflecken, in dem sich die Straße von Medina mit der Karawanenroute von Mekka nach Syrien kreuzte. Dort, in einer von Felshängen und Sanddünen umgebenen Ebene im heutigen Saudi-Arabien, schlug der Prophet Mohammed mit seinen Anhängern die Quraisch in einem Überraschungsangriff vernichtend. Die Quraisch waren der mächtigste Stamm seiner heidnischen Heimatstadt Mekka. Es war nicht das erste Mal, dass die beiden Konfliktparteien zusammengestoßen waren. Die Schlacht von Badr markierte aber eine Zäsur in der Frühgeschichte des Islams, den Wendepunkt im Ringen um die Vormachtstellung. Die militärisch überlegenen Quraisch hatten hohe Opferzahlen und – was noch viel schwerer wog – einen beispiellosen Prestigeverlust zu beklagen.[1]

Der ägyptische Präsident Anwar al-Sadat wählte »Badr« als Namen für den Angriff seiner Armee auf die israelischen Stellungen der Bar-Lev-Linie entlang des Suezkanals am 6. Oktober 1973.[2] Die »Operation Badr« markierte den Beginn des Jom-Kippur-Krieges, der nicht nur auf der Sinai-Halbinsel, sondern auch auf den Golanhöhen zwischen Israel und den Truppen des damals noch jungen Regimes von Hafiz al-Assad ausgetragen wurde. Anwar al-Sadat war in Israel bis zu diesem 6. Oktober weder politisch noch militärisch ernst genommen worden. Seit seinem Amtsantritt hatte er wiederholt angekündigt, den Sinai zurückerobern zu wollen, 1971 gar das »Jahr der Entscheidung« ausgerufen – das nie eingetreten war.

---

1 M. Montgomery Watt, »Badr«, in: H. A. R. Gibb/J. H. Kramers/E. Lévi-Provencal/ J. Schacht (Hgg.), *The Encyclopaedia of Islam*, Bd. 1, Leiden/London 1960, S. 867-868.
2 Dani Asher, *The Egyptian Strategy for the Yom Kippur War*, Jefferson/London 2009, S. 87.

Ägypten, so unkte man deshalb zwischen Mittelmeer und Jordan, werde Israel an einem »32. Dezember« angreifen.³ Eine fatale Fehleinschätzung. In den ersten Kriegstagen brachten die arabischen Armeen die israelischen Streitkräfte an den Rand einer Niederlage, überrannten und überrollten beide Fronten. Es gelang Israel nur unter hohen Verlusten, das Blatt zu wenden – und dank des militärischen und zivilen Beistands aus Amerika. Die USA schickten Waffen, der kanadische Sänger Leonard Cohen reiste eigens an, um zu singen. Er war nicht alleine. Viele Künstler engagierten sich: An der Heimatfront spielte das Israelische Philharmonie-Orchester unter der Leitung von Zubin Mehta und begleitet von Daniel Barenboim am Klavier ein Konzert, das israelische Nationaltheater in Tel Aviv, das Cameri-Theater und das Stadttheater Haifa gaben Sondervorführungen.⁴ Am Ende des Krieges stand Israel vor den Toren von Damaskus und nach der Überquerung des Suezkanals kurz vor Kairo. Als Triumph wurde der militärische Sieg indes nicht gefeiert. Zu groß waren die Verluste, über 2.500 Tote und 7.500 Verletzte, zu groß die Überraschung gewesen.⁵

Unmittelbar nach Inkrafttreten der ersten, brüchigen Waffenruhe am 24. Oktober 1973 begann in Israel ein weiterer Krieg – der »Krieg der Generäle«. Die ranghöchsten Militärs schoben sich öffentlich gegenseitig die Schuld für die Fehler auf den Schlachtfeldern zu. Der Erste, der in die Offensive ging, war Ariel Scharon. Er hatte bis zum Juli jenes Jahres die israelische Südfront kommandiert und war anschließend aus dem Militärdienst ausgeschieden, um in die Politik zu gehen und den konservativen Likud-Block mitzugründen. Am 21. Oktober hätten israelische Parlamentswahlen stattfinden sollen.

Sein Nachfolger als Kommandeur der Südfront war Schmuel Gonen geworden. Im Jom-Kippur-Krieg hatte sich der Held des Sechs-Tage-Krieges, dessen Panzereinheit den Sinai damals maßgeblich miterobert hatte, jedoch als Fehlbesetzung erwiesen. Nach den verheerenden Verlusten am Suezkanal war ihm noch in den ersten Kriegstagen vom Generalstab der erfahrene General Chajim Bar-Lev beratend zur Seite gestellt worden,

---

3 Martin van Creveld, *The Sword and the Olive*, S. 219.
4 Dalia Gavriely-Nuri, »Israeli Civilians during the 1973 Yom Kippur War«, in: P. R. Kumaraswamy (Hg.), *Caught in Crossfire: Civilians in Conflicts in the Middle East*, Berkshire 2008, S. 67-69.
5 Udi Lebel, »From Domination to Competition: The Yom Kippur War (1973) and the Formation of a New Grief Community«, in: ders./Eyal Lewin (Hgg.), *The 1973 Yom Kippur War and the Reshaping of Israeli Civil-Military Relations*, Lanham u. a. 2015, S. 61.

de facto aber hatte der gebürtige Wiener das Kommando übernommen. Um die Last auf mehrere Schultern zu verteilen, war auch Jeschajahu Gavisch reaktiviert worden. Er hatte die Südfront vor Ariel Scharon verantwortet und war im Jom-Kippur-Krieg erneut für den Südsinai verantwortlich gewesen. Gavisch hatte seinen Stab aus Reservisten zusammengestellt, die, wie er, in Ramat ha-Scharon vor den Toren Tel Avivs wohnten. Es war eine Armee aus Nachbarn gewesen.[6] Ariel Scharon war aus dem Wahlkampf an die Front zurückgekehrt. Er hatte die kriegsentscheidende Überquerung des Suezkanals befohlen, die er 1972 bereits auf dem Sinai geübt hatte (s. Kap. 4.2), und war auf einen anderen Kontinent vorgestoßen.

»Da vorne beginnt eine andere Welt: Afrika«, notierte Henri Zoller. »Aus dem Westufer ragen aus den seichten, versandeten Kanalwassern halbüberschwemmte Palmen in den wolkenlosen Himmel, dann lange, offenbar in mehrjähriger Arbeit aufgeschüttete Dünen, zwischen denen sich Rampen wie gierig greifende Finger in Richtung des Kanals tasten: die Basis für die ägyptische Offensive nach Sinai«, schrieb der in Berlin geborene langjährige »Spiegel«-Korrespondent kurz nach dem Krieg. »Hinter den Kunst-Dünen beginnt eine fast pastorale subtropische Landschaft, eine Welt grüner Gefilde und gepflegter Farmen mit Mais-, Getreide- und Spinatpflanzungen.«[7] Es war das biblische Goschen, der »beste Ort des Landes« (1. Buch Mose, 47:6), wo Jakob und seine Nachkommen ihr Vieh geweidet hatten (1. Buch Mose, 45:10) und das von den zehn Plagen Gottes verschont worden war (u.a. 2. Buch Mose, 9:26). Dort empfing Ariel Scharon Anfang November 1973 mit Zigarre, Cognac und geräucherten Austern die »New York Times« zum Exklusivinterview. Der »Eroberer von Goschen« attackierte mit parteipolitischem Kalkül Bar-Lev, der bei Ausbruch des Krieges Minister der Regierung Meir gewesen war, massiv und warf ihm Versagen vor.[8]

Während sich die israelische Generalität in Grabenkämpfen befand, die OPEC-Staaten durch ihren Ölboykott die westliche Welt an den Rand des Stillstandes brachten und in Washington die Watergate-Affäre hohe Wellen schlug, versuchte Henry Kissinger zwischen den Kriegsparteien zu vermitteln. In jenen Wochen und Monaten wurde das Wort »Pendeldiploma-

---

6 Jeshajahu Gavisch, *Sadin Adom: Sipur Chaji* [Rotes Tuch: Meine Lebensgeschichte, hebr.], Or Jehuda 2015, S. 267.
7 Henry Zoller, »Schließlich haben sie diesmal gekämpft«, in: *Der Spiegel*, Heft 44, 1973, S. 117.
8 Charles Mohr, »Israeli General Assails Superiors«, 9.11.1973, in: http://www.nytimes.com/1973/11/09/archives/israeli-general-assails-superiors-sharon-who-crossed-suez-calls.html?_r=0 [zuletzt abgerufen am 4.11.2017].

tie« erfunden. Im Dezember 1973 schaffte es der US-Außenminister das erste Mal seit 1949, neben der Sowjetunion auch Ägypten, Jordanien und Israel an einen Tisch zu bringen. Syrien blieb dem multinationalen Forum fern. Die Außenminister trafen sich in Genf. Die Konferenz öffnete »die Tür zum Frieden, durch die Ägypten und Israel schließlich gegangen sind«, wie Kissinger nicht uneitel in seinen Memoiren jener Jahre konstatierte.[9] Am 18. Januar 1974 wurde das Truppenentflechtungsabkommen (Sinai I) auf ägyptischem Boden unterzeichnet. Israel zog sich von der Westseite, Ägypten von der Ostseite des Suezkanals zurück, und die Vereinten Nationen reaktivierten die UNEF-Mission, die bereits zwischen 1957 und 1967 auf dem Sinai existiert hatte. Die Blauhelme sicherten den Waffenstillstand in einer Pufferzone. Dass nicht bereits in Genf ein Abkommen erreicht worden war, hatte an den israelischen Wahlen gelegen. Nach Kriegsausbruch waren diese auf den 31. Dezember 1973 verschoben worden. Das Beantworten von Fragen über Krieg und Frieden hatte einer durch demokratische Wahlen legitimierten Regierung obliegen sollen.

Vor dem Krieg war der arbeiterzionistische Parteienzusammenschluss siegessicher gewesen. Man hatte auf einen – unausgesprochenen – Slogan gesetzt: Keine Experimente. Sicherheit und Siedlungen, dies waren die beiden Großthemen, mit denen der Ma'arach um Wählerstimmen geworben hatte. Im August 1973 etwa war eine Anzeige in der Tageszeitung »Maariv« mit drei Wörtern geschaltet worden: »Bar-Lev-Linie«. Standfest und nie zu bezwingen, das war der Subtext gewesen, Sicherheit das Thema:

»Am Suezufer herrscht Ruhe. Auch in der Wüste Sinai, im Gaza-Streifen, im Westjordanland, in Judäa und Samaria und auf den Golanhöhen. Die Grenzen sind sicher, [...] Jerusalem vereint. Siedlungen werden errichtet, und unsere politische Position ist stark. Dies ist das Ergebnis einer ausgewogenen, couragierten und weitsichtigen Politik. Es ist der Beweis für die Kurzsichtigkeit der Führer des Freiheitlich-Liberalen Blocks [Gachal, Anm. d. Verf.]. Wir sind mit deiner Hilfe hierhin gekommen. Und mit dir – machen wir weiter.«[10]

Nur einen Tag vor Ausbruch des Krieges, am 5. Oktober, hatte der Ma'arach einen Frontalangriff auf die Cherut-Partei von Menachem Begin annonciert. In der unteren Hälfte der Wahlwerbung waren die Konterfeis der sechs wichtigsten Köpfe der Parteien-Allianz abgebildet worden: Golda Meir in der Mitte. Um sie herum: Mosche Dajan, Jigal Alon, Pinchas Sa-

---

9 Henry Kissinger, *Years of Upheaval*, Boston/Toronto 1982, S. 798.
10 Die Wahlkampfanzeige findet sich u. a. in: *Maariv*, 18.9.1973, S. 19.

pir, Abba Eban und Meir Ja'ari. Dieses Sextett stand synonym für die Besiedlung des Landes, vertrat den Zionismus, der staatsbringend gewesen und staatstragend geworden war. In der oberen Hälfte der Wahlwerbung war das auch prominent betont worden:

»Über viele Jahre hinweg haben die Parteigänger des Cherut die Kolonien verschmäht. Erst nach dem Sechs-Tage-Krieg haben sie ihren Standpunkt geändert. Wir sind froh darüber. Das Elend ist – der Meinungswechsel ist im Grundsatz nur Gerede. Wer Herrn Begin mit glühender Begeisterung über die ›Siedlungen‹ reden hört, der könnte glauben, die Mitglieder der Cherut-Bewegung hätten diese errichtet. Und tatsächlich? Um Siedlungen des Cherut zu finden, braucht es eine Lupe. Von den 49 Siedlungen, die jenseits der Grünen Linie errichtet worden sind, wurden 26 von der Siedlungsbewegung des Ma'arach, 12 von der religiösen Siedlerbewegung, fünf vom ›Zionistischen Arbeiter‹ und der ›Landwirtschaftsunion‹ errichtet. Zwei sind städtische Siedlungen. Der Cherut hat lediglich vier Kolonien errichtet. Ihr grundsätzlicher Standpunkt zu Siedlungen hat sich nicht geändert. Es hat sich nur das Gerede geändert. Wir freuen uns sogar darüber. Und du – freu dich mit uns.«[11]

Von diesen triumphalen Manifestationen der politischen Hybris war im Dezember 1973 keine Rede mehr; jenem Monat, in dem geradezu symbolisch David Ben-Gurion, der Gründervater des Staates Israel, verstarb. Die Regierung um Golda Meir schaffte es zwar, mit verhältnismäßig wenigen Verlusten wiedergewählt zu werden – und doch: der Krieg war ein Menetekel für die hegemoniale Arbeiterpartei. Es war der vierte Waffengang in 25 Jahren gewesen, den Abnutzungskrieg nicht mit eingerechnet. Doch dieses Mal war alles anders. Der Jom-Kippur-Krieg veränderte die Statik des Staates. Das Land befand sich in einem Schockzustand. Die Schlachten auf der Sinai-Halbinsel und den Golanhöhen waren ein apokalyptisch anmutendes Inferno gewesen, das sich in das kollektive Gedächtnis einbrannte. »Dieser unerwartete Krieg«, schrieb Aharon Appelfeld, dessen gesamtes schriftstellerisches Œuvre um den Holocaust kreist und der damals als Dozent des Bildungs- und Erziehungscorps der israelischen Armee am Suezkanal stationiert gewesen war, »erweckte in mir, und offensichtlich nicht nur in mir, Erinnerungen an den Zweiten Weltkrieg«.[12]

11 Die Wahlkampfanzeige findet sich u. a. in: *Maariv*, 5. 10. 1973, S. 35.
12 Aharon Appelfeld, *The Story of a Life*, London/New York 2005, S. 167.

In Israel machte das Wort »Mechdal« die Runde.¹³ Auf Deutsch: Unterlassung, Versäumnis, Nichtstun. Mit anderen Worten: Der Krieg, so die Argumentation, war kein Naturereignis gewesen, sondern hätte verhindert werden können – zumal es Warnungen gegeben hatte.¹⁴ Der Erste, der öffentlich das »Konzeptija« kritisierte, war Motti Aschkenazi. Er hatte die einzige Stellung entlang des Suezkanals kommandiert, die dem ägyptischen Ansturm standgehalten hatte. Im Februar 1974 schlug er sein Zelt im Jerusalemer Regierungsviertel auf, um gegen die Mandarine des Ma'arach zu demonstrieren. Er war allein gekommen – und schaffte es mit einer Petition, die den Rücktritt von Verteidigungsminister Dajan forderte, innerhalb von 14 Tagen mehr als 5.000 Unterschriften zu sammeln.¹⁵ Dem Doktoranden der Philosophie schlossen sich Tag für Tag immer mehr Reservisten an, darunter auch eine Gruppe Fallschirmjäger um Asa Kadmoni, die unter den Ersten gewesen waren, die den Suezkanal überquert hatten und nun aus den Mangohainen von Goschen vor die Knesset zogen.¹⁶ Bis Mitte März 1974 entstand so die bis dato größte Protestbewegung in der Geschichte des Staates, »Unser Israel – Bewegung für einen Wandel«. Ihre Mitglieder waren aschkenasische Akademiker mit überdurchschnittlichem Einkommen.¹⁷ Sie wollten nicht das System ändern. Sie wollten aber, dass das Establishment zur Rechenschaft gezogen werden würde.

Auch Arnon Lapid aus dem Kibbutz Givat Chajim gehörte diesem arbeiterzionistischen Milieu an. Als Reservesoldat hatte er auf dem Sinai gekämpft. Nach dem Krieg verfasste er einen offenen Brief, um seiner Sprachlosigkeit Ausdruck zu verleihen. Der Adressat: Eine »verlorene Generation«. Die Adresse: Ein »Land, das seine Bewohner verschlingt«. Arnon Lapid wollte nicht länger alleine sein mit seiner Wut, Ohnmacht und Trauer. »Ich möchte euch eine Einladung zum Weinen schicken. Der Tag und die Stunde sind nicht wichtig, aber der Plan für den Abend, das verspreche ich, wird reich sein: Weinen. Wir werden für Stunden weinen«, schrieb er. »Ich werde um meine Toten weinen: Avrahamle, Ilan, Amiti,

13 Charles S. Liebman, »The Myth of Defeat: The Memory of the Yom Kippur War in Israeli Society«, in: *Middle Eastern Studies*, 29/3, 1993, S. 411-415.
14 S. hierzu: Uri Bar Joseph, *The Watchman Fell Asleep. The Surprise of Yom Kippur and its Sources*, Albany 2005, S. 89.
15 Eithan Orkibi, »The Combatants' Protests after the Yom Kippur and the Transformation of the Protest Culture in Israel«, in: Udi Lebel/Eyal Lewin (Hgg.), *The 1973 Yom Kippur*, Lanham u. a. 2015, S. 21.
16 Menachem Talmei, »Mi-Chorschot ha-Mango le-Rachavat ha-Knesset« [Aus den Mangohainen zur Knessetplaza, hebr.], in: *Maariv*, 1.3.1974, S. 17.
17 Eva Etzioni-Halevy/Moshe Livne, »The Response of the Israeli Establishment to the Yom Kippur War Protest«, in: *Middle East Journal*, 31/3, 1977, S. 285.

Dodo, Ozer, Jair, und meinen Sohn – und Ihr werdet um eure Toten weinen. Gemeinsam werden wir über die Träume weinen, aus denen wir erwacht sind, die großen Dinge, die klein geworden sind, über die Götter, die uns im Stich gelassen haben, die falschen Propheten«, und »über die Wahrheiten, die sich als Lügen entpuppt haben.«[18]

Die Regierung hatte unmittelbar nach Ende der Kampfhandlungen, im November 1973, eine Untersuchungskommission unter der Leitung des Präsidenten des Obersten Gerichts, Schimon Agranat, eingesetzt. Am 1. April 1974 wurde ein erster Zwischenbericht veröffentlicht.[19] Die Kommission erklärte, sie halte weder Meir noch Dajan für persönlich verantwortlich, könne aber nicht entscheiden, ob sie parlamentarische Verantwortung für den Kriegsverlauf trügen. Dies sei eine politische Frage, die in der Knesset und dem Kabinett verhandelt werden müsse. Da die Offiziere der Armee indes Angestellte der Regierung waren, und keine gewählten Volksvertreter, bewertete die Kommission deren Leistungen. Sie plädierte für die Entlassung des Generalstabchefs David Elazar, von vier hochrangigen Offizieren des Militärgeheimdienstes – und von Schmuel Gonen, dem gefallenen Held von 1967.

---

18 Arnon Lapid, »Hasmana le-Bechi« [Einladung zum Weinen, hebr.], in: *Davar* (Wochenendbeilage), 29.3.1974, S. 22.
19 Der Abschlussbericht der Kommission wurde 1975 veröffentlicht. S. hierzu: *Doch Va'adat Agranat. Va'adat ha-Chakira – Milchemet Jom ha-Kippurim* [Bericht der Agranat-Kommission. Untersuchungskommission – Jom-Kippur-Krieg, hebr.], Tel Aviv 1975. Elazar wurde nach seiner Entlassung Vorsitzender des nationalen Containerschifffahrtsunternehmens »Zim«. Er starb 1976 im Alter von 51 Jahren an einem Herzinfarkt. Gonen verließ Israel. Er wählte die Zentralafrikanische Republik als Exil. Dort arbeitete der General a. D. zunächst als Sicherheitsberater des Diktatoren Jean-Bédel Bokassa und stieg später in das Diamantengeschäft ein. Er starb 1991 an einem Herzinfarkt; sein Leben wurde auf die Bühne des Cameri-Theaters gebracht.

5.2. Die Revolution nach Ikarus

»So hush now child, and don't you cry. / Your folks might understand you, by and by. / Move on up, and keep on wishing. / Remember your dream is your only scheme, / so keep on pushing.«

Curtis Mayfield, Move on up

»Das Schiff ist die Heterotopie par excellence. Zivilisationen, die keine Schiffe besitzen, sind wie Kinder, deren Eltern kein Ehebett haben, auf dem sie spielen können.«

Michel Foucault, Die Heterotopien

Golda Meir regierte im Frühjahr 1974 ein Kabinett der alten Männer: Von 22 Ministern waren 15 noch vor der Balfour-Deklaration im Jahr 1917 geboren worden. Sie und Verteidigungsminister Dajan standen auch nach dem Zwischenbericht der Agranat-Kommission weiter in der Kritik. Die krebskranke Ministerpräsidentin erkannte die Zeichen der Zeit. Am 10. April 1974 gab sie ihren Rücktritt bekannt. Die Regierung wurde aufgelöst, eine neue im Juni 1974 vereidigt. Über ihren Nachfolger Jitzchak Rabin schrieb Meir ein Jahr später: »Der neue Ministerpräsident Israels ist ein Sabra.«[20] Sabra stand für Neuanfang. Und Jitzchak Rabin war der erste Sabra im Amt des Ministerpräsidenten. Er sollte nicht nur den Status quo der Arbeiterpartei retten, sondern diese auch in eine blühende Zukunft führen. Ein Himmelfahrtskommando für den einstigen Palmach-Kämpfer.

Außenpolitisch hielt er am eingeschlagenen Kurs fest. Unter der Vermittlung Kissingers kam es am 4. September 1975 in Genf zum sogenannten »Sinai II«-Interimsabkommen zwischen Ägypten und Israel. Es war kein Friedensvertrag, festigte aber den Waffenstillstand. »Ein bisschen Land für ein bisschen Frieden«, wie Howard Sachar es formuliert hat.[21] Das Abkommen sah die Ausweitung der Pufferzone entlang des Suezkanals vor, die von den Vereinten Nationen überwacht wurde. Ägypten öffnete den Suezkanal für die zivile Schifffahrt von und nach Israel. Die Regierung Rabin zog sich von den Ölfeldern in Abu Rudeis und Ras al-Sudar zurück, ebenso aus den strategisch bedeutsamen Bergpässen Gidi und Mitla, »General Gurs Alpen«.[22]

Gegen die Rückgabe des strategischen Gebiets regte sich Widerstand in Israel. Nicht nur in der Opposition, sondern auch bei Asa Kadmoni. Der

---

20 Golda Meir, *My Life*, London 1975, S. 386.
21 Howard M. Sachar, *Egypt and Israel*, New York 1981, S. 256.
22 N. N., »Ohr am Berg«, in: *Der Spiegel*, Heft 30, 1975, S. 56.

hochdekorierte Kriegsveteran gab seine Tapferkeitsmedaille zurück. »Wir haben nicht gekämpft, um in mehr Kriegen mehr Medaillen und Auszeichnungen zu erhalten. Wir haben gekämpft, um den Frieden näher zu bringen«, schrieb er Jitzchak Rabin und Verteidigungsminister Schimon Peres in einem Brief. Kadmoni empfand den Rückzug als Kapitulation vor Kissinger, der »schon Formosa, Süd-Vietnam und Kambodscha beerdigt hat und nun beginnt, die ägyptische Politik Sadats gegen Israel umzusetzen.«[23]

Der scharfe Protest verhallte. Das Interimsabkommen wurde mit Hilfe der UNEF-II-Truppen, aber vor allem durch das Engagement der USA implementiert. Sowohl Kairo als auch Jerusalem wurde es erlaubt, nahe der Pässe je einen Kontrollposten einzurichten, und die USA installierten eine große Frühwarnstation, die sogenannte »Sinai Field Mission« (S. F. M.).[24] »Von all den seltsamen Orten, an denen ich campierte, während ich durch den Sinai wanderte, war dies mit Abstand der seltsamste«,[25] schrieb Burton Bernstein. Er besuchte die amerikanische Enklave für einen Reisereportageband. Dort arbeiteten rund 200 Männer und Frauen. Einige wenige waren US-Regierungsbeamte, die Mehrzahl IT-Spezialisten einer privaten Firma aus Texas. Sie lebten auf dem hermetisch abgeriegelten Gelände in einstöckigen Fertigbauhäusern, die ursprünglich für ein Holiday-Inn-Hotel in Florida bestimmt gewesen waren. Auf den Zimmern gab es Aschenbecher in Form der Landesgrenzen des Staates Texas.[26] Weit entfernt vom Lone Star State, pflegten die texanischen Angestellten das Brauchtum ihrer Heimat, gründeten eine Country-Band und schrieben sogar eigene Lieder. »When they write about this place in days ahead«, hieß es in einem, »here is what I think those stories will have said. / S. F. M. brought peace through the land that once was a battlefield of sand. / And they did it 7000 miles from home, 7000 miles from our home, dear Lord, 7000 miles from our home.«[27]

Die Basis glich einer amerikanischen Kleinstadt. Es gab eine Bar, einen PX-Laden, daneben einen Friseur- und Schönheitssalon, einen Sport-

23 N.N., »A. Kadmoni Hachsir Itur ha-Gvurah« [A. Kadmoni gibt seine Heldenauszeichnung zurück, hebr.], in: *Davar*, 21.8.1975, S. 3.
24 »Egyptian-Israeli Accord on Sinai (September 1, 1975)«, in: Walter Laqueur/Barry Rubin (Hgg), *The Israel-Arab Reader. A Documentary History of the Middle East Conflict*, New York u.a. [7]2008, S. 194-200.
25 Burton Bernstein, *Sinai. The Great and Terrible Wilderness*, London 1980, S. 213.
26 Ebd.
27 Frederick Wiseman, *Sinai Field Mission*, Cambridge 1978.

platz sowie ein modernes Fitnessstudio. Und: eine Sauna.²⁸ Das Herz der S. F. M. war aber die moderne Einsatzzentrale, von der aus die Wüste des Exodus Tag und Nacht mit Hightech-Gerät überwacht wurde. Es war ein »Orwellscher Ort«.²⁹

Abie Nathan träumte vom einem anderen Nahen Osten. Er war 1927 als Sohn eines aus Sanaa stammenden Stoffhändlers im iranischen Abadan geboren worden, im indischen Mumbai aufgewachsen und im israelischen Unabhängigkeitskrieg Pilot gewesen, ehe er das Café California in Tel Aviv eröffnet hatte. Es war ein Treffpunkt der Bohème mit Appetit auf Hamburger und Steaks. Der Geschmack der großen Welt im kleinen Israel der 1960er-Jahre.³⁰ Mit den Parlamentswahlen 1965, bei denen er vergeblich angetreten war, hatte Nathan damit begonnen, sich für Frieden zu engagieren. Der philanthropische Polit-Playboy, der in den kommenden Jahrzehnten mit humanitären Hilfsaktionen von Kambodscha bis Kolumbien weltweite Anerkennung erlangen sollte, war im Februar 1966 mit einer einmotorigen Stearman nach Ägypten geflogen, um mit Präsident Nasser über Frieden zu sprechen. Nathan hatte sein Ziel nicht erreicht, aber die Hafenstadt Port Said – und war lebend zurückgekehrt.³¹ »Wenn es Heldentum im Krieg gibt«, schrieb Aharon Megged einige Jahre später, »dann gibt es auch Friedensheldentum.« Er, Nathan, war für den Schriftsteller ein solcher Held des Friedens. Ein Ikarus, der nicht das Schicksal des Ikarus erlitt – und doch gescheitert war.³²

Im Mai 1973 erfüllte sich Abie Nathan einen Traum, seine ganz persönliche Heterotopie – einen gesellschaftlichen Gegenort: Er kaufte ein altes Schiff und ankerte mit diesem vor den Küsten der Levante. An Bord war sein illegaler Radiosender »The Voice of Peace« untergebracht.³³ Er spielte die Bee Gees, Earth, Wind & Fire und die Eagles, Hits von James Brown, Curtis Mayfield und Marvin Gaye – englischsprachige Popmusik für Tel Aviv und Beirut. Allabendlich hob »Habibi Abie« (Arik Einstein) die Na-

---

28 Friedrich Wiseman, *Sinai Field Mission*.
29 Burton Bernstein, *Sinai*, S. 218-229.
30 Maoz Azaryahu, *Tel Aviv. Mythography of a City*, New York 2007, S. 112.
31 Eytan Harris, *Abie Nathan: As the Sun Sets*, 2005. In: SSJFA/000298847.
32 Aharon Megged, »Sofah schel Odisija« [Ende einer Odysee, hebr.], in: *Davar*, 1.7.1975, S. 5.
33 Oren Soffer, »›The Noble Pirate‹: The Voice of Peace Offshore Radio Station«, in: *Journal of Israeli History: Politics, Society, Culture*, 29/2, 2010, S. 159-174.

deln von den Plattenspielern. Dann sprach er seine Botschaft über den Äther:»Ihr hört die Stimme des Friedens, die von irgendwo auf dem Mittelmeer sendet und jetzt, in diesem Moment, in dem die Sonne untergeht, wird die Stimme des Friedens die Übertragung im Gedenken an alle Opfer der Gewalt in der Region und auf der ganzen Welt für 30 Sekunden unterbrechen.«[34] Abie Nathan erreichte mit seinem Sender zehntausende Zuhörer, darunter auch Joram Kaniuk. Für den Schriftsteller war das Piratenradio ein einzigartiges Hörerlebnis:

»Aus dem Meer, hinter der Brandung, kommt, strömt der weiche, schöne Sound von Abies DJ. Der Mast ächzt, das Schiffsdeck wiegt hin und her – und plötzlich ist da eine Radiostation, so wie eine Radiostation sein sollte: Musik ist Musik, Reden nur eine Notlösung, keine überflüssigen Redewendungen, keine leeren Diskussionen, keine Endlosgespräche über nichts, keine Musikprogramme, die als Rechtfertigung für das Spielen einiger Klassikstücke von Briefen des Komponisten an dessen Enkelin erzählen, ohne Musik, die zwischen ›für den schönsten Soldaten der Armee von dem süßesten Mädchen in der Klasse‹ und ›für alle unsere Freunde, Muki, Tzuki, und den großen jungen Kerl, dessen Namen ich vergessen habe, der mich mit dem Fahrrad seiner Freundin auf der Geha-Straße mitgenommen hat, und natürlich für meine Mutter und meinen Vater, meine acht Brüder und Schwestern – Avraham, Josef, Rami, Joram, Jerucham, Mossi, Tetti, Etti und Maher-Shalal-Hash-Baz [Jesaja 8:3, Anm. d. Verf.]‹ oszillieren. Ohne all das, wie ist das möglich? Es ist ein Fakt. Vom offenen Meer, jenseits der staatlichen Gewässer, kommen die Klänge, manchmal auch Abies anmutende und naive Worte – und plötzlich, in der Nacht, auf der Haifa-Straße zwischen Hadera und der Kfar-Vitkin-Kreuzung, dachte ich, wenn irgendjemand den Frieden bringen kann, dann wird es Abie sein. Vielleicht ist er der Messias?«[35]

Abie Nathan war nicht der Messias. Er kämpfte dagegen an, dass »Mutter um Mutter in die Gemeinschaft der Kinderlosen« (Meir Ariel,»Jerusalem aus Eisen«) aufgenommen werden musste. Pop war damals Protest. Abie Nathan war einer von vielen Kulturschaffenden in Israel, die in den 1970er-Jahren einen Wandel anstrebten. Sie standen für Opposition gegen das Establishment. Zu ihnen zählte auch Scharon Keren. Er reichte an der

---

34 Eric Fiedler, *The Voice of Peace. Der Traum des Abie Nathan*, Hamburg 2016.
35 Joram Kaniuk, »Ha-Im Javie Abie et ha-Schalom« [Kann Abie den Frieden bringen, hebr.], in: *Davar* (Wochenendbeilage), 1.6.1973, S. 23.

Bezalel-Kunstakademie eine Abschlussarbeit ein, die seine Korrespondenz mit dem israelischen Innenministerium zum Inhalt hatte, mit dem Keren darüber verhandelt hatte, ob er seinen männlichen hebräischen Namen in den weiblichen arabischen Namen Fatma Khaled ändern dürfe. Die Dozenten der Akademie forderten »konzeptuelle Environmentaktionen«.[36] Ihre Studenten zogen auf allen vieren durch die Straßen von Jerusalem.[37]

Das Engagement von Abie Nathan ebnete darüber hinaus den Weg für viele weitere Intellektuelle und Kulturschaffende in Israel und Ägypten, die sich für einen Wandel durch Annäherung aussprachen. Die schillerndste dieser Persönlichkeiten war Sana Hassan. Ihr Vater war Botschafter des ägyptischen Königreichs in Washington, ihr Ehemann erst außenpolitischer Sprecher für Nasser, dann für Sadat gewesen. Hassan arbeitete Mitte der 1970er-Jahre an ihrer Dissertation in Harvard – und verfasste im Februar 1974 für das »New York Times Magazine« einen Aufsatz mit dem Titel »Eine ägyptische Stimme des Friedens«.[38] Anschließend veröffentlichte sie gemeinsam mit Amos Elon ein umfangreiches Streitgespräch in Buchform. Darin bewies Hassan viel Phantasie bei der Ausformulierung der ägyptisch-israelischen Zukunft. »Leonard Bernstein«, sagte sie, »wird in der Stadt Suez mit dem Israelischen Philharmonie-Orchester die Aida aufführen, und unsere berühmte Sängerin Um Kulthum wird in Tel Aviv Konzerte geben.«[39] Dorthin reiste sie selbst noch im Sommer 1974, was sie ihre Ehe und – vorübergehend – ihren Pass kostete. Statt sechs Wochen blieb sie drei Jahre in Israel, bis zum November 1977.

Jenes Jahr begann mit einem Paukenschlag: Anwar al-Sadat genehmigte Abie Nathan am 1. Januar 1977 die Passage durch den Suezkanal, die er ihm zuvor mehrere Male verwehrt hatte. Unter der Flagge Panamas fuhr Nathan mit seinem Friedensschiff durch das nasse Niemandsland. An Bord hatte er Blumen, Spielzeug und Süßigkeiten für ägyptische Kinder.[40]

36 Gidon Ofrat, »Die israelische Kunst: 1948-1992«, in: Anat Feinberg (Hg.), *Kultur in Israel*, Gerlingen 1993, S. 38-39.
37 Shany Littman, »›We had to Derail the Train‹: Memories from the Student Rebellion in Jerusalem's Fine Arts Academy«, 18.9.2013, in: http://www.haaretz.com/jewish/high-holy-days-2014/high-holy-day-news-and-features/.premium-1.547737 [zuletzt abgerufen am 4.11.2017].
38 S. hierzu: Sana Hassan, »An Egyptian's Voice of Peace«, in: *The New York Times Magazine*, 10.2.1974, S. 8/52-56/62.
39 Amos Elon/Sana Hassan, *Ha-Jesch Derech le-Schalom. Du-Siach bein Mizrija ve-Israeli al Sikui Havanah bein Jehudim ve-Aravim* [Gibt es einen Weg zum Frieden. Dialog zwischen einer Ägypterin und einem Israeli über die Möglichkeiten einer Verständigung zwischen Juden und Arabern, hebr.], Tel Aviv 1974, S. 107.
40 Joram Rosler, *Abie Nathan*, Tel Aviv 1998, S. 133.

Die Revolution nach Ikarus   133

Abie Nathan war nicht der einzige Israeli, der 1977 nach mehrmaligem Anlauf sein Ziel erreichte.
Am 17. Mai 1977 ereignete sich in Israel eine politische Revolution. Menachem Begin wurde mit seiner Likud-Partei stärkste Kraft bei den neunten Knessetwahlen. Acht Mal hatte er das zuvor versucht und war immer gescheitert. Seit der Gründung Israels im Jahr 1948 war er von den arbeiterzionistischen Eliten als Paria im Parlament geschmäht, war die Saga des Staates ohne ihn geschrieben worden. Von der Oppositionsbank aus hatte der wortgewaltige Vollblutpolitiker stets das Imperium in imperio, den aschkenasischen Arbeiterszionismus, attackiert.
Mit dem Jom-Kippur-Krieg hatte die Erosion dieser Macht begonnen. Unter Jitzchak Rabin setzte sie sich fort, die Arbeiterpartei taumelte von einer Krise zur nächsten.[41] Der Hoffnungsträger selbst war schließlich im März 1977 von seinem Amt als Ministerpräsident zurückgetreten, nachdem die Tageszeitung »Haaretz« aufgedeckt hatte, dass er und seine Frau über ein illegales Bankkonto in den USA verfügten. Durch den misslungenen arbeiterzionistischen Felgaufschwung hatte Menachem Begin kurz vor seinem Ziel gestanden. Bei den Wahlen selbst reüssierte er zwar nicht wie erwartet und holte nur 3,2 Prozent mehr Stimmen als 1973. Unerwartete Schützenhilfe erhielt Begin aber von der »Demokratischen Bewegung für einen Wandel«. Die im November 1976 entstandene Gruppierung um den Jura-Professor Amnon Rubinstein und Jigal Jadin, Generalstabschef a. D. und Archäologe, wurde drittstärkste Kraft im Parlament. Die meisten Stimmen gewann diese kurzlebige Partei von einstigen Wählern des Ma'arach und trug so maßgeblich zur politischen Zeitenwende bei.[42]
Die national-religiösen Alumni des Jeschiva-Zentrums »ha-Rav Kuk« in Jerusalem hatten den Wahlsieg Begins herbeigesehnt. Eine Jeschiva ist eine religiöse Lehreinrichtung. Dieses Zentrum in Jerusalem ist nach dem Rabbiner Avraham Jitzchak ha-Kohen Kuk benannt, dem ersten Oberrabbiner Palästinas. Dessen Sohn, Tzvi Jehuda ha-Kohen Kuk, hatte die Lehre seines Vaters infolge des Sechs-Tage-Krieges, den er als Beginn der messianischen Zeit betrachtete, transformiert und zum politischen Fundament des nati-

41 Der Minister für Wohnungsbau, Avraham Ofer, wählte im Januar 1977 den Freitod, nachdem die Polizei gegen ihn wegen Veruntreuung von Parteigeldern zu ermitteln begonnen hatte. Im Oktober 1976 war der designierte Gouverneur der israelischen Zentralbank, Ascher Jadlin, wegen der Annahme von Schmiergeldern zu fünf Jahren Gefängnis verurteilt worden.
42 Ephraim Torgovnik, »A Movement for Change in a Stable System«, in: Allan Arian (Hg.), *The Elections in Israel 1977*, Jerusalem 1980, S. 75-78.

onal-religiösen »Gusch Emunim – Block der Getreuen« gemacht.[43] Dieser war von Absolventen ebenjener Jeschiva nach dem Jom-Kippur-Krieg, in dessen Folge ihre messianische Weltanschauung fast wie ein Kartenhaus zusammengebrochen war, mit dem Ziel gegründet worden, die Besiedlung der besetzten Gebiete organisiert zu forcieren. Dieser national-religiöse Männerbund »forderte den säkularen Zionismus heraus und das demokratische Israel und verlangte danach, in Samarien [sein] eigenes Ein Harod gründen zu dürfen.«[44] Menachem Begin betrachtete den Gusch Emunim und ihren Spiritus rector Tzvi Jehuda ha-Kohen Kuk als natürliche politische Verbündete, schließlich hatte sich Begin immer für ein Groß-Israel starkgemacht. Allein, dieses Groß-Israel stand ab dem 9. November 1977 tatsächlich zur Disposition.

An diesem Tag verkündete Anwar al-Sadat vor der ägyptischen Nationalversammlung, er sei bereit, nach Israel zu fliegen, um über Frieden zu verhandeln. Menachem Begin reagierte 48 Stunden später auf diesen diplomatischen Handstreich mit einer auf Englisch gehaltenen Radioansprache an das ägyptische Volk: »Aus tiefstem Herzen sage ich zu Ihnen: Schalom. Es bedeutet Sulh. Und umgekehrt: Sulh bedeutet Schalom.«[45] Die Arabisten der israelischen Administration hatten Begin genau gebrieft. Er hatte nicht die zwischen Muslimen gebräuchliche Friedensformel »Salam« gewählt, sondern »Sulh«, einen Terminus technicus der islamischen Rechtstradition, der einen Waffenstillstand und das avisierte Erreichen von Frieden für eine bestimmte Periode zwischen Muslimen und Nicht-Muslimen beschreibt.[46] Vier Tage später landete der ägyptische Präsident in Tel Aviv. Israel hielt den Atem an – und Richie Havens, der das Woodstock-Festival mit seinem Schrei »Freedom!« eröffnet hatte, schrieb den Song »Schalom,

---

43 Zur religiösen Lehre von Vater und Sohn Kuk und ihrer Bedeutung für die national-religiöse Bewegung s.: Gideon Aran, *Kukism. Schoraschei Gusch Emunim, Tarbut ha-Mitnachalim, Teologiah Zionit, Masichiut ba-Smaneinu* [Kukismus. Die Wurzeln des Gusch Emunim, Kultur jüdischer Siedler, zionistische Theologie, Gegenwartsmessianismus, hebr.], Jerusalem 2013. Außerdem: Aviezer Ravitzky, *Messianism, Zionism, and Jewish Religious Radicalism*, Chicago/London 1996, S. 79-144. Für eine politikwissenschaftliche Einordnung s.: Steffen Hagemann, *Die Siedlerbewegung. Fundamentalismus in Israel*, Schwalbach/Ts. 2019.
44 Ari Shavit, *Mein Gelobtes Land*, S. 289.
45 »Broadcast by Prime Minister Menachem Begin to the Egyptian People«, 11.11.1977, in: Meron Medzini (Hg.), *Israel's Foreign Relations: Selected Documents, 1977-1979*, Jerusalem 1981, S. 163.
46 M. Khadduri, »Sulkh«, in: C. E. Bosworth/E. van Donzel/W. P. Heinrichs/G. Lecomte (Hgg.), *The Encyclopedia of Islam. New Edition*, Bd. 9, Leiden, S. 845-846.

Die Revolution nach Ikarus

Salam«.⁴⁷ In Jerusalem besuchte der ägyptische Präsident während seines Aufenthaltes Yad Vashem, den Felsendom und die Grabeskirche, außerdem hielt er eine Rede vor der Knesset, in der er über die beiden wichtigsten Fragen referierte: die Rückgabe des Sinais und die Lösung des israelisch-palästinensischen Konflikts.

Die Reise nach Jerusalem von Anwar al-Sadat war ein Jahrhundertereignis. Erste Annäherungen zwischen den beiden Ländern hatte es seit dem Amtsantritt Begins aber bereits im Sommer 1977 gegeben – auf ungewöhnlichen Kanälen, durch die Vermittlung des rumänischen Staatspräsidenten Nicolae Ceaușescu einerseits, durch den marokkanischen König Hassan II. andererseits. Im September hatte sich Außenminister Mosche Dajan in der Maghreb-Monarchie mit dem stellvertretenden Ministerpräsidenten Ägyptens, Hassan Tohami, zu geheimen Gesprächen getroffen. Nach Sadats Besuch in Israel kehrte Dajan dorthin zurück. Im Königspalast von Marrakesch wollte er mit Tohami eine erste Skizze des möglichen Friedensvertrages ausarbeiten und die israelische Haltung übermitteln. Die Regierung, so Dajan, lehne die Schaffung eines Palästinenserstaates ebenso ab wie einen vollständigen Rückzug aus dem Westjordanland und dem Gaza-Streifen. Der gesamte Sinai sollte östlich der Gidi- und Mitlapässe in eine entmilitarisierte Zone verwandelt werden, in der israelische und ägyptische Soldaten gemeinsam bis in das Jahr 2000 patrouillieren würden. Dann müsste die territoriale Frage erneut erörtert werden. Die israelischen Siedlungen sollten auf der Halbinsel bestehen bleiben und UN-Blauhelme in Sharm al-Sheikh stationiert werden.⁴⁸ Am Ende des Geheimtreffens waren sich alle Beteiligten einig, dass sie sich nicht einig waren.

Wenige Tage nach diesem Treffen, am 12. Dezember, flogen 50 israelische Journalisten mit dem ersten Zivilflug auf der Strecke Tel Aviv – Kairo in die ägyptische Hauptstadt, um über den Fortgang der Friedensgespräche zu berichten. Darüber wollten Begin und Sadat in Ismailia weiterverhandeln.⁴⁹ Die israelischen Journalisten wussten nichts von den vorausgegangenen Gesprächen in Marokko. Zum Reisetross gehörten auch Persönlichkeiten des öffentlichen Lebens, die an Orte ihrer Kindheit und

---

47 Hillel Schenker, »From Woodstock to Jerusalem«, in: *New Outlook*, 21/1, 1978, S. 75.
48 *Doch Nazigano mi-Pgischat Chassan-Tohami-Dajan* [Bericht unseres Repräsentanten vom Treffen Chassan-Tohami-Dajan, hebr.], 6.12.1977, S. 2, in: http://israelsdocuments.blogspot.de/search/label/Moshe%20Dayan [zuletzt abgerufen am 4.11.2017].
49 David Moschajov, »66 Itonaim Tasu be-›Arkia‹ le-Mizrajim« [66 Journalisten fliegen mit »Arkia« nach Ägypten, hebr.] in: *Davar*, 13.12.1977, S. 1.

Jugend zurückkehrten. Einer von ihnen war Schalom Cohen. Er war in Bagdad geboren worden und hatte seine Kindheit in Alexandria verbracht. Nach seiner Alija hatte er im israelischen Unabhängigkeitskrieg bei den »Füchsen Samsons« gekämpft, einer Jeep-Einheit, dort Uri Avnery kennengelernt und mit ihm zusammen später das linke Wochenmagazin »ha-Olam ha-Seh« gekauft, als dessen Herausgeber beide lange fungierten. Von 1971 bis 1977 war Cohen Generalsekretär der israelischen »Black Panther«-Bewegung gewesen, die sich für die jüdischen Bevölkerungsteile, deren Wurzeln in den Kulturkreisen des Nahen Ostens lagen, einsetzte.

Seine Rückkehr in die Mittelmeermetropole glich einer emotionalen Achterbahnfahrt. Er suchte in Alexandria die Nevi Daniel-Straße auf, besuchte die Synagoge Elijahu ha-Nevi, die einstmals größte des Nahen Ostens: »Ich brauche meine Augen nicht, das Gedächtnis leitet mich«, notierte er. »Hier ist sie, mit ihrem hohen schmiedeeisernen Tor, ihrem Hof, der großen, beeindruckenden Marmortreppe.« Die ovale Namensplakette aus Messing am einstigen Sitzplatz seines Vaters war abgeschraubt. Danach fuhr er an die Stanley Bay, den mediterranen Mythos der einstmals kosmopolitischen Hafenstadt: »Ah Stanley, Stanley, mit deinen bronzenen Schönheiten und der klaren Aura deines Wassers.« Schließlich reiste Cohen zum Montaza-Palast an der Corniche. Er hatte den Prachtbau als Kind ein einziges Mal in Begleitung seines Vaters besucht, dessen Freund Osman al-Mahdi Pascha Kommandeur der königlichen Garde gewesen war. Vor seiner Abreise nach Ägypten hatte Schalom Cohen von seiner Mutter den Abschiedsbrief jenes Paschas an seinen Vater gezeigt bekommen. »Es tut mir leid zu sehen, dass du unser schönes Niltal verlässt. Aber ich bin auch glücklich, denn du kehrst heim. Au Revoir. Inshallah.«[50] Nun war Schalom Cohen wieder da. Und er veröffentlichte wenige Monate später im Poraz-Verlag den ersten Ägyptenreiseführer auf Hebräisch.[51] Altneuland bekam plötzlich eine neue Bedeutung. Doch die erste Euphorie, die in den Wintermonaten des Jahres 1977 in Israel herrschte, wich rasch der Ernüchterung.

Anwar al-Sadat und Menachem Begin hatten bei ihrem Treffen in Ismailia beschlossen, zwei binationale Arbeitsgruppen einzurichten: Die eine sollte in Kairo über technische Details des Rückzugs vom Sinai debattieren, die andere, in Jerusalem, eine akzeptable Formel für die Palästinafrage finden. Die israelische Regierung hielt in dieser Causa an der von Dajan in Marokko übermittelten Position fest. Die Friedensgespräche

---

50 Schalom Cohen, »From Egypt«, in: *New Outlook*, 20/8, 1978, S. 69-70.
51 S. hierzu: Schalom Cohen, *Mizrajim* [Ägypten, hebr.], Tel Aviv 1978.

drohten zu scheitern, bevor sie auf höchster Ebene überhaupt begonnen hatten.

Dies führte im Frühjahr 1978 zur Gründung der ersten Friedensbewegung, die es vermochte, Massen zu mobilisieren: »Schalom Achschav – Frieden jetzt«. Die Gründer waren Soldaten, 348 Reserveoffiziere, und stammten aus der Mitte der Gesellschaft. Sie sandten Begin am 7. März einen offenen Brief mit einer klaren Botschaft: »Eine Regierungspolitik«, so die Offiziere, »welche die Herrschaft über Millionen Araber aufrechterhalten möchte, könnte dem demokratischen und jüdischen Charakter des Staates Schaden zufügen und würde uns die Identifizierung mit dem durch den Staat Israel eingeschlagenen Weg erschweren.«[52]

Der Brief löste eine weitere Debatte in Israel aus. Die Zahl der Gräben zwischen den israelischen Heimatfronten wuchs Monat um Monat an. Im September 1978 verließ Begin schließlich das Land und reiste in die Vereinigten Staaten, in den Bundesstaat Maryland, nach Camp David. Dort wollte er mit Anwar al-Sadat und Jimmy Carter sprechen – über Frieden.

52 Zitiert nach: Mordechai Bar-On, *Schalom Achschav* [Frieden jetzt, hebr.], Tel Aviv 1985, S. 15. Den ganzen Sommer über wurden Demonstrationen abgehalten. Der Graphikdesigner David Tartakover gestaltete einen Aufkleber mit dem Slogan »Schalom Achschav«. Es wurde der »erste dokumentiere politische Sticker in Israel.« S. hierzu: Hagar Salamon, »Political Bumper Stickers in Contemporary Israel: Folklore as an Emotional Background«, in: Esther Hertzog/Orit Abuhav u. a. (Hgg.), *Perspectives on Israeli Anthropology*, Detroit 2010, S. 261.

6. Abenteuerland

6.1. Zauberberg

>»If I had to represent the end of the world, I would model it from Mount Sinai.«
>
>Sir Frederick Henniker, Notes during a Visit to Egypt, Nubia, the Oasis, Mount Sinai and Jerusalem

>»Die historischen und religiösen Assoziationen, tief verwurzelt in den frühesten Kindheitserinnerungen, lösen sich beim Anblick der realen Objekte auf.«
>
>Robert Byron, Der Weg nach Oxana

>»Die Natur kann auch ohne den Zionismus existieren, der Zionismus aber nicht ohne die Natur.«
>
>Amos Kenan, Die Erde verstehen

Im Schatten des zerklüfteten Granitgebirges im Süden des Sinais, dessen Gipfel rot wie Rost sind, dort, an der Stelle, wo der brennende Dornbusch gestanden haben soll, steht heute das von Mauern umgebene Katharinenkloster.[1] Mit seiner Basilika voller golden glänzender Ikonen, der Moschee, durch Steintreppen verbundenen, kleinen Gassen, jahrhundertealten Handschriften in der sagenumwobenen Bibliothek und einer mit den Totenschädeln verstorbener Mönche gefüllten Kammer erscheint es wie ein »Fabelschloß«.[2] Der byzantinische Kaiser Justinian hatte die Klosteranlage Mitte des 6. Jahrhunderts n. u. Z. errichten lassen. Es sollte neben den Klöstern in Klysma, dem heutigen Suez, und in Raithu, dem modernen al-Tur, ein geschützter Ort des Gebets für die dort lebenden Geistlichen sein, aber vielmehr noch als Außenposten die Südflanke seines Riesenreichs sichern.[3]

---

1 Ein Blick auf die Landkarte suggeriert, das Katharinenkloster liege nicht weit entfernt von den Minen in Serabit al-Khadem. Dieser Eindruck täuscht. Kirsopp Lake, Kirchenhistoriker an der Universität Harvard, hat 1927 nach einer Expedition durch die Region treffend festgestellt: »Es sei festgehalten, dass ›in der Nachbarschaft‹ eine relative Sache ist, denn das Kloster ist, gibt man Zeit anstelle von Raum an, von Serabit ungefähr so weit entfernt wie New York von San Francisco.« S. hierzu: Kirsopp Lake/Robert P. Blake, »The Serabit Inscriptions: I. The Rediscovery of the Inscriptions«, in: The Harvard Theological Review, 21/1, 1928, S. 3-4.
2 Beno Rothenberg/Yohanan Aharoni/Avia Hashimshoni, Die Wüste Gottes, S. 135-136.
3 George Forsyth, »Kirche und Festung Justinians«, in: John Galey (Hg.), Das Katharinenkloster auf dem Sinai, Stuttgart 2010, S. 63.

Nach dem Sechs-Tage-Krieg baute die israelische Armee einen kleinen Außenposten in dieser isoliert gelegenen Bastion des Glaubens auf.[4] Das Klosterleben änderte sich radikal. Das autonome »Erzbistum von Sinai, Pharan und Raithu« verfügte über Metochien auf Zypern und Kreta, der Insel Zakynthos und dem griechischen Festland, in Tripoli, Istanbul und Kairo.[5] Auf ihrem eigenen Stammsitz aber waren die Mönche nun nicht mehr die alleinigen Herren.

Die neuen Herren des Landes kamen aus Israel. 1968, ein Jahr nach der Eroberung des Sinais, demonstrierten sie ihre Macht ein erstes Mal deutlich im nahen Wadi Firan, dessen Namen die Mönche im Bistumsnamen führ(t)en und in dem sie über Besitzungen verfügten. Diese Landrechte basierten auf einem byzantinischen Dekret, demzufolge alle Gebiete, die in einem Umkreis von 80 Stunden Kamelritt zu erreichen waren, dem Kloster gehörten.[6] Das Kloster hatte in den Jahrhunderten vor der israelischen Besatzung seine seit alters her geltenden Rechte an diesem pittoresken Ort nie geltend gemacht, nie geltend machen müssen.

Die Tal-Oase hatte zu allen Zeiten Forschungsreisende, Pilger und Abenteurer in ihren Bann gezogen. »Felswände aus rosarotem und malvenfarbenem Granit stiegen schier in den Himmel auf, wo ihre nackten und zackigen Gipfel schwebten und gegen das Blau schimmerten; daneben gab es Berge von blasser Bernstein- und schwefelroter Farbe, die von pflaumenfarbenen Porphyrvenen und schwarzen Dioritbändern durchzogen waren«, hatte der für seine Reisefeuilletons berühmte Journalist H. V. Morton im Jahr 1938 geschrieben.[7]

Die israelische Militärverwaltung befahl im Sommer 1968 allen männlichen Beduinen der Stämme des Südsinais, sich in Firan zu versammeln und dort einen Empfang auszurichten. Die Beduinen kamen und mit ihnen israelische Journalisten. Sie wurden von der Szenerie in den Bann gezogen wie einst Morton. Der in Wien geborene Journalist Ari Rath fühlte

---

4 Jitzchaki Gal, *Sicha im Mosche Sela* [Gespräch mit Mosche Sela, hebr.], Kfar Hess 2014, S. 3. In: PEM. Die Soldaten lebten nicht in den Klosterzellen, sondern auf dem Gelände. Die kargen Klosterzellen waren in den Jahrhunderten zuvor von Forschungsreisenden und Pilgern beschrieben worden. So hatte etwa die deutsche Baronin Kefferbrinck-Ascheraden im 19. Jahrhundert allein in einer Nacht 38 Bettwanzen, drei Heuschrecken und einen Skorpion gezählt. S. hierzu: Heinrich Brugsch, *Wanderung nach den Türkis-Minen und der Sinai-Halbinsel*, S. 37.
5 Joseph J. Hobbs, *Mount Sinai*, S. 84.
6 Dani Rabinowitz, *Tribal Politics in the Jebaliya Bedouins of the Sinai Desert, with Reference to the Community of Monks in the Monastery of Saint Catharine*, Cambridge 1983, S. 7 [unveröffentlichte M. Phil-Arbeit, Universität Cambridge]. In: PEM.
7 H. V. Morton, *Through Lands of the Bible*, New York [10]1956, S. 331.

Abb. 8: Versammlung der Beduinenstämme des Südsinais im Wadi Firan (Aufnahme 8.8.1968).

sich beim Anblick der gewaltigen Felsformationen, die das Wadi umgeben, an die Dolomiten erinnert, wie er für die »Jerusalem Post« im Artikel »Die Beduinen des Sinais zu Gast bei Freunden« notierte.[8]
Der Journalist Uri Oren knüpfte in der Tageszeitung »Jediot Acharonot« an die Überschrift Raths an und offenbarte seine orientalistische Haltung. Er gab dem Beitrag den Titel »Die Offenbarung der zwölf Stämme am Berg Sinai«. Er schrieb, die Beziehungen zwischen »unseren Männern vom Militär« und den »unschuldigen Stämmen der Wüste« nähmen peu à peu vertraulicheren Charakter an, und konstatierte, die »Versammlung der Bruderschaft zwischen den Besatzern und den Besetzten« sei ein »beeindruckendes Spektakel« gewesen. Deshalb spiele es auch keine Rolle, dass die Armee das Festessen organisiert und finanziert habe. Die israelische Armee hatte neben Lämmern auch Filme zum Vorführen in das Wadi Firan gebracht – zwei Dokumentationen auf Arabisch und »Die Geschichte von Ali Baba«. Um seinem Titel den passenden Inhalt zu geben, schloss Oren seinen Beitrag mit einer Beschreibung der grotesken Vorführung:

»Das erste Mal seit Erschaffung der Wüste stellten sie einen kleinen Bildschirm auf die Ausläufer der gewaltigen Berge, und alle [Beduinen, Anm. d. Verf.] nahmen das Donnern und Blitzen wahr. Sie saßen da und fieberten mit, wie Kinder, ihre Köpfe zwischen den Palmen, ihre Augen weit offen, angsterfüllt, und ihre Lippen hielten ihre Aufregung zurück. Wie reich sind Deine Wunder, oh Gott Israels!«[9]

Diese wenig subtile Demonstration der Macht im Wadi Firan symbolisierte die klassische Dichotomie eines jeden Kolonialismus zwischen Besatzern und Besetzten. Der endgültige Wandel der Kräfteverhältnisse setzte jedoch erst 1969 ein. Er kam in Person von Mosche Sela. Nach der Staatsgründung war er einer der maßgeblichen Protagonisten beim Ausbau der Nachal-Siedlung Ein Radian gewesen, die 1957 in das Kibbutz Jotvata (Station der Exodus-Route) umgewandelt worden war. Dort, in der Arava-Wüste, hatte er neue Pflanzenkulturen an- und eine Milchviehhaltung aufgebaut, aus der die profitabelste Molkerei des Landes hervorging; heute sind die Jotvata-Milchprodukte in jedem Supermarktkühlregal zwischen Akko und Aschkelon zu finden.[10]

---

8 Ari Rath, »Sinai Bedouin at Home to Friends«, in: *Jerusalem Post*, 19.8.1968, S. 8.
9 Uri Oren, »Ma'amad Har Sinai schel 12 ha-Schvatim« [Die Offenbarung am Berg Sinai der zwölf Stämme, hebr.], in: *Jediot Acharonot*, 14.8.1968, S. 11.
10 Judd Ne'eman, *La-Midbar* [Gen Wüste, hebr.], Tel Aviv 2016.

Zauberberg

Nach dem Sechs-Tage-Krieg kam Mosche Sela auf den Sinai. Er arbeitete dort für die israelische Zivilverwaltung im Süden der Halbinsel. Das Verhältnis zwischen Besatzern und Besetzten war dort ein anderes als im Norden, wo sich Israel nicht nur als »aufgeklärte« Besatzungsmacht darstellte, sondern es auch zu brutalen Vertreibungen kam (s. Kap. 4.2). Sela bohrte im gesamten Süden des Sinais Brunnen, baute Schulen auf, Kliniken und Autowerkstätten, ganze Dienstleistungszentren an den Küsten und in den Oasen im Hinterland.[11] Mit seiner Arbeit veränderte er das Leben in diesem Teil der Halbinsel wie keine andere Besatzungsmacht je zuvor.

Diese Infrastrukturprojekte setzte Mosche Sela für und mit den Beduinen um. Diese Politik der doppelten Strategie, das »für und mit«, hatte weitreichende Konsequenzen für die Beziehung zwischen den Mönchen des Katharinenklosters und den Beduinen des Jabalija-Stammes. Wie an keinem anderen Ort auf dem Sinai ist dies im Tal von al-Raaba nachvollziehbar, in der kleinen Ortschaft al-Milga, die sich in unmittelbarer Nähe zum Katharinenkloster befindet.

Dort lebten nach dem Sechs-Tage-Krieg rund hundert Familien der Jabalija, viele davon in Steinhäusern und Zelten.[12] Die meisten ihrer Ahnen waren den Mönchen einst von Kaiser Justinian aus der Walachei zwar nicht als Sklaven, aber als Diener auf Ewigkeit gesandt worden.[13] In diesen fast anderthalb Jahrtausenden waren die Mönche ihre Herren gewesen und die Berge, al-Jibaal, zu ihrer Heimat geworden. Die Koexistenz zwischen Kreuz und Halbmond hatte auf einem komplexen Kommunikationssystem basiert, das sich über viele Generationen hinweg entwickelt und bewährt hatte.

Die Jabalija unterteilen sich in vier Clans. Das Kloster wählte aus jedem dieser Clans einen Repräsentanten, den Omdeh, aus. Er war dafür verantwortlich, dass die Verpflichtungen seines Clans gegenüber den Mönchen erfüllt wurden. Daneben gab es den Sheikh, der den gesamten Stamm der Jabalija nach außen hin, etwa gegenüber staatlichen Repräsentanten wie Regionalgouverneuren, vertrat. Außerdem bildete der Sheikh gemeinsam mit den vier Clan-Vertretern, den Mönchen und weiteren Mitgliedern der Jabalija, wie den Stammesältesten, eine ad-hoc-Arbeitsgemeinschaft, den Schura-Rat. Dieser trat bei Bedarf zusammen, zum Beispiel zur Schlich-

---

11 Jitzchaki Gal, *Sicha im Mosche Sela*, S. 6-7.
12 Avi Perevolotzky, »Orchards Agriculture in the High Mountain Region of South Sinai«, in: *Human Ecology*, 9/3, 1981, S. 337.
13 Joseph J. Hobbs, *Mount Sinai*, S. 140.

tung von Familienfehden. Zusätzlich gab es eine alljährliche Versammlung, die Madschlis, zu der an jedem Ostertag des griechisch-orthodoxen Kalenderjahres die männlichen Stammesmitglieder zum Katharinenkloster kamen. Nachdem die Beduinen an der morgendlichen Messe teilgenommen hatten, zogen sich die Mönche bis mittags zum Gebet zurück. Danach verteilten sie Osterbrot und gefärbte Ostereier an ihre ererbten Diener. Die Jabalija gelobten dem Erzbischof in einer mehrstündigen Versammlung ihre Loyalität. Die beiden Seiten legten anschließend ein Datum für das Folgejahr fest, an dem der Stamm zum Schrein des muslimischen Propheten Harun (Aaron) pilgern würde – jenen Ort, an dem gemäß der Tradition die Israeliten das goldene Kalb als Götzenbild geschaffen hatten. Die Wallfahrt und das sich daran anschließende dreitägige Fest endeten stets mit einer Prozession der Jabalija zum Katharinenkloster. Während die Mönche Hymnen für Moses und die heilige Katharina, die Namenspatronin ihres Konvents, sangen, umrundeten die Beduinen die Klostermauern dreimal, ehe sie das Kloster betraten, um einen Blick auf die Gebeine der Märtyrerin werfen zu können. Nach 1967 fand diese Wallfahrt nicht mehr statt. Auch kamen immer weniger Beduinen zur alljährlichen Versammlung am orthodoxen Osterfest, und der Einfluss des Schura-Rates sowie der vier Clan-Vertreter ging sukzessive zurück.[14]

Die Gründe waren bei der neuen Besatzungsmacht zu finden, deren zivilen Arm Mosche Sela repräsentierte. Er hatte zunächst einige Zeit mit den israelischen Soldaten im Katharinenkloster gelebt, wollte sich aber letztlich im nahen Beduinendorf al-Milga niederlassen. Die Mönche waren Fremden gegenüber stets zurückhaltend gewesen, zumal nachdem der deutsche Theologe Konstantin von Tischendorf zwischen 1844 und 1859 große Teile des »Codex Sinaiticus«, der ersten vollständig überlieferten Handschrift des Neuen Testaments aus dem 4. Jahrhundert n. u. Z., in der Klosterbibliothek entdeckt und entwendet hatte.[15] Nach den ersten Erfahrungen mit der israelischen Besatzung im eigenen Kloster und der Machtdemonstration im Wadi Firan hatten sie Sorge, sowohl die Hoheit über das Land direkt vor ihrer Klosterpforte zu verlieren, als auch den Einfluss auf die Beduinen. Sie sprachen sich deshalb gegen Selas Pläne aus. Doch der setzte sich durch.[16]

---

14 Dani Rabinowitz, *Tribal Politics in the Jebaliya Bedouins of the Sinai Desert*, S. 12-20.
15 Heute finden sich die Pergamentblätter verstreut in London und Leipzig, St. Petersburg und im Katharinenkloster.
16 Emanuel Marx, *Bedouin of Mount Sinai*, S. 7.

Angesichts dieser Entwicklung stimmte das Kloster ein Jahr später schließlich einer Vereinbarung über Land- und Ressourcennutzungsrechte zu. Die Mönche hofften, sich dadurch ebendiese dauerhaft sichern und in der Zukunft bei etwaigen neuen Besatzern wieder einfordern zu können. Vor diesem Hintergrund wurde eine schriftliche Übereinkunft geschlossen, »between the Fathers of the Monastery of Santa Catherina the Archimantrites Nikandro and Dionysios and Neophitos and the delegats of the Israelian Army and of the service civil in Sinai, on the day of 18th of September 1970 about a building that shall be built for the use of the Army on the land that is Being hold by the Monastery on the area of A-Raba«, wie es in der Präambel der Vereinbarung in holprigem Englisch hieß.[17] Die israelische Präsenz im Katharinenkloster war damit beendet und verlagerte sich vor das Kloster.

Mosche Sela erweiterte die Enklave Haus um Haus. Er baute in den kommenden Jahren eine Autowerkstatt, Einkaufsläden, ein Kaffeehaus, eine Schule und eine kleine Klinik auf. Ab 1972 arbeitete das israelische Wohlfahrtsministerium dauerhaft im Südsinai.[18] Im Beduinendorf al-Milga konnten die Kinder fortan, wie davor und danach auch andernorts auf dem Sinai, kostenlos Schulen besuchen, in denen Lehrer, zumeist selbst Beduinen, die von Israel ausgebildet und bezahlt wurden, ihnen Lesen und Schreiben beibrachten.[19] Dazu gab es täglich eine warme Mahlzeit für jedes Kind.[20] Im Südsinai war ein solches Bildungssystem ein Novum. Ägypten hatte vor 1967 nur drei Schulen in dieser Region betrieben, zwei davon in al-Tur, die jedoch nur Kinder von Festlandägyptern hatten besuchen dürfen, die es aus beruflichen Gründen auf die Halbinsel verschlagen hatte.[21]

17 *Vereinbarung über Land- und Ressourcennutzungsrechte zw. dem St. Katharinenkloster und der israel. Armee sowie der israel. Ziviladministration im Südsinai*, 18.9.1970, S. 1. In: PEM.
18 *Doch Pe'ilut li-Schnat 1974-1975* [Aktivitätenbericht für das Jahr 1974-1975, hebr.], hg. v. Kommandantur Sinai, Kommandantur Südsinai u. dem israelischen Wohlfahrtsministerium, o. O. 1975, S. 27.
19 Werner Richter, *Das Nomadentum im Negev und auf der Sinaihalbinsel: Phasen und Probleme der Seßhaftwerdung mobiler Lebensformgruppen seit dem 19. Jahrhundert*, Vechta 1985, S. 75.
20 *Esor Drom Sinai. Pe'ilut ha-Memschal li-Kidum ha-Uchlusija ba-Esor* [Südsinai-Region. Regierungsaktivitäten zur Entwicklung der Bevölkerung in der Region, hebr.], hg. v. israelische Verteidigungsstreitkräfte, o. O. 1980, S. 2.
21 Martin Ira Glassner, »The Bedouin of Southern Sinai under Israeli Administration«, S. 55.

Auch die Versorgung in der kleinen Klinikstation war für die Beduinen umsonst. Die Kosten wurden vom Verteidigungsministerium getragen. Bis zur Eröffnung dieser medizinischen Einrichtung hatten die Beduinen auf Heiler vertraut, die über Wissen verfügten, das über Generationen hinweg mündlich weitergegeben worden war, und von denen es hieß, sie seien im Besitz von Wunderkräften. Während sich Heilerinnen um einfache Erkrankungen – wie etwa Fieber, Bauchschmerzen und Erkältungen – kümmerten, behandelte ein männlicher Heiler Schlangenbisse, gebrochene Beine oder zog Zähne. Er setze bei seiner Diagnostik auf Peitsche, Koran und Kräuter. Die Folgen waren fatal, zumal bei schwereren Krankheiten wie Osteomalazie bei Frauen. Das schmerzhafte Erweichen der Knochen war auf einen durch die Verschleierung bedingten Vitamin D-Mangel zurückzuführen und trat oft im Beckenbereich auf, was Komplikationen bei Geburten zur Folge hatte.[22]

Mit der kleinen Klinikstation verloren die hoch angesehenen Heiler zwar nicht ihre Funktion, doch aber das Monopol bei der Beantwortung von Fragen über Leben und Tod. Die israelischen Ärzte zogen zudem mit medizinischem High-Tech-Gerät in den Südsinai, starteten Impfprogramme für Kinder, Tuberkulose-Screening-Programme für Erwachsene und forcierten den Kampf gegen die malariabringenden Anopheles-Moskitos. In Fällen, die nicht vor Ort behandelt werden konnten, wurden die Patienten direkt in das Scheba-Krankenhaus ausgeflogen oder auf dem Landweg nach Eilat transportiert. Diese Arbeit trug Früchte: Die Bevölkerung des Südsinais verdoppelte sich zwischen 1968 von 5.338 auf 10.663 Beduinen, die 1979 gezählt wurden.[23]

Diese Entwicklungsarbeit hatte die Anziehungskraft eines Magneten und lockerte das Beziehungsgeflecht zwischen Beduinen und Mönchen. Dieser Prozess der Entfremdung wurde forciert durch das zweite Element der Strategie: das Einbinden der Beduinen als Arbeitskräfte beim Aufbau der israelischen Enklave im Tal von al-Raaba.

Die Jabalija hatten nie autark gelebt. Ihr Überleben hatte seit Generationen auf verschiedenen Standbeinen basiert, von denen neben der Arbeitsmigration das Katharinenkloster zweifelsfrei das wichtigste gewesen war. Dort hatten sie gemäß des Justinianischen Dekrets stets in verschiedenen

---

22 Martin Ira Glassner, »The Bedouin of Southern Sinai under Israeli Administration«, S. 58.
23 Pnima Romem/Haya Reizer/Yitzhak Romem/Shifra Shvarts, »The Provision of Modern Medical Services to a Nomadic Population: A Review of Medical Services to the Bedouins of Southern Sinai during Israeli Rule 1967-1982«, in: *The Israel Medical Association Journal*, 4/4, 2002, S. 306-308.

Funktionen gearbeitet und sich so ernähren können. Mit der Ankunft von Mosche Sela änderte sich das. Nur wenige Jabalija arbeiteten weiter für einen geringen Lohn bei den Mönchen.[24] Stattdessen nutzten sie vermehrt die Alternativen, die sich mit dem Aufbau der israelischen Infrastruktur boten. Nach 1967 gab es Arbeit für alle, ob als Kellner, Koch, Bauarbeiter oder Mechaniker. Wie alle Beduinen im Südsinai, so steigerten auch die »Kinder des Klosters«, wie die Mönche die Jabalija nannten, durch diese Erwerbsmöglichkeiten ihren Lebensstandard. Die Folge war ein radikaler Wandel im immer kostenaufwendigeren Lebensstil der Beduinen. Je mehr die Abhängigkeit der Jabalija von den Mönchen sank, desto größer wurde ihre Abhängigkeit von Israel.

Besonders deutlich wird dies mit Blick auf das dritte ökonomische Standbein: kleine Viehherden und die über 400 Gärten im Gebirge. Fast jede Familie der Jabalija verfügte über einen solchen. Dort pflanzten sie Obst, Tomaten, Tabak, auch Auberginen und Kürbisse wurden angebaut. Frauen und Kinder kümmerten sich das Jahr hindurch um die Tiere, darunter Schafe und Ziegen. In den Sommermonaten wurde das angebaute Obst geerntet: im Juni Aprikosen, im Juli Feigen, Pflaumen und Trauben, im August Mandeln und Granatäpfel, im September Quitten, im Oktober Äpfel und Birnen. Die Erträge waren über Jahrhunderte auf den Märkten in al-Tur, in Suez und selbst im fernen Kairo verkauft worden, um dort im Gegenzug Produkte zu besorgen, die es im Gebirge nicht gab, Getreide etwa.[25]

Die Mönche wussten um die Bedeutung dieser Gärten für die Jabalija, die ihnen bis 1967 einen jährlichen Zehnt der Ernte hatten abgeben müssen.[26] Deshalb pochten sie in dem Vertrag, den sie mit Mosche Sela und der lokalen Armee-Administration abschlossen, auf einen zusätzlichen Passus. In diesem wurde geregelt, dass die Zivilverwaltung zwar nach Wasserquellen suchen, aber diese den Beduinen nicht zur Bewässerung ihrer Gärten geben dürfe.[27] Einzig: Diese im September 1970 getroffene Regelung war weitgehend wirkungslos. Die wirtschaftliche Bedeutung der Gärten hatte seit dem Sechs-Tage-Krieg stetig abgenommen. Zum einen waren viele Gärten von einer durch Starkregen ausgelösten Flut im Winter

24 Emanuel Marx, *Bedouin of Mount Sinai*, S. 68.
25 Avi Perevolotzky, »Orchards Agriculture in the High Mountain Region of South Sinai«, S. 344.
26 Emanuel Marx, *Bedouin of Mount Sinai*, S. 92.
27 *Vereinbarung über Land- und Ressourcennutzungsrechte zw. dem St. Katharinenkloster u. der israel. Armee sowie der israel. Ziviladministration im Südsinai, 18. 9. 1970*, S. 2. In: PEM.

1968/69 zerstört und nicht wiederaufgebaut worden, zum anderen konnten die israelischen Absatzmärkte die ägyptischen nicht ersetzen, die wiederum durch die Sperrung des Suezkanals nicht mehr erreichbar waren.[28] Die verbliebenen Gärten dienten den Beduinen somit einzig und allein noch als eiserne Reserve in Krisen- und Kriegszeiten. In solchen verloren die Arbeitsmigranten der Jabalija, wie die der übrigen Beduinenstämme, seit jeher stets als Erste ihre Anstellungen.[29] So geschah es auch 1973. Im September jenes Jahres, vor Ausbruch des Jom-Kippur-Krieges, waren 1.358 Beduinen in israelischen Siedlungen auf der Halbinsel und in der Stadt Eilat beschäftigt gewesen, im November, unmittelbar nach dem Krieg, waren es hingegen nur noch 174.[30] Die arbeitslos gewordenen Jabalija kehrten in den Monaten nach dem Krieg in die Berge zurück und kultivierten ihre Gärten intensiv, um, temporär abgeschnitten von Hilfslieferungen aus der Außenwelt, den Winter überleben zu können.

Die Mönche des Katharinenklosters hatten im September 1970 also das richtige Gespür gehabt, als sie die Vereinbarung mit den Vertretern der israelischen Besatzung eingegangen waren. Allein: Das autonome Erzbistum hatte nicht schnell genug reagiert, wie der Garten- und Wasserpassus beispielhaft zeigt. Auch das langfristige Ziel, das die Mönche mit dem Vertrag verfolgt hatten, konnte nicht erreicht werden. 1980, nach dem israelischen Rückzug aus der Region, erklärte die ägyptische Regierung alle Landansprüche des Klosters für null und nichtig.[31]

Mosche Sela hatte seine Projekte im Tal von al-Raaba mit Wucht und Tempo umgesetzt. Er hatte massiv zum Machtverlust der Mönche in der Region beigetragen, ebenso wie zum radikalen Wandel des über fast anderthalb Jahrtausende gewachsenen Beziehungsverhältnisses zwischen den Beduinen des Jabalija-Stammes und dem Katharinenkloster. Hinzu kam, dass die israelische Enklave Jahr um Jahr personell anwuchs.

Zwei Monate nachdem die Mönche den Vertrag mit Mosche Sela und der israelischen Armee abgeschlossen hatten, ließ sich ein junger Mann dauerhaft im Tal von al-Raaba nieder: Avner Goren. Er war ab dem 15. November 1970 mit nicht einmal 30 Jahren als Archäologie-Stabsoffizier verantwortlich für den gesamten Sinai, eine Fläche von 60.000 Quadrat-

---

28 Avi Perevolotzky, »Orchards Agriculture in the High Mountain Region of South Sinai«, S. 348.
29 Emanuel Marx, *Bedouin of Mount Sinai*, S. 69.
30 Emanuel Marx, »Changing Employment Patterns of Bedouin in South Sinai«, in: ders./Avhsalom Shmueli (Hgg.), *The Changing Bedouin*, New Brunswick 1984, S. 181.
31 Joseph J. Hobbs, *Mount Sinai*, S. 151.

kilometern.³² Avraham Biran, Leiter des im Bildungs- und Kultusministerium angesiedelten Referats für Antiquitäten und Museen, hatte den Berufsanfänger für diese Position vorgeschlagen.³³ Die Idee, die Stelle eines Stabsoffiziers für Archäologie zu schaffen, war so alt wie der Staat selbst. Bereits während des Unabhängigkeitskrieges hatte es solche Überlegungen gegeben.³⁴ Die akademische Disziplin der Archäologie sollte – und soll bis heute – den israelischen Anspruch auf das Altneuland wissenschaftlich untermauern, dessen Landkarte ein »biblisches Nachschlagewerk über Heilige, Könige und Helden« ist.³⁵ Nach dem Sechs-Tage-Krieg wurden diese Überlegungen in die Praxis umgesetzt. Und Avner Goren entschied, sich seinen Wohn- und Arbeitsplatz im Tal von al-Raaba einzurichten, im Sinaigebirge, über das Jon Levenson treffend geschrieben hat: »Über den Sinai wissen wir nichts, aber ungeheur viel über seine Traditionen.«³⁶

Der Berg Sinai, der Geburtsort des jüdischen Volkes, hatte die junge israelische Nation bereits 1956, nach der kurzzeitigen Eroberung der Sinai-Halbinsel im Zuge der sogenannten Suez-Krise, fasziniert (s. Kap. 6.3). Israel befand sich damals in einem Zustand nationaler Ekstase und religiöser Schwärmerei. Die Soldaten, die den Sinai erobert hatten, avancierten in der öffentlichen Wahrnehmung zu »Rittern in messianischer Mission«,³⁷ wurden überhöht und als Vollstrecker des göttlichen Willens dargestellt.³⁸ Jehiel Mohar schrieb über diesen Waffengang ein Lied, dessen Melodie Mosche Wilenski komponierte. Das Lied hieß: »Mul Har Sinai«, auf Deutsch: »Im Angesicht des Berges Sinai«. Mit diesem Lied, in dem die Wunder der Vergangenheit und Gegenwart, der Bundesschluss Gottes mit dem jüdischen Volk und der Sieg auf dem Schlachtfeld, zu einem die Abfolge der Zeit aufhebenden Meta-Narrativ verwoben waren, erfasste Mohar den Zeitgeist wie kein anderer. Noch 2006, anlässlich des 50. Jah-

32 *Minscharim, Zivim ve-Hoda'ot schel Mefakedet Kochot Zahal ba-Esor Merchav Schlomo* [Proklamationen, Dekrete und Bekanntmachungen der Südsinai-Kommandantur, hebr.], hg. v. israelische Verteidigungsstreitkräfte, o. O. 1973, S. 454.
33 Bruce Feiler, *Walking the Bible. A Journey by Land through the Five Books of Moses*, New York 2001, S. 249.
34 Raz Kletter, *Just Past? The Making of Israeli Archaeology*, London 2006, S. 33.
35 Zitiert nach: Jakov Lind, *Israel. Rückkehr für 28 Tage*, Frankfurt a. M. 1972, S. 58.
36 Jon D. Levenson, *Sinai & Zion. An Entry into the Jewish Bible*, New York 1986, S. 17.
37 Jona Hadari, *Mashiah Rakhuv al Tank. Ha-Machscheva ha-Ziburit ba-Israel bein Mivtza Sinai le-Milchemet Jom ha-Kippurim. 1955-1975* [Der Messias reitet auf einem Panzer. Öffentliches Denken in Israel zwischen der Sinai-Kampagne und dem Jom-Kippur-Krieg. 1955-1975, hebr.], Jerusalem 2002, S. 84.
38 Oz Almog, *The Sabra*, S. 135.

restages des Krieges, zitierte der damalige Ministerpräsident Ehud Olmert zu Beginn seiner Rede vor der Knesset einige Zeilen des Liedes,[39] das zur Hymne des Feldzuges geworden war:

»Es ist kein Märchen, meine Kameraden, / kein Märchen, meine Kameraden / und kein Traum, der vorübergeht. / Hier, im Angesicht des Berg Sinai, / hier, im Angesicht des Berg Sinai, / geht der Dornbusch, der Dornbusch in Feuer auf. / Er entflammt in einem Lied, / auf den Lippen von Regimentern junger Männer. / Die Tore der Stadt / sind in der Hand der Söhne Samsons. / Oh, die Flamme Gottes – in den Augen der Jungen. / Oh, die Flamme Gottes – im Donnern der Motoren. / Über diesen Tag wird ewig erzählt werden, meine Brüder, / als das Volk zurückkehrt zur Offenbarung am Sinai. / Es ist kein Traum, meine Kameraden, / kein Traum, meine Kameraden / und keine Halluzination. / Seitdem und bis heute, / seitdem und bis heute, / brennt, brennt der Dornbusch, / lodernd durch ein Lied der Stärke / in den Götterherzen / der jungen Männer Zions / und dem Streitwagen Israels. / Oh, die Flamme Gottes – in den Augen der Jungen. / Oh, die Flamme Gottes – im Donnern der Motoren. / Über diesen Tag wird noch erzählt werden, meine Brüder, / als das Volk zurückkehrt zur Offenbarung am Sinai.«[40]

In der jüdischen Tradition spielt(e) die geographische Verortung der göttlichen Offenbarung und Gabe der zehn Gebote eigentlich keine Rolle.[41] Zwar finden sich in der rabbinischen Literatur vereinzelt Diskussionen über die Frage nach dem genauen Ort.[42] Und der Geschichtsschreiber Flavius Josephus hatte im 1. Jahrhundert n. u. Z. zu berichten gewusst, es sei »der höchste Berg der ganzen Gegend und wegen seiner Höhe und seiner steilen Abhänge nicht allein schwer zu ersteigen, sondern auch schwer

---

39 Ehud Olmert, »Naum Rosch ha-Memschalah – Mivtza Kadesch« [Rede des Ministerpräsidenten – Operation Kadesch, hebr.], 6. 11. 2006, in: http://www.pmo.gov.il/MediaCenter/Speeches/Pages/speechknesso61106.aspx [zuletzt abgerufen am 4. 11. 2017].
40 Der Liedtext befindet sich ebenso wie das dazu gehörige Soundfile in: Bella and Harry Wexner Libraries of Sound and Song der Israelischen Nationalbibliothek.
41 Ora Lipschatz/S. David Sperling, »Sinai, Mount«, in: Fred Skolnik/Michael Berenbaum (Hgg.), *Encyclopaedia Judaica*, Bd. 18, Detroit u. a. ²2007, S. 628.
42 S. hierzu: Jehoschua Schwarz, »Sinai ba-Masoret ha-Jehudit ve ba-Machschevet Israel« [Sinai in der jüdischen Tradition und Philosophie, hebr.], in: Ze'ev Meshel/Israel Finkelstein (Hgg.), *Kadmuniot Sinai. Mechkarim ba-Toldot Chezi ha-Ai*, Tel Aviv 1980, S. 79-97.

anzusehen«.⁴³ Die Ausführungen von Josephus und andere spätere Zuschreibungen stehen jedoch in einer christlichen Tradition. Diese verortet(e) den ins kollektive Weltgedächtnis eingegangenen »Mosesberg« über dem Tal von al-Raaba. Für das Judentum war über die Jahrtausende hinweg jedoch nicht der Berg von Bedeutung gewesen, sondern die Botschaft. Schmuel Zangvil Kahane wollte das 1956 ändern. Der langjährige Generaldirektor des Ministeriums für religiöse Angelegenheiten träumte davon, die mächtigste aller Volkssagen an einem konkreten Ort in eine Wallfahrtsstätte für das israelische Volk zu verwandeln. Er wollte »den« Mosesberg erschaffen, einen göttlichen Ort als Projektionsfläche für menschliche Phantasien, Illusionen und Träume. Mit der Eroberung des Sinais, glaubte Kahane, sei die Zeit gekommen, um diesen Traum zu verwirklichen. Auf einer von ihm organisierten Konferenz im November 1956, in der über den Berg im jüdischen und christlichen Kontext diskutiert wurde, erklärte er: »Der Berg Sinai begeistert mit seinem Feuer, den Stimmen und Blitzen die Seele und das Herz des jüdischen Volkes. Die wissenschaftliche Wahrheit ist nicht so wichtig. Die Hauptsache ist es, dem Volk ein lebendiges und greifbares Symbol zu präsentieren, das Gefühle auslöst.«⁴⁴

Kahane hatte zweifellos ein Gespür für den Zeitgeist und die zionistische Folklore der jungen Nation. Unmittelbar nach Ende des Krieges begann ein Exodus nach Ägypten. Zwischen November 1956 und März 1957, als sich Israel wieder von der Halbinsel zurückzog, reisten viele Israelis auf den Sinai. Auf dem Gipfel des Berges fanden sie einen Ausblick, der so atemberaubend war, »dass kein Stift und keine Kamera ihn einfangen kann.«⁴⁵ Auch Schlomo Goren stieg in das Hochland der Halbinsel auf. Vorbei an verlassenen Einsiedlerklausen, Kapellen und Kirchen, an Malven- und Thymianpflanzen, Lavendelbüschen, Salbei und wilden Feigen kletterte der Oberrabbiner der israelischen Armee auf den »Mosesberg«.⁴⁶ Dort erfüllte er sich einen Traum: Einmal auf der Gipfelspitze in ein Scho-

---

43 Flavius Josephus, *Die jüdischen Alterthümer des Flavius Josephus*, Bd. 1, übers. u. m. einigen Anm. vers. v. K. Martin, Köln 1852, S. 155.
44 Zitiert nach: Doron Bar, »Lo Agada, Re'ai? Kidusch Har Sinai ba-Mivtza Sinai« [Kein Märchen, Kameraden? Die Heiligung des Sinais im Sinaifeldzug, hebr.], in: *Et-Mol. Iton le-Toldot Eretz Jisrael ve-Am Jisrael*, Heft 239, 2015, S. 32.
45 Franklin E. Hoskins, »The Route over which Moses Led the Children of Israel out of Egypt«, in: *The National Geographic Magazine*, XX/12, 1909, S. 1027.
46 Joseph J. Hobbs, *Mount Sinai*, S. 19-20.

farhorn zu blasen.[47] Den Soldaten der israelischen Armee waren aber nicht nur Touristen gefolgt, sondern auch »Patrioten mit Schäufelchen und Sieben, Handfegern und Spachteln – mit dem Gerät der Archäologen.«[48] Es gab insgesamt sechs staatliche archäologische Expeditionen, vier in den Süden und zwei in den Norden der Halbinsel.[49] Diese waren mit ein Grund für die Schaffung der Stelle von Avner Goren gewesen und standen in einer langen Tradition von Forschungsreisen auf den Sinai, die von Pietro Della Valle (1586-1652) über Carsten Niebuhr (1733-1815) und Edward Henry Palmer (1840-1882) bis hin zu Friedrich Simon Bodenheimer (1897-1959) reichte. Der Botaniker hatte 1927 eine Expedition geleitet, die dem Ursprung des Tamariskenmannas nachging – jenes Himmelsbrotes, das der Überlieferung zufolge wie Honigkuchen schmeckt, weiß wie Koriandersamen ist und den Israeliten während ihrer vierzigjährigen Wanderschaft als Nahrung nachts vom Himmel gefallen war (2. Buch Mose, 16:31).[50]

All diese Forschungsreisen waren jedoch nicht mehr als ein Tropfen auf den heißen Stein gewesen; sowohl jene vor als auch die während des Jahres 1956. Der Sinai war bis zum Sechs-Tage-Krieg für Archäologen und andere Wissenschaftler weitgehend »Tabula rasa«.[51] Unmittelbar nach dem Krieg wurde deshalb damit begonnen, eine umfassende »Inventur« des riesigen Gebietes vorzunehmen.[52] Es war ein interdisziplinäres Projekt: Botaniker und Zoologen erstellten erstmals Karten der Tier- und Pflanzenwelt der

---

47 Avi Rat (Hg.), *Ha-Rav Schlomo Goren. Ba-Oz ve-Ta'azumot. Autobiografia* [Rabbiner Schlomo Goren: Mit Courage und Kraft. Autobiographie, hebr.], Tel Aviv 2013, S. 252.
48 N. N., »Rüge vom Rabbi«, in: *Der Spiegel*, Heft 27, 1968, S. 96-97.
49 Jochanan Aharoni, »Recent Discoveries in the Sinai Peninsula: A Preliminary Note. I. Results of the Archaeological Investigations«, in: W. A. Ruysch u. a. (Hgg.), *The Holy Land. New Light on the Prehistory and Early History of Israel. Antiquity and Survival*, Bd. 2, Den Haag/Jerusalem 1957, S. 287. Neben Expeditionen gab es auch Exkursionen. Avia Hashimshoni, der in Kairo geborene Doyen der Fakultät für Architektur am Technion in Haifa, reiste mit Studenten auf die nahe Taba gelegene Insel Far'un und ließ sie in Teilen vermessen. S. hierzu: Beno Rothenberg/Yohanan Aharoni/Avia Hashimshoni, *Die Wüste Gottes*, S. 175.
50 Friedrich Simon Bodenheimer/Oskar Theodor (Hgg.), *Ergebnisse der Sinai-Expedition 1927 der Hebräischen Universität, Jerusalem*, Leipzig 1929.
51 Itzhaq Beit-Arieh, *Archaeology of Sinai. The Ophir Expedition*, Tel Aviv 2003, S. XV.
52 Beno Rothenberg, »The Sinai Archaeological Expedition (1967-1970)«, in: L. Berger u. a. (Hgg.), *The Israel Year Book 1972*, Tel Aviv 1972, S. 199.

Zauberberg 155

Halbinsel.⁵³ Meeresbiologen erforschten die Küstengewässer des Roten Meeres und seiner Seitenarme von Eilat bis Ras al-Sudar.⁵⁴ Die israelische Wissenschaft betrat das Neuland nicht nur schnell, sondern hielt das Tempo auch aufrecht. Bereits fünf Jahre nach Beginn der Besatzung waren allein über den Südsinai hunderte Arbeiten aus verschiedenen Disziplinen veröffentlicht worden.⁵⁵ 1982 erschien schließlich ein 350 Seiten umfassender Sammelband über die wichtigsten wissenschaftlichen Untersuchungen in dieser Region während der israelischen Herrschaft.⁵⁶ Alle Forscher, die auf der Sinai-Halbinsel arbeiten wollten, brauchten eine Genehmigung von der israelischen Armee. Diese leistete zuweilen auch logistische Unterstützung, wenn Expeditionsteams Gepäck und Gerät durch schwer zugängliches Terrain weder mit Allrad-Jeep oder zu Fuß, noch auf Kamelen oder mit Eseln transportieren konnten.⁵⁷ Im Bereich der Archäologie war neben den regionalen Kommandanturen auch Avner Goren in alle Forschungsprojekte auf der Halbinsel involviert.⁵⁸ Er beschränkte sich jedoch nicht allein auf seine Arbeit als Archäologe. Gemeinsam mit seiner Frau Orna Goren, einer Archäologin und Anthropologin, baute er ein kleines Museum auf. Für und mit den Beduinen, die oft bei archäologischen Grabungen mitarbeiteten.⁵⁹ In diesem Museum stellten

53 Malka Rabinowitz, »Seeking the Secrets of Sinai«, in: *Jerusalem Post Internationel Edition*, 23. 6. 1969, S. 12-13. S. außerdem: Avinoam Danin/Avishai Shmida/Aaron Liston, »Contributions to the Flora of Sinai, III. Checklist of the Species Collected and Recorded by the Jerusalem Team 1967-1982«, in: *Willdenowia*, 15/1, 1985, S. 255-322.
54 Lev Fishelson, »Red Sea Explorations by Israeli Zoologists 1950-2009«, in: http://smnh.tau.ac.il/upload/Red%20Sea%20Explorations%2026.2.pdf, S. 53 [zuletzt abgerufen am 4. 11. 2017].
55 *Reschimah Bibliographit schel Mechkarim ve-Sekerim al Drom Sinai* [Bibliographie über Studien und Untersuchungen zum Südsinai, hebr.], hg. v. Ziviladministrator des Südsinais, o. O. 1972.
56 Ilan Lacish/Ze'ev Meshel (Hgg.), *Mechkarei Drom Sinai. 1967-1982* [Studien zum Südsinai, 1967-1982, hebr.], Tel Aviv 1982.
57 Dies war u. a. der Fall bei Grabungen zu byzantinischen Klöstern im Südsinai. Persönlich kommuniziert von Avner Goren, 15. 1. 2016, Jerusalem. Uzi Dahari, heute stellv. Direktor der israel. Antiquitätenbehörde, wurde mit diesen Arbeiten promoviert: ders., *Monastic Settlements in South Sinai in the Byzantine Period. The Archaeological Remains*, Jerusalem 2000.
58 Für eine Übersicht der wichtigsten archäologischen Projekte s.: Itzhaq Beit-Arieh, »Fifteen Years in Sinai. Israeli Archaeologists Discover a New World«, in: *Biblical Archaeological Society*, 10/4, 1984, S. 26-54.
59 Ze'ev Meshel, *Sinai. Excavations and Studies*, Oxford 2000, S. iv.

die Jabalija Alltagsgegenstände aus Geschichte und Gegenwart des Stammes aus.[60]

Das junge Ehepaar war nicht alleine in das Tal von al-Raaba gekommen. Sie hatten zwei Kinder, einen Sohn und eine Tochter. Die »blonden Kinder vom Sinai«, wie der Journalist Chajim Tal sie und die weniger als ein halbes Dutzend anderen israelischen Kinder der Enklave in einer Dokumentation genannt hat.[61] Sie sprachen Hebräisch. Sie waren jüdische Israelis, die in Israel als Kinder israelischer Staatsbürger geboren worden waren. Sie sprachen aber ebenso Arabisch, denn sie wuchsen mit den muslimischen Beduinenkindern in al-Milga auf. Sie verbrachten ihre Kindheit gemeinsam mit ihnen im Tal von al-Raaba und spielten im Sand des Sinais. Die Natur war ihr Kinderzimmer. Eine solche jüdisch-arabische Koexistenz unter Kindern hatte es in Israel zwischen 1948 und 1967 nicht mehr gegeben. Auch bereits zur Zeit der britischen Mandatsmacht waren enge Kontakte wie diese in Palästina selten gewesen. Für die Kinder von Avner und Orna Goren fühlte sich der Sinai jedoch heimisch an.

Das Wort Heimat existiert nicht im Plural. Das erklärte Ziel der zionistischen Bewegung war es dennoch von Beginn an gewesen, für alle Juden eine Heimat zu schaffen. 1948 war der Traum wahr geworden: Israel. Eine Heimat konnte der Staat zwischen Mittelmeer und Jordan für die Einwanderer aus aller Welt aber nicht ad hoc werden. Zwar war Eretz Jisrael – das konkrete Land Israel ebenso wie das utopische – immer ein Sehnsuchtsort gewesen, für die Exilierten an den Strömen von Babel (Psalm 137) ebenso wie für den Poeten Jehuda ha-Levi aus al-Andalus und den Dichter der israelischen Nationalhymne, dem in Galizien geborenen Naftali Herz Imber. Doch die Schaffung eines Heimatgefühls war (und ist) ein Jahrhundertprojekt. Noch Jahre nach der Staatsgründung erinnerte Israel an »ein in aller Eile zusammengeworfenes Flüchtlingscamp. Einen Ort von nasser Farbe«, wie Amos Oz es ausgedrückt hat.[62]

Die Pioniere der arbeiterzionistischen Bewegung waren sich über diese Herausforderung im Klaren gewesen. Um die Liebe für das Land (Ahavat ha-Aretz) in den Herzen und das Wissen über das Land (Jediat ha-Aretz) in den Köpfen der übrigen Neueinwanderer und Sabras zu verankern,

---

60 Die Ausstellungsexponate des Museums befinden sich heute im »Joe Alon-Zentrum für Regionalstudien« im Negev.
61 Die Dokumentation von Chajim Tal, *Santa Katharina. Jamei ha-Acharonim schel Santa ve-Giboreiha* [Santa Katharina: Die letzten Tage von Santa und seiner Helden, hebr.], wurde am 19.11.1979 im israelischen Fernsehen ausgestrahlt. In: PAS.
62 Amos Oz, »Under this Blazing Light«, in: ders., *Under this Blazing Light. Essays*, New York 1995, S. 31-32.

hatte man früh damit begonnen, systematisch durch Palästina zu wandern. Das Ziel war es gewesen, eine säkulare Trinität aus Torah, Land und Volk zu schaffen – eine Mischung aus Metaphysik und Lokalkolorit. Die neue »hebräische« Nation sollte die Bibel als Heimatkundebuch lesen, eins werden mit dem Land der Ahnen, seine Flora und Fauna kennenlernen, Eretz Jisrael sehen, riechen, hören, schmecken und fühlen.

Die Kibbutzbewegungen, die Moschavim, die Arbeitergewerkschaft »Histadrut«, sie alle unternahmen zur Zeit des Jischuvs Wanderungen. Auch Schulklassen zogen hinaus in die Natur, die zu einer »kulturellen Ressource für die Schaffung gemeinsamer Werte« wurde.[63] Das zumal, nachdem 1923 Moledet, Heimatkunde, als Unterrichtsfach verpflichtend eingeführt worden war.[64] Es entwickelte sich rasch zu einem »zentralen Instrument der Indoktrination«.[65]

Die Wandergruppen wurden von Geographen geführt, Männern wie Ze'ev Vilnai, David Benvenisti, Nathan Schalem und Josef Braslavi. Sie waren die Gründerväter einer neuen zionistischen Wissenschaft: »Palästinalogie«.[66] Ihr Wissen publizierten sie in Zeitungen, Wanderführern, später auch in umfassenden Enzyklopädien. Der Jischuv ging mit ihnen wandern – den Männern und ihren Büchern.[67] Ze'ev Vilnai verfasste das ultimative Regelwerk für Wanderer. Es waren zwölf Gebote:

1. »Gehe gesund und fröhlich wandern.
2. Trage bequeme und passende Kleidung.
3. Organisiere deinen Proviant und dein Gepäck.
4. Die Bibel wird dich an jeden Ort begleiten.
5. Gehe behutsam, beobachte genau.
6. Begegne den Menschen mit Höflichkeit.
7. Betritt keine Felder und pflücke keine Früchte.
8. Iss nicht auf Kosten anderer.
9. Unterschätze die heiligen und religiösen Gefühle nicht.

63 Tamar Katriel, »Touring the Land: Trips and Hiking as Secular Pilgrimages in Israeli Culture«, in: *Jewish Folklore and Ethnology Review*, Heft 17, 1995, S. 6.
64 Alon Tal, *Pollution in a Promised Land*, S. 30.
65 Meron Benvenisti, *Chalom ha-Zabar ha-Lavan. Autobiographia schel Hitpakchhut* [Der Traum des weißen Sabras. Autobiographie einer Desillusion, hebr.], Jerusalem 2012, S. 40.
66 Joshua Prawer, »Kumsitz schel Ahavat Eretz Jisrael« [Kumsitz der Liebe zum Land Israel, hebr.], in: Eli Schiller, *Sefer Ze'ev Vilnai. Mivchar Ma'amarim ba-Jediat ha-Aretz Mukdaschim li-Ze'ev Vilnai. Chelek Beth*, Jerusalem 1987, S. 9.
67 Michael Schaschar, *Sichot im Rechavam Gandi Ze'evi* [Gespräche mit Rechavam Gandi Ze'evi, hebr.], Tel Aviv 1992, S. 36.

10. Hüte dich vor Krankheiten und schlimmen Übeln.
11. Bewahre die Natur und Schönheit des Landes.
12. Bewahre die archäologischen Reichtümer und Grabsteine des Landes.«[68]

Die Touren waren Teil der Eroberung des Landes.[69] Der arabischen Bevölkerung kam dabei eine ambivalente Rolle zu: Einerseits war sie eine amorphe Masse, wurde als Teil der Landschaft wahrgenommen, »eine Art Fauna; Objekte, keine Subjekte«.[70] Andererseits diente sie seit den Tagen des »ha-Schomer« – der ersten jüdischen Wehrorganisation in Palästina zu Beginn des 20. Jahrhunderts – als habitueller Referenzpunkt. Auch für die jüdischen Neueinwanderer galt der Satz: Kleider machen Leute, konstruieren das Individuum in den Augen des jeweils anderen mit und grenzen gleichzeitig ab.[71] Die Wanderer trugen deshalb neben Riemensandalen an den Füßen oft die lokale Kufija auf dem Kopf. Sie waren Grenzgänger, die Grenzen überschreiten und verwischen wollten. Diese jüdischen Beduinen versuchten, autochthon zu sein, um sich von ihren Glaubensbrüdern in den Jeschivot von Voloczyn, Slobodka und Lublin abzugrenzen. So auch nach den Wanderungen, wenn beim obligatorischen »Kumsitz« am nächtlichen Lagerfeuer erst Anekdoten erzählt, dann barfuß die Hora getanzt wurde und schließlich der mit Kaffee gefüllte Finjan kreiste, wie es Chajim Chefer in einem der bekanntesten Lieder jener Jahre ausgedrückt hat.

Mit dem Aufbau der zionistischen Untergrundarmee Haganah und ihrer Eliteeinheit, der Palmach, kamen zu den Tijulim, den Wanderungen, in den 1940er-Jahren militärische Märsche hinzu, die Masa'ot. Sie führten meist nicht durch das Grasland von Galiläa, sondern auf die über dem Toten Meer thronende Bergfeste Masada oder in die abgelegenen Wadis der Wüste Negev. Die Rekruten mussten mit schwerem Gepäck und rationiertem Wasser auf tagelangen Touren unter der glühenden Sonne Palästinas

---

68   Ze'ev Vilnai, *Ha-Tijul ve Erko ha-Chinuchi* [Die Wanderung und ihr pädagogischer Wert, hebr.], Jerusalem 1953, S. 33.
69   Orit Ben-David, »Tiyul (Hike) as an Act of Consecration Space«, in: Eyal Ben-Ari/Yoram Bilu (Hgg.), *Grasping Land: Space and Place in Contemporary Israeli Discourse and Experience*, Albany 1997, S. 140.
70   Meron Benvenisti, »Roots«, in: ders., *The Shepherds' War. Collected Essays (1981-1989)*, Jerusalem 1989, S. 22.
71   Anat Helman, *A Coat of Many Colours: Dress Culture in the Young State of Israel*, Boston 2011, S. 13-14.

oder bei nächtlichen Navigationsübungen an ihre physischen und psychischen Grenzen gehen.⁷² Die geographischen Grenzen des Landes waren bei organisierten Wanderungen der unterschiedlichen Institutionen und Bewegungen offiziell nicht überschritten worden.⁷³ Grenzen üben aber seit jeher einen Reiz insbesondere auf junge Menschen aus, auf Jugendkulturen. Nicht anders ist es im Jischuv und in den Gründerjahren gewesen. Die Jugend sehnte sich danach, die Grenzen auszutesten.⁷⁴ Die Wanderlust führte junge Abenteurer bis nach Sidon im Libanon,⁷⁵ in die syrische Hauptstadt Damaskus⁷⁶ und zur alten Nabatäerstadt Petra in Jordanien.⁷⁷ Sie überschritten Grenzen, reale und imaginäre, geographische und staatliche.⁷⁸

Auf den riesigen Sinai wagten sich indes vor dem Unabhängigkeitskrieg nur wenige – und wenn, dann meist nur in das unmittelbare Grenzland im Norden der Halbinsel, wie etwa Jitzchak Ben-Tzvi. Israels zweiter Präsident war als junger Mann nach Ein al-Qudeirat gewandert, das man für das biblische Kadesch Barnea hielt.⁷⁹ Der ferne Süden des Sinais war No-Go-Area gewesen. Einmal nur seit Beginn der zionistischen Zeitrechnung, im April 1936, während der Pessachfeiertage, war eine Gruppe des »Vereins der Vagabunden Eretz Israels«⁸⁰ auf den »Mosesberg« gestiegen.⁸¹

Somit sprach Jael Dajan im Sommer 1967 für die überwiegende Mehrheit der Israelis, als sie während des Sechs-Tage-Krieges beim Anblick der al-Tih-Ebene schrieb: »Falls ich je den Negev für eine Wüste gehalten hatte, so belehrte die Wildheit des Sinais mich eines Besseren. Damit ver-

---

72 Oz Almog, *The Sabra*, S. 174.
73 Rebecca L. Stein, »Travelling Zion. Hiking and Settler-Nationalism in pre-1948 Palestine«, in: *Interventions*, 11/3, 2009, S. 336.
74 Adriana Kemp, »From Politics of Location to Politics of Signification«, S. 94.
75 David Benvenisti/Meron Benvenisti, *Panas ha-Kesem. Masa'ot ba-Eretz Israel schel Pa'am* [Die magische Laterne: Märsche durch das Land Israel von einst, hebr.], Jerusalem 1994, S. 143.
76 S. hierzu: Rafi Thon, *Halachnu le-Chermon ve Higa'nu le-Damesek* [Wir gingen zum Hermon und gelangten nach Damskus, hebr.], Tel Aviv 1979.
77 S. hierzu: Nessia Schafran, *Ha-Sela ha-Adom. Ha-Masa'ot ha-Asurium le-Petrah* [Der rote Felsen. Die verbotenen Märsche nach Petra, hebr.], Jerusalem 2013.
78 Zali Gurevitch, *Al ha-Makom* [Über den Ort, hebr.], Tel Aviv 2007, S. 185.
79 Jitzchak Ben-Tzvi, *Masa'ot ba-Schwilei ha-Aretz ve-Schchunoteiha* [Märsche auf den Pfaden des Landes und seiner Nachbarschaften, hebr.], Jerusalem 1960, S. 123-124.
80 Zu den Gründern dieser Gruppe gehörten u. a. David Benvenisti und Nathan Schalem. S. hierzu: Meron Benvenisti, *Son of the Cypresses. Memories, Reflections, and Regrets from a Political Life*, Berkeley/Los Angeles u. a. 2007, S. 20-21.
81 Baruch Sapir, »Irosin al Har Sinai« [Verlobung auf dem Berg Sinai, hebr.], in: *Ba-Machane*, Heft 17, 1956, o. S.

glichen war der Negev geradezu wohnlich und freundlich. Die Wüste war hier gigantisch und tödlich, sie wirkte eintönig, so weit das Auge sah, farblos und feindlich.«[82] Die Tochter Mosche Dajans war im Vorkriegs-Israel aufgewachsen, einem kleinen Land, so groß wie Hessen. Mit dem Sechs-Tage-Krieg hatte sich das Staatsgebiet vervielfacht und war scheinbar grenzenlos geworden. Das Gefühl, in einem Land zu leben, das bis an das Ende der Welt reicht, war nirgendwo so deutlich zu spüren wie auf der Sinai-Halbinsel. Besonders im Süden: 17.000 Quadratkilometer, auf jedem zweiten – ein Mensch.[83] Es war ein Naturparadies mit magischer Anziehungskraft, eine religiös aufgeladene Landschaft, in deren Erdschichten sich die Geheimnisse vergangener Kulturen verbargen. Es war ein in jeder Hinsicht anspruchsvolles Gelände.

Die Tourismusbranche erkannte das Potential dieser Region und reagierte schnell. Bereits am 10. Oktober 1967 fuhr der erste »Dan«-Reisebus von Tel Aviv zum Katharinenkloster.[84] Das Geschäft boomte. Bald darauf folgten weitere Touren in den Südsinai.[85] Der Sinai wurde zur *cashcow*. Israelis liebten dieses »Ende der Welt«, wie der Autor und Journalist Jehuda Atlas schrieb.[86] Besonders beliebt war eine Rundreise, die auf dem See-, Land- und Luftweg durchgeführt wurde. Von Eilat aus fuhren die Gruppen auf einem Schiff nach Sharm al-Sheikh. Die »He Daroma«, 1.800 Tonnen schwer und 84 Meter lang, war über zwanzig Jahre als Fähre zwischen Glasgow und Dublin gependelt, ehe sie Jitzchak Aharonowicz, der legendäre Kommandant der »Exodus«, gekauft hatte.[87] Von Sharm al-Sheikh aus fuhr ein Bus der »Egged«-Genossenschaft zum Katharinenkloster und nach Abu Rudeis, ehe die Reise mit dem Rückflug der Fluggesellschaft »Arkia« endete. »So muss man den Sinai besuchen«, konstatierte ein Zeitungsreporter, der die Drei-Tages-Tour erlebt hatte. Er schrieb:

---

82 Yael Dayan, *Mein Kriegstagebuch. Die Tochter Moshe Dayans im Sinaifeldzug 1967*, aus dem Engl. übers. v. Günther Danehl, Frankfurt a. M. 1967, S. 121.
83 Emanuel Marx, *Bedouin of Mount Sinai*, S. 65.
84 A. Doron, »Ha-Otobus mi-Tel Aviv Hegia le-Santa Katharina« [Der Autobus aus Tel Aviv erreicht Santa Katharina, hebr.], in: *Maariv*, 3.10.1967, S. 8.
85 Besonders der Moschav Neot ha-Kikar gehörte zu den Pionieren des Wüsten-Tourismus. S. hierzu: Arnold Sherman, »Tiul ba-Midbar« [Ausflug in der Wüste, hebr.], in: *Davar*, 28.7.1972, S. 51.
86 Jehuda Atlas, »Sof Schavua ba-Sof ha-Olam« [Ein Wochenende am Ende der Welt, hebr.], in: *Jediot Acharonot* (Wochenendbeilage), 7.9.1973, S. 14-15/60.
87 Helgda Dudman, »From Eilat to Sharm El-Sheikh«, in: *Jerusalem Post*, 14.4.1969, S. 6-7. Der Schiffsname ist eine Reminiszenz an ein Lied der Palmach, das Chajim Chefer im Zuge der Eroberung Eilats geschrieben hat.

Zauberberg

»Abu Rudeis befindet sich auf einer Ölquelle. Kleine, über die Küstenebene verstreute Pumpen wippen auf und ab wie Juden beim Gebet. Egged hat hier ein Camp, und Meir (aus Beerscheva) führt ein Café mit Sonnenterrasse. Soldaten kommen jeden Abend auf ein Bier vorbei. Mit den Waffen über ihren Schultern hörten sie unserem Egged-Guide Uzi Vered atemlos zu, als er unter dem riesigen, stillen Baldachin des Wüstenhimmels die Geschichte des Sinais zusammenfasst. Uzi wirkt stark wie ein Bulle, hat unerschöpfliche Kräfte und zieht die, die wollen, um 2.30 Uhr in der Nacht aus dem Bett, um sie beim Aufstieg auf den Jebel Musa zu begleiten (er selber reitet auf einem Kamel). Er macht Scherze, fasziniert die Ausflügler mit seiner luziden Wissensflut aus Geologie, Archäologie und Anthropologie und reichert es ideologisch an, bis wir in Mark und Bein spüren, dass dies seit Anbeginn der Zeit unser Heimatland war. Unser Flugzeug sollte am Morgen danach um 11.30 Uhr starten. Wir stiegen zuerst in einen Bus Richtung Norden, fuhren entlang der Küste bis nach Abu Zenima, wo, umgeben von einer Siedlung mit dreistöckigen Häusern, inklusive Kino, Offizierskasino, Hotel und allem Drum und Dran, ein riesiger Mangan-Verarbeitungsbetrieb einsam und verlassen steht. Auf einem Gebäude befinden sich Malereien eines Stiefels, der im Begriff ist, Mosche Dajan zu zerquetschen – die Augenklappe trägt er auf der falschen Seite.«[88]

Diese launige Reportage porträtierte den Beginn des israelischen Pauschaltourismus. Die Veranstalter dieser Hop-on-Hop-off-Sightseeingtrips der ersten Stunde boten Abenteuer und Spaß an. Die Reiseleiter waren gute Geschichtenerzähler. Bei allem individuellen Einsatz und möglicherweise vorhandener persönlicher Überzeugung verkauften sie jedoch nur ein Produkt, für das ihre Kunden, die Reiseteilnehmer, zahlten. Das Ziel der Drei-Tages-Touren war es nicht, systematisch eine Symbiose zwischen Land und Volk zu forcieren.

Die Idee vom Moledet aber, die ohnehin komplexe Idee einer israelischen Heimat, eines jüdischen Heimatlandes in Eretz Jisrael, hatte sich mit dem Sieg im Sechs-Tage-Krieg verändert, zumal mit der Eroberung des Sinais. Die Halbinsel war zu keinem Zeitpunkt und in keiner jüdischen Überlieferung Teil des von Gott verheißenen Landes gewesen. Die zionistische Bewegung hatte nie systematisch Tijulim auf dem Sinai unternommen oder dort zivile Siedlungen errichtet. Die Organisationen und

---

88 David Krivine, »Seeing Sinai by Land, Sea, Air«, in: *Jerusalem Post International Edition*, 2.6.1969, S. 13.

Bewegungen, die seit den Tagen des Jischuvs das Banner der zionistischen Wanderlust getragen hatten, erkannten die Herausforderung, die vor ihnen lag. Wenn die israelische Nation – vor allem die künftigen Generationen – den Sinai als integralen Teil dieses neuen Heimatlandes begreifen sollte, dann mussten sie von Neuem beginnen, mussten wieder Pionierarbeit leisten, mussten das einstmals auf die biblischen Landesgrenzen beschränkte Konzept Jediat ha-Aretz auf die Wüste des Exodus ausweiten. Fast zeitgleich mit den Pauschalreisen begann man deshalb, auf dem Sinai zu wandern, mahnte die Gruppenleiter aber zu einem sorgfältigen didaktischen Konzept an. Zwar reiche der bloße Anblick der atemberaubend schönen Landschaft und gewaltigen Bergformationen des Südsinais aus, »um das Herz zu weiten«, hieß es in einer Handreichung der Jugendabteilung der Vereinigten Kibbutzbewegung, »nicht aber das Wissen.« Die Gefahr sei groß, schrieben die mit der jüdischen Traditionsliteratur vertrauten Autoren weiter, dass die Jugendlichen »wie ein Blinder nach dem Licht tastend« über die Halbinsel irren würden. Deshalb bedürfe ein Tijul einer mindestens vierwöchigen Vorbereitung mit entsprechenden Lehrmaterialien.[89]

Die Auswahl der Wanderrouten für den Südsinai gestaltete sich hingegen kurz. Es existierten nur wenige bekannte und passierbare Strecken. Der Südsinai war Terra incognita. Die zerklüftete Gebirgsregion war mit wenigen Ausnahmen noch unerschlossen. Zwischen Eilat und Sharm al-Sheikh existierte noch keine asphaltierte Straße, die als Ausgangspunkt für Tijulim in dieses Hinterland hätte genutzt werden können; die Anbieter der Pauschalreisen hatten auch deshalb die Anreise per Schiff, mit der »He Daroma«, durch den Golf von Akaba organisiert.

Ze'ev Meschel änderte das im Oktober 1968. Der Archäologieprofessor der Universität Tel Aviv wurde zum Simon Fraser des Südsinais. Zwei Jahre lang erkundete er mit seinem Team die entlegene Region. Schritt für Schritt entstand so eine aktuelle Landkarte. Sie lag im Maßstab 1:250.000 jenem Buch bei, das Meschel 1971, basierend auf den Ergebnissen seiner Arbeiten, veröffentlichte.[90] Es war der erste Wanderführer für den Südsinai. Daneben gab es einige junge Männer, die alleine und in kleinen Gruppen damit begannen, in den Weiten des Südsinais zu wandern, sich gegenseitig herausforderten. Wanderung für Wanderung mehrten sie auf

---

89 *Nose Limudei likrat Tijul Jud-Beth ba-Sinai* [Lehrmaterialien für Wanderungen von Oberstufenklassen auf dem Sinai, hebr.], Tel Aviv 1967, S. 1. In: YTA/16-8/9523n.
90 Ze'ev Meshel, *Drom Sinai. Nofim ve-Tijulim* [Südsinai. Aussichten und Ausflüge, hebr.], Jerusalem 1971.

diese Weise das Wissen über die vom Wind und Wasser der Jahrtausende geformten Wadis, die Oasen und Berge. Es waren Abenteurernaturen, Naturliebhaber, auf der Jagd nach dem Aroma der Wildnis oder dem, was sie dafür hielten. Die meisten von ihnen waren Wanderführer, sogenannte Madrichim, der »Gesellschaft für Naturschutz«.[91]

Die »Gesellschaft«, wie ihre Mitglieder diese israelische Variante des Sierra Clubs bis heute nennen, ist 1953 von Amotz Zahavi und Azarja Alon gegründet worden. Ihr Mentor war Heinrich Mendelssohn, Professor am Biologischen Institut der Universität Tel Aviv.[92] Der in Berlin geborene Zoologe hatte seine akademische Karriere bei Simon Bodenheimer begonnen, unter ihm über Wüstenschnecken und die Vogelwelt Palästinas geforscht, ehe er als Professor für seine wissenschaftlichen Arbeiten Auszeichnungen sammelte, wie andere Briefmarken: 1940 den Bialik-Preis, 1971 den Weizmann-Preis und 1973 den Israel-Preis.

Mendelssohn war »Forscher und Pädagoge, Vater des israelischen Naturschutzes«, so steht es auf seinem Grabstein.[93] Den Kampf für Flora und Fauna führte er zu Beginn der 1950er-Jahre vor allem gegen den Jüdischen Nationalfonds (KKL) und dessen Pläne zur Trockenlegung der Sümpfe des Chula-Tals im Norden von Israel, einem Rastplatz für Millionen Zugvögel. Um seinem Anliegen Einfluss zu verleihen, gründete Mendelssohn gemeinsam mit anderen Wissenschaftlern ein Aktionskomitee, das für die Errichtung eines Naturreservats warb. Josef Weitz, der mächtige Patriarch des KKL, setzte sich mit seinem Vorhaben im Chula-Tal jedoch durch. Azarja Alon, der damals als Heimatkundelehrer im Kibbutz Beit ha-Schita arbeitete, und Amotz Zahavi, der Mendelssohns wissenschaftliche Hilfskraft war, nutzten aber das Momentum. Sie gründeten auf dem Fundament des Aktionskomitees die »Gesellschaft für Naturschutz« und bauten diese mit der tatkräftigen Unterstützung des angesehenen Professors zu einem Tausende Mitglieder zählenden »institutionellen Outlet für den pantheistischen Sabra« aus.[94]

Die Naturschützer waren mehrheitlich Söhne und Töchter der Kibbutzbewegungen – »Melach ha-Aretz«, das Salz der Erde, wie es der aschkenasische Volksmund ausdrückt(e). Aber eines, das nicht immer schmackhaft war. Einerseits verkörperten sie durch ihren Aktivismus und ihr ehrenamtliches Engagement ebenjenes Ethos, das die politische Elite seit

---

91 Tirza Yuval, »Men of the Granite«, in: *Eretz Magazine*, Winter 1989/1990, S. 22.
92 Alon Tal, *Pollution in a Promised Land*, S. 115.
93 Amos Rubin, »Patriarch of Zoology«, 10.12.2011, in: http://www.haaretz.com/weekend/week-s-end/patriarch-of-zoology-1.412154 [zuletzt abgerufen am 4.11.2017].
94 Alon Tal, *Pollution in a Promised Land*, S. 114-119.

der Staatsgründung versucht hatte zu institutionalisieren. Andererseits waren sie dieser ein Dorn im Auge, schließlich richteten sich ihre Protestaktionen und Aufklärungskampagnen doch oftmals gegen Pläne und Beschlüsse der Regierung oder ihr nahestehender Organisationen, wie dem KKL. Der Kampf für ein »grünes« Land führte die NGO von Beginn an immer gefährlich nah an den Bereich der roten Zahlen. Um die klammen Kassen zu füllen, nutzte man deshalb das vorhandene enzyklopädische Wissen über das Heimatland und bot ab 1956 Wanderungen an. Die Tijulim entwickelten sich zum Markenzeichen der Naturschutzbewegung; dies vor allem durch ein eigenes Netzwerk an Feldschulen.[95]

Diese Bildungszentren ziel(t)en darauf ab, das seit den Pioniertagen wirkmächtige Heimatkundekonzept inmitten der israelischen Natur zu unterrichten, ökologische Nischen zu schützen und die in der jeweiligen Region beheimateten Tier- und Pflanzenarten zu erforschen. Die erste dieser Feldschulen war von Jossi Feldmann 1960 in Ein Gedi gegründet worden.[96] Amotz Zahavi hatte diesem eine Kooperation mit seiner Organisation vorgeschlagen, und das Bildungsministerium dem Joint Venture am Toten Meer eine Anschubfinanzierung gegeben. Dieser Deal war für die »Gesellschaft« Gold wert. »Die Feldschulen ermöglichten es der Gesellschaft für Naturschutz über die Jahre hinweg, Millionen israelischer Schulkinder zu erreichen und ihre nationalistische Botschaft der Liebe und Hingabe zur israelischen Naturwelt und ihrem Erbe zu präsentieren.«[97]

Die »Gesellschaft« bemühte sich nach dem Sechs-Tage-Krieg, auch in den eroberten Gebieten Fuß fassen, nicht zuletzt Azarja Alon, der mittlerweile ihr Generalsekretär war. Er sympathisierte mit der Idee eines Groß-Israels. Die »Gesellschaft für Naturschutz« plante, fünf Feldschulen auf dem gesamten Sinai zu errichten.[98] Es wurden drei: eine in Jamit (s. Kap. 8.1), eine in Sharm al-Sheikh (s. Kap. 6.3) und eine »versteckt in einem kleinen Tal, unter dem Katharinenberg«, wie es Alon in seiner populären Radiosendung »Landschaften unseres Landes« formulierte, die er von 1959 an für viele Jahrzehnte beim öffentlich-rechtlichen israelischen

---

95 Alon Tal, *Pollution in a Promised Land*, S. 119-122.
96 Jossi Feldman, »Beit Sefer Sadeh Ein Gedi – Ha-Rischon ba-Aretz« [Feldschule Ein Gedi – die erste im Land, hebr.], in: Mordechai Naor (Hg.), *Jam ha-Melach ve-Midbar Jehuda 1900-1967*, Jerusalem 1980, S. 157-161.
97 Alon Tal, *Pollution in a Promised Land*, S. 122-123.
98 Die beiden anderen Standorte, die in Erwägung gezogen wurden, waren al-Tur und Dahab. Persönlich kommuniziert von Prof. Dr. Avi Perevolotsky, 11.1.2016, Tel Aviv.

Zauberberg

Hörfunk aufnahm.⁹⁹ Diese Feldschule war die erste auf der Halbinsel und wurde mitinitiiert von Schmuel Tamir, ursprünglich Katznelson, einem Urgestein der revisionistischen Bewegung.

Katznelson hatte als Untergrundkämpfer der Etzel in seiner Geburtsstadt Jerusalem unter dem Decknamen »Tamir« gekämpft. Als der Staat Israel ausgerufen wurde, war er im kenianischen Exil gewesen, wohin ihn die britische Mandatsmacht zwischenzeitlich verbannt hatte. Nach seiner Rückkehr gehörte der Jurist zu den Mitbegründern des Cherut, aus dem er Anfang der 1950er-Jahre austrat, eine eigene Partei gründete und sich als Verteidiger von Malchiel Gruenwald im Kasztner-Prozess den Ruf eines brillanten Juristen erwarb. Auf die Rückkehr in den Cherut 1964 folgte zwei Jahre später der Ausschluss infolge seiner Kritik an Menachem Begin, woraufhin er 1967 die nächste Partei gründete: »ha-Merkaz ha-Chofschi«, auf Deutsch: Das Freie Zentrum.¹⁰⁰ In diesem Jahr formulierte er auch seinen berühmtesten Ausspruch: »Befreites Land bleibt in unserer Hand.« Der Liedermacher Joram Taharlev komponierte daraus einen seiner vielen Hits.¹⁰¹ Der politische Hardliner Tamir sollte seine schillernde politische Karriere nach dem Sieg im Sechs-Tage-Krieg noch bis in die 1980er-Jahre hinein in unterschiedlichen Parteien fortführen, wurde sogar Justizminister in der ersten Regierung seines alten Rivalen Begin. Das Jahr 1971 markierte jedoch für den Homo politicus eine Zäsur. Im Sommer jenes Jahres verunglückte sein Sohn, David Tamir, gemeinsam mit neun anderen Soldaten bei einem Hubschrauberabsturz im Nordosten der Sinai-Halbinsel tödlich (s. Kap. 8.1).

Schmuel Tamir wollte seinem Sohn, der das Wandern geliebt hatte, auf dem Sinai in memoriam eine Feldschule widmen. Um sein Vorhaben öffentlichkeitswirkam zu forcieren, gründete er ein Aktionskomitee und nutzte dafür sein Netzwerk an Kontakten. Zu den über 50 Mitgliedern gehörten: Aharon Jadlin, Mapai-Politiker und Gründer der Hochschule Beit Berl; Mosche Arens, stellvertretender Generaldirektor der israelischen Luftfahrtindustrie; Avraham Joffe, der Eroberer von Sharm al-Sheikh im Suez-Krieg 1956; Chajim Laskov, der fünfte Generalstabschef der israelischen Armee; Juval Ne'eman, Präsident der Universität Tel Aviv; der Karikaturist Kariel »Dosch« Gardos; der Schauspieler Chajim Topol (u. a.

---

99 Azarja Alon, »Ba-Har Sinai ve ba-Zukei David« [Auf dem Berg Sinai und in Zukei David, hebr.], 26.12.1974. In: AGNI.
100 Susan Hattis Rolef, »Tamir (Katznelson), Shmuel«, in: Fred Skolnik/Michael Berenbaum (Hgg.), *Encyclopaedia Judaica*, Bd. 19, Detroit u. a. ²2007, S. 495-496.
101 Das Lied hieß »Lo Nachzir af Scha'al«, wurde von verschiedenen Interpreten gesungen, u. a. von Schaike Ofir, und findet sich auf dem Best-Of-Album Taharlevs (2007).

Sallach Schabati); Jossi Stern, der als gefeierter Maler Jerusalem auf seine Leinwände gebracht hatte; Margot Klausner, Verlegerin und Kinopionierin. Unterstützung erhielt Tamir darüber hinaus von Schimon Peres, Ezer Weizman und Chajim Herzog, Mosche Tabenkin, Ruth Dajan und Ze'ev Vilnai, Rachel Janait Ben-Tzvi, Mosche Schamir und Elie Wiesel. Außerdem gelang es ihm, den einflussreichen Juristen Benjamin ha-Levi, mehrere Großindustrielle, darunter Reuven Hecht und Ernst Wodak, sowie Persönlichkeiten des national-religiösen Establishments – etwa den Rabbiner Mosche Tzvi Nerija, den Siedler-Aktivisten Eljakim ha-Etzni und den US-Multimillionär Irving Moskowitz – für seine Sache zu gewinnen.[102]

Tamir versammelte in diesem Aktionskomitee das *who is who* Israels. Es gelang ihm, Männer und Frauen für sein Projekt zu gewinnen, von denen zwei – Schimon Peres und Elie Wiesel – den Friedensnobelpreis erhalten, drei Präsidenten des Landes werden – Chajim Herzog, Ezer Weizman und Schimon Peres – und neun im Laufe ihres Lebens die höchste staatliche Auszeichnung erhalten sollten, den Israel-Preis.[103]

Notwendig wäre dies nicht gewesen, denn Tamir rannte mit seiner Idee bei der »Gesellschaft für Naturschutz« ohnehin offene Türen ein, die bereits erste Wandertouren auf dem Sinai anbot – »für die physisch Abgehärteten und im Geiste Junggebliebenen, da sie Übernachtungen im Freien und viele Stunden Wanderungen beinhalten«, wie es in einer Informationsbroschüre hieß.[104] Es hatte, wie bereits ausgeführt, bei den Naturschützern seit 1970 erste konkrete Überlegungen gegeben, eine Feldschule im Sinaigebirge zu eröffnen.[105] Auch in den israelischen Medien und Regierungsministerien plädierte man für einen Ausbau der Region. Dort wollte man Projekte realisieren, die über die Arbeiten von Mosche Sela und Avner Goren hinausgehen sollten – sinnstiftende Projekte, im Sinne des Zionismus. Der Traum, den Schmuel Zangvil Kahane 1956 geträumt hatte, war nicht vergessen worden.

Percy Gourgey, ein angesehenes Mitglied der jüdischen Gemeinde Großbritanniens, hatte in einem Leserbrief an die »Jerusalem Post« bereits im November 1967 erklärt, es befänden sich auf dem Berg Sinai zwar

102 Zukei-David (David Cliffs). *Field Study Center Named after David Tamir*, Zweite Informationsbroschüre hg. v. der Gesellschaft für Naturschutz in Israel, Tel Aviv o. D., S. 3. In: PAS.
103 Es handelt sich hierbei in alphabetischer Reihenfolge um: Aharon Jadlin, Amotz Zahavi, Azarja Alon, Chajim Topol, Juval Ne'eman, Mosche Schamir, Mosche Tzvi Nerija, Rachel Janait Ben-Tzvi, Ze'ev Vilnai.
104 *Touring in the Sinai*, hg. v. israel. Tourismusministerium, Jerusalem 1972, S. 8.
105 Azarja Alon, *Teva ve-Adam* [Die Natur und der Mensch, hebr.], hg. v. Shachar Alterman, Tel Aviv 2012, S. 215-216.

christliche und muslimische Bauten, das jüdische Volk indes habe »dort nichts, um dem größten Ereignis seiner nationalen und religiösen Geschichte zu gedenken – die Gabe der Zehn Gebote«. Nun, da man im Besitz dieses Ortes sei, gebe es jedoch die »fantastische Möglichkeit, dort ein geistig-kulturelles Zentrum zu eröffnen, ein religiöses Kibbutz etwa, oder vielleicht eine wissenschaftliche Einrichtung, die im Einklang mit modernen, humanitären Zielen steht«. Für Gourgey stand fest: »Ein Projekt am Berg Sinai könnte die spektakulärste religiöse oder soziale Errungenschaft sein, die Israel, der dritte jüdische Staat, verzeichnen könnte.«[106]

Ein solches Projekt war bereits im März 1970 vom israelischen Tourismusministerium ausgearbeitet worden. Die Planer dachten in großen Dimensionen. Angesichts der Besucherströme, die in den ersten drei Jahren mit verschiedenen Reiseanbietern zum Katharinenkloster gekommen waren, erblickten sie in der Region das Potential, der fünfte Touristenmagnet des Landes zu werden – neben Jerusalem, Hebron, Bethlehem und Nazareth. Sie prognostizierten, dass bereits 1975 zwischen 185.000 und 212.000 Touristen und Pilger aus dem In- und Ausland zum Katharinenkloster und auf den Berg Sinai reisen würden, 1980 sogar bis zu 356.000. Zu diesem Zweck sollten ein Campingplatz, ein Hotel und eine Jugendherberge gebaut werden.[107] Inmitten des empfindlichen Ökosystems der Sinaiberge, das 27 Pflanzenarten beheimatet(e), die nirgendwo sonst auf der Welt exisitieren.[108] Diese auf den Massentourismus abzielenden Planungen wurden durch zwei Visionen flankiert: eine internationale und eine nationale.[109]

Einerseits sollte die Region um den Berg Sinai inklusiven Charakter haben, allen Religionen und Nationen offenstehen. Man wollte ein Zentrum bauen, in dem sich Intellektuelle und Wissenschaftler über die großen Fragen der Menschheit würden austauschen können. Dieses international ausgerichtete Projekt sollte in Zusammenarbeit mit dem Katharinenkloster realisiert werden, wenn die Mönche dazu zu gewinnen wären. In jedem Fall müsste der Zugang zur riesigen Konventsbibliothek gewährleistet sein. Als Vorbild für ihr Vorhaben nannten die israelischen Planer die einstige Zister-

---

106 P. S. Gourgey, »Mt. Sinai Centre«, in: *Jerusalem Post International Edition*, 27.11.1967, S. 14.
107 S. T. Baruch, *Santa Katharina. Kavim le-Programma* [Santa Katharina. Programmentwürfe, hebr.], 1970, S. 3-12. In: ISA/2742/7-בג.
108 Joseph J. Hobbs, *Mount Sinai*, S. 17.
109 Einen weiteren Einschnitt markierte der Bau einer Tankstelle im al-Raaba-Tal. Der Tankstellenbetreiber »Delek« eröffnete dort 1974 seine 110. Filiale und schaltete große Werbeanzeigen in Tageszeitungen. S. hierzu: *Davar*, 10.4.1974, S. 2. Und: *Maariv*, 10.4.1974, S. 22.

zienser-Abtei Royaumont unweit von Paris, in der 1964 ein internationales Kulturzentrum entstanden war, aufgebaut von der ersten familiengeführten französischen Kulturstiftung.[110] Diese Vision wurde nie umgesetzt. Andererseits sollte die Region um den Berg Sinai exklusiven Charakter haben, ein Ort für die israelische Nation sein. Man wollte dort eine Jediat ha-Aretz-Hochburg errichten. Berge hatten die zionistischen Pioniere von Beginn an angezogen.[111] Der mit dem Israel-Preis für seinen Beitrag zur Landeskunde ausgezeichnete Geographieprofessor Menasche Harel hatte seine drei Kinder gar nach Bergen der jüdischen Geschichte benannt: Sinai, Nebo, Masada.[112] Vor allem Masada, die auf einem Tafelberg gelegene antike Festung des Herodes, hatte die junge Nation in ihren Bann gezogen.[113] Die wandernden zionistischen Jugendbewegungen hatten den kollektiven Selbstmord, den die jüdischen Sikarier 73 n. u. Z. nach einem aussichtslosen Kampf gegen die Legionen Roms begangen hatten, in ein Narrativ umgewandelt, das für willensstarken Widerstand, nationalen Heldenmut und mutiges Märtyrertum stand. Dieser Kult des Todes sollte jedoch am Berg Sinai nicht tradiert werden, stand er doch in einer ganz anderen Tradition. Als Orientierungspunkt dafür, wie aus einem Berg ein »nationaler Schrein« gemacht werden konnte, diente Masada aber sehr wohl.[114] Aufgrund der Abgeschiedenheit des Berges Sinai und der fehlenden Infrastruktur »scheint es gegenwärtig schwierig, in den kommenden Jahren eine ähnlich hohe Besucherfrequenz wie in Masada zu erreichen«, hieß es dann aber in der Planungsskizze des israelischen Tourismusministeriums. Es sei nicht damit zu rechnen, dass man vor 1980 ähnlich hohe Besucherzahlen für israelische Jugendgruppen erreichen würde, wie sie im Jahr 1967 in Masada verzeichnet worden waren: rund 63.760.[115]

Vor diesem Hintergrund, den Plänen der »Gesellschaft für Naturschutz« und den Überlegungen im Tourismusministerium, war der Ausbau der Jediat ha-Aretz-Infrastruktur im Sinaigebirge eine logische Folge. Die von Schmuel Tamir erträumte Feldschule wurde im Sommer 1972 im ent-

110 S. T. Baruch, *Santa Katharina*, S. 10.
111 Boaz Neuman, *Land and Desire in Early Zionism*, Waltham 2011, S. 64.
112 Ofer Aderet, »Ha-Palmachnik sche Maza Har Sinai« [Der Palmachnik, der den Berg Sinai gefunden hat, hebr.], 6. 3. 2014, in: http://www.haaretz.co.il/magazine/obit/1.2262386 [zuletzt abgerufen am 4. 11. 2017].
113 S. hierzu: Nachman Ben-Yehuda, *The Masada Myth. Collective Memory and Mythmaking in Israel*, Madison/London 1995.
114 Yael Zerubavel, *Recovered Roots. Collective Memory and the Making of Israeli National Tradition*, Chicago/London 1995, S. 137.
115 S. T. Baruch, *Santa Katharina*, S. 7.

legenen Tal von al-Raaba, 260 Kilometer von Sharm al-Sheikh und rund 160 Kilometer von al-Tur entfernt, Realität. Der Name der Schule lautete »Zukei David«, die Felsen Davids. Die Anfänge waren bescheiden: acht große weiße Zelte mit Feldbetten – auf Ersuchen von Azarja Alon aufgestellt durch Ariel Scharon, Befehlshaber des Südkommandos.[116] In der Nähe stand das »Beit Farouk«, ein kleines, verlassenes Holzhaus, in dem der ägyptische König Farouk bei seinen zwei Besuchen in der Region einst übernachtet hatte.[117] Dort, auf 1.600 Metern Höhe, überwinterten die ersten Madrichim um den Gründungsdirektor Avi Perevolotzki bei Temperaturen oft unter dem Gefrierpunkt.[118] Es war ein kaltes Naturschauspiel: »Winterliche Abenddämmerung in den Tälern von Santa Katharina«, schrieb einer der Wanderführer Jahre später in seinen Erinnerungen. »Stille, wie an einem Schabbatabend in einem Moschav am Ende der Straße. Ein lautloser Kampf zwischen dem blauen Licht des Tages und der Dunkelheit. Der Schatten der Berge wandert, bedeckt alles und zieht rasch die Gipfel auf die Erde.«[119]

Die Männer um Perevolotzki begannen ihre Forschungsprojekte.[120] Sie steckten erste Wanderwege ab, unternahmen Exkursionen, unter anderem in die Ebene von al-Tih mit 40 Kamelen,[121] und erarbeiteten ein eigenes Curriculum für die geplanten Tijulim. Im Februar 1973 wurde nach einer Ortsbegehung durch Vertreter der Armee, der israelischen Zivilverwaltung und der »Gesellschaft für Naturschutz« beschlossen, dass das feste Gebäude der Feldschule unmittelbar neben dem Gelände des örtlichen Militärlagers errichtet werden sollte. Die Planung wurde dem Architekten Saadia Mandel übertragen.[122] Mosche Sela war für den Bau des Hauses verantwortlich, das aus lokalem Naturstein bestehen und dessen Dach mit Holzmasten gedeckt werden sollte, die einst Teil der Telefonleitung entlang des Suezkanals gewesen waren.[123]

Im Laufe des Jahres wurden die Planungen sukzessive in Angriff genommen und umgesetzt. Für die erste Oktoberwoche 1973 plante man die An-

---

116 Azarja Alon, *Teva ve-Adam*, S. 215-216.
117 Ze'ev Meshel, *Drom Sinai*, S. 239.
118 *Zukei-David (David Cliffs)*, S. 1.
119 Dani Rabinowitz, *Ruach Sinai* [Der Geist des Sinais, hebr.], Tel Aviv 1987, S. 19.
120 Alon Tal, *Pollution in a Promised Land*, S. 127. Neben den Madrichim gab es in der Feldschule auch stets eine kleine Anzahl weiblicher Soldatinnen des Bildungscorps.
121 Persönlich kommuniziert von Prof. Dr. Avi Perevolotzky, 11.1.2016, Tel Aviv.
122 Brief von Aschael Ben-David, Leiter der Infrastrukturprojekte der »Gesellschaft für Naturschutz«, an das israel. Bildungs- und das Bauministerium, 13.2.1973, S. 1. In: ISA/6532/38-בנ.
123 Jitzchaki Gal, *Sicha im Mosche Sela*, S. 3.

kunft der ersten Jugendgruppe, die unter der Anleitung der örtlichen Madrichim eine Wanderung unternehmen sollte. Für die knapp einwöchige Tour waren Oberstufenschüler einer der prestigereichsten Schulen Jerusalems gewonnen worden: Beit Sefer Tichon le-Jad ha-Universita ha-Ivrit.[124] Die unmittelbar neben dem Givat Ram-Campus der Hebräischen Universität gelegene Schule verfügt über eine der imposantesten Alumni-Listen des Landes: Benjamin Netanjahu, David Grossman und Tom Segev waren dort Schüler, ebenso wie Jitzchak Navon, der fünfte israelische Staatspräsident, die Wissenschaftler Daniel Kahneman und David Gross, dem 2004 der Physik-Nobelpreis verliehen wurde, sowie der langjährige Präsident des Obersten Israelischen Gerichtshofes, Aharon Barak.

Die von der »Gesellschaft für Naturschutz« konzipierte Zielsetzung dieser Wanderungen war eindeutig und ganz im Sinne Schmuel Tamirs. Die talentiertesten Jugendlichen des Landes sollten an einem der geschichtsträchtigsten Orte des jüdischen Volkes das neue Groß-Israel kennenlernen, sollten es sehen, riechen, hören, schmecken und fühlen. Einzig – die Tour fand nicht statt. In jener ersten Oktoberwoche brach der Jom-Kippur-Krieg aus. Dieser Teil der Sinai-Halbinsel wurde für Monate zu militärischem Sperrgebiet und erst im Februar 1974 für Zivilisten wieder zugänglich.[125] Die Feldschule nahm im Frühjahr ihre Arbeit wieder auf. Schmuel Tamir kam im Juli desselben Jahres zu Besuch. Er schrieb ins Gästebuch:

»Von ganzem Herzen aufrichtige Glückwünsche und einen ergebenen Handschlag all jenen, die beteiligt sind am Aufbau des nach David Tamir benannten Studienzentrums Zukei David, am Fuße des Mosesberges, im Herzen des Sinais. In tiefer Dankbarkeit und Freundschaft, Schmuel Tamir.«[126]

Zwischen der Feldschule aber, die er, Azarja Alon und andere erträumt hatten, und der Feldschule, in der nun tatsächlich begonnen wurde, mit Jugendlichen- und Erwachsenengruppen zu arbeiten, bestand eine große Kluft. In gewisser Weise befanden sie sich in zwei verschiedenen Ländern. Erstere lag in einem Israel, das vor dem Krieg existiert hatte, Letztere in einem Israel, das sich nach dem Krieg etablierte. Nach dem 6. Oktober 1973 wurden althergebrachte zionistische Konzepte zur Disposition gestellt – auch im Tal von al-Raaba. Das junge Team der Wanderführer um Avi Perevolotzky konnte

124 Persönlich kommuniziert von Prof. Dr. Avi Perevolotzky, 11.1.2016, Tel Aviv.
125 N. N., »Jehudschu Siurei ›Egged‹ la-Chezi ha-Ai Sinai« [Die Egged-Touren auf die Sinai-Halbinsel werden wieder aufgenommen, hebr.], in: *Davar*, 19.2.1974, S. 4.
126 Eintrag v. Schmuel Tamir im Gästebuch der Felschule Zukei David, 11.7.1974. In: PAS.

im Oktober 1974, nach der Wiedereröffnung der Feldschule und der Rückkehr der Madrichim, jenes Jediat ha-Aretz-Konzept in der Praxis anwenden, an dem sie lange gearbeitet hatten. Es war neu, und es war anders. Wenige Wochen vor Beginn einer Seminarwoche reiste ein Mitglied des »Zukei David«-Teams für eine Einführung an die teilnehmende Schule, deren Schulklassen für sechs Tage auf den Sinai kommen würden, um zu wandern. Es war ein intensives Programm:

- Am ersten Tag wurden der Golf von Akaba sowie der Syrisch-Afrikanische Grabenbruch erkundet, abends gab es eine Gruppendiskussion über das Thema »Der Mensch und das Wüstenklima«, ehe man im Freien übernachtete.
- Von Nuweiba aus fuhr die Gruppe am zweiten Tag durch die Oase Ein Hudra zur Feldschule Zukei David. Unterwegs wurden auch die Berggärten der Beduinen besucht. Der durch den Anstieg einsetzende Wandel von Flora und Fauna wurde mit Methoden der Erlebnispädagogik unterrichtet. Die Schülergruppen sollten unter Anleitung selbst lernen; am Abend gab es eine Dia-Show.
- Bei einer elfstündigen Wanderung in die Täler und auf die Berge, die das Katharinenkloster und die Feldschule umgeben, wurden am dritten Tag zunächst in interessenbestimmten Kleingruppen (z. B. Flora, Fauna) und anschließend gemeinsam die jüdische und christliche Geschichte der Gegend erörtert und erkundet. Sowohl Frühstück als auch Mittagessen wurden im Verlauf dieser Tagestour im Freien eingenommen; die Übernachtung fand in der Feldschule statt.
- Am vierten Tag sollte die Gruppe im Rahmen einer weiteren elfstündigen Wanderung durch die Täler der Umgebung und in das Dorf al-Milga in die Welt der Beduinen des Jabalija-Stammes eintauchen, mehr über deren Werte, Kultur und Ökonomie erfahren sowie über die israelische Entwicklungsarbeit vor Ort lernen; abends fand eine Gruppendiskussion statt, in der die Frage verhandelt wurde, was die Entwicklungsarbeit für die lokale Bevölkerung bedeute.
- Nach der Besichtigung des Katharinenklosters sollten am fünften Tag Vergangenheit und Gegenwart des Mönchstums im Südsinai erörtert werden. Außerdem wurde das nahegelegene Grab des Nabi Salih besucht, eine muslimische Pilgerstätte. Anschließend fuhr die Gruppe zurück an die Küste. Dort wurden die Unterschiede zwischen der Beduinensiedlung am Katharinenkloster und jener in Dahab herausgearbeitet. Die Nacht wurde in Nuweiba im Freien verbracht.

– Am sechsten Tag gab es die Möglichkeit, im Golf von Akaba zu tauchen und eine kurze Wanderung zu unternehmen, ehe die Rückreise begann.[127]

Perevolotzky und sein Team betraten mit diesem innovativen Konzept für ihre Jediat ha-Aretz-Touren Neuland. Ihr Denkansatz war ganzheitlich. Natürlich negierten sie die jüdische Geschichte des Ortes nicht. Sie stand aber gleichwertig neben der christlichen und muslimischen im Curriculum. Die Jugendgruppen sollten die Geschichte(n) des Ortes in seiner ganzen Vielfalt erfahren. Sie sollten Mutter Erde sehen, riechen, hören, schmecken und fühlen – ergo: Magna Mater und nicht das eroberte Gebiet des jüdischen Nationalstaats.

Noch einen Schritt weiter ging Avraham Schaked, der die Feldschule nach dem Jom-Kippur-Krieg zunächst verlassen hatte. Er hatte in der Ferne das Trauma der Schlachten vergessen wollen und war zu diesem Zweck nach Indien, Australien und in die USA gereist. 1977 kehrte er schließlich auf den Sinai zurück. Er folgte Avi Perevolotzky als zweiter, und letzter, Direktor der Feldschule. Schaked brachte von seinem Sabbatical neue Ideen und Naturschutzkonzepte mit.

Auf seiner Reise hatte er die Schriften von Henry David Thoreau, Aldo Leopold und Edward Abbey gelesen. Es war ein Erweckungserlebnis gewesen – nicht nur für ihn. Der Ökologie-Pionier, Poet und Philosoph Thoreau hatte mit seiner 1849 verfassten Denkschrift »Über die Pflicht zum Ungehorsam gegen den Staat« bereits Leo Tolstoi, Mahatma Gandhi und Martin Luther King in seinen Bann gezogen; überdies schuf Thoreau mit dem Werk »Walden. Ein Leben mit der Natur« ein bis heute weltweit wirkmächtiges Manifest für eine individuelle Entschleunigung im Einklang mit der Natur. Aldo Leopold, ein amerikanischer Förster und Wildbiologe, war der Verfasser des 1949 – posthum – veröffentlichten Buchs »A Sand County Almanac«. Der darin enthaltene Essay »The Land Ethic« war einer der grundlegenden Texte der US-Umwelt- und Naturschutzbewegung der 1970er-Jahre. In diesem hatte Leopold das Verhältnis von Mensch und Natur behandelt und erklärt: »Eine Land-Ethik verändert die Rolle des Homo sapiens von einem Eroberer der Land-Gemeinschaft hin zu einem einfachen Mitglied und Bürger ebendieser.«[128] Leopold war bestrebt, das Bewusstsein dafür zu schärfen, »dass man inmitten einer

---

127 *Esor Meromei Sinai. Seminar Limudei* [Gebirgsregion des Südsinais. Lehrgang, hebr.], hg. v. der Gesellschaft für Naturschutz, o. O. 1974, S. 3-6. In: PAS.
128 Aldo Leopold, *A Sand County Almanac. With Essays on Conservation from Round River*, New York 1970, S. 240.

menschlichen und ökologischen Gemeinschaft lebt«.[129] Die Sichtweisen dieser beiden Autoren hinterließen nachhaltigen Eindruck bei Schaked. Ebenso verhielt es sich mit der Lektüre von Edward Abbey. Der Naturforscher und engagierte Schriftsteller hatte als Ranger in US-Wüsten-Nationalparks gearbeitet, ehe er 1968 einen Erfahrungsbericht veröffentlichte – »Desert Solitaire«. Es war ein Plädoyer der Ursprünglichkeit, in dem Abbey nicht nur fundamentale Kritik am modernen Industriestaat und seiner Gesellschaft formulierte, sondern auch die Naturlandschaften im Südwesten der USA zu sakrosanten Orten erklärte:

»Wir haben uns darauf verständigt, nicht mit dem Auto in Kathedralen, Konzerthallen, Kunstmuseen, Parlamente, Schlafzimmer und andere heilige Orte unserer Kulturen zu fahren; wir sollten unsere Nationalparks mit der gleichen Achtung behandeln, denn auch sie sind heilige Orte. Wir, ein zunehmend heidnisches Volk (Gott sei Dank!), lernen endlich, dass die Wälder, Berge und Canyons heiliger sind als unsere Kirchen. Deshalb lasst uns entsprechend verhalten.«[130]

Die Reflexionen von Thoreau, Leopold und des Anarcho-Aktivisten Abbey, der 1975 mit seinem Roman »The Monkey Wrench Gang« zum Spiriturs rector der radikalen Umweltaktivistengruppe »Earth First!« geworden war, übersetzte Schaked ins Hebräische. Er verschriftlichte die Übersetzungen dieser und weiterer Texte zwei Dutzend Mal, erstellte daraus ein Textbuch mit dem Titel »Quellen zum Naturschutz« und verteilte es auf dem ersten Lehrgang für angehende Wanderführer der »Gesellschaft für Naturschutz«, den er nach seiner Rückkehr aus Übersee im Sommer 1977 auf dem Sinai leitete. Gemeinsam mit einem jungen Madrich, Dani Rabinowitz, sammelte und übersetzte er anschließend weitere Texte, die sie in einem schreibmaschinengetippten Quellenband in der Feldschule an Wanderer verkauften.[131]

Avraham Schaked und Dani Rabinowitz sorgten mit ihren neuen Ansätzen bei Azarja Alon für Entsetzen. Ihm schien es, als sei »der« Ort der Evolution des jüdischen Volkes zu einem Ort der Revolution gegen die zionistische Bewegung geworden. Er war es gewohnt, die »Trompete« der Naturschutzbewegung zu sein, »Tausende folgten ihm, wenn er rief«.[132] Auf dem Sinai

---

129 Gregory Cooper, »Aldo Leopold and the Value of the Native«, in: William Vitek/Wes Jackson (Hgg.), *Rooted in the Land. Essays on Community and Place*, New Haven/London 1996, S. 150.
130 Edward Abbey, *Desert Solitaire*, Tucson ³1988, S. 66.
131 Persönlich kommuniziert von Avraham Schaked, 8.6.2016, Jerusalem.
132 Alon Tal, *Pollution in a Promised Land*, S. 124.

war das nun nicht mehr Fall. Die Bibel dieser beiden säkularen Angehörigen der »Wüstengeneration der 1970er«[133] war auf Englisch verfasst – es waren die Texte von Thoreau, Leopold und Abbey. Sie lasen sie im Sinai.

Es war Avi Perevolotzkys Umsichtigkeit gewesen, die einen offenen Konflikt zwischen Azarja Alon und den Wanderführern in den Bergen des Sinais zunächst verhindert hatte.[134] Mit der Rückkehr Avraham Schakeds brach dieser jedoch aus. Es kam zu langen, hitzigen und erbittert ausgetragenen Diskussionen über den an der Feldschule eingeschlagenen Weg zwischen dem leidenschaftlich argumentierenden Alon und dem nicht minder temperamentvollen Schaked. Joav Sagi, der Alon 1977 als Generalsekretär der »Gesellschaft« abgelöst hatte, versuchte zu schlichten. Sagi, der Schakeds Meinung keineswegs immer teilte, konnte den endgültigen Bruch zwischen den beiden jedoch nicht verhindern. Dieser trat ein, nachdem Alon an einem mehrtägigen Tijul der Feldschule teilnehmen wollte, den die Madrichim für sich selbst organisiert hatten und Schaked ihm nach Rücksprache mit den übrigen Feldschulmitgliedern erklärte, er sei unerwünscht.[135] Der Patriarch als Persona non grata – ein Affront, den Alon nie verzeihen sollte. Noch Jahrzehnte später, im Jahr 2012, am Ende eines erfüllten Lebens, schrieb er in seiner Autobiographie, in der Feldschule habe eine »totale Negierung der ganzen [jüdischen] Zivilisation stattgefunden«.[136]

Alon war in jenen Jahren mit seiner Meinung nicht allein. Auch Schlomo Goren missfiel, was er im Tal von al-Raaba beobachtete – und hörte. Er, mittlerweile israelischer Oberrabbiner, mokierte sich während eines Besuches in der Region darüber, dass die dort lebenden Israelis von »Santa« sprachen und die israelische Öffentlichkeit diesen Ausdruck übernommen hatte. Es müsse stattdessen »Meromei Sinai«, Sinai-Höhen, heißen. Diese Bezeichnung sei Teil der Traditionsliteratur, so Goren, und es gebe keinen Grund von »Santa« zu sprechen, nur weil das St. Katharinen-

---

133 Dani Rabinowitz, *Ruach Sinai*, S. 78.
134 Dieses Verhalten sollte sich durch seine ganze Karriere ziehen. »Mit [s]einem grauen Bart, zwinkernden Augen und immer aufschlussreichen Präsentationen kann er zu den vielen unterschiedlichen Umweltbewegungen in Israel sprechen.« Alon Tal, *All the Trees of the Forest. Israel's Woodlands from the Bible to the Present*, New Haven/London 2013, S. 262.
135 Persönlich kommuniziert von Avraham Schaked, 8. 6. 2016, Jerusalem.
136 Azarja Alon, *Teva ve-Adam*, S. 217.

Zauberberg

kloster dort stehe. Schließlich sei »Santa« ein mit dem Christentum assoziierter, vom lateinischen »Sanctus« abgeleiteter Begriff.[137] Alon, Goren und anderen erschien es, als seien die Madrichim der Feldschule mit ihrem Eintritt in die Landschaft des Sinais und dem damit verbundenen Verlassen des verheißenen Landes auch vom Pfad des Zionismus abgekommen. Es war aber weit mehr als nur ein Generationenkonflikt. Es standen größere Fragen zur Debatte: War das, was an der Feldschule in den 1970er-Jahren vor sich ging, noch zionistisch? Oder jüdisch? Israelisch? Fragen, die unmittelbar mit der Idee des Moledet-Konzeptes und des Jediat ha-Aretz-Ansatzes zusammenhingen und gleichsam viel weitreichender waren, berühr(t)en sie doch durch die ihnen inhärenten Abhängigkeiten das Selbstverständnis des Staates, des Zionismus selbst.

Eine erste Annäherung zur Beantwortung dieser Frage bildet ein Vortrag, den Gershom Scholem im Mai 1969 auf der Jahrestagung des Schweizer Israelitischen Gemeindebundes in Genf gehalten hat. Der Philosoph und Religionshistoriker sprach wenige Wochen vor der Mondlandung über das spannungsvolle Verhältnis zwischen Israel und der Diaspora sowie die der israelischen Gesellschaft inhärenten zentrifugalen und zentripetalen Kräfte. »Ist Israel und seine Funktion mit einer Rakete vergleichbar«, fragte er provokant – und fügte hinzu:

»[E]twa jener ›Apollo 11‹ von der wir letzthin soviel gelesen haben, von der sich Teile loslösen und ins Unbekannte hinausschießen, in die gelobte Mondlandschaft oder zu neuen Sternen? Die Astronauten sind zwar von der Erde aus dirigiert, müssen aber selber sehen, wie sie weiterkommen, sie ringen um Luft, haben sich mit ihrem Gewicht und der Schwerelosigkeit auseinanderzusetzen und können zuerst nur das Wissen benutzen, das sie auf der Erde gelernt haben. Aber muß es nicht zu einer allmählichen Verselbstständigung im Fortschreiten ihrer Mission kommen? Wird sich ein Teil der Rakete nicht ganz ablösen und ein eigenes Leben führen? Ist Israel, das aus den Kräften des jüdischen Volkes und dem Mutterboden der Diaspora geschaffen wurde, nicht dazu bestimmt, sich von diesem Mutterboden endgültig zu lösen und sein eigenes Leben als eine neue Nation, mit neuer Verwurzelung in den Geschehnissen dieser Jahre, zu führen?«[138]

---

137 Eli Danon, »Ha-Rav Goren: Santa Katharina – Meromei Sinai be-Ivrit« [Rabbiner Goren: Santa Katharina – Sinaihöhen auf Hebräisch, hebr.], in: *Maariv*, 24.10.1978, S. 3.
138 Gershom Scholem, »Israel und die Diaspora«, in: ders., *Judaica 2*, Frankfurt a. M. 1970, S. 71.

Die zentrifugale Kraft, die Scholem mit Blick auf den innerisraelischen Diskurs ansprach, war in seinen Augen die Kanaanäer-Ideologie von Jonathan Ratosch. Der Dichter lehnte den Zionismus ab und hatte in den Gründerjahren eine kleine, aber wortgewaltige Bewegung angeführt, die auf der Basis vorbiblischer Traditionen eine in totaler Abgrenzung zur jüdischen Diaspora stehende hebräische Gemeinschaft hatte schaffen wollen. Diese sollte integraler Bestandteil eines semitischen Imperiums zwischen Euphrat und Nil sein. Die Territorialdoktrin Ratoschs spiegelte einen säkular-nationalistischen Zeitgeist in Palästina wider und markierte gleichzeitig den Niedergang dieser Idee, der mit der Staatsgründung einherging.[139] Die Utopie, im alten Land Kanaan ein Hebräertum zu schaffen, das neu sein, gleichzeitig aber autochthonen Charakter haben würde, war der nativistische Versuch gewesen, die Quadratur des Kreises zu vollbringen. Schließlich kann etwas Neues nur beginnen, wenn etwas Altes aufgehört hat zu existieren, woraus zwangsläufig folgt, dass dieses Neue in der Zukunft alt sein und durch etwas anderes Neues abgelöst wird, oder zumindest: werden kann.[140]

Es waren aber nicht nur Jonathan Ratosch und seine Kanaanäer-Bewegung, die auf einen Prozess des *native*-Werdens abzielten. Auch die zionistische Bewegung visierte dieses Ziel an, etwa durch die bereits angeführten Wanderungen. Es war dies freilich ein Nativismus, der die jüdische Geschichte nicht negieren, sondern auf dieser sogar (mit-)basieren sollte.

Auch hierzu positionierte sich Gerschom Scholem in seinem Vortrag in der Schweiz: »Der Anschluß an ein vorexilisches Israel der biblischen Zeit unter bewußter Überspringung oder Ausschaltung der uns alle formenden Geschichte des Judentums in mehr als zweitausend Jahren läßt sich nur in Proklamationen und in abstracto vollziehen«, sagte er, »aber nicht in der geschichtlichen Wirklichkeit.« Das Projekt der Rückkehr nach Zion, der »utopische Rückzug der Juden in ihre eigene Geschichte« sei vielmehr von widerstreitenden Kräften geprägt, die es auszuhalten gelte. Weder dürfte unverbrüchlich an Tradition(en) festgehalten, noch dürften die Wurzeln der Diaspora negiert werden. Für ihn war der Zionismus deshalb eine in der Gegenwart stattfindende »fruchtbare und nach Vergangenheit und Zukunft gleichermaßen geöffnete Paradoxie«.[141] Im Land Israel, dem Ort – und der Idee.

---

139 Yaacov Shavit, *Mi-Ivri ad-Kna'ani* [Vom Hebräer bis zum Kanaanäer, hebr.], Jerusalem 1984, S. 169.
140 Hannan Hever, *Nativism, Zionism, and Beyond*, New York 2014, S. 23.
141 Gershom Scholem, »Israel und die Diaspora«, S. 73-74.

Zauberberg

Zali Gurevitch und Gideon Aran haben sich in einem Aufsatz dieser Raum-Zeit-Dialektik gewidmet. Sie vertreten die Auffassung, dass der Ort nicht einfach ein Ort sei. Vielmehr stehe »makom«, so das hebräische Wort für Ort, für ein geographisch auf der Landkarte verortbares Gebiet, etwa jenes zwischen Mittelmeer und Jordan. Ein kleiner Ort, in dem konkret gelebt wird, gelebt werden kann, individuelle Identität entsteht. Der große Ort, »Makom«, stehe indes für eine abstrakte Idee, die nicht lokalisierbare Stimme, die nie finale Utopie, welche die kollektive Identität nährt. »Die israelische Landschaft«, so Gurevitch und Aran, »ist keine, in der man lebt oder Zeit verbringt, sondern vielmehr die, die man erstrebt – die mystische, ferne, ›andere‹.«[142] Die wandernden Arbeiterzionisten hatten versucht, dieses Paradoxon zu lösen, beide Konzepte, »makom« und »Makom«, zusammenzudenken und zusammenzuführen. Um eine Heimat für eine neue Generation von zionistischen *natives* in jenem von Gott (auch: »Makom«) dem jüdischen Volk verheißenen Land zu schaffen. In einem Land, das nicht der Ursprungsort, sondern Ziel und Schicksal des jüdischen Volkes gewesen war (1. Buch Mose, 12:1). Gurevitch und Aran konstatieren vor diesem Hintergrund:

> »Wie die eingewanderten Gründerväter, so haben auch die Sabras sich auf ihrer Suche nach Land einem permanenten Eroberungsversuch verschrieben. Die Eroberung ist aber nicht mit der bloßen Eroberung von Territorium vollendet; vielmehr muss die Idee des Landes erobert und bezwungen werden. Um endgültig im Land siedeln zu können, muss der Sabra sich selbst aus der Umarmung des Konzepts befreien, das ihn in erster Instanz dorthin gebracht hat – und seinen Weg zu ihm dennoch blockieren. Das Land muss zurückgewonnen werden, aber nicht nur aus Sümpfen und Wildnis oder von den Arabern, die Anspruch darauf erheben. Vielmehr meint Eroberung des Landes die Freiheit, dieses immer und immer wieder erobern zu müssen.«[143]

Folgt man Gurevitch und Aran, dann kann, respektive konnte das Jediat ha-Aretz-Konzept in Eretz Jisrael, im Moledet selbst, gar nicht dazu führen, wirklich heimisch zu werden. Die Eroberung des Landes begreifen sie als einen permanent anhaltenden Zustand. Auf dem Sinai hingegen existierte die Freiheit von dieser Notwendigkeit, das Land immer und immer wieder erobern zu müssen. Der Sinai war final, war nie Teil des verheißenen Lan-

---

142 Zali Gurevitch/Gideon Aran, »Al ha-Makom« [Über den Ort, hebr.], in: *Alpajim*, Heft 4, 1991, S. 32.
143 Ebd., S. 33.

des gewesen – ein Eintritt in die Endlosschleife des vermeintlichen Neuanfangs nicht möglich. Ein Zionismus ohne Zion war aber von einer großen Mehrheit der zionistischen Bewegung seit den Tagen Theodor Herzls abgelehnt worden (s. Kap. 2). Die Idee der Altvorderen, das trotz alledem für die nationalstaatliche Entwicklung zweifelsfrei wichtige Jediat ha-Aretz-Konzept auf die außerhalb des Landes Israel gelegene Sinai-Halbinsel übertragen zu wollen, konnte deshalb nicht funktionieren.

Es war ein natürlicher Vorgang, dass es zu einer »allmählichen Verselbstständigung im Fortschreiten ihrer Mission« kam, um mit Scholem zu sprechen. Die Madrichim der Feldschule, die »Astronauten« vom Berg Sinai, nutzten das Wissen, das sie in Israel, »auf der Erde«, erworben hatten, und entwickelten es weiter mit dem Wissen, das sie dort oder andernorts erlernten. Das hatte indes nicht zur Folge, dass in der Feldschule der Geist der Kanaanäer-Bewegung vorherrschte. Die Männer und Frauen um Avi Perevolotzky und Avraham Schaked standen auf der Gehaltsliste der zionistischen »Gesellschaft für Naturschutz«. Sie waren bei aller kritischen Autonomie und ihrer säkularen Geisteshaltung keine verspäteten Anhänger Jonathan Ratoschs.[144] Die Madrichim lösten sich selbst – und damit auch die ihnen anvertrauten jungen Männer und Frauen – vielmehr a priori vom Ballast der scheinbaren Heiligkeit des Berges, die Schmuel Zangvil Kahane und seine Erben konstruieren wollten, um dort ein nationalreligiöses Disneyland schaffen zu können. Diese Entscheidung der Feldschule war zutiefst in der jüdischen Tradition verankert. Schließlich ist jener Ort, an dem Moses die Stimme aus dem brennenden Dornbusch hört, unauffindbar, weil er heilig ist – und umgekehrt.[145] In der Bibel ist es der einzige Ort, der heiliger Boden ist (2. Buch Mose, 3:5).

Die Madrichim waren auch auf dem weiten Feld der Kultur aktiv. Im Tal von al-Raaba fanden ab 1976 jährlich Workshops statt. Dies war die Idee von Michael Gal gewesen, einem der Mitbegründer des Midreschet Sde Boker, der im Negev ansässigen Herzkammer des zionistischen Erziehungssystems. Er brachte Dani Rabinowitz dazu, solche Projekte auch in der Feldschule umzusetzen.[146] Das Konzept sah vor, dass sich Kulturschaffende für einige Tage von der Bergwelt inspirieren ließen, Kunst schaffen konnten und im Gegenzug, zum Beispiel, einen Vortrag an der Feldschule gaben oder an einem Diskussionsabend teilnahmen. Viele folgten Dani

144   Persönlich kommuniziert von Avraham Schaked, 8. 6. 2016, Jerusalem.
145   Zali Gurevitch/Gideon Aran, »Al ha-Makom«, S. 17.
146   Dani Rabinowitz, »Zionut o-Eretz Bereschit: Rekvi'iem le-Zukei David« [Zionismus oder Land des Ursprungs: Requiem für Zukei David, hebr.], in: *Svivot*, 1989, S. 196-197.

Rabinowitz, dem jungen Rufer aus der Wüste. Im Jahr 1977: der Dichter Amir Gilboa, der Essayist Meir Agassi, der Maler Jan Rauchwerger und zahlreiche Doyens der Bezalel-Akademie wie John Byle, Siona Schimschi, Pinchas Eshet und Milka Cizik.[147]

Die Feldschule im Tal von al-Raaba zog zwei weitere Schriftsteller besonders an. Sie gehörten jener Generation an, die den Staat erkämpft hatte und deren persönliches Erwachsenwerden mit dem Erwachsenwerden des Staates einhergegangen war. Sie waren Altersgenossen von Mosche Schamir und Naomi Schemer (s. Kap. 4.1). Ihre Reisen auf den Sinai waren Reisen an einen anderen Ort, in eine andere Zeit – in ihre Jugend im Jischuv. Das hernach idealisierte Labor der Utopie, in dem um Vergangenheit, Gegenwart und Zukunft des Zionismus gerungen worden war, ehe sich die Mamlachtiut-Doktrin von David Ben-Gurion wie Mehltau über den Staat gelegt hatte. Ihre Reisen waren die Suche nach einer andauernden Gegenwart.

Der eine, der von der Feldschule angezogen wurde, war Joram Kaniuk. Der Schriftsteller hat mehr als ein Leben gelebt. Im israelischen Unabhängigkeitskrieg kämpfte Kaniuk an vielen Fronten, verließ den neugegründeten Staat dann aber rasch. Nach Stationen in Paris und New York kam er schließlich 1961 zurück. Der einstige Palmachnik wurde mit seinem Œuvre zu einem viel gelesenen Partisanen der israelischen Prosa, einem Kritiker der israelischen Gesellschaft. In »1948«, seinem Opus magnum, blickte er auf jenes Schicksalsjahr der israelischen Nation zurück, das auch das seine war. Die Entwicklungen, die auf den Ausbruch des Staates gefolgt waren, betrachtete er oft mit bitterem Sarkasmus, beschrieb sie in und mit Paradoxien. So auch nach einem Besuch des Sinais, seines Zauberberges, dem »einzigen Ort auf Erden, an dem eine abstrakte und mächtige Idee zu ein und derselben Zeit eine gefrorene und sich wandelnde Form der Wirklichkeit angenommen hat.«[148]

Er, der sich dem israelischen Volk, nicht aber der jüdischen Religionsgemeinschaft zugehörig fühlte und im Jahr 2011 vor Gericht erstreiten sollte, als erster israelischer Jude seine Religionszugehörigkeit aus dem Per-

---

147 Menachem Michaelson, »Happening mul Har-Sinai« [Happening im Angesicht des Bergs Sinai, hebr.], in: *Jediot Acharonot* (Wochenendbeilage), 20. 5. 1977, S. 14-15. Alle noch erhaltenen Workshop-Kunstwerke befinden sich im Privatarchiv von Avraham Schaked. Im Mai 1979 kam auch Amos Oz, der auf dem Sinai laut über Heinrich Böll und den Frieden mit Ägypten nachdachte. S. hierzu: Liora Goldman, »Im Amos Oz« [Mit Amos Oz, hebr.], in: *Bulletin der Feldschule Zukei David*, Heft 15, 1979, S. 20-21. In: PAS.
148 Joram Kaniuk, »Har Kasmim« [Der Zauberberg, hebr.], in: *Davar*, 25. 7. 1975, S. 14.

Abb. 9: Der kleine Gebirgsflughafen »Berg Sinai« (Aufnahme 15.9.1976).

sonalausweis gestrichen zu bekommen und so zum ersten offiziellen »Juden ohne Religion« in Israel wurde,[149] hatte im Sommer 1975 einige Tage im Tal von al-Raaba verbracht und die Menschen, die dort lebten, kennengelernt. Die Rückreise trat der Schriftsteller mit dem Flugzeug an, in das er auf dem kleinen Flughafen mit dem Namen »Berg Sinai« stieg, nur wenige Kilometer vom Tal entfernt. Das neue Flugfeld am alten Berg Sinai war ein paradoxer Ort, »wie Sokrates-Eiscreme in Griechenland, wie ein Auto von Chrysler namens Shakespeare, wie Go-Go-Girls im Leonardo da Vinci-Club«.[150] Er verließ das Gebirge und kehrte zurück in den Staat, den er erkämpft hatte und mit dem er kämpfte – vor Gericht und in seinen Büchern. Kaniuk schrieb:

> »Der Pilot und sein Assistent spielen Ping-Pong. Die beiden Stewardessen denken, ich sei ein alter jemenitischer Weise. Ich trage eine Beduinenkippa auf dem Kopf. Eine erkennt mich und ich sie. Noch war der Morgen auf der Welt. In Tel Aviv ist es angenehm, nicht sehr heiß. Sie

149 Gershom Gorenberg, »A Jew of No Religion«, 19.10.2011, in: http://prospect.org/article/jew-no-religion?article=a_jew_of_no_religion [zuletzt abgerufen am 4.11.2017].
150 Joram Kaniuk, »Har Kasmim«, S. 14.

sitzt da und wartet. Die Touristen werden gleich gebeten, Platz zu nehmen. Dann hebt man ab. Der Berg Sinai verschwindet ganz langsam, es wird Saft serviert. Die Fenster der ›Arkia‹ sind nicht sauber, Unterhosenloggia, warum putzt niemand Flugzeugfenster vor der Reise? Und die Aschenbecher sind voll. Aber die Aussicht entschädigt. Nur noch ein kurzes Stück, dann landen wir in Eilat. Eintausend Grad Hitze. Flughafen. Menschen steigen auf. Steigen ab. Fliegen über das Land der Wüste. Langsam wandelt sich die Wüste zu einem bewohnten Ort. Dort ist Ben Schemen, Jerusalem, Kibbutz Nachschon. Grün. Bäume. Flugzeuge. Autos. Hitze. Taxi! ›Ha-Olam ha-Se‹, ›Jediot Acharonot‹. Als Moses vom Berg Sinai hinabgestiegen war, kaufte er eine ›Jediot Acharonot‹. Trank Saft. Suchte einen sauberen Aschenbecher im Flugzeug von ›Arkia‹. Sah Hitze, Rauch, Menschen, hörte Schreie, sagte, gebt die ›Torah zurück‹, kehrte auf den Berg Sinai zurück und er sitzt dort bis heute und lacht. Auch ich werde zu ihm zurückkehren. Er wartet auf uns.«[151]

Joram Kaniuk glaubte, auf der Halbinsel ein verlorengegangenes Ideal des Jischuvs wiedergefunden zu haben. Jenes, das er in Israel vermisste. Der Sinai war die perfekte Kulisse für diese Vorstellung. Schließlich war die Halbinsel das Land des biblischen Exodus, ein Ort, an dem das biblische Israel noch Kind gewesen war. »Was für ein wunderbarer Ort ist dieser ferne Ort«, schloss er seinen Text. »Lea sitzt dort, mit Avi und Jochanan. Sie spielen das Spiel nicht. Sie sind aus dem Wettbewerb ausgestiegen. Sie suchen nach den Wurzeln der Antwort. Sie haben die Ruhe nicht gefunden, sie haben die Ruhe erfunden, indem sie auf sie geblickt haben, in der Feldschule.«[152]

Der andere bekannte Künstler, der sich von der Feldschule angezogen fühlte, war Amos Kenan. Ein Maler, Bildhauer sowie Autor von Aufsätzen und satirischen Kolumnen, Bühnenstücken und Büchern, darunter der Dystopie »Der Weg nach Ein Harod«. Er war in seinem Denken und Handeln ein radikaler Mensch. Das Land Israel stand im Zentrum seines Denkens. Amos Kenan war 1927 in Tel Aviv als Amos Levin geboren worden. Das Land Kanaan fand erst später in abgewandelter Form den Weg in seinen Namen, nachdem er von der linken Jugendbewegung »Der Junge Wächter« zur radikalen Untergrundgruppe Lechi gegangen war und schließlich eine Zeit lang zur Kanaanäer-Bewegung gehört hatte. Die Zeit mit Jonathan Ratosch hatte Amos Kenan geprägt, der einige, aber nicht alle Ideen des Dich-

---

151 Joram Kaniuk, »Har Kasmim«, S. 14.
152 Ebd.

ters übernahm.¹⁵³ Seine Weltanschauung hatte er in einem vielfach zitierten Satz zusammengefasst: »Für mich hat der Staat das Heimatland getötet.«¹⁵⁴ Amos Kenan war der Auffassung, der Zionismus verstehe die Erde nicht, die unterschiedlichen Strömungen hätten lediglich eine intellektuelle Beziehung zum Land, keine organische. Um die Erde zu verstehen, müsse man jedoch »zuallererst zur Sonne und in den Himmel schauen, die Erde beobachten und erforschen, schauen, was die Erde liebt – nicht, woran du gewöhnt bist. Erst wenn du verstanden hast, was sie liebt und was sie will und was sie kann, und du dich ihr anpasst – nicht sie sich dir – kannst du auf ihr dein Leben aufbauen«.¹⁵⁵ Es hatte eine Weile gedauert, bis Amos Kenan sich auf den Weg gemacht hatte, den Südsinai zu erkunden. »Ich gehöre zu den Menschen, die Gefühle durch die Füße empfinden. Nicht durch Worte. Nicht durch Parolen. Nicht durch Überlieferungen und nicht durch Geschichte. Nur mit den Füßen. Du musst laufen. Die Düfte ein-, die Farben aufsaugen«, versuchte er sich an einer Erklärung in einem seiner Texte über den Sinai und sich. Und fügte hinzu:

»Der Staat Israel wurde zu Fuß gegründet. Vielleicht ist das der Grund, warum ich bis jetzt nicht hinab wollte – in den Sinai. Ich kenne meine Füße. Ich weiß, wozu sie fähig sind. Vielleicht laufen sie nicht mehr so schnell und so weit wie einst, aber sie empfinden noch, transportieren Gefühle. Ich wusste, wenn ich zu Fuß auf den Pfaden des Sinais liefe, würde mir das zu Kopf steigen. Und hier bin ich nun.«¹⁵⁶

Kenan war begeistert von der Arbeit in der Feldschule, vor allem von Schabtai »Schabu« Levi, der – von seiner Arbeit als Heimatkundelehrer im Kibbutz Beit ha-Schita, dem Kibbutz Azarja Alons, freigestellt – für drei Jahre in das Tal von al-Raaba gekommen war. Levi war der Chronist der Beduinen im Südsinai. Der 1918 in Jerusalem geborene Atheist hatte nie promoviert oder sich habilitiert. Er war Anthropologe von Natur aus. »Ohne ihn – kein Sinai«, schrieb Kenan. »Vielleicht ist er der letzte Mensch,

---

153   Kenan erkannte z.B. im Gegensatz zu Ratosch die Existenz eines palästinensischen Volkes an.
154   Zitiert nach Anita Shapira, »From the Palmach Generation to the Candle Children: Changing Patterns in Israeli Identity«, in: Partisan Review, 67/4, 2000, S. 622.
155   Amos Kenan, »Lehavin et ha-Adama« [Die Erde verstehen, hebr.], in: Beni Gvirzman (Hg.), Ha-Ma'amad ha-Zioni schel Schmirat ha-Teva, Jerusalem 1981, S. 22. In: AGNI.
156   Amos Kenan, »Eretz tachat ha-Ragleim« [Land unter den Füßen, hebr.], in: ders., Al Arzecha, al Moledetcha, Tel Aviv 1981, S. 183.

der ein letztes Mal gesehen hat, wie die Beduinen einst gelebt haben, denn heute ist bereits nicht mehr einst.«[157] Kenan war von der Weite des Raumes, in der er sich verlieren konnte, fasziniert und ebenso von den Beduinen, die sich darin – so glaubte er – nicht verlieren konnten. Er drückte diese Vorstellung in einer Parabel, in der zentrale Adressen und Orte Tel Avivs auftauchen, aus:

> »Was macht ein Beduine, der eine schwarze Ziege im oberen Teil des Nachal Arbaijn verloren hat? Er kann nicht losgehen und in jedem Zelt verkünden ›Ich habe meinen Geldbeutel in der Dizengoff verloren. Wie, Dizengoff. Dizengoff Ecke Gordon, Ecke Arlosorov?‹ Der Herr der Wüste hat sich ein Koordinatensystem geschaffen, hat diese riesige Wüste in kleine Abschnitte unterteilt. Hunderte, metergroße Einheiten, und für jeden Abschnitt gibt es einen Namen. Auf diese Weise kann der Beduine erklären, er habe seine schwarze Ziege ungefähr zwischen Kasit und der Gordon-Straße verloren.«[158]

Amos Kenan fühlte sich am Berg Sinai, diesem Grenzort der jüdischen Geschichte, heimisch. Auch die Mitarbeiter der Feldschule fühlten sich dort heimisch, frei vom Ballast der »makom-Makom«-Dialektik, die doch nur wenige Autostunden entfernt an einem anderen Ort und in einem anderen Land lag – in Eretz Jisrael. Sie beanspruchten nicht, die Herren des Sinais zu sein, seine Berge und Täler zu besitzen, um sich dadurch heimisch fühlen zu können. Ihr Sinai, das war ein *state of mind*. Die jüdischen Eremiten mit israelischem Pass wurden *natives* dieses Genius loci. Verortet und doch nicht lokalisierbar, zog dieser Ort Intellektuelle wie Joram Kaniuk, Amos Kenan und andere an, und jeder nahm von diesem Ort mit, was er suchte. Es war ein Ort, der Paradoxien zuließ, an dem um Ideen in der Gegenwart gerungen wurde, die Vergangenheit und Zukunft des Zionismus betrafen.

Diesen Ort wollten die Madrichim nicht verlassen. Als Anwar al-Sadat im November 1977 nach Jerusalem flog, saßen die Mitarbeiter der Feldschule vor dem Radio und verfolgten aus der Ferne, wie in Jerusalem Weltgeschichte geschrieben wurde.[159] »Uns ist der Boden unserer Nation ebenso wertvoll wie das heilige Tal, wo Gott der Allmächtige zu Moses – Friede sei

---

157 Amos Kenan, »Eretz tachat ha-Ragleim«, S. 181.
158 Amos Kenan, »Acharit Davar« [Letzte Worte, hebr.], in: ders., *Al Arzecha, al Moledetcha*, Tel Aviv 1981, S. 184.
159 Dani Rabinowitz, »Edith Gal. Michtavim mi Santa« [Edith Gal. Briefe aus Santa, hebr.], in: *Teva va-Aretz*, Heft 248, 1992, S. 42.

mit ihm – gesprochen hat«, erklärte Anwar al-Sadat vor der Knesset.[160] In der Feldschule begann das Team um Avraham Schaked zu überlegen, wie es ihnen gelingen konnte, auf dem Sinai bleiben zu dürfen. Schaked arbeitete mit einigen Mitarbeitern eine Projektskizze für einen demilitarisierten Naturschutzpark aus. Für diesen »Peace Park« auf ägyptischem Territorium sollte eine aus ägyptischen und israelischen Fachleuten bestehende Verwaltungsbehörde verantwortlich sein, die ägyptischem Recht unterstehen würde. Ferner stellten sie sich die Gründung eines Aufsichtsrats vor, bestehend aus ägyptischen, israelischen und internationalen Experten. Keinem Zivilisten, egal welcher Nationalität, wäre es gestattet, Waffen zu tragen. Cafés und Hostels dürften nur von lokalen Beduinen betrieben werden.[161]

Die Mitarbeiter der Feldschule waren nicht nur um ihre eigene Zukunft auf dem Sinai besorgt, sondern auch um den Sinai selbst. Schließlich hatte mit der israelischen Besatzung der Massentourismus in der Region erst begonnen. Allein während des Pessachfestes des Jahres 1978, vom 23. bis zum 28. April, reisten 2.600 Touristen in das Tal von al-Raaba, 1.900 davon in 42 Bussen und 700 in 125 Privatautos.[162] In jenem Jahr verfasste Schaked gemeinsam mit Avi Perevolotzky einen Brief, adressiert an »Seine Exzellenz, Herrn Anwar al-Sadat, Präsident von Ägypten, Kairo«. Sie übergaben diesen Brief, in dem sich auch die Projektskizze befand, Aharon Barak. Der seinerzeit oberste Justizbeamte Israels wiederum reichte ihn weiter an ägyptische Diplomaten während eines Arbeitstreffens in Washington.[163] In ihrem Brief baten die beiden den ägyptischen Präsidenten darum, bleiben zu dürfen.[164] Sie erhielten nie eine Antwort.

---

160 Anwar El-Sadat, *Unterwegs zur Gerechtigkeit. Auf der Suche nach Identität: Die Geschichte meines Lebens*, aus dem Amerikan. übers. v. Johannes Eidlitz, Wien/München u. a. 1978, S. 388.
161 Avraham Schaked, *A Peace Park in Southern Sinai*, Feldschule Zukei David 1977, S. 2-5. In: PAS.
162 Avraham Schaked/Uzi Dahari, *Pessach 1978*, Feldschule Zukei David 1978, S. 3. In: PAS.
163 Josef Achimeir, »Anschei Beit Sefer Zukei David Schalchu be-Jadei Barak Michtav le-Sadat« [Die Wanderführer der Feldschule Zukei David haben durch Barak einen Brief an Sadat geschickt, hebr.], in: *Maariv*, 25.10.1979, S. 2.
164 Brief von Avraham Schaked und Avi Perevolotzky an Anwar al-Sadat, 15.10.1978, S. 3. In: PAS.

6.2 Sommernachtstraum

»In der Nacht aber erblickt man die Weggefährten da draußen im Raum und schwimmt mit dem Erdschiff in der großen Flotte der Planeten mit.«

Béla Balázs, Ein Baedeker der Seele

»Sie herrschten über das Leben und über das Meer und das Prachtvollste, was die Welt zu geben hat, empfingen sie und machten maßlos Gebrauch davon, wie Herren, die sich ihrer unersetzlichen Reichtümer sicher sind.«

Albert Camus, Der erste Mensch

In dem Briefcouvert, das einige israelische Meeresforscher und Südsee-Experten im November 1967 unverlangt zugeschickt bekamen, befand sich ein schreibmaschinengetipptes Dokument. Es war zehn Seiten lang. »PROJEKT FÜR DIE KOMMERZIELE NUTZUNG DER TROPISCHEN GEWÄSSER DES SINAIS« stand darauf. Der Name des Absenders: Fernando Martin Hirsel – ein vermögender Exil-Kubaner und glühender Zionist, der über die USA nach Israel eingewandert war. Nach seiner Alija wollte sich der Südseefachmann und Hai-Experte am Aufbau des Staates beteiligen.[165] Infolge des Sechs-Tage-Kriegs wähnte der Neueinwanderer die Stunde gekommen, um sich in den Dienst des Zionismus zu stellen. Sein Jerusalem war der Sinai. Er wollte die Halbinsel besiedeln und wirtschaftlich erschließen. Hirsel sah in ihr mehr als das maritime Rückgrat Israels. Er glaubte fest daran, dass die Sinai-Halbinsel das Potential habe, zu einem israelischen Kalifornien zu werden. Für ihn war klar: Die natürlichen Ressourcen entlang der Küsten mussten zu einem »Goldrausch« auf der Halbinsel führen, schließlich gebe es dort nicht nur Ölvorkommen, dort stehe auch »der reichste Teil des ›Sechsten Kontinents‹ zu unserer Verfügung. Die tropische See!«[166]

In seinem Projektentwurf über die wirtschaftliche Entwicklungsfähigkeit der Halbinsel skizzierte er eine Vielzahl an Möglichkeiten: Vom Schiffsbau, der sich vornehmlich auf Fischerboote und Katamarane konzentrieren würde, über die Perlenaufzucht nach der von ihm entwickelten kubanisch-japanischen Methode, die aber noch niemand kenne, bis hin

---

165 Fernando Martin Hirsel, *Project for the Commercial Exploitation of the Tropical Seas Surrounding the Sinai Peninsula*, Tel Aviv 1967, S. i. In: ISA/8252/1-בנ.
166 Fernando Martin Hirsel, »Red Sea Development – A Letter of Explanation«, in: ders., *Project for the Commercial Exploitation of the Tropical Seas Surrounding the Sinai Peninsula*, Tel Aviv 1967, S. 3. In: ebd.

zur Algenernte, die der Herstellung von Zahnpasta und Hautcremes dienen würde. Diese Erzeugnisse versprachen der israelischen Volkswirtschaft freilich nur geringen Nutzen, sie würden keinen »Goldrausch« auslösen. Deshalb schlug er zusätzlich vor, die Küste des Golfs von Akaba für Taucher und Touristen zu erschließen. Die Erfahrung habe gezeigt, so Hirsel, »dass drittklassige Massenquartiere, Zelte und Barracken, begeistert akzeptiert und hohe Preise gezahlt werden, wenn im Gegenzug erstklassige Tauchausbildung angeboten wird«.[167]

Die verschiedenen Vorhaben sollten in 18 nach Art der Nachal-Siedlungen funktionierenden Wehrdörfern realisiert werden. Diese würden zu unterschiedlichen Kibbutzbewegungen gehören und wie eine Kette entlang der Küsten der Sinai-Halbinsel errichtet werden. Zusätzlich schlug Hirsel vor, eine überparteiliche paramilitärische Jugendorganisation zu gründen, die unter dem Kommando der israelischen Armee stehen sollte. Ihm schwebte vor, die Organisation »Nationale Maritime Kibbutzbewegung« oder »Küstenwachenkibbutzbewegung« zu nennen, und sie sollte sowohl für israelische Staatsbürger als auch für Neueinwanderer offen sein.[168] Er war davon überzeugt, dass sein Projekt hervorragend geeignet sei für Alijot aus Ländern der westlichen Welt:

»Es könnte aus mehreren Tausend [Hervorhebung im Original, Anm. d. Verf.] Einwanderern bestehen, die von den romantischen und herausfordernden Aspekten des Projekts ebenso angezogen sein würden wie von der Möglichkeit, sich ihren bevorzugten Aktivitäten auf oder unter dem Wasser hinzugeben. Darüber hinaus fänden sie es sicher attraktiv, eine in ihrem Verständnis exotische Arbeit zu erlernen, wie die Hai-Fischerei. Die Einwanderer wüssten weit im Voraus, wo und wie sie in Israel intergriert werden würden. Die herzzerreißenden Szenen in den Büros der Jewish Agency, wenn junge, frisch eingewanderte Mädchen weinend darum bitten, ›nach Hause‹ zurückzukehren, da es für sie keine passende Arbeit gebe, oder die von den sechs jungen französischen Freiwilligen, Sprößlinge vorbildlicher jüdischer Mittelklassefamilien, die, weil sie hungrig waren, beim Einbrechen in einen Krämerladen ertappt wurden – um nur einige Beispiele zu zitieren –, könnten damit vermieden werden.«[169]

---

167 Fernando Martin Hirsel, *Project for the Commercial Exploitation of the Tropical Seas Surrounding the Sinai Peninsula*, S. 2-5.
168 Ebd., S. 7.
169 Ebd., S. 8.

Um die Ernsthaftigkeit seiner Vision zu untermauern, für die Hirsel die israelischen Meeresforscher und Südseeexperten begeistern wollte, beendete er das Exposé mit einer Liste prominenter Unterstützer seines Vorhabens. Diese reichte angeblich von einflussreichen Mitgliedern der Vereinigten Kibbutzbewegung wie Benni Marschak und Mosche Tabenkin über Avraham Joffe und »Commodore Aluf Yohay Bin-Nun« bis hin zu Angehörigen der Rothschild-Gruppe. Diese habe sich – vorbehaltlich der Unterstützung staatlicher Stellen – bereiterklärt, Hirsels Vorhaben finanziell zu unterstützen.[170]

Das Projekt wurde nie umgesetzt. Es verschwand in den Aktenbeständen des israelischen Staatsarchivs. So großspurig Fernando Martin Hirsel auch aufgetreten sein mochte – die von ihm ausformulierten und zuweilen verwegen klingenden Ideen waren nicht sehr weit entfernt gewesen von jenen der verschiedenen Planungsstäbe, die nach dem Sechs-Tage-Krieg mit der Entwicklung der Küste des Südsinais am Golf von Akaba betraut wurden.

Der Südsinai, dessen Bergzüge bis fast an die Küste des Golfs von Akaba reichen, die von einem »Kranz von Corallen« umgeben ist,[171] und deren goldgelber Sand wiederum zurückreicht bis zum Beginn des Gebirges und dort in »allen Schluchten und Lücken wie Schnee in den Alpen« liegt,[172] hieß seit der Eroberung im Sechs-Tage-Krieg offiziell Merchav Schlomo, auf Deutsch: die Weiten Salomons. Die zivile Verwaltung und Entwicklung der riesigen Region oblag administrativ ab Herbst 1972 einer eigenen Regierungsbehörde unter der Leitung von Reuven Aloni. Die Regierungseinheit berichtete mit Alonis Ernennung direkt an das israelische Entwicklungsministerium. Das war ein Novum. Alle Zivilverwaltungen in den besetzten Gebieten hatten bis dahin zuallererst den Militär- und Sicherheitsbehörden Bericht zu erstatten gehabt.[173]

Im Jahr 1973 veröffentlichte die Direktion der Siedlungsabteilung der Zionistischen Bewegung einen Entwicklungsplan für den Südsinai. Dieser sah die Errichtung von dreizehn landwirtschaftlichen Siedlungen entlang

170 Fernando Martin Hirsel, *Project for the Commercial Exploitation of the Tropical Seas Surrounding the Sinai Peninsula*, S. 9-11.
171 Oscar Friedrich von Fraas, *Aus dem Orient. Geologische Beobachtungen am Nil, auf der Sinai-Halbinsel und in Syrien*, Stuttgart 1867, S. 8.
172 Johannes Walther, *Die Korallenriffe der Sinai-Halbinsel*, Leipzig 1888, S. 455.
173 Nach der Auflösung des Entwicklungsministeriums berichtete die Ziviladministration an das Landwirtschaftsministerium. S. hierzu: Bezalel Lavie/Efraim Grinberg, »Ha-Minhal ve ha-Pituach ha-Esrachi ba-Merchav Schlomo« [Die Direktion und die zivile Entwicklung des Südsinais, hebr.], in: Gdaliahu Gvirtzman/Avshalom Shmueli/Yehuda Gradus/Itzhaq Beit-Arieh/Menashe Har-El (Hgg.), *Sinai*, Bd. 2, Tel Aviv 1987, S. 985.

der Küste des Golfs von Akaba vor. Die Planer waren überzeugt, dass ihr Vorhaben die Ansiedlung von 15.000 Menschen in der Südsinai-Region binnen einer Dekade ermöglichen werde.[174] Diese Projektskizze mit einem Fokus auf der Etablierung von Agrardörfern stand ganz in der Tradition der arbeiterzionistischen Pionierideale. Darüber hinaus würde so jener Landkorridor zwischen Eilat und Sharm al-Sheikh besiedelt werden, den Jigal Alon – neben Mosche Dajan und Israel Galili einer der führenden Politiker, die sich mit der Entwicklung der besetzten Gebiete nach 1967 beschäftigten – als Conditio sine qua non für die Sicherheit des Staates und die Gewährleistung einer freien Schiffspassage durch den Golf von Akaba betrachtete.[175] Der zweite Vorschlag zur Entwicklung des Südsinais war von der staatlichen Ziviladministration selbst in Auftrag gegeben worden. Dieser Plan wurde ebenfalls 1973 veröffentlicht. Die dreistufige Entwicklungsskizze zielte weniger auf die Implementierung politischer Ideale denn auf die Ausschöpfung des wirtschaftlichen Potentials ab. In Sharm al-Sheikh sollte ein modernes urbanes Dienstleistungs- und Handelszentrum entstehen, das auf dem Land- und Seeweg erreichbar sein würde. Die nahe Bucht von Marsa al-At sollte zu einem touristischen *hotspot* ausgebaut werden. Lediglich in den Oasen von Nuweiba und Dahab waren Moschavim geplant. Der Plan sah vor, dass im Jahr 1985 bis zu 20.000 israelische Staatsbürger im Süden des Sinais leben könnten – und wurde angenommen.[176] Die Realität sollte anders sein.

Im Israel der 1990er-Jahre existierte das Klischee: »Das Flugzeug aus Neu-Delhi landet auf dem Sinai.«[177] Ob Vollmond-Partys im indischen Goa, spirituelle Reisen nach Kathmandu oder Wanderungen auf den Inka-Pfaden zum Machu Picchu – weite Reisen in ferne Länder etablierten sich in jenen Jahren und sind bis heute fester Bestandteil israelischer Sabbaticals. Es hat sich eine eigene Subkultur entwickelt: »Tarmila'ut«, Backpacking.[178] Die Low-Budget-Urlaube junger Männer und Frauen finden in Israel zumeist nach dem obligatorischen Militärdienst und vor dem (Wieder-)Eintritt in das zivile Leben, etwa durch die Immatrikulation an einer Universität, statt. Die Rucksackreisen in entlegene Gebiete anderer Kontinente

174 *Tochnit Av li-Pituach Esorei schel Merchav Schlomo* [Masterplan zur Entwicklung der Südsinai-Region, hebr.], Jerusalem 1973, S. 1-3. In: ISA/7452/12-ג.
175 Jerocham Cohen, *Tochnit Alon* [Alon-Plan, hebr.], Tel Aviv 1972, S. 89/188.
176 *Tochnit li-Pituach Esrachi ba-Merchav Schlomo*, hg. v. der Ziviladministration des Südsinais, o. O. 1973, S. 17-22.
177 Chaim Noy/Erik Cohen, »Backpacking as a Rite of Passage in Israel«, in: dies. (Hgg.), *Israeli Backpackers: From Tourism to Rite of Passage*, New York 2005, S. 35.
178 Ebd., S. 20-22.

und das damit verbundene Wandern sind ein Widerhall der Jediat ha-Aretz-Wanderungen, wie Chaim Noy und Erik Cohen in ihrer Studie über israelische Backpacker herausgearbeitet haben. Diese Trips könne man als »Universalisierung des zionistischen Tijul der Pioniere« betrachten.[179] Noy und Cohen verorten die Phase des Übergangs, in der die Reisen meist von Israelis unternommen werden, im Modell der »Rites de Passage« von Arnold van Gennep. Demzufolge lassen sich alle Übergangsrituale in drei Abschnitte unterteilen: eine Phase der Abgrenzung vom Alten (séparation), eine Transformationsphase (marge) und eine Phase der Eingliederung in das Neue (agrégation).[180] Der Ethnologe Victor Turner hat das Konzept des französischen Anthropologen weiterentwickelt. Er konzentrierte sich in seinen Arbeiten auf die zweite, die liminale Phase, auf jenen Schwellenzustand nach der Loslösung aus einer alten und vor dem Eintritt in eine neue soziale Ordnung. Turner bezeichnete diese Phase als »betwixt-and-between period«.[181] Diesen Zustand der Liminalität hat Justin Stagl mit der Metapher des Kühlhauses treffend beschrieben. Der Zugang zu einem Kühlhaus, so der Kultursoziologe, ist nur über Doppeltüren möglich. In dem so entstehenden Zwischenraum unterscheidet sich die Temperatur zu beiden Seiten von ihrer Umgebung. Somit müsse man erst »die eine Tür, dann einen Zwischenbereich und schließlich die andere Tür passieren, um herein oder heraus zu kommen.«[182]

Die Anfänge der Tarmila'ut-Kultur reichen zurück bis in die 1970er-Jahre. Der mit dem Jom-Kippur-Krieg einhergegangene Wertewandel und die individuellen sowie kollektiven Krisen in der israelischen Gesellschaft verstärkten diese Entwicklung. Es entstand die Sehnsucht zu verreisen. Man wollte andere Länder sehen, riechen, hören, schmecken und fühlen. Bereits zu Beginn jenes Jahrzehnts verfasste Amos Kenan sein »Buch der Genüsse«. In diesem Dolce-Vita-Band philosophierte er über guten Wein, exotische und heimische Kräuter oder die besten Rezepte für Bouillabaisse, Pot-au-feu, Scampi Fritti und Rumpsteak.[183]

---

179 Chaim Noy/Erik Cohen, »Backpacking as a Rite of Passage in Israel«, S. 7.
180 Arnold van Gennep, *Les Rites de Passage. Étude Systématique des Rites*, Paris 1909, S. 14.
181 Victor W. Turner, »Betwixt and Between: The Liminal Period in Rites de Passage«, in: June Helm (Hg.), *Symposium on New Approaches to the Study of Religion*, Seattle 1964, S. 18.
182 Justin Stagl zitiert nach: Peter J. Bräunlein, *Zur Aktualität von Victor W. Turner. Einleitung in sein Werk*, Wiesbaden 2012, S. 51.
183 Amos Kenan, *Sefer Hit'anugot* [Buch der Genüsse, hebr.], Or Jehuda 2006.

Die ersten Backpacker, wie etwa Avraham Schaked, reisten individuell. Sie waren auf der Suche nach der rekreativen Distanz von Gegenkulturen.[184] Im Gegensatz zu Schaked zog es die Mehrheit aber nicht gleich auf andere Kontinente, sondern zunächst auf den Sinai. So unternahmen acht junge Männer aus dem Kibbutz Nirim mit zwei roten Ferguson-Traktoren etwa eine Fahrt nach Sharm al-Sheikh und zurück und legten dabei über tausend Kilometer zurück.[185] Ihnen folgten entlang einer ähnlichen Route zwei Israelis per Mopedroller.[186] Es sind dies zwei Beispiele von vielen. Der Sinai, so Noy und Cohen, »spielte eine herausragende Rolle für junge israelische Touristen«, war ein beliebtes Reiseziel für Backpacker und seine Landschaften »dienten Jugendlichen während der Besatzung als Fluchtorte«.[187]

Die Besatzung dieses Teils der Sinai-Halbinel wurde von weiten Teilen der israelischen Gesellschaft ausgeblendet. Zum einen betrachtete man die zivilen und überwiegend aschkenasischen Vertreter der israelischen Staatsmacht im Gegensatz zu ihren Vorgängern vom ägyptischen Festland als aufgeklärt. Schließlich brachten sie dem fernen Land hinter den Bergen den Fortschritt der westlichen Welt, so die Sichtweise vieler Israelis. Zum anderen gab es, anders als im Norden des Sinais, im dünn besiedelten Süden keine schwerwiegenden Auseinandersetzungen über oder mit den dortigen Beduinen. Und von der Küste des Golfs von Akaba aus betrachtet, lag der von Kriegen mit den arabischen Anrainerstaaten geprägte israelische Alltag, der in jenen Jahren zudem zunehmend durch den Konflikt mit den Palästinensern überschattet wurde, in einem fernen Land. Das Fehlen eines offenen und mit Waffen ausgetragenen Konfliktes war ein Novum in der israelischen Geschichte. »Ich wache morgens auf und weiß nicht, ob ich Flavius Josephus oder die Tageszeitung lesen soll«, beschrieb Joram Kaniuk 1976 im »New Yorker« dieses Gefühl. »Das ist nicht länger hebräische Geschichte, es ist eine griechische Tragödie.«[188]

---

184 Chaim Noy/Erik Cohen, »Backpacking as a Rite of Passage in Israel«, S. 8-9.
185 Omer Galili, »Tijul Traktorim ba-Mizrajim, 1970« [Ein Ausflug mit Traktoren nach Ägypten, 1970, hebr.], 15.6.2012, in: http://www.ynet.co.il/articles/0,7340, L-4241926,00.html [zuletzt abgerufen am 4.11.2017].
186 Jigal Gilai, »Benni ve Meni al Katno'a le-Santa Katharina« [Benni und Meni auf einem Moped nach Santa Katharina, hebr.], in: *Maariv* (Wochenendbeilage), 3.3.1978, S. 30-31.
187 Chaim Noy/Erik Cohen, »Backpacking as a Rite of Passage in Israel«, S. 10.
188 Francine Du Plessix Gray, »A Reporter at Large. Jerusalem Journal«, in: *The New Yorker*, 14.6.1976, S. 51.

Sommernachtstraum

Wenn man den Status der Besatzung ausblendete, konnte man sich der Illusion hingeben, aus der Geschichte heraustreten zu können. Der Südsinai war die größte Verwaltungseinheit überhaupt in den 1967 eroberten Gebieten. Für viele Israelis war er auch die schönste Region. Der britische Sinai-Gouverneur Claude S. Jarvis hatte in seinen Memoiren geschrieben, dieser Teil der Halbinsel sei »wie ein Herren-Maßschneider in der Savile Row [einer für ihre exzellenten Schneider bekannten Straße in London, Anm. d. Verf.]. Sie stellt ihre Waren nicht für alle sichtbar im Schaufenster aus. Wenngleich der Norden uninteressant ist, so habe ich den ganz bestimmten Charme des dahinter liegenden hügeligen Kiesplateaus entdeckt«, schrieb er. Und die Region um die in den Himmel ragenden Berge des Südsinais, deren Ausläufer fast bis an den tiefblauen Golf von Akaba reichen, war für ihn schlicht »eine der schönsten Landschaften der Welt«.[189]

Dort, am Golf von Akaba, am Ende der Wüste Negev in der Stadt Eilat, hatte der israelische Staat nach seiner Gründung geendet. David Ben-Gurion hatte die Bucht des Roten Meeres das erste Mal im Frühjahr 1934 besucht, nachdem er mit einem Pferd zur Nabatäerstadt Petra geritten war.[190] Er hatte von Eilat als einer pulsierenden Hafenstadt an der Grenze zwischen Asien und Afrika geträumt. Über den Status einer verschlafenen Provinzstadt, die für die Mehrheit der Israelis am Ende der Welt lag und in die sie an den hohen jüdischen Feiertagen für einen Kurzurlaub fuhren, kam Eilat in den 1950er- und 1960er-Jahren indes nicht hinaus. Stattdessen entwickelte sich Eilat zu einer anachronistischen Enklave, wie Maoz Azaryahu gezeigt hat. In Eilat lebten vor allem Aussteiger. Zum einen solche, die in der Peripherie den Geist einer vergangenen Zeit kultivierten. »Ich lebe hier, denn hier existiert noch das alte Israel, das von 1946, bevor der Staat gegründet worden ist«, drückte ein Bewohner der Stadt dieses Gefühl in der Tageszeitung »Maariv« einmal aus.[191] Zum anderen solche, die in der Peripherie den Geist einer künftigen Zeit kultivierten. Diese israelischen Beatnikim antizipierten am Meer die Popwellen der westlichen Welt. Eilat, so Azaryahu, entfaltete seine enorme Wirkung auf die israelische Phantasie, da die Kleinstadt ein liminaler Ort war, der »einen Ausweg aus sozialen Strukturen und eine Alternative zu den Routinen eines normalen Lebens«

---

189 Claude S. Jarvis, *Three Deserts*, London 1936, S. 125-126.
190 Shimon Peres, *David's Sling*, London 1970, S. 187.
191 Aharon Kidan, »Jichuda schel Eilat« [Die Einzigartigkeit Eilats, hebr.], in: *Maariv*, 26.3.1965, S. 9.

darstellte.¹⁹² Ohne dies näher zu erläutern, schreibt er weiter, dieses »Ende der Welt« habe sich nach 1967 auf den Sinai verlagert.¹⁹³ Ausgehend von der Definition des Bergs Sinai als »jüdischem Grenzort«, möchte ich vorschlagen, die Gedanken von Chaim Noy und Erik Cohen mit denen von Maoz Azaryahu zusammenzufügen und auf die Küste des Golfs von Akaba zu übertragen. Eine Region, in der Israel in den frühen 1970er-Jahren eine 240 Kilometer lange Straße von Eilat nach Sharm al-Sheikh baute. Sie sollte die geplante Stadt am südlichsten Ende der Halbinsel und die beiden Moschavim in Dahab und Nuweiba mit dem israelischen Kernland verbinden. Die heiße Halbinsel, so mein Argument, wurde – um Justin Stagls Metapher zu nutzen – zum israelischen »Kühlhaus«. Die avisierten Enklaven entwickelten sich zu Alternativorten. Die »Jediat ha-Aretz«-Kultur fand einen ersten Widerhall in der sich abzeichnenden Tarmila'ut-Kultur junger Aussteiger und Beatnikim, die an den Stränden entlang dieser Straße eine liminale Zone suchten. Diese Straße symbolisierte für sie den Aufbruch in eine neue Zeit.

Die zionistischen Pioniere waren in der ersten Hälfte des 20. Jahrhunderts von Osteuropa nach Palästina ausgewandert, um ein Heimatland zu bauen und dadurch Erbauung zu finden. Sie hatten von der »Eroberung der Wildnis« geträumt. Der Weg war ihr Ziel gewesen. Mit Asphalt hatten sie die neu entstandenen Siedlungen verbinden, der Landschaft der Levante »ein Kleid aus Beton und Zement anziehen« wollen, wie es Chajim Guri einst in Anlehnung an Natan Alterman formulierte.¹⁹⁴ Einige Intellektuelle und Schriftsteller kritisierten diesen Umstand früh. S. Jizhar etwa, vertrat die Auffassung, jedes Land brauche einen »Garten der Ödnis«.¹⁹⁵ Dieses Verlangen nach Ursprünglichkeit, oder das, was er dafür hielt, teilte er mit Amos Kenan. Dieser vertrat, wie bereits ausgeführt, die Auffassung, der Zionismus verstehe »die Erde« nicht. »Der Versuch, das Land an den Zionismus und nicht den Zionismus an das Land anzupassen, ist die Ursünde des Zionismus«, erklärte er. »So verwundert es nicht, dass die Sache, die den Zionismus am meisten verkörpert, der Bulldozer ist.« Denn:

192 Maoz Azaryahu, »The Beach at the End of the World: Eilat in Israeli Popular Culture«, in: *Social & Cultural Geography*, 6/1, 2005, S. 130.
193 Maoz Azaryahu, »The Beach at the End of the World«, S. 125.
194 Chajim Guri, »Mi Divrei Chajim Guri« [Aus der Rede von Chajim Guri, hebr.], in: Beni Gvirzman (Hg.), *Ha-Ma'amad ha-Zioni schel Schmirat ha-Teva*, Jerusalem 1981, S. 30. In: AGNI.
195 Jizhar Smilanski, »Lischmoa et ha-Schoraschim Zomachim« [Den Wurzeln beim Wachsen zuhören, hebr.], in: Beni Gvirzman (Hg.), *Ha-Ma'amad ha-Zioni schel Schmirat ha-Teva*, Jerusalem 1981, S. 11. In: AGNI.

Abb. 10: Autos auf der Küstenstraße, im Hintergrund die Ausläufe der Berge des Südsinais (Aufnahmedatum unbekannt).

»Der Bulldozer versteht nicht und er denkt nicht. Der Bulldozer ist ein Gegenstand, der Ausführung verkörpert, und er führt in der Regel Dinge aus, die es nicht gibt, denn für das, was es schon gibt, braucht es keine Ausführung. An einem Ort, an dem es ein Meer gibt, braucht es keinen Bulldozer, um ein Meer zu schaffen. An einem Ort, an dem es einen Berg gibt, braucht es keinen Bulldozer, um einen Berg zu schaffen. Ein Bulldozer existiert nur, um an einem Ort ein Meer zu schaffen, wo es keines gibt, und einen Berg von einem Ort, an dem dieser existiert, an einen anderen Ort, wo dieser nicht existiert, zu nehmen.«[196]

Bulldozer gehörten zu den wichtigsten Werkzeugen von »Solel Boneh«, der Baugesellschaft des arbeiterzionistischen Gewerkschaftsbundes »Histadrut«. Die Gründerväter und -mütter der arbeiterzionistischen Bewegung hatten den politischen, die Arbeiter von »Solel Boneh« den asphaltierten Weg des Staates Israel geebnet. Nach dem Sechs-Tage-Krieg gab es eine Vielzahl an neuen Infrastrukturprojekten in den neu eroberten Gebieten. Das größte Vorhaben, das alle bis dato erreichten Grenzen sprengen sollte,

---

196 Amos Kenan, »Lehavin et ha-Adama«, S. 23.

war jedoch der Bau der Straße von Eilat nach Sharm al-Sheikh.¹⁹⁷ Es sollte die längste Straße des Landes werden. Von der kleinen Palmenoase Taba aus führt(e) die Autostraße am Golf von Akaba, der langgezogenen Bucht des Roten Meeres, entlang – vorbei an einem Granitatoll, auf dem die Ruinen einer Kreuzfahrerzitadelle thron(t)en, bis hin zu einer von steilen Klippen umgebenen Badebucht, die »Fjord« genannt wird. Joni Netanjahu war dort mit seinem jüngeren Bruder Benjamin im Sommer 1969 geschwommen und hatte die Bucht als »zauberhaften Fleck« beschrieben: »wunderschön und völlig ruhig«.¹⁹⁸

Vor 1967 hatte man über Pisten parallel zu den Sandstränden des Golfs von Akaba bis zu einer Wasserscheide bei der Oase Nuweiba fahren können, dort endete die »Riviera-Route«. Das an und hinter der Küste gelegene Gebiet hatte für motorisierte Verkehrsmittel als nicht passierbar gegolten. Während des Sinai-Krieges im Winter 1956 hatte die IX. Brigade von Avraham Joffe das unwegsame Gelände in einer Tour de Force jedoch überwunden und so schließlich Sharm al-Sheikh erobert. Nun, nach dem Sechs-Tage-Krieg, wurde der Straßenverlauf dieser Route folgend gebaut. »Die Berge von Gneis, Granit, Syenit und Porphyr leuchten in verwegenen Farbkombinationen«, schrieb ein deutscher Reporter über die jahrtausendealten Felslandschaften zu beiden Seiten der modernen Straße. »Da gibt es Gebirgsstöcke, die golden glänzen, von schwarzen Gesteinsmassen an den Rändern gesäumt und von rubinfarbenen, senkrechten Schichten durchzogen, als habe sich ein Confiseur die Mischung erdacht.«¹⁹⁹

»Solel Boneh« baute in der Wüste eine Via Triumphalis in Reminiszenz an Avraham Joffe und seine Soldaten. Wo ein Wille ist, da ist ein Weg – das war die Leitidee. »Es gibt einen Zionismus mit Fragezeichen, und es gibt einen Zionismus ohne Fragezeichen«, sagte ein Arbeiter von »Solel Boneh« der Tageszeitung »Maariv« während des Baus des ersten Teilstücks der Straße. »Hier betreibt man einen Zionismus ohne Fragezeichen.«²⁰⁰ Von dieser asphaltierten Manifestation der Macht führten kurze Zufahrtswege in die Oasen von Nuweiba, Dahab und Nabeq, ehe der Straßenverlauf wieder an die von Mangrovenwäldern gesäumte Küste zurückkehrt(e),

---

197 Schlomo Schiva, *Derech ba-Midbar. Sipuro schel Solel Boneh* [Durch die Wüste: Die Geschichte von Solel Boneh, hebr.], Tel Aviv 1976, S. 330.
198 Jonathan Netanjahu, *The Letters of Jonathan Netanjahu*, Jerusalem/New York 2001, S. 188.
199 Wolf Dieter Steinbauer, »Die Brüder müssen jetzt schlafen«, in: *Der Spiegel*, Heft 13, 1982, S. 126.
200 Menachem Talmei, »Mareh Chadasch ba-Sinai« [Ein neuer Anblick auf dem Sinai, hebr.], in: *Maariv* (Wochenendbeilage), 14.11.1969, S. 72/80.

Sommernachtstraum

zur Bucht von Marsa al-At und nach Sharm al-Sheikh.[201] Dahinter das Meer, dann, auf der anderen Uferseite, das Königreich Saudi-Arabien. »Wenn die Sonne in der Bucht untergeht«, schrieb Amos Kenan, »fangen die Berge auf der anderen Seite an zu tanzen wie Widder. In der Ferne. Im Schleier des Sonnenuntergangs. Ihre Silhouetten sehen aus wie ein aufgewühltes Kardiogramm. Eine Aufzeichnung des zuckenden Herzschlages der Welt. Steigend. Sinkend. Bebend. Versinkend in der Dunkelheit.«[202]
Nachtfahrten waren für Touristen auf der Straße von Eilat nach Sharm al-Sheikh verboten. Das israelische Tourismusministerium empfahl Reisenden zudem, 48 Stunden vor Beginn einer Fahrt in den Sinai zwei Malaria-Prophylax-Tabletten sowie 25 Milligramm Daraprim, Erbaprelina oder Prymenthamin einzunehmen.[203] Auto- und Motorradfahrer wurden angehalten, einen Benzinkanister, zwei Ersatzreifen, Verpflegung und Trinkwasser mitzunehmen.[204] In Ras Muhammad, wo der Golf von Akaba auf den Golf von Suez trifft, traf der *highway* schließlich auf jene Straße, die bereits in den 1950er-Jahren von Ägypten angelegt worden war und vom südlichsten Punkt der Halbinsel nach al-Tur über Abu Rudeis bis nach Ras al-Sudar und zum Suezkanal führte, an dessen Ende sich wiederum seit vielen Jahrhunderten die Mittelmeerstraße und einstige Via Maris befand. Auf diese Weise war eine Ringbahn entlang der Sinaiküsten entstanden, in etwa so, wie es sich Fernando Martin Hirsel erträumt hatte.

Die Straße Eilat–Sharm al-Sheikh verfügt(e) nicht nur über Zufahrtswege zu den Oasen von Nuweiba, Dahab und Nabeq, später entstanden auch Pisten bis tief hinein in das bergige Hinterland, darunter eine Passstraße entlang alter Karawanenpfade, die 30 Kilometer südlich von Nuweiba begann.[205] Ihr Baumeister war Gavriel »Gavrosch« Rapaport. Als er 1924 auf die Welt gekommen war, »grob und warm wie das Vaterland«, so Chajim Guri scherzhaft, sei die Hebamme in Ohnmacht gefallen, denn noch nie habe sie ein Baby gesehen, das in der einen Hand eine Parabellum-Pistole und in der anderen einen Schraubschlüssel gehalten habe.[206] Chajim Guri nannte die männlichen Mitglieder seiner, ihrer, der 1948er-Genera-

---

201 Ned H. Greenwood, *The Sinai. A Physical Geography*, Austin 1997, S. 101.
202 Amos Kenan, »Ha-Orot Kavim ba-Na'ama« [In Na'ama gehen die Lichter aus, hebr.], in: ders., *Al Arzecha, al Moledetcha*, Tel Aviv 1981, S. 193.
203 *Touring in the Sinai*, S. 10.
204 Ebd., S. 2.
205 Z. Anbar/D. Harari (Hgg.), *South Sinai. Solomon Region ... and 15 Years of Creativity/Drom Sinai. Merchav Schlomo ... ve od 15 Schanim Asija*, Tel Aviv 1982, S. 28.
206 Uri Dromi, »Ha-Mikzoa: Porez Derech« [Der Beruf: Bahnbrecher, hebr.], 1.11.2001, in: http://www.haaretz.co.il/misc/1.745056 [zuletzt abgerufen am: 4.11.2017].

tion, »Gavroschs«. Gavriel Rapaport war der Primus inter pares. Mit Dynamit und D9-Bulldozern, die Jahre zuvor zum Bau der Bar-Lev-Linie genutzt worden waren, bahnte er sich einen Weg ins Innere des Südsinais, wie es einst die Pioniere in Palästina ohne moderne Hilfsmittel während der Gründerjahre des Jischuvs zwischen Mittelmeer und Jordan getan hatten.[207]

Wer nach Israel komme, hatte Arthur Koestler in ebendiesen Gründerjahren geschrieben, der bringe ein vorgefertigtes, vollkommen falsches Bild des Landes mit. Viele »erwarten etwas im Stil von pittoresken Makkabäern, die unter Palmen in einer Produktion von Max Reinhardt kämpfen, während angehende Freuds und Einsteins im Café an der Ecke Schach spielen.« Stattdessen, so Koestler, finde man ein Land vor, in dem das Leben der Pioniere hart und das der Geflüchteten bitter sei und das Savoir-vivre unter Embargo stehe. »Die meisten Dinge, die das Leben attraktiv und lebenswert machen, sind für morgen.«[208] So hatte sich in den Gründerjahren auch keine ausgeprägte Trink- und Barkultur zwischen Mittelmeer und Jordan etabliert. Dies hatte zuweilen zu skurrilen Szenen geführt. Einer Anekdote zufolge war der arbeiterzionistische Politiker Pinchas Sapir in den 1960er-Jahren auf ein französisches Chalet der Familie Rothschild eingeladen worden. Der vinophile Baron hatte zum Abendessen eine erlesene Flasche Wein aus seinem Privatkeller servieren lassen – und der israelische Finanzminister sein halbvolles Weinglas mit Sodawasser aufgefüllt.[209]

Zu dieser Zeit wurde nur an wenigen Orten in Israel dem *liquid spirit* gefrönt. Einer davon war Tel Aviv: »Nicht einfach ein Ort, zu dem du dir einen Fahrschein löst und mit dem Egged-Bus fährst, sondern ein anderer Kontinent«, wie Amos Oz in seiner »Geschichte von Liebe und Finsternis« geschrieben hat. Eine Stadt, in der die Menschen »hüpften und schwebten, wie Neil Armstrong auf dem Mond.«[210] Dort hatte es einige Bars, Cafés und Restaurants gegeben, deren Namen zu »Wahrzeichen der kulturellen Geographie der israelischen Bohème« wurden, das »Kasit« auf der Dizengoff-Straße etwa, aber auch das »California« von Abie Nathan.[211]

207 Interview von A. Schaked mit G. Rapaport, »Mi sche lo Oseh – lo Oseh Schgia« [Wer nichts macht, macht keine Fehler, hebr.], in: *Eretz ve-Teva*, Heft 5, 1983, S. 123. S. hierzu außerdem: Drorah Lavie, *Derech Gavrosch. Sipuro Chajiav schel Gavriel Rapaport (1924-2001)* [Gavroschs Weg: Die Lebensgeschichte von Gavriel Rapaport (1924-2001), hebr.], Tel Aviv 2003, S. 157.
208 Arthur Koestler, *Promise and Fulfilment. Palestine 1917-1949*, London 1949, S. 327.
209 Yossi Melman, *Knesseth und Kibbutz. Die Geschichte des Staates Israel*, München 1993, S. 159.
210 Amos Oz, *Eine Geschichte von Liebe und Finsternis*, aus dem Hebr. übers. v. Ruth Achlama, Frankfurt a. M. 2008, S. 15-16.
211 Maoz Azaryahu, *Tel Aviv*, S. 111.

Die anderen beiden Orte, die zu Pilgerorten israelischer Bonvivants avancierten und nationale Bekanntheit erlangten, lagen an den Grenzen des Landes. Zum einen war da das »Königreich Achziv« an der libanesischen Grenze, dessen selbsternannter Hohepriester und Präsident Eli Avivi war. Sex, weiche Drogen und Rock'n'Roll gaben den Tagesrhythmus in dieser Mittelmeerenklave vor, in der Künstler und Journalisten wie Raffi Lavie, Amos Ettinger und Ilana Goor von Zeit zu Zeit zu finden waren, aber auch Jehuda Amichai.[212] Der Dichter widmete Achziv sogar einen eigenen Gedichtzyklus und kehrte vor seinem Tod dorthin zurück, um seinen Lieblingsort in Israel noch ein letztes Mal zu sehen.[213]

Zum anderen gab es noch die von Rafi Nelson in Eilat betriebene Bar »Sof ha-Olam«, auf Deutsch: das Ende der Welt. Der flamboyante Gastronom, der im Unabhängigkeitskrieg ein Auge verloren hatte, führte eine Ehe mit Lea Vivante, die später zur wohl einzigen international gefeierten israelischen Flamenco-Tänzerin avancierte.[214] Unmittelbar nach dem Sechs-Tage-Krieg zog der einäugige Hedonist nach Taba und eröffnete wenige Kilometer hinter der ehemaligen Staatsgrenze ein Resort. Dort organisierte der schillernde Cowboyhutträger Schönheitsköniginnenwettbewerbe, lebte »zwischen Palmwedeln« und schlief »im Hof auf einer Hängematte«, wie Jonathan Geffen in einem Lied schrieb.[215] Als die Südsinai-Autostraße im Frühling 1972 eröffnet wurde, notierte die Tageszeitung »Davar«: »Wer in diesen Tagen auf der Straße Eilat–Sharm al-Sheikh fährt, der fühlt, dass die Straße nach Leben und Fortschritt giert.«[216] Rafi Nelsons »Saloon and Beach Club« stand am Anfang dieser Straße – geographisch und symbolisch. Der feuchtfröhliche *vibe* zog die israelische Jeunesse dorée, internationale Stars und die in die Jahre gekommene Tel Aviver Party-Prominenz, die sogenannten »Tel-Arrivierten«,[217] magisch an – den Fotografen Maxim Salomon ebenso wie den Schauspieler Chajim Topol, die schwedische Filmikone Ingrid Thulin oder

---

212 Etty Wieseltier/Aaron Goldfinger, *Medinat Achziv. Makom schel Ahava* [Der Staat Achziv. Ein Ort der Liebe, hebr.], Tel Aviv 2009.
213 Ebd.
214 Avihai Becker, »After All These Years«, 17.10.2002, in: http://www.haaretz.com/after-all-these-years-1.31121 [zuletzt abgerufen am 4.11.2017].
215 Das Lied »Ballade für Nelson« verfasste Geffen für den Sänger David Broza. Es findet sich auf dessen Album »Klaf«, das 1982 erschienen ist.
216 Daniel Bloch, »Bein Eilat le-Sharm al-Sheikh« [Zwischen Eilat und Sharm al-Sheikh, hebr.], in: *Davar*, 30.5.1972, S. 8.
217 Mosche Jaakov Ben-Gavriel, *Kleines Palästinabuch für empfindsame Reisende*, Mukacevo 1938, S. 24.

Arnold »Mr. World« Schwarzenegger.[218] »Die Szenerie war wild und benebelt, ein chaotisches Resort polynesischer Art, in dem sich hart trinkende, genusssüchtige Israelis drängten, kein gewöhnliches Bild in diesem Land«, schrieb Burton Bernstein in seinem Reisereportageband. »Vollbusige Frauen tollten unter dem Strohdach einer Freiluftbar herum«, und am Strand lagen »Sonnenanbeter wie Pop-Kunst-Skulpturen.«[219]

Wer das Resort von Rafi Nelson auf der Straße Richtung Sharm al-Sheikh verließ, der erreichte nach rund 70 Kilometern die Jair-Kreuzung vor Nuweiba. Dort betrieben der in Polen geborene Tzvi und die in Österreich geborene Ruth Swet eine Tankstelle. Im Herbst 1974 besuchte der Autor Arieh L. Avneri die Gegend. »Der hebräischen Sprache fehlt die volkstümliche und schmissige Redewendung für einen Menschen, der eines schönen Morgens aufsteht und außergewöhnliche, kühne Dinge macht«, schrieb er anschließend in der Tageszeitung »Davar«. »Über so jemanden sagt man in meiner Muttersprache: ›Frisch, gesund – und meschugge‹.«[220] Im Süden der Halbinsel hatte der Journalist solche Menschen wie Sand am Golf von Akaba getroffen; Tzvi und Ruth Swet gehörten dazu.

Nach seiner Alija hatte Tzvi Swet im Zweiten Weltkrieg als Kommandosoldat der britischen Armee in Abessinien und Ägypten gekämpft, ebenso hinter den feindlichen Linien mit den Partisanen Titos in Albanien. Im April 1945 war er in Italien auf eine Landmine getreten, woraufhin ihm beide Beine unterhalb der Hüfte abgenommen worden waren. Trotz dieser Behinderung hatte sich Swet nach seiner Rückkehr den radikalen Untergrundkämpfern der Lechi von Avraham Stern alias »Jair« als Sprengstoffexperte angeschlossen. Nach dem Sechs-Tage-Krieg entschlossen sich seine Frau und er, der vom Krieg versehrte Rollstuhlfahrer, das Leben im Kernland aufzugeben und eine Tankstelle auf dem Sinai zu eröffnen. Im Jahr 1970 zogen sie in die Wüste. Die drei Söhne des Ehepaares kämpften wenig später im Jom-Kippur-Krieg – zwei wurden schwer verwundet, einer fiel auf den Golanhöhen. Sein Name war: Jair.[221]

Die Tankstelle des Ehepaares Swet an der Jair-Kreuzung markierte die Grenze zwischen zwei Buchten der Oase Nuweiba. Dort leb(t)en rivalisie-

---

218 Baruch Meiri, »Ha-Chajim ha-Metukim mi-Drom le-Eilat« [Das süße Leben südlich von Eilat, hebr.], in: *Maariv*, 23.4.1971, S. 19. Sowie: N. N., »Mar Olam ba-Israel« [Mister World in Israel, hebr.], in: *Lahiton. Olam ha-Kolno'a*, 21.7.1977, S. 9.
219 Burton Bernstein, *Sinai*, S. 84.
220 Arieh L. Avneri, »Ha-Meschuga'im le-Midbar« [Die, die verrückt nach der Wüste sind, hebr.], in: *Davar*, 24.11.1974, S. 12.
221 »Tzvi Swet«, in: http://lehi.org.il/?p=2145 [zuletzt abgerufen am 4.11.2017].

rende Beduinenstämme: Im Norden, neben einer von den Osmanen erbauten Festung, die Nuweiba al-Tarabin und im Süden, saisonal, die Nuweiba al-Muzeina. Die israelische Siedlung in Nuweiba wurde im Mai 1971 zwischen diesen beiden Stämmen von kaum mehr als einem Dutzend Israelis in einem verlassenen Bauarbeiterlager der »Solel Boneh« gegründet.[222] Einige der Gründerfamilien stammten aus dem Kibbutz Grofit in der Arava-Senke. Am Golf von Akaba fanden sie einen Ort vor, den sie »in keinem Teil des alten Eretz Israel« hätten finden können, wie es später im Gedenkband hieß.[223] Aus der israelischen Enklave wurde ein Moschav.[224] Im Februar 1972 erhielt der Moschav seinen offiziellen israelischen Namen: Neviot, sprudelnde Quelle. Im selben Monat wurde die Siedlung an das Post- und Telefonnetz angeschlossen.[225] Der Moschav verfügte über das einzige Telefon im Umkreis von 75 Kilometern.[226] Aufgrund der großen Entfernungen des Regionaldistrikts war die Zivilverwaltung des Merchav Schlomo nicht allein für kommunale Dienstleistungen in Neviot verantwortlich, sondern auch und vor allem die Verwaltung der Stadt Eilat.[227] Der für 120 Familien geplante Moschav,[228] in dem zunächst nur Ehepaare als Bewohner aufgenommen wurden, galt als »Hinterland« der Hafenstadt.[229]

Neviot war von einem 30 Meter breiten Palmengürtel umgeben. Der Jüdische Nationalfonds hatte diesen Baumwall gepflanzt, um den Moschav vor Wind, aber mehr noch vor den winterlichen Wasserfluten zu schützen, die nach periodisch eintretenden Regenfällen die Wadis des Sinais in reißende Flüsse verwandelten.[230] Die meiste Zeit des Jahres aber, so

---

222 N.N., »Solel Boneh Jakim Machane Avodah le-Jad Nuweiba ba-Sinai« [Solel Boneh errichtet ein Lager für Arbeiter neben Nuweiba im Sinai, hebr.], in: *Maariv*, 28.7.1969, S. 8.
223 Scheri Arnon, *Nuweiba, Neviot, Nuweiba*, o.O. 1984, S. 12.
224 *Tochnit li-Pituach Esrachi ba-Merchav Schlomo*, S. 39-43.
225 Scheri Arnon, *Nuweiba*, S. 12-19.
226 Brief v. Z. Chajim an das Kommunikationsministerium, 23.1.1975. In: ISA/6723/5-2.
227 Bezalel Lavie/Efraim Grinberg, »Ha-Minhal ve ha-Pituach ha-Esrachi ba-Merchav Schlomo«, S. 990. Diese Regelung wurde auch im weiter südlich gelegenen Moschav Di-Zahav angewandt.
228 *Bikur Rosch Memschelet Jisrael Jitzchak Rabin ba-Merchav Schlomo* [Besuch des israel. Ministerpräsidenten Jitzchak Rabin im Südsinai, hebr.], 12.4.1977, Informationsbroschüre hg. v. der Ziviladministration Südsinai, o. S. In: ISA/10770/14-2.
229 Aisik Sadomi, »Moschav Porachim ba-Drom ha-Rachok« [Moschavim blühen im fernen Süden, hebr.], in: *Davar*, 4.5.1973, S. 13.
230 Jewish Telegraph Agency, »JNF Trees Saved Lives and Land in Sinai, Negev Flash Floods«, 11.3.1975, in: http://www.jta.org/1975/03/11/archive/jnf-trees-saved-lives-and-land-in-sinai-negev-flash-floods [zuletzt abgerufen am 4.11.2017].

beschrieb es Jossi Beilin, »arbeitet der Sommer hier nonstop«.[231] Die Bewohner von Neviot lebten von der Landwirtschaft, der Fischerei und dem Tourismus. Auf den Ackerflächen und in den Gewächshäusern des Moschavs wurden Zucchini, Tomaten, Auberginen,[232] ebenso wie Dahlien und Chrysanthemen gepflanzt, gezüchtet und geerntet.[233]

An der Küste des Südsinais wurden während der israelischen Besatzung im Schnitt 300 bis 400 Tonnen Fisch jährlich gefangen.[234] Ein Teil davon im kleinen israelischen Fischerdorf Nuweiba al-Muzeina, wo der Schriftsteller Aharon Megged, ganz ähnlich wie vor ihm Arieh L. Avneri, eine ganz eigene menschliche Spezies entdeckte. Megged nannte ihn den »Homo sinaiticus«. Das Land, schrieb er, habe seit jeher verschiedene Typen Israelis hervorgebracht, unter anderen jenen der Berge Galiläas (»ha-Isch ha-Galili«) und jenen der Jesreel-Ebene (»ha-Isch ha-Emek«). Acht Kilometer von Neviot entfernt traf er nun auf: »ha-Isch ha-Sinai«, den Sinai-Menschen. Er lebe »ein ›Zigeunerleben‹ in einem großen Schuppen (mit einem Plumpsklo im Freien), wie es die Pioniere vor zwei Generationen gelebt haben.«[235] Der »Homo sinaiticus«, so Megged, lese die Tageszeitung einmal in der Woche, und gen Norden, nach Tel Aviv, fahre er allenfalls zwei, drei Mal im Jahr.

Stattdessen kamen die Menschen aus dem Norden nach Neviot. Der Moschav eröffnete im Frühjahr 1972 ein Feriendorf,[236] im gleichen Jahr auch einen öffentlichen Badestrand.[237] Der Südsinai war für viele Israelis ein ferner, fremder Flecken Erde. Wie Erik Cohen gezeigt hat, möchten Touristen in ihrem Urlaub an ebensolchen Orten Exotisches erleben. Die unbekannte Makroumgebung soll dabei aus einer Mikroumgebung heraus erkundet werden, die ihnen vertraut ist.[238] Das können Hotelresorts auf

231 Jossi Beilin, »Neviot: Beduim, Moschavnikim ve Mechapsei Elohim« [Neviot: Beduinen, Moschavnikim und Gottessucher, hebr.], in: *Davar* (Wochenendbeilage), 17.1.1975, S. 35.
232 Jair Feldman, »Raiti Chaklaim Meuscharim« [Ich habe herrliche Landwirte gesehen, hebr.], in: *Davar*, 8.12.1978, S. 37.
233 Borries Gallasch, »Tomaten und Touristen«, in: *Der Spiegel*, Heft 3, 1978, S. 100-104.
234 *Bikur Rosch Memschelet Jisrael Jitzchak Rabin ba-Merchav Schlomo*, o. S.
235 Aharon Megged, »Al Anaschim ve Chofim« [Über Menschen und Aussichten, hebr.], in: *Davar*, 2.11.1979, S. 13.
236 Meschulam A., »Machane Nofesch Gadol Nechnach ba-Neviot« [Großes Ferienresort in Neviot eingeweiht, hebr.], in: *Davar*, 29.3.1972, S. 7.
237 *Taskir al-Minhal Esrachi Merchav Schlomo*, S. 16.
238 Erik Cohen, »Toward a Sociology of International Tourism«, in: *Social Research*, 39/1, 1972, S. 166.

Mallorca sein, in denen deutsche Touristen deutsches Bier und deutsche Bratwurst von Deutsch sprechenden Spaniern serviert bekommen, oder, wie im vorliegenden israelischen Fall der 1970er-Jahre, ein Moschav wie der in Neviot, von wo aus israelische Touristen die arabische Umwelt und die Sanddünen der Sinai-Halbinsel erkundeten, die durch den Wind die Formen von Gaudí-Architektur angenommen hatten,[239] und in denen Teile des Abenteuerfilms »Ashanti« mit Sir Peter Ustinov gedreht wurden.[240]

»Es ist einfach zu sehen, dass es sich hier nicht um einen Bus handelt, der auf der Linie Tel Aviv–Jerusalem verkehrt«, schrieb Jossi Beilin im Mai 1975, als er den Bus von Eilat nach Sharm al-Sheikh bestieg. »Unter den Mitreisenden sind einige Beatnikim mit Rucksäcken [Tarmilim, Anm. d. Verf.] und Isomatten auf dem Rücken, man redet ein wenig Schwedisch und viel Englisch, drei oder vier Beduinen, gekleidet im ›Alles-was-greifbar-war‹-Stil, langen Unterhosen, die über ihre Schuhe hängen, ein altes Nadelstreifenjacket, schwarzer Mantel und eine Abaija, die meisten Fahrgäste aber sind Israelis.«[241] Die israelischen Beatnikim stiegen in Neviot aus. Der Nonkonformismus zog sie wie ein Magnet aus allen Teilen des Landes an. Der Moschav wurde zur Enklave der Kinder der »Espresso-Generation«. So hatte S. Jizhar die israelische Jugend, der er vorgeworfen hatte, vom rechten, das heißt linken, Weg des Arbeiterzionismus abgekommen zu sein, im Jahr 1960 in Anlehnung an Arthur Koestler genannt.[242]

Das Problem der Generationen (Karl Mannheim) hatte zu keiner Zeit vor dem Zionismus Halt gemacht – und sich immer wieder in ihren Frisuren manifestiert. »Nun streben sie nach einer assyrischen Frisur«,[243] hatte Karl Kraus um die Jahrhundertwende über die »Jung-Wien«-Literaten um Arthur Schnitzler und Hugo von Hofmannsthal gespottet. Im Jischuv und zur Gründerzeit bevorzugten die Sabras den von Naomi Schemer besungenen Blorit, »diese unverkennbare, widerspenstige Locke, die über die Stirn fiel und die Brise einfing«.[244] In den 1970er-Jahren waren bei den jungen Männern und Frauen schließlich lange Haare en vogue, wie sie ihre Alters-

---

239 Lesley Hazleton, *Where Mountains Roar. A Personal Report from the Sinai and Negev Desert*, New York 1980, S. 27.
240 Smadar Lavie, *The Poetics of Military Occupation*, S. 340.
241 Jossi Beilin, »Ha-Sahav sche bein Eilat le-Sharm« [Das Gold zwischen Eilat und Sharm, hebr.], in: *Davar*, 24. 5. 1974, S. 35.
242 Nitsa Ben-Ari, »Hero or Anti-Hero? S. Yizhars' Ambivalent Zionism and the First Sabra Generation«, in: Mark Levine/Gershon Shafir (Hgg.), *Struggle and Survival in Palestine/Israel*, Los Angeles/London 2012, S. 98.
243 Karl Kraus, *Eine Krone für Zion*, Wien 1898, S. 16.
244 Oz Almog, »From Blorit to Ponytail: Israeli Culture Reflected in Popular Hairstyles«, in: *Israel Studies*, 8/2, 2003, S. 82.

genossen überall in der westlichen Welt trugen.²⁴⁵ Die Gründerzeit erschien weiten Teilen der israelischen Jugend damals als ein Relikt, über das man allenfalls noch Witze machte. So veröffentlichten etwa die Journalisten Dan Ben-Amotz und Netiva Ben-Jehuda ein humoristisches Lexikon der hebräischen Alltagssprache. Unter »Zionismus« fand man dort den Eintrag: »Nonsens. Geschwollene Rhetorik ohne Inhalt, Moralpredigten.«²⁴⁶

Die israelischen Beatnikim wollten »On the Road« (Jack Kerouac) sein, wie Jahre vor ihnen die US-amerikanische Beatbewegung. Die Fahrt auf der Straße von Eilat nach Sharm al-Sheikh war für junge Israelis eine Fahrt in ein Abenteuerland. Sie waren nicht die »Merry Pranksters«, jene kalifornische Künstlergruppe, die mit einem bunt bemalten Bus auf einem endlosen LSD-Trip durch die Vereinigten Staaten der 1960er-Jahre gefahren war, die Tom Wolfe begleitet und mit seinem Buch »The Electric Kool-Aid Acid Test« schließlich weltbekannt gemacht hatte. Die jungen Israelis, die nach Neviot reisten, suchten dort Freiräume, die ihnen innerhalb der alten Landesgrenzen fehlten. Sie wollten »das Haschisch des Sich-gehen-lassens, das süße Gift des freien Lebens« rauchen.²⁴⁷ Die mit nationalen Erinnerungen gepflasterte »Straße der IX. Brigade« war ihr *highway*.²⁴⁸

Die Landbrücke des Sinais war seit alters her eine Schnellstraße für Schmuggler gewesen.²⁴⁹ Vor allem Opium und Haschisch ließen in der zweiten Hälfte des 20. Jahrhunderts das Schmuggelwesen zu einem blühenden Geschäft für die Beduinen der Halbinsel werden. Da die ägyptische Regierung zu Beginn der 1950er-Jahre besonders im Norden des Sinais viele befestigte Stellungen errichtet hatte, waren die Schmuggler in den schwer zugänglichen Süden ausgewichen.²⁵⁰ Mit der israelischen Herrschaft kam der Schmuggel weitgehend zum Erliegen, nachdem die Transportwege – aus Ägypten über den Suezkanal und aus Saudi-Arabien über den Golf von Akaba – nicht mehr passiert werden konnten.²⁵¹ Weiche

245 Yoram Kaniuk, »The Plastic Flower Children«, S. 77.
246 Dan Ben-Amotz/Netiva Ben-Jehuda (Hgg.), *Milon Olami li-Ivrit Meduberet* [Weltwörterbuch für hebräische Umgangssprache, hebr.], Jerusalem 1972, S. 196.
247 Béla Balázs, *Ein Baedeker der Seele. Und andere Feuilletons aus den Jahren 1920-1926*, Berlin 2002, S. 123.
248 Burton Bernstein, *Sinai*, S. 90.
249 Claude Scudamore Jarvis, *Three Deserts*, S. 168.
250 Smadar Lavie, *The Poetics of Military Occupation*, S. 169.
251 Emanuel Marx, »Hashish Smuggling by Bedouin in South Sinai«, in: Dina Siegel/Hans Nelen (Hgg.), *Organized Crime. Culture, Markets and Politics*, New York 2008, S. 29-40.

Abb. 11: Urlauber und Ausflügler am Strand von Nuweiba (Aufnahme 10.8.1976).

Drogen fanden trotzdem weiterhin ihren Weg nach Neviot,[252] verwandelten, wie es seinerzeit in den Medien hieß, die »Dünen in Drogengruften«[253] und führten zu Polizeirazzien.[254] Der Liedermacher Schlomo Gronich hat diesen *lifestyle* besungen: »Die Sonne am Morgen. / Ich bleibe faul, / bis sie untergeht. / Lege mich in den Schatten, / ein Moment der Ruhe. / Er hört nicht auf.«[255]

Das Reisen ist nach James Clifford gekennzeichnet durch »eine Reihe Materialien und ortsgebundener Praktiken, die Wissen, Geschichten, Traditionen, Verhaltensweisen, Musik, Bücher, Tagebücher und andere kulturelle Ausdrucksformen hervorbringen«.[256] Durch Lieder wie jenes von Schlomo Gronich wurde der Süden des Sinais zu einer mythischen Landschaft, bevor man nur einen Fuß auf die Halbinsel gesetzt hatte. Auch hatte

252 N. N., »Ba-Neviot efschar Le'aschen Samim« [In Neviot kann man Drogen rauchen, hebr.], in: *Maariv*, 13. 8. 1974, S. 18.
253 Jossi Beilin, »Neviot: Beduim, Moschavnikim ve Mechapsei Elohim«, S. 37.
254 Avischai Amir, »King Mechapes Haschisch ba-Nuweiba« [King sucht Haschisch in Nuweiba, hebr.], in: *Maariv*, 10. 5. 1974, S. 22.
255 Der Liedtext befindet sich ebenso wie das dazu gehörige Soundfile in: Bella and Harry Wexner Libraries of Sound and Song der Israelischen Nationalbibliothek.
256 James Clifford, *Routes: Travel and Translation in the Late Twentieth Century*, Cambridge/London 1997, S. 35.

dieser Lebensstil des Laissez-faire bereits früh die internationale Tourismusindustrie auf Neviot aufmerksam werden lassen. In einem englischsprachigen Reiseführer jener Jahre konnte man lesen: »Südlich des Moschavs befindet sich Israels einziger Nacktbadestrand.«[257] Das jedoch war nur die halbe Wahrheit. Eine Freikörperkultur existierte in Israel – mit Ausnahme von Achziv – nirgendwo. Die internationalen FKK-Anhänger, die nach Neviot kamen, sorgten für aufgeregte Briefkorrespondenzen bis hinauf in die höchsten israelischen Beamtenkreise. So erreichte die israelische Naturschutzbehörde am 20. Oktober 1973, als der Sinai durch den Jom-Kippur-Krieg fast noch in Flammen stand, ein Brief aus dem nationalen Polizeihauptquartier in Jerusalem. J. Krati, Leiter der Polizeihauptverwaltung, erklärte darin, »öffentliches Nacktbaden stellt ein kriminelles Vergehen dar« und mahnte, das Nudistentum in Neviot müsse ein Ende haben.[258] In seinem Antwortbrief erklärte der stellvertretende Direktor der Naturschutzbehörde, Adir Schapira, der Badestrand sei kein Naturschutzgebiet, die Verantwortung für etwaiges Fehlverhalten obliege deshalb dem Moschav und der Zivilverwaltung. Sollte man von der Polizei jedoch weitere Informationen über den »Tathergang« erhalten, werde man sich der Causa annehmen.[259]

Doch die Zeit ließ sich nicht zurückdrehen. Die Nudisten blieben ein alltäglicher Anblick in Neviot. »Ich dachte, ich hätte den letzten Kulturschock auf dem Sinai in Rafi Nelsons ausgelassenem Beach Club erlebt«,

[257] Avraham Lewensohn, *Israel Tourguide – with Road Maps and City Maps*, Tel Aviv 1978, S. 410. Die wohl berühmteste Aussteigerin, die sich in jenen Jahren auf dem Sinai niederließ, stammte aus Deutschland und hieß Barbara Rotraut Pleyer. Sie nannte sich Dr. Moriah Sinai und stieg alljährlich auf den Gipfel des Bergs Sinai, um dort 40 Tage lang für den Weltfrieden zu beten. Bereits bei der Eröffnungsfeier der Olympischen Sommerspiele 1952 im finnischen Helsinki war sie in einem weißen Kleid auf das Rednerpult gestürmt, um einen Friedensappell zu verlesen. Sie war psychisch krank. In Israel kursierte in den 1970er-Jahren das Gerücht, Pleyer sei eine Tochter von Erwin Rommel. Das Gerücht war falsch. Barbara Rotraut Pleyer war die Tochter von Kleophas Franz Pleyer, einem glühenden Antisemiten und habilitierten Historiker, der das nationalsozialistische Kampflied »Wir sind das Heer vom Hakenkreuz« verfasst und in Königsberg und Innsbruck gelehrt hatte, ehe er in der sogenannten »Kesselschlacht von Demjansk« gefallen war. S. hierzu: Gerhard Oberkofler, *Ludwig Spiegel und Kleo Pleyer: Deutsche Misere in der Biografie zweier sudetendeutscher Intellektueller*, Innsbruck/Wien u. a. 2012, S. 161-214.
[258] Brief von J. Krati, Leiter der Ermittlungsabteilung der nationalen Hauptverwaltung der israel. Polizei in Jerusalem, an die Direktion der Naturschutzbehörde, 20.10.1973. In: ISA/8286/3-בנ.
[259] Brief von Adir Schapira, stellv. Direktor der Naturschutzbehörde, an J. Krati, 11.11.1973. In: ebd.

schrieb Burton Bernstein, als er auf seiner Reise auf dem Sinai in die Oase von Nuweiba kam, »aber ich lag falsch.« Der jüngere Bruder des Komponisten und Dirgenten Leonard Bernstein fand die Gäste des Moschavs in ihrem favorisierten Zustand an: »Beim Anblick der Szenerie in der Cafeteria von Neviot wurde ich zurücktransportiert in das, sagen wir, Provincetown der Mittsechzigerjahre. Eine Armee Hippies, manche angezogen, andere weniger, mampfte lustlos fade Hamburger oder, noch öfter, starrte stumpf ins Leere«, schrieb er. »Die Atmosphäre war düster und anachronistisch. Eine deutsche Tresenkraft sang frühe Beatles-Songs, während sie Hamburger und Pommes servierte; einige Beduinen liefen, ganz und gar nicht verärgert über die allgegenwärtige Nacktheit, zwischen den Liegen herum, verkauften Tand; ein abgemagertes Mädchen zeichnete eine Strandszene, während ihr männliches Gegenüber Backgammon gegen sich selbst spielte.«[260]

Summen und singen durfte man die Lieder der Beatles auf dem Sinai. Ein Konzert hatte die Band in Israel jedoch Jahre zuvor nicht geben dürfen. Es exisitierte damals ein staatliches Kulturkomitee, das sich aus Repräsentanten des Bildungs-, Finanz- und Innenministeriums sowie Vertretern der israelischen Rundfunkanstalt und anderer Regierungsbehörden zusammensetzte. Ihre Aufgabe war es, die Auftritte ausländischer Künstler zu koordinieren – oder im Vorfeld gleich ganz abzulehnen, falls Probleme jedweder Art zu erwarten waren. Die Beatles schienen der Kommission ein Problem gewesen zu sein. Ein Antrag, den israelische Konzertveranstalter im Januar 1964 gestellt hatten, um John, George, Paul und Ringo für einen Auftritt nach Israel bringen zu dürfen, war abgelehnt worden. Die Kommission hatte in ihrer Begründung am 16. März 1964 kurz und knapp erklärt, aus der Lektüre einiger Zeitungsartikel sei klar hervorgegangen, dass diese »Kapelle« keinerlei »künstlerischen Wert« habe. Zudem hätten die bisherigen Konzerte der Beatles »Hysterie« und »Randale« ausgelöst.[261]

Israel veränderte sich kulturell in dem darauffolgenden Jahrzehnt rasant.[262] Der Jom-Kippur-Krieg war der erste »Rock'n'Roll-Krieg« gewesen, in dem die E-Gitarre das Akkordeon ersetzt hatte.[263] Die Nachal-Unterhaltungsgruppen verloren an Bedeutung, und nachdem die vier »Pilzköpfe« aus Liverpool abgelehnt worden waren, schossen im ganzen Land junge

---

260 Burton Bernstein, *Sinai*, S. 89.
261 »4 Semerei ›Beatles‹« [4 Beatles-Sänger, hebr.], in: *Sikum Dvarim mi-Jeschivat ha-Va'ada li-Ischur Habat Omanim mi-Chul*, 14. 3. 1964. In: ISA/1428/6-בן.
262 S. hierzu: Oz Almog, *Pridah mi-Srulik. Schinui ha-Arachim ba-Elita ha-Israelit* [Abschied von Srulik: Wertewandel in der israelischen Elite, hebr.], Bd. 1/2, Haifa 2004.
263 Yossi Klein ha-Levy, *Like Dreamers. The Story of the Israeli Paratroppers who Reunited Jerusalem and Divided a Nation*, 2013, New York /London u. a. S. 235.

Rockgruppen wie Pilze aus dem Boden. Edwin Seroussi und Motti Regev haben in ihrer Studie zur israelischen Populärkultur zwei Gründe für das Entstehen dieser Bands konstatiert:

»Eine Ablehnung, oder zumindest eine Geringschätzung der Bedeutung, der Ästhetik und des transportierten Inhalts der dominanten und ideologisch aufgeladenen nationalen Musikkultur; und zum anderen die Sehnsucht nach Teilhabe an etwas, das als neue und aufregende universelle Musikkultur wahrgenommen wurde, in der Spaß und Sex zentrale Funktionen zukamen.«[264]

Eine Festivalkultur hatte in Israel bis dato nicht existiert. Nachdem 1969 das Woodstock-Festival in den USA stattgefunden hatte, änderte sich dies langsam. Einige junge israelische Rock- und Popmusiker begannen damit, an Wochenenden nach Neviot zu reisen, um dort kleinere Auftritte zu spielen.[265] Sie verließen die lauten Städte, nahmen eine Gitarre und fuhren nach Süden, um Jigal Baschans Lied »In Nuweiba schreiben Fische Gedichte« zu paraphrasieren. Die rund hundert Mitglieder des Moschavs erkannten das Potential dieser musikalischen *happenings*.[266] Die Gigs kulminierten schließlich im Oktober 1977 in einem eintägigen Konzert.[267] Doch die Moschavnikim wollten mehr – und heuerten den Produzenten Eitan Gafni an, der ein dreitägiges Musikfestival realisieren sollte.[268]

Das »Nuweiba Pop Festival« fand am letzten Augustwochenende des Jahres 1978 statt. Tausende Jugendliche strömten auf den Sinai. Ihre säkularen Pilgerfahrten führten sie zu Victor Turners »Zentrum da draußen«, nach Neviot. Sie kamen, um Bob Dylans »All Along the Watchtower« in der Version von Jimi Hendrix zu hören, nicht, um auf die Wachtürme der Gründerväter zu steigen. Die Beatnikim legten den Bibelvers »So spricht Jahwe, der Gott Israels: Laß mein Volk ziehen, damit sie mir in der Wüste ein Fest feiern können« (2. Buch Mose, 5:1) auf ihre eigene Weise aus. Sie tanzten, sangen und sie liebten sich im warmen Sand unter dem Sternenhimmel des Sinais, der einem Planetarium glich.[269] Am Ende jener kurzen

---

264 Edwin Seroussi/Motti Regev, *Popular Music and National Culture in Israel*, S. 139.
265 Persönlich kommuniziert von Asher Bitanski, 15. 6. 2016, Tel Aviv.
266 Scheri Arnon, *Nuweiba*, S. 28.
267 Uri Aloni, »Chagigat Semer ba-Neviot« [Sängerfestival in Neviot, hebr.], in: *Lahiton. Olam ha-Kolno'a*, 13. 10. 1977, S. 12-13.
268 Persönlich kommuniziert von Asher Bitanski, 15. 6. 2016, Tel Aviv.
269 Roei Bahrir, »Masa bein Festivalim« [Reise zwischen den Festivals, hebr.], 7. 8. 2009, in: http://www.nrg.co.il/online/47/ART1/926/640.html [zuletzt abgerufen am 4. 11. 2017].

Epoche, so Joram Kaniuk, in der die Menschen keine Angst mehr vor Syphilis hatten und sich noch nicht vor AIDS fürchteten.[270] Das *who is who* der israelischen Musikszene performte bis in die frühen Morgenstunden im Moschav.[271] Schalom Hanoch und Chanan Juval, Ariel Silber und David Broza, Tzvika Pick und Nurit Galon – sie alle kamen nach Neviot.[272] Die Bühne stand am Strand, dort »wo die Wüste das Meer küsst und das Meer die Wüste«, wie Amos Kenan in einem seiner vielen Texte über den Sinai schrieb.[273] Ein Strand ist nicht mehr Meer und noch nicht Land, es ist ein liminaler Ort. Dort sang Schlomo Artzi »Sir Duke« von Stevie Wonder – auf Hebräisch.[274] »Music is a world within itself. / With a language we all understand. / With an equal opportunity, / for all to sing, dance and clap their hands.«

Die Organisatoren wollten mit dem Festival in Neviot keine politische Botschaft verbinden.[275] Anders als etwa die »Jesch Gvul«-Gruppe in Achziv Jahre später, im September 1983, die ihr Konzert als Protestaktion gegen den Ersten Libanonkrieg konzipierte.[276] Und doch waren die drei Festivaltage in der Oase von Nuweiba hochpolitisch. Die Sinai-Halbinsel war besetztes Gebiet. Israel hatte den Moschav Neviot auf Land errichtet, auf dem Beduinen – saisonal – siedelten.[277] Dort sang Schlomo Artzi nun über Chancengleichheit«, sang eines der bekanntesten Lieder des politischen Künstlers Stevie Wonder.[278]

Der frühe musikalische Höhepunkt der politisierten 68er-Bewegung war das Woodstock-Festival gewesen. Jigal Gafni und die Moschavmitglieder hatten davon geträumt, ein Woodstock in der Wüste zu organisieren – einen Sommernachtstraum. Als musikalischer Höhepunkt hätten an je-

---

270 Zitiert nach: Etty Wieseltier/Aaron Goldfinger, *Achziv*.
271 Benjamin Hadar, »Schloscha Leilot li-Pop« [Drei Nächte für den Pop, hebr.], in: *Davar*, 1.9.1978, S. 43.
272 N. N., »Neviot: Pop ba-Dinot« [Pop in den Dünen, hebr.], in: *Lahiton. Olam ha-Kolno'a*, 31.8.1978, S. 5. Die Texte der LP befinden sich ebenso wie das dazu gehörige Soundfile in: Bella and Harry Wexner Libraries of Sound and Song der Israelischen Nationalbibliothek.
273 Amos Kenan, »Ha-Orot Kavim ba-Na'amu«, S. 193.
274 Amos Oren, »Schiga'on Musika Nosach Neviot« [In Neviot wird verrückte Musik gemacht, hebr.], in: *Lahiton. Olam ha-Kolno'a*, 7.9.1978, S. 66.
275 Persönlich kommuniziert von Asher Bitanski, 15.6.2016, Tel Aviv.
276 Ich danke Prof. Dr. Motti Regev für diesen Hinweis.
277 Emanuel Marx, *Bedouin of Mount Sinai*, S. 61.
278 S. hierzu: Sarah Hill, »›This is my Country‹: American Popular Music and Political Engagement in ›1968‹«, in: Beate Kutschke/Barley Norton (Hgg.), *Music and Protest in 1968*, Cambridge/New York u. a. 2003, S. 58.

nem Augustwochenende zwei Künstler auftreten sollen, die bereits 1969 vor der Hippiegemeinde im kleinen Bethel gesungen hatten: Joan Baez, die »Königin des Folk« (Bob Dylan), und Richie Havens. Einzig: Baez sagte ihren Auftritt wenige Tage vor Beginn des Festivals ab. Die prominente Ikone der amerikanischen Friedensbewegung erklärte, sie habe nicht gewusst, dass der Sinai besetztes Gebiet sei, als sie die Einladung angenommen hatte.[279] Pop und Protest gehörten für Baez zusammen. Richie Havens kam nach Neviot. Zu einem Schrei nach Freiheit setzte er indes nicht noch einmal an.[280]

Auch Schulamit Aloni schwieg zu den Beduinen des Sinais. Die Grande Dame der Frauen- und Bürgerrechtsbewegung kämpfte jahrzehntelang mit Verve und Wortgewalt in und vor der Knesset für ein liberales und säkulares Israel. Für ein Land, in dem alle Staatsbürger ungeachtet ihrer Religion oder Herkunft gleiche Rechte haben sollten. Im Dezember 1976 veröffentlichte sie einen Artikel in dem linksintellektuellen Periodikum »New Outlook«. »Wüstenmanifest« lautete der Titel ihres Beitrages, in dem sie über die Enteignung und Diskriminierung von Beduinen im Negev berichtete. Sie schrieb: »Fünfundzwanzigtausend israelische Bürger im Negev betrachten sich als beraubt, fühlen, dass gegen ihren Willen der Versuch unternommen wird, sie zu Holzfällern und Wasserträgern [Josua 9:23, Anm. d. Verf.] jüdischer Farmer zu machen. Jemand, der glaubt, seine ihm zustehenden Rechte würden ihm verwehrt, wird seinen Kopf nicht lange beugen.« Seit fast dreißig Jahren, so Aloni weiter, zeigten sich die Beduinen kompromissbereit. Deshalb tue die israelische Regierung gut daran, »ihre Ohren zu öffnen« und »den Aufschrei der Vertreter von 25.000 Bürgern, die ihre Rechte einfordern und sich nach Chancengleichheit in ihrem Leben sehnen« zu hören.[281]

Dass sich Schulamit Aloni zu den Beduinen des Negev, nicht aber zu jenen des Südsinais äußerte, hatte vermutlich einen Grund. Sie war die Ehefrau von Reuven Aloni – dem Direktor der Zivilverwaltung des Südsinais.

In der Fotografie bezeichnet die Blende die Öffnung im Objektiv eines Fotoapparates, mit der die Weite der Objektivöffnung reguliert wird. Schulamit Aloni und weite Teile der israelischen Gesellschaft wandten diese Blendtechnik auf dem Südsinai ebenso an wie die internationalen Touristen, die dorthin kamen. Sie sahen scharf, was sie sehen wollten. Eine

---

279 Jewish Telegraph Agency, »Baez Backs out of Israeli Concert«, 14.8.1978, in: http://www.jta.org/1978/08/14/archive/baez-backs-out-of-israeli-concert [zuletzt abgerufen am: 4.11.2017].
280 N.N., »Neviot: Pop ba-Dinot«, S. 4.
281 Schulamit Aloni, »Desert Manifesto«, in: *New Outlook*, 19/8, 1976, S. 26.

Sommernachtstraum 209

Abb. 12: Di-Zahav war auch zwei Jahre nach seiner Gründung noch ein Provisorium (Aufnahme 9.4.1973).

Schatzinsel, auf der die Morgensonne »alles golden wäscht: Sand, Berge, Himmel«.²⁸² Auch in Dahab war das der Fall. Dahab ist Arabisch und bedeutet Gold. In dieser Oase war am 13. September 1971 die israelische Siedlung Di-Zahav errichtet worden, benannt nach einer der Lagerstätten der Israeliten bei ihrem Auszug aus Ägypten (5. Buch Mose, 1:1). 160 Kilometer von Eilat entfernt war es das südlichste Moschav in Israel.

Die 13 Gründerväter und -mütter aus Kirijat Malaki hatten dort zunächst auf eigene Faust und gegen den Willen der politischen Entscheidungsträger gesiedelt, wurden von der israelischen Presse »Partisanen«²⁸³ genannt – und bei ihrem Vorhaben schließlich doch offiziell unterstützt.²⁸⁴ Im Gegensatz zu Neviot existierte in Di-Zahav kein verlassenes Bauarbeiterlager der »Solel Boneh«. Bis 1973 hatten die ersten 15 Familien deshalb in Zelten gelebt.²⁸⁵ Die nächstgelegene Dusche befand sich in einem benachbarten Armeelager.²⁸⁶

282 Sara Davidson, »Last Days in Sinai«, in: dies., *Real Property*, New York 1981, S. 51.
283 Avraham Tirusch, »Partisanim schel Hitjaschvut« [Partisanensiedler, hebr.], in: *Maariv*, 21.5.73, S. 16.
284 Aisik Sadomi, »Moschavim Porachim ba-Drom ha-Rachok«, S. 13.
285 *Tochnit li-Pituach Esrachi ba-Merchav Schlomo*, S. 34.
286 Jossi Beilin, »Ha-Sahav sche bein Eilat le-Sharm«, S. 36. Nach dem Sechs-Tage-Krieg wurde in Dahab ein Denkmal für die Männer von Avraham Joffe errichtet.

Die Sehenswürdigkeit dieses Ortes war das Meer. Nirgendwo ist der Golf von Akaba breiter: Dahab trennen 14 Kilometer von der Küste zu Saudi-Arabien. Wenige Meter vom Strand entfernt, befindet sich das »Blue Hole«. Hinter diesem Loch im Dach des Küstensaumriffs verbirgt sich ein über 100 Meter tiefes trichterförmiges Taucherparadies mit Tunneln ins offene Meer. Die Siedler von Di-Zahav bauten auf dieser Wasserwelt ihre wirtschaftliche Existenz auf, errichteten eine Tauchschule – und ein unechtes Beduinendorf, um den weitgereisten Wandervögeln der »Hippie«-Bewegung,[287] die in das Moschav kamen, eine »authentische« Atmosphäre bieten zu können: al-Billij.[288]

Die echten Beduinen vom Stamm der Muzeina betrachteten die Beatnikim als »eine Art internationalen Clan«. Deshalb gaben sie ihnen, wie bei den eigenen Namen der Beduinenstämme üblich, die Gruppennamenendung »a« – und nannten die Beatnikim »Batanka«.[289] Auch Burton Bernstein kam auf seiner Reise über den Sinai nach Di-Zahav. »Allein die Masse an herumstromernden Rucksacktouristen, an denen wir vorbeikamen, sowie ein Blick auf die letzten Sinai-Inschriften (›Carol 1975‹) machte deutlich, dass wir dunkelstes Hippieland betraten.«[290] Im Moschav herrschte eine katatonische Stimmung, schrieb er, und es lebten dort auch, wie vermutet, einige Hippies. Darunter »Eva, ein schönes 26-jähriges Mädchen aus München, die ihre Haare gerade mit Henna gefärbt hatte und an einem Arm eine Tätowierung trug. Eva erklärte, sie wolle für immer in Dahab bleiben, es sei denn, sie bekäme einen Job als Model in Tel Aviv.«[291]

1956 war die Vorhut seiner IX. Brigade während ihres Vormarsches auf Sharm al-Sheikh in einem Palmenhaim bei Dahab auf zehn sudanesische Kamelreitersoldaten der ägyptischen Armee gestoßen, die dort im Hinterhalt gelegen hatten. S. hierzu: Yagil Henkin, *The 1956 Suez War and the New World Order in the Middle East: Exodus in Reverse*, Lanham/London 2015, S. 183.

287 Erik Cohen, »Nomads from Affluence: Notes on the Phenomenon of Drifter-Tourism«, in: *International Journal of Comparative Sociology*, 14/1-2, 1973, S. 103.
288 Smadar Lavie, »›The One Who Writes Us‹: Political Allegory and the Experience of Occupation among the Mzeina Bedouin«, in: dies./Kirin Narayan/Renato Rosaldo (Hgg.), *Creativity/Anthropology*, Ithaca/London 1993, S. 163.
289 Smadar Lavie, *The Poetics of Military Occupation*, S. 229.
290 Burton Bernstein, *Sinai*, S. 189.
291 Ebd., S. 189.

6.3 Jüdisches Gibraltar

»Sie sagen, es war großartig hier, bevor ich geboren wurde. / Und alles war einfach wundervoll, bis ich gekommen bin. / Sie sagen, es gab hier einst einen schönen Traum. / Aber als ich kam, konnte ich nichts finden.«

Jonathan Geffen, Vielleicht ist es vorbei

»So come with me, where dreams are born, and time is never planned. Just think of happy things, and your heart will fly on wings, forever, in Never Never Land!«

James M. Barrie, Peter Pan

Am 25. Juni 1967 versammelten sich Millionen Menschen in 31 Ländern vor ihren Fernsehgeräten. Die »British Broadcasting Corporation« (BBC) sendete zweieinhalb Stunden lang die erste weltweit ausgestrahlte Live-Produktion: »Our World«. Künstler aus 19 Nationen traten in der Show auf, darunter Maria Callas, Pablo Picasso und die Beatles. Sie sangen das erste Mal »All You Need is Love«.[292] Es wurde zu einer Hymne – zwei Wochen nach dem Ende des Sechs-Tage-Krieges. In Israel jedoch sang man in diesem langen Sommer andere Lieder, die sich in das kollektive Gedächtnis eingebrannt haben. Naomi Schemer verfasste »Jerusalem aus Gold« und Amos Ettinger schrieb »Sharm al-Sheikh«:

»Groß ist die Nacht und lächelt dich an. / Mit dem Morgengrauen sind wir zu dir zurückgekehrt, Sharm al-Sheikh. / Wir haben die Nacht, die See und die Berge hinter uns gelassen, / haben die Meerenge am Morgen erreicht. / Du bist, Sharm al-Sheikh. / Wir sind wieder zu dir zurückgekehrt. / Du warst in unseren Herzen, immer in unseren Herzen.«[293]

Die ersten Zeilen dieses Liedes waren eine Hommage an den südlichsten Ort auf der Sinai-Halbinsel. Dort wollte Israel sein und siedeln. Es war nicht das erste Mal, dass eine jüdische Siedlung in Sharm al-Sheikh errichtet wurde, sondern das dritte Mal. Bereits 1891 hatte sich dort eine kleine Gruppe russischer Juden unter der Führung von Paul Friedmann für wenige Wochen niedergelassen.[294] Der wohlhabende deutsche Protestant jü-

---

292 S. hierzu: Mark Lewisohn, *The Complete Beatles Recording Sessions: The Official Story of the Abbey Road Years*, London 1989.
293 Der vollständige Text dieses Liedes befindet sich ebenso wie das dazu gehörige Soundfile in: Bella and Harry Wexner Libraries of Sound and Song der Israelischen Nationalbibliothek.
294 Oskar K. Rabinowicz, »Friedmann, Paul«, in: Fred Skolnik/Michael Berenbaum (Hgg.), *Encyclopaedia Judaica*, Bd. 15, Detroit u. a. ²2007, S. 287-288.

discher Herkunft hatte es sich in den Kopf gesetzt, an der Küste der arabischen Halbinsel, im biblischen Land Midian (1. Buch Mose, 25:2-4), dem heutigen Saudi-Arabien, eine straff organisierte Kolonie für im Zarenreich verfolgte Juden zu gründen. In Krakau fand er einige wenige Juden, die sich auf das waghalsige Abenteuer einließen. Die Expedition, der sich auch zwei preußische Offiziere anschlossen, stieß im Oktober 1891 von Bremerhaven aus in See. Nach einem Halt in Suez fuhr man mit der Dampfjacht »Israel« bis nach Sharm al-Sheikh, das als Ausgangspunkt für die Erkundung »Midians« dienen sollte.[295]

Im Dezember besuchte Alfred Kaiser zufällig das Zeltlager der Friedmannschen Expedition, als er mit seiner Frau ausgeritten war »nach der Südspitze der Sinaihalbinsel, um einige Tage zu botanisieren«, wie es der Schweizer Sinaiforscher in einem Bericht für den »Israelit. Ein Central-Organ für das orthodoxe Judenthum« formulierte. »Schon in aller Frühe leiteten zwei von Kairo aus mitgebrachte Rabbiner das Morgengebet, an welchem indes nur ein Theil der Mannschaft sich betheiligte. Auf einer Feldküche bereitete einer den Thee, den sich jeder mit einem Matrosenbisquit und mit Zusatz von einem wenig Rum abholen konnte.« Kaiser befand, Friedmann habe sich kein schlechtes Land für sein Vorhaben ausgesucht. »Das Klima ist äußerst gesund, im Sommer freilich etwas warm, aber trocken, so dass man die Hitze viel leichter erträgt als z. B. in den deutschen Kolonien bei Sansibar.«[296]

Doch Friedmanns Vorhaben, von Sharm al-Sheikh aus eine Siedlung für russische Juden in der Wüste der arabischen Halbinsel zu errichten, oder, wie es Nathan Birnbaum ausdrückte, »mit zwei Dutzend durch den

295 Julius H. Schoeps, *Der König von Midian. Paul Friedmann und sein Traum von einem Judenstaat auf der arabischen Halbinsel*, Leipzig 2014, S. 28-38.
296 Alfred Kaiser, »Wadi Bedr, Sinai«, in: *Der Israelit. Central-Organ für das orthodoxe Judenthum*, Beilage zu Heft 4, 1892, S. 68. Kaiser hatte 1890 damit begonnen, eine Forschungsstation in al-Tur aufzubauen. Dort hatte er mit Frau und Kind gelebt. S. hierzu: Alfred Kaiser, *Die Sinaiwüste*, Weinfelden 1922. In einer schriftlichen Bekanntmachung im Periodikum »Verhandlungen der Schweizerischen Naturforschenden Gesellschaft« hatte er erklärt, seine Station verfüge über eine reichhaltige Bibliothek, physikalische Instrumente, Terrarien und stehe allen Forschern offen, die »ein sicheres Obdach, ein gutes Bett und eine zuträgliche, dem heimathlichen Herde möglichst angepasste Küche« suchten. Darüber hinaus gebe es für etwaige Expeditionen »Schiffsleute, tüchtige Taucher und Jäger, Boote und Lastthiere.« Er selbst stelle die »die Benützung von Sammel- und Präparirutensilien zu Diensten, sowie ein Vorrath an Conservirmitteln, Sammelgläsern, Büchsen und Kisten zum Nachhausetransport des eingesammelten Materials.« S. hierzu: Alfred Kaiser, »Mittheilung über naturwissenschaftliche Station Tor am Sinai«, in: *Verhandlungen der Schweizerischen Naturforschenden Gesellschaft*, Bd. 73, 1890, S. 136-137.

Corporalstock eingeschüchterter Golusjuden stante pede einen Militärstaat zu bilden«, realisierte sich nicht.[297] Erst kam es zu einer Meuterei zahlreicher Expeditionsteilnehmer in Sharm al-Sheikh, die gegen das harte Regiment im Lager aufbegehrten und die Expedition verließen. Im Februar 1892 stellte sich dann heraus, dass eine Besiedlung des 400 Kilometer langen Küstenstrichs im heutigen Saudi-Arabien aufgrund von Territorialstreitigkeiten zwischen dem Osmanischen Reich und dem unter britischer Herrschaft stehenden Ägypten nicht möglich sein würde.[298]

Das zweite Mal war eine jüdische Siedlung in Sharm al-Sheikh im Anschluss an den Sinai-Krieg im Winter 1956 entstanden. Die Geschichte dieser Besiedlung ist für das Verständnis der israelischen Präsenz in Sharm al-Sheikh von 1967 bis 1982 von zentraler Bedeutung.

Die sogenannte Suez-Krise hatte sich bereits im Sommer des Jahres 1956 angekündigt. Am Abend des 26. Juli 1956 hielt Gamal Abd al-Nasser in der Mittelmeermetropole Alexandria eine Rede an die ägyptische Nation.[299] Auf dem »Midan al-Tahrir«, dem Platz der Freiheit, verkündete er die Verstaatlichung des Suezkanals, von dem bis dato ausschließlich die lizenzierten Anteilseigner der in Paris beheimateten »Compagnie Universelle du Canal Maritime de Suez« profitierten – neben dem Vatikan vor allem französische Privatinvestoren und Großbritannien, das 44 Prozent aller Aktien besaß.[300] Diese Ankündigung markierte den Beginn der sogenannten Suez-Krise, die in einem Krieg gegen Ägypten mündete, der, wie bereits erörtert, Israel für kurze Zeit in einen ungeahnten Siegestaumel und die beiden Kolonialmächte in »imperiale Katerstimmung« versetzte.[301]

Der britische Premierminister Eden, der die Suezstraße einst als »Drehtür des British Empire« bezeichnet hatte,[302] war fassungslos über die Verstaatlichung des Kanals – und mit ihm viele im Vereinigten Königreich, wo

297 Nathan Birnbaum, »Die Friedmanniade«, in: *Selbst-Emancipation*, Heft 5, 1892, S. 52.
298 Julius H. Schoeps, *Der König von Midian*, S. 39-55.
299 Gamal Abdel Nasser, »Speech by President Nasser at Alexandria Announcing the Nationalization of the Suez Canal Company, 26 July 1956«, in: Noble Frankland (Hg.), *Documents on International Affairs 1956*, London/New York u. a. 1959, S. 77-113.
300 Steve Morewood, »Prelude to the Suez Crisis: The Rise and Fall of British Dominance over the Suez Canal, 1869-1956«, in: Simon C. Smith (Hg.), *Reassessing Suez 1956. New Perspectives on the Crisis and its Aftermath*, Aldershot 2008, S. 15. S. außerdem: N. N., »Die goldenen Eier«, in: *Der Spiegel*, Heft 23, 1958, S. 38-39.
301 Aron Shai, »Suez: The Last Imperial War or an Imperial Hangover?«, in: David Tal (Hg.), *The 1956 War. Collusion and Rivalry in the Middle East*, London/Portland 2001, S. 20.
302 Zitiert nach Keith Kyle, *Suez: Britain's End of Empire in the Middle East*, London/New York 2011, S. 7.

Schulkinder noch die Zeilen des von Rupert Brooke im Ersten Weltkrieg verfassten Gedichts »The Soldier« auswendig lernten: »Wenn ich fallen sollte, denk nur dies von mir: / Es gibt dann in der Fremde einen Ort, / der für immer England ist.«[303] Der Zerfall des britischen Weltreiches, der mit der Unabhängigkeit des einstigen kolonialen Kronjuwels Indien (1947) begonnen hatte und durch den Verlust des Kondominiums Sudan eine Fortführung fand, war in den Köpfen der meisten Menschen noch nicht angekommen. Nicht anders erging es Frankreich. Die »Grande Nation« hatte sich nach dem Zweiten Weltkrieg aus der Levante zurückziehen, nach der Schlacht um Dien Bien Phu im Jahr 1954 seine Kolonien in Indochina aufgeben sowie 1956 Marokko und Tunesien in die Unabhängigkeit entlassen müssen. Zusätzlich war in Algerien, Heimat von mehr als einer Million Pieds-noirs, ein Aufstand ausgebrochen. Auch noch dieses Land aufzugeben, wurde in der Vierten Republik kategorisch ausgeschlossen – oder, wie es Jacques Soustelle, der damalige Generalgouverneur von Algerien, ausdrückte:

»Dies ist das Alpha und Omega. Alle müssen wissen, hier und dort, dass Frankreich sich genauso wenig von Algerien trennen wird wie von der Provence oder der Bretagne. Egal was passiert, das Schicksal Algeriens ist französisch. Ja, meine Herren, das Schicksal Algeriens ist französisch!!«[304]

Die im Niedergang befindlichen Kolonialmächte versuchten vor diesem Hintergrund, »getrieben von den Geistern der Vergangenheit«, wie es Albert Hourani ausdrückte, an Ägypten ein Exempel zu statuieren.[305] Die Regierung ihrer Majestät um Anthony Eden, der 1938 aus Protest gegen das Münchner Abkommen mit Nazi-Deutschland als Außenminister zurückgetreten war und nun Nasser mit Hitler verglich, wollte den ägyptischen Präsidenten stürzen und die Verstaatlichung des Suezkanals rückgängig machen. Frankreichs Regierung um Guy Mollet schloss sich der Allianz gegen Nasser hingegen an, da man in ihm den wichtigsten Unterstützer der Aufständischen des »Front de Libération Nationale« in Algerien sah.[306] Israel ging die höchst »unwahrscheinliche ménage à trois«[307] mit Frankreich

---

303 Lesley Hazleton, *Where Mountains Roar*, S. 1.
304 Jacques Soustelle, *Aimée et Souffrante Algérie*, Paris 1956, S. 264.
305 Albert Hourani, »Conclusion«, in: W. M. Roger Loius/Rogger Owen (Hgg.), *Suez 1956. The Crisis and its Consequences*, Oxford/New York u. a. 1989, S. 393.
306 Zach Levy, »French-Israeli Relations, 1950-1956: The Strategic Dimension«, in: Simon C. Smith (Hg.), *Reassessing Suez 1956. New Perspectives on the Crisis and its Aftermath*, Aldershot 2008, S. 92-93.
307 Avi Shlaim, »The Protocol of Sèvres, 1956: Anatomy of a War Plot«, in: David Tal (Hg.), *The 1956 War. Collusion and Rivalry in the Middle East*, London/Portland 2001, S. 138.

und der einstigen Mandatsmacht offiziell aus zwei Gründen ein: Einerseits sollte die ägyptische Blockade der Straße von Tiran, die Israel den Zugang zum Hafen von Eilat versperrte, aufgebrochen werden, andererseits richtete sich der Waffengang gegen palästinensische Fedajin im Gaza-Streifen, den Ägypten seinerzeit ebenso wie die Sinai-Halbinsel kontrollierte.[308] Motti Golani hat die in den Verteidigungsministerien an Seine, Themse und Jarkon formulierten Kriegsgründe und -ziele auf die treffende Formel »drei Partner, drei Kriege« gebracht.[309]

Dass Israel nicht einmal zehn Jahre nach seiner Gründung für einen erneuten Krieg überhaupt gerüstet war, wurde am 15. Oktober 1956 deutlich. David Ben-Gurion gab an diesem Tag eine Regierungserklärung vor dem Parlament in Jerusalem ab, in der er zunächst über Fragen der Außen- und Sicherheitspolitik sprach und dann vor dem Plenum ein 52 Zeilen langes Gedicht von Anfang bis Ende verlas. Ben-Gurion erklärte, die fortwährenden Bemühungen bei der Beschaffung von Waffen könnten nicht en détail öffentlich geschildert werden. Stattdessen wolle er mit den Abgeordneten eine Erfahrung teilen, die ein Dichter in Worte gefasst habe und die es verdienten, in Parlamentsprotokollen verewigt zu werden. Die poetische Rede erreichte mit dem Verlesen der vierten Strophe ihren sicherheitspolitischen Höhepunkt:

»Vielleicht ward diese Nacht gewesen, oder es war eine Nacht, wie ein Traum. / In diesem Traum – Stahl, viel Stahl, neuer Stahl, / lange Geschützrohre bringend, auf Stahlketten donnernd. / Aus der Ferne kommend, den Strand hinauf und, als alles phantastisch scheint, schon wahr. / Mit der ersten Erdberührung verwandelte es sich in jüdische Kraft.«[310]

Es – das waren 60 AMX-13-Panzer aus Frankreich. Sie waren zwischen Juli und August 1956 heimlich und nachts nach Israel geliefert worden.[311] Generalstabschef Moshe Dajan und Schimon Peres, damals Generaldirektor des Verteidigungsministeriums, hatten den Deal eingefädelt, nachdem

308 Benny Morris, *Israel's Border Wars 1949-1956. Arab Infiltration, Israeli Retaliation, and the Countdown to the Suez War*, Oxford 1993, S. 227-263.
309 S. hierzu: Motti Golani, *Israel in Search of a War. The Sinai Campaign, 1955-1956*, Brighton u. a. 1998.
310 David Ben-Gurion, »Mediniut Chuz u-Bitachon. Hoda'ah Rosch ha-Memschalah, 15. Oktober 1956« [Außen- und Sicherheitspolitik. Regierungserklärung des Ministerpräsidenten, hebr.], in: *Divrei ha-Knesset*, Bd. 21, Heft 1-21, 8.10.1956-27.2.1957, Jerusalem o. J., S. 58-60.
311 Yagil Henkin, *The 1956 Suez War and the New World Order in the Middle East*, S. 69.

Ägypten 1955 Waffenlieferungen aus der Tschechoslowakei mit dem kommunistischen Segen der Sowjetunion erhalten hatte.[312] Der Verfasser des Gedichts war Natan Alterman. Er war von Dajan eingeladen worden, bei einer der geheimen Entladungsaktionen an der Küste von Haifa anwesend zu sein, um für die Nachwelt lyrisches Zeugnis über die »Operation Jona« abzulegen.[313]

Eine Woche nachdem Ben-Gurion vor der Knesset die Altermanschen Zeilen verlesen hatte, trat im Pariser Vorort Sèvres für 48 Stunden der trinationale »Kriegsrat« zusammen.[314] Der Pakt sah vor, dass Israel – inzwischen mit Waffen aus den Arsenalen der North Atlantic Treaty Organization (NATO) ausgerüstet – Ägypten, das mit Waffen des Warschauer Paktes ausgestattet war, angreifen sollte. Großbritannien und Frankreich würden infolgedessen beide Länder auffordern, sich von beiden Seiten des Suezkanals zurückzuziehen, was Ägypten, so die Annahme, jedoch nicht akzeptieren würde. Dadurch hätten die Kolonialmächte den gewünschten Casus belli.[315]

Ägypten reagierte wie erwartet und erhofft. Israels Angriff auf dem Sinai begann am 29. Oktober, zwei Tage später griffen Großbritannien und Frankreich entlang des Kanals an – und am 6. November stellten die drei Armeen auf Druck der neuen Weltmächte in der UNO, USA und UdSSR, das Feuer ein.

David Ben-Gurion hatte sich in diesen Novembertagen des Jahres 1956 von der landesweiten Euphorie 48 Stunden lang mitreißen lassen. Zunächst verfasste er einen Brief über das neu gewonnene »Dritte Königreich Israel«. Dieser war an die IX. Brigade von Avraham Joffe gerichtet, die das strategisch wichtige Sharm al-Sheikh und die davor gelagerte Insel Tiran erobert hatte. Am 6. November verlas Mosche Dajan stellvertretend für Ben-Gurion diesen Brief bei der Siegesparade in Sharm al-Sheikh.[316]

312 Rami Ginat, »Origins of the Czech-Egyptian Arms Deal«, in: David Tal (Hg.), *The 1956 War. Collusion and Rivalry in the Middle East*, London/Portland 2001, S. 147.
313 Neben Alterman und Dajan waren auch Ben-Gurion, Peres und der Journalist Schabtai Tevet in jener Nacht an der Kischon-Anlegestelle beim Entladen des Militärgeräts anwesend. Alterman übergab Ben-Gurion sein Gedicht am 18. August 1956. Ben-Gurion hob mit seiner Rede vor der Knesset wenige Monate später die Zensur auf, und die Verse wurden schließlich unter verschiedenen Titeln in verschiedenen Tageszeitungen abgedruckt. S.: Dan Laor, *Natan Alterman. Biografia* [Natan Alterman, Biografie, hebr.], Tel Aviv 2013, S. 482-484.
314 S. Ilan Troen, »The Protocol of Sèvres: British/French/Israeli Collusion against Egypt, 1956«, in: *Israel Studies*, 1/2, 1996, S. 124.
315 Das Protokoll findet sich auf Französisch und Englisch in: ebd., S. 131-134.
316 Moshe Dayan, *Diary of the Sinai Campaign*, New York 1967, S. 201.

An die Soldaten und Offiziere gewandt, hatte der Ministerpräsident und Verteidigungsminister darin unter anderem geschrieben:
»Nun können wir wieder das alte Lied von Mose und den Kindern Israel singen: ›Als die Völker das hörten, erzitterten sie, die Philister packte das Schütteln. Damals erschraken die Häuptlinge Edoms, die Mächtigen von Moab packte das Zittern, Kanaans Bewohner, sie alle verzagten. Schrecken und Furcht überfiel sie. Sie erstarrten zu Stein vor der Macht deines Armes, bis hindurchzog, o Herr, dein Volk, bis hindurchzog das Volk, das Du erschufest‹.«[317]

Dieses Zitat (2. Buch Mose, 15:15-17) war weit mehr als eine Reminiszenz an die Ahnen, es waren die triumphalen Sätze eines Siegers. Nicht einmal ein Jahrzehnt war zu diesem Zeitpunkt seit der Gründung Israels vergangen. Der Kampf um die Unabhängigkeit war ein blutiges und langes Ringen gewesen. Junge Männer hatten getötet und wurden getötet, ohne jemals geküsst zu haben, wie es Joram Kaniuk retrospektiv ausgedrückt hat.[318] Anschließend mussten ein Staat und eine funktionierende Volkswirtschaft aufgebaut werden, in die Holocaustüberlebende ebenso wie Juden aus der muslimisch geprägten Welt zu integrieren waren, ein von Kontinenten und Meeren getrennter heterogener Kulturkreis, der von Aleppo und Algier über Beirut und Bagdad bis nach Teheran und Tripolis reicht. Der nur siebentägige Sinai-Krieg hatte Israel nun plötzlich in den Rang einer Regionalmacht katapultiert, der Waffengang markierte für Ben-Gurion eine Zäsur. Vor diesem Hintergrund hatte er das Moselied als Zitat gewählt, da es in der biblischen Erzählung nach dem Durchzug durch das von Gott geteilte Meer und der damit verbundenen Niederlage der Armee des Pharaos gesungen wurde. Es markiert in der biblischen Geschichte den Beginn des Weges in die Eigenständigkeit – und passte somit perfekt in die religiös aufgeladene nationale Euphorie.

Am darauffolgenden Tag, dem 7. November 1956, hielt Ben-Gurion um 11.17 Uhr in der 182. Sitzung der III. Knesset eine Rede wie im Rausch. Der säkulare Staatsgründer zeigte erneut, dass er nicht nur pragmatischer Realist war, sondern auch ein Politiker, »der in seinem Herzen gewaltige mes-

---

317 Der Brief wurde am 8. November 1956 in der ersten Nachkriegsausgabe von »Ba-Machane« vollständig mit dem zweideutigen Titel »Ma'amad Sharm al-Sheikh« [Die Offenbarung von Sharm al-Sheikh, hebr.] abgedruckt; am 7.11.1956 berichteten verschiedene Tageszeitungen über diesen Brief in direkter und indirekter Rede. S. hierzu: David Ben-Gurion, »Ma'amad Sharm al-Sheikh«, in: *Ba-Machane*, Heft 12, 8.11.1956, o. S.
318 Yoram Kaniuk, *Life on Sandpaper*, Champaign/London 2011, S. 9.

Abb. 13: Mosche Dajan (M.) beim Verlesen des Briefes von David Ben-Gurion in Sharm al-Sheikh (Aufnahme 6.11.1956).

sianische Träume und grandiose territoriale Pläne barg«.³¹⁹ In seiner Rede ließ Ben-Gurion das Bibelzitat aus, wiederholte aber alle anderen zentralen Punkte des Briefes. Durch den Sieg sei nichts weniger als die »Offenbarung am Sinai« erneuert worden, erklärte er und proklamierte für die Bucht von Sharm al-Sheikh einen neuen Namen – »Salomon-Bucht«. Er begründete diese Entscheidung mit den folgenden Worten:

> »Tatsächlich begann Israels Handelsschifffahrt im Roten Meer vor 3.000 Jahren, in den Tagen König Salomons. Eilat war der erste hebräische Hafen zu Zeiten der Könige Judas, und bis Mitte des 6. Jahrhunderts europäischer Zeitrechnung, das heißt, bis vor 1.400 Jahren, gab es eine hebräische Unabhängigkeit auf der Insel Jotvat im Süden der Straße von Eilat, die vor zwei Tagen durch die israelische Verteidigungsarmee befreit worden ist. Diese Insel wird in unseren Tagen Tiran genannt und wacht über die Passage vom Roten Meer im Süden hinein in den Golf von Eilat [so die israelische Bezeichnung für den Golf von Akaba, Anm. d. Verf.].«³²⁰

---

319 Shlomo Ben-Ami, *Scars of War, Wounds of Peace: The Israeli-Arab Tragedy*, London 2005, S. 82.
320 David Ben-Gurion, »Ha-Matzav ha-Medini ve ha-Tzva'i, 7. November 1956« [Die Lage des Staates und der Armee, 7. November 1956, hebr.], in: *Divrei ha-Knesset*, Bd. 21, Heft 1-81, 8.10.1956-27.2.1957, Jerusalem o. J., S. 197.

Jüdisches Gibraltar   219

In dem sich hieran anschließenden historischen Exkurs über jene »hebräische Unabhängigkeit« auf der Insel Tiran respektive Jotvat – die zu Saudi-Arabien gehört und von Ägypten ab 1950 mit dem Einverständnis des Königshauses in Riad für einige Jahrzehnte besetzt worden war – bezog sich Ben-Gurion namentlich auf Prokop von Caesarea.[321] »Seit alters her«, zitierte er den Geschichtsschreiber im altgriechischen Original vor der Knesset, »wohnten hier Hebräer in voller Unabhängigkeit, doch sind sie unter der Regierung des genannten Kaisers Justinian zu römischen Untertanen geworden.«[322]

Einen Tag nach dieser Rede musste Ben-Gurion in einer Radioansprache indes bekannt geben, dass sich die Armee auf internationalen Druck hin bald von der Sinai-Halbinsel zurückziehen werde. Trotz dieser Ankündigung errichtete das israelische Militär noch im Dezember 1956 zwei Nachal-Siedlungen auf der Sinai-Halbinsel – eine unweit des Gaza-Streifens (s. Kap. 4.1) und eine in Sharm al-Sheikh.

Das Zeltlager in Sharm al-Sheikh wurde am 16. Dezember 1956 von einer zehnköpfigen Vorhut aufgebaut. Das Projekt wurde finanziert vom Jüdischen Nationalfonds. Zwei Tage später flogen die ersten 40 der avisierten 80 Personen, Militärs wie Zivilisten, nach Sharm al-Sheikh. Am 19. Dezember lieferte die israelische Marine per Schiff, mit der »Königin Saba«, Ausrüstung und Arbeitsgerät.[323] Noch am gleichen Tag fand eine Eröffnungszeremonie statt. »Wir legen ein starkes Fundament für eine dauerhafte Siedlung, die auf den Werten des Friedens, der Arbeit und der Verteidigung gegründet sein wird«, erklärten die Neubewohner von Sharm al-Sheikh feierlich und gaben ihrer Hoffnung Ausdruck, dass »unsere Siedlung Tarschisch (Ophir)« eine blühende Ortschaft werde, welche »die

321 David Ben-Gurion, »Ha-Matzav ha-Medini ve ha-Tzva'i, S. 320.
322 Die deutsche Übersetzung aus dem Altgriechischen erfolgt nach: Prokopius, *Prokop Werke: Perserkriege*, Bd. 3, hg. v. Otto Veh, München 1970, S. 143. Auch H. Graetz hatte in seiner monumentalen »Geschichte der Juden« geschrieben, auf der Insel habe sich »seit unendlichen Zeiten ein kleiner jüdischer Freistaat [befunden], der seine Unabhängigkeit gegen Perser, Griechen und Römer behauptet und erst unter Kaiser Justinian erobert wurde.« Ders., *Geschichte der Juden. Von den ältesten Zeiten bis auf die Gegenwart. Vom Abschluss des Talmuds (500) bis zum Aufblühen der jüdisch-spanischen Kultur (1027)*, Bd. 5, Leipzig ⁴1909, S. 75-76. Eine Expedition, die unmittelbar nach dem Sinai-Feldzug unter der Leitung des damaligen Präsidenten der Hebräischen Universität in Jerusalem, Benjamin Mazar, die Insel Tiran erkundete, widerlegte diese Identifizierung Jotvats mit der Insel Tiran. S. hierzu: Beno Rothenberg/Yohanan Aharoni/Avia Hashimshoni, *Die Wüste Gottes*, S. 152.
323 *Heachsut Nachal (Daijgim) ba-Mifraz Schlomo (Sharm al-Sheikh)* [Nachal-Fischersiedlung in der Salomonbucht (Sharm al-Sheikh), hebr.], 14.12.1956, S. 1. In: IDFA/1-126/1964.

südlichen Seewege des Staates Israels sichert«.³²⁴ Am 1. März 1957 wurde
»Tarschisch (Ophir)« dann entsprechend der Ankündigung Ben-Gurions
geräumt und Sharm al-Sheikh den UNEF-Truppen übergeben.

Die israelische Öffentlichkeit hatte von dem gesamten Vorhaben kaum
Kenntnis, vieles war im Verborgenen abgelaufen. Erst am 21. Februar 1957,
zwei Wochen vor Beendigung des Pilotprojekts, berichtete die Soldaten-
zeitung »Ba-Machane« über jene jungen Fischer in der »Salomon-Bucht«.
Das Leben in der Siedlung wurde darin als eine Art paramilitärisches Som-
mercamp porträtiert: Auf den abgedruckten Fotos waren junge Männer in
kurzen Hosen zu sehen, die Fangkörbe, groß wie Waschmaschinen, aus
dem Meer in ein kleines Boot zogen, sowie eine Gruppe junger Frauen in
Uniform am Strand, die auf einem Holztisch, auf dem Emailleschüsseln
und Blechtöpfe standen, frische Fische filetierten.³²⁵ Die Darstellung der
Soldaten war ebenso bewusst gewählt wie der Name der Siedlung – »Tarschisch (Ophir)«.

Ophir wird als sagenumwobenes Goldland in der Bibel im Zusammenhang mit König Salomon erwähnt, sowohl im I. Buch der Könige als auch
in den Chroniken und dem apokryphen Buch Tobias. Der Überlieferung
zufolge schloss der Nachfolger Sauls und Davids mit Hiram, dem König
von Tyros, ein Bündnis. Dieser erhielt von Salomon Getreide und Öl. Im
Gegenzug unterstützte er ihn mit Handwerkern beim Bau des Tempels von
Jerusalem und »schickte ihm durch seine Knechte Schiffe und geübte See-
fahrer. Sie fuhren mit den Leuten Salomos nach Ophir und holten von
dort 450 Talente Gold« (2. Chronik, 8:18) ebenso wie »Sandelholz und
Edelsteine« (2. Chronik, 9:10).

Aus den Texten geht jedoch nicht hervor, wo jenes Ophir gelegen haben
soll. »Wie ein geheimnisvolles Rätsel ragt aus den dunklen Räumen der Ur-
geschichte die Ophir-Frage in die Gegenwart hinüber«,³²⁶ hatte deshalb
Carl Peters 1895 im ersten seiner zahlreichen Bücher zu diesem, seiner Meinung nach »meist behandelten Probleme der menschlichen Geschichte«
geschrieben.³²⁷ Tatsächlich gab es eine Vielzahl an Theorien, wo Ophir zu

---

324 Jair Douer, *Lanu ha-Magal hu Cherev*, S. 62-64.
325 D. Moschaiov, »Daigim ba-Mifraz Schlomo« [Fischen in der Salomonbucht, hebr.], in: *Ba-Machane*, 21.2.1957, Heft 27, S. 11-13. Ein weiterer Bericht fin-
det sich bei: Ja'acov Adar, »Hehachsut ba-Rafiach ve-Daijgei Nachal ba-Mifraz Schlomo« [Nachal-Siedlung in Rafach und eine Nachal-Fischereisiedlung in der Salomonbucht, hebr.], in: *Ba-Machane Nachal*, 1.4.1957, S. 21.
326 Carl Peters, *Das Goldene Ophir Salomo's. Eine Studie zur Geschichte der Phönizi-
schen Weltpolitik*, München/Leipzig 1895, S. 1.
327 Ebd., S. V.

finden sei. Sie reichten von Indien bis Somalia.³²⁸ Niemand hatte sich jedoch mit Ophir derart obsessiv beschäftigt wie Peters, der wohl blutigste Pionier der deutschen Kolonialgeschichte.³²⁹ Im Frühjahr 1899 war er zu einer Expeditionsreise nach Afrika aufgebrochen, um auf »den alten Spuren der portugiesischen Conquistadores des 16. Jahrhunderts«³³⁰ das Ophir-Rätsel zu lösen. Sein Fazit war eindeutig ausgefallen: »Süd-Afrika vom Zambesi bis zum Orange-Fluss ist ein Dorado erster Klasse und damit trifft der Grundcharakter des alttestamentarischen Ophir hier genau zu.«³³¹ Auch Tarschisch findet in der Bibel Erwähnung. Zum einen ist Tarschisch der Sohn Javans, eines Enkel Noahs (1. Buch Mose, 10:4). Seit den Tagen der Septuaginta wird »Javan« mit Griechenland gleichgesetzt. Vor diesem Hintergrund vermuten bis heute viele Forscher, Tarschisch liege im Mittelmeerraum, im südspanischen Tartessos,³³² oder im sizilianischen Tarsus.³³³ Zum anderen ist Tarschisch jener Ort, zu dem der Prophet Jona von Jaffa aus vor Gott geflüchtet war, nachdem er sich geweigert hatte, dessen Befehl auszuführen, den Einwohnern von Ninive ein Strafgericht zu verkünden (Jona, 1:3). Darüber hinaus erwähnt die Bibel sogenannte »Tarschischflotten« – ebenjene Schiffe, die zur Zeit König Salomons zusammen mit den Schiffen Hirams »Gold, Silber, Elfenbein, Affen und Perlhühner« (1. Könige, 10:22) brachten; sowie später jene Schiffe, die König Jehoschuphat während seiner Regentschaft bauen ließ, um aus Ophir Gold zu holen, die aber nie losfuhren, »denn sie wurden zerbrochen zu Ezion-Geber« (1. Könige, 22:49). Vor diesem Hintergrund und auf der Basis philologischer Überlegungen plädiert der Münchner Theologe und Ägyptologe Manfred Görg dafür, keine Verortung von Tarschisch vorzunehmen, sondern es metaphorisch zu verstehen, »als ein ›fernes Land‹ voll Kostbarkeiten«.³³⁴

328 Joshua Gutman, »Ophir«, in: Fred Skolnik/Michael Berenbaum (Hgg.), *Encyclopaedia Judaica*, Bd. 15, Detroit u. a. ²2007, S. 439.
329 Arne Peras, *Carl Peters and German Imperialism 1856-1918. A Political Biography*, Oxford 2004.
330 S. hierzu: Carl Peters, *Im Goldland des Altertums. Forschungen zwischen Zambesi und Sabi*, München 1902, S. 13.
331 Ebd., S. 4.
332 David Abulafia, *Das Mittelmeer. Eine Biographie*, aus dem Engl. übers. v. Michael Bischoff, Frankfurt a. M. ²2013, S. 124.
333 Arie van der Kooij, *The Oracle of Tyre: The Septuagint of Isaiah XXIII as Version and Vision*, Leiden u. a. 1998, S. 40-47.
334 Manfred Görg, »Ophir, Tarschisch und Atlantis«, in: ders., *Aegyptiaca-Biblica. Notizen und Beiträge zu den Beziehungen zwischen Ägypten und Israel*, Wiesbaden 1991, S. 27.

Unabhängig von der Frage, wo Tarschisch und Ophir gelegen haben könnten, lässt sich konstatieren, dass beide Orte synonym für den maritimen Welthandel standen. Die Wahl der israelischen Regierungsbehörden von »Tarschisch (Ophir)« als Namen für die Nachal-Siedlung in Sharm al-Sheikh war deshalb eine bewusste gewesen, schließlich war man offiziell gegen Ägypten in den Krieg gezogen, um die Blockade der Wasserwege nach Eilat aufzubrechen und so vom Golf von Akaba aus aktiv am maritimen Welthandel teilnehmen zu können.

Entdecker, Eroberer und auf dem Schlachtfeld siegreiche Nationen haben seit jeher das jeweils neue Gebiet mit neuen Namen versehen – nomen est omen. Ein solcher nominaler Neubeginn findet sich schon in der Bibel (Richter, 1:17). Auch die zionistische Bewegung hatte diese Strategie von Beginn an verfolgt. Sie trug sogar den Wunschsiedlungsort im eigenen Namen: Zion. Die biblischen Orte des jüdischen Volkes sollten mit der Besiedlung Palästinas wiederbelebt werden.[335] Der jüdische Nationalfonds hatte bereits 1922 ein Komitee eingerichtet, das fortan die Namen aller neuen Siedlungen im Land festlegte. Nach der Staatsgründung war die Kommission der israelischen Regierung unterstellt worden und benannte Städte, Dörfer und Landstriche neu.[336] Die ganze Wirkmächtigkeit dieses Prozesses manifestierte sich im Erstellen neuer Landkarten: Aus dem einstmals arabischen wurde ein hebraisiertes Land.[337]

»Karten waren ebenso wie Kanonen und Kriegsschiffe Waffen des Imperialismus«, schrieb John Brian Harley in seiner Geschichte der Kartographie. »Landvermesser marschierten Seite an Seite mit Soldaten, anfänglich um für die Aufklärung zu kartographieren, dann, um allgemeine Informationen darzustellen und schlussendlich [diente ihr Kartenmaterial] als Hilfsmittel bei der Pazifizierung, Zivilisierung und Ausbeutung der bestimmten Kolonien.«[338] Auch für den von Israel besetzten Sinai trifft dies zu. Wie bereits gezeigt, war Ze'ev Meschel nach dem Sechs-Tage-Krieg in den Südsinai gezogen, um diesen zu kartographieren. Die vielen entlegenen

---

335 Maoz Azaryahu/Aharon Kellerman, »Symbolic Places of National History and Revival: A Study in Zionist Mythical Geography«, in: *Transactions of the Institute of British Geographers*, 24/1, 1999, S. 121.
336 Hanah Bitan, »Va'ad ha-Schemot ha-Memschaltit: Toldoteiha ve-Ikronot Avodoteiha« [Das Namensgebungskomitee der Regierung: Seine Geschichte und Arbeitsprinzipien, hebr.], in: *Ofakim ba-Geographia*, Heft 83, 2013, S. 67-84.
337 Meron Benvenisti, *Sacred Landscape. The Buried History of the Holy Land since 1948*, Berkeley u. a. 2000, S. 14.
338 J. B. Harley, *The New Nature of Maps. Essays in the History of Cartography*, hg. v. Paul Laxton, Baltimore/London 2001, S. 57.

Täler und Berge hatte er jedoch nicht hebraisiert. Die Namensfindungskommission aber wollte für Sharm al-Sheikh einen hebräischen Namen. Israelis durften den Ort seit April 1971 als feste Adresse in ihren Ausweisdokumenten eintragen lassen.[339] Dieser Umstand sollte nun auch in hebräischer Sprache auf den Landkarten seine Entsprechung finden. Am 9. Juli 1971 tagte das Komitee deshalb unter dem Vorsitz des Archäologen Avraham Biran. Der Unterausschuss hatte für Sharm al-Sheikh den Namen Scha'ar Schlomo vorgeschlagen – das Tor Salomons. Die Zivilverwaltung des Südsinais sprach sich gegen diesen Vorschlag aus und präsentierte einen Gegenvorschlag: Ophir.[340] Ze'ev Vilnai, der ebenso wie Rechavam »Gandhi« Ze'evi dem interdisziplinär zusammengesetzten Gremium angehörte, plädierte für Ophira. Was sich in der lateinischen Schriftsprache als ein angehängtes »a« zeigt, ist im Hebräischen das sogenannte »Heh-lokale« und bezeichnet eine Richtung. »Wir wissen nicht, wo Ophir liegt und wir werden niemals nach Ophir gelangen, aber dieser Ort [Sharm al-Sheikh, Anm. d. Verf.] liegt auf dem Weg nach Ophir, und das füllt den Ortsnamen mit Inhalt«, erklärte er. Weitere Gremiumsmitglieder sprachen sich für Kirijat Schlomo, andere für Scha'ar Ophir aus. Am Ende wurde Vilnais Vorschlag angenommen. Zwei Stimmen entfielen auf Scha'ar Schlomo, ebenso viele auf Kirijat Schlomo. Scha'ar Ophir fand eine Zustimmung und Ophira acht Befürworter. Die im Norden von Sharm al-Sheikh gelegene malerische Bucht Marsa al-At wurde in derselben Sitzung ebenfalls umbenannt – in Na'ama.[341] »Na'am« bedeutet auf Deutsch angenehm. Na'ama war zudem eine Frau König Salomons gewesen (1. Könige, 14:21 und 2. Chronik, 12-13). Mit diesen Entscheidungen der Namensfindungskommission kam der 1956 begonnene Prozess zu einem Abschluss. Der Ort, der mit seiner »weißen Moschee« und dem »tiefblauen Wasser« vor »karmesinroten Felsen« im November 1956 auf Mosche Dajan wie eine »Märchenstadt« gewirkt hatte, erhielt im Sommer 1971 einen hebräischen Namen.[342]

---

339 Jewish Telegraph Agency, »Israelis Told They Can List Sharm al-Sheikh as Permanent Address«, 21.4.1971, in: http://www.jta.org/1971/04/21/archive/israelis-told-they-can-list-sharm-el-shelkh-as-permanent-address [zuletzt abgerufen am 4.11.2017].
340 *Doch mi-Jeschivot Va'adat ha-Schemot ha-Memschaltit* [Bericht über die Sitzungen des Namensgebungskomitees der Regierung, hebr.], 1971, S. 1. In: CZA/ A246/497-2.
341 *Doch mi-Jeschivot Va'adat ha-Schemot ha-Memschaltit,* S. 2.
342 Moshe Dayan, *Die Geschichte meines Lebens,* Wien/München u. a. 1976, S. 198.

Die israelische Öffentlichkeit wurde Anfang August 1971 über die neuen Namen in der Tageszeitung »Davar« informiert.[343] Zwei Monate später wurde die 600 Kilometer lange »Egged«-Linie Tel Aviv – Ophira eingeweiht. Am 17. Oktober 1971 verließ der erste Bus um acht Uhr morgens den zentralen Busbahnhof von Tel Aviv.[344] Am Ende der achtstündigen Fahrt über Beerscheva und Eilat standen jedoch noch nicht viel mehr als zwei Visionen.

Mosche Dajan träumte davon, den an der Meerenge von Tiran gelegenen Küstenstreifen zu einem »jüdischen Gibraltar« auszubauen.[345] Der Verteidigungsminister erklärte öffentlich, er ziehe Sharm al-Sheikh ohne Frieden einem Frieden ohne Sharm al-Sheikh vor.[346] Die israelische Admiralität teilte seine sicherheitspolitischen Erwägungen. Die Marine hatte seit der Staatsgründung vor allem im Mittelmeer operiert. Nun hatten die Schiffe einen weit größeren Bewegungsradius. Ebenso die Luftstreitkräfte: Ihre Piloten nutzten im Juli 1976 das nahe bei Ophira gelegene Rollfeld, um jene Soldaten nach Uganda zu fliegen, die das Geiseldrama von Entebbe beendeten.

Die zweite Vision für Ophira war die einer modernen Enklave am Roten Meer. In dem 1973 veröffentlichten Südsinai-Plan der Zivilverwaltung war prognostiziert worden, dass bereits fünf Jahre später rund 5.000 Israelis in Ophira leben würden, 1985 schließlich bis zu 10.000.[347]

»Jede Stadt empfängt ihre Form von der Wüste, der sie sich entgegenstellt«, schrieb Italo Calvino in seinen romanhaften Textminiaturen über erträumte Landschaften und phantastische Städte.[348] In Ophira sollte es anders werden.[349] Man plante eine ultramoderne, kompakte Stadt mit kur-

343 Tzvi Ilan, »Ha-Jischuv ha-Ironi Jikra Ophira« [Der urbane Jischuv heißt Ophira, hebr.], in: *Davar*, 2.8.1971, S. 4.
344 N.N., »Nechnach Kav Egged Chadasch Tel Aviv–Sharm al-Sheikh« [Einweihung der neuen Egged-Linie Tel Aviv–Sharm al-Sheikh, hebr.], in: *Davar*, 18.10.1971, S. 6.
345 Jewish Telegraph Agency, »Dayan Reiterates Concept of Strategic Security Borders Implying Annexation«, 23.10.1969, in: http://www.jta.org/1969/10/23/archive/da yan-reiterates-concept-of-strategic-security-borders-implying-annexation [zuletzt abgerufen am 4.11.2017].
346 N.N., »Dajan: Ani Ma'adif et Sharm – bli Schalom« [Dajan: Ich bevorzuge Sharm – ohne Frieden, hebr.], in: *Maariv*, 17.2.1971, S. 1.
347 *Tochnit li-Pituach Esrachi ba-Merchav Schlomo*, S. 30-31.
348 Italo Calvino, *Die unsichtbaren Städte*, aus dem Ital. übers. v. Burkhart Kroeber, Frankfurt a.M. ³2015, S. 26.
349 Der erste Vorschlag, wie Sharm al-Sheikh entwickelt werden könnte, war 1968 von Ra'anan Weitz vorgelegt worden. Er hatte dafür plädiert, rund 10.000 Israelis in Sharm al-Sheikh anzusiedeln. Die Wirtschaft der Stadt sollte auf Leichtindustrie, internationalem Tourismus sowie intensiver Landwirtschaft, vor allem dem

Jüdisches Gibraltar 225

zen Wegen für ihre Bewohner,[350] der Kern war als vierstöckiges urbanes Zentrum konzipiert, auf einem Felsplateau über der Bucht parallel zum Meer errichtet. Die einzelnen Gebäude sollten nach der Vorstellung der Architekten durch überdachte Fußwege und Innenhöfe miteinander verbunden sein und neben einer Einkaufszeile öffentliche Einrichtungen sowie Sportstätten beinhalten, aber auch Platz für Wohnflächen bieten. Die Hälfte der geplanten 280 klimatisierten Wohnungen sollten Dreieinhalbzimmer-Appartements sein, ein Viertel zwei und die übrigen entweder ein, drei oder vier Zimmer haben. Daneben sahen die Stadtplaner drei Kindergärten vor und eine aus sechs Klassenzimmern bestehende städtische Schule, die wie ein marokkanisches Riad-Haus um einen schattenspendenden Hof geplant war. Für den Fall, dass die Zahl der schulpflichtigen Kinder ansteigen würde, gab es Pläne, bis zu zwölf weitere Klassenräume anzubauen.[351]

Nimmt man das im Entwicklungsplan von 1973 avisierte Bevölkerungswachstum als Maßstab, demzufolge mindestens 700 bis 800 Familien in Ophira dauerhaft hätten leben müssen, um ein funktionierendes Kleinstadtleben gewährleisten zu können,[352] hätte dieser Anbau rasch erfolgen müssen. Zumal die Schule nur für Kinder und Jugendliche bis zur neunten Klasse vorgesehen war, alle älteren Schüler sollten Schulen im israelischen Kernland besuchen – und taten dies dann auch.[353] Denn: Zwischen Wunsch und Wirklichkeit klaffte in Ophira eine riesige Lücke, sowohl was den Auf- und Ausbau der Stadt betraf, als auch bezüglich der Bevölkerungsentwicklung.

In Ophira haben zu keinem Zeitpunkt mehr als 1.000 Israelis gelebt.[354] Im April 1977 wohnten 186 Familien mit 210 Kindern in der Stadt.[355] Zwei Jahre später, im März 1979, waren es 243 Familien mit 350 Kindern und 66 alleinstehende Personen. Rund die Hälfte der Bevölkerung bestand aus in

Anbau von Gladiolen, Rosen, Paprika und Wintergemüse, basieren. S. hierzu: S. Carmel, *Haza'at Hitnachalut ba-Chofo ha-Drom Mizrachi schel Sinai. Bdikah Rischonit* [Besiedlungsvorschlag für den südöstlichen Küstenabschnitt des Sinais. Erste Untersuchung, hebr.], o. O. 1968, S. 4-6. In: YTA/15-46/71/1.
350 Rafi Lerman, »Tichnun ha-Ir Ophira« [Die Stadt Ophira planen, hebr.], in: Esra Sohar (Hg.), *Midbar. Avar. Hoveh. Atid*, Tel Aviv 1976, S. 309-311.
351 Amiram Harlap (Hg.), *Israel Boneh/Israel Builds*, Jerusalem 1977, S. 239-241.
352 Bezalel Lavie/Efraim Grinberg, »Ha-Minhal ve ha-Pituach ha-Esrachi ba-Merchav Schlomo«, S. 987.
353 Ebd., S. 988.
354 Nurit Kliot/Schmuel Albeck, *Sinai – Anatomija schel Prida: Mediniut Pinui Jeschuvim* [Sinai: Anatomie eines Abzugs. Die Politik der Evakuierung von Siedlungen, hebr.], Tel Aviv 1996, S. 60.
355 *Bikur Rosch Memschelet Jisrael Jitzchak Rabin ba-Merchav Schlomo*, 12. 4. 1977, o. S.

Ophira stationierten Soldaten und ihren Angehörigen, weitere 20 Prozent der Einwohner arbeiteten im öffentlichen Dienst. Durch die hohe Mobilität der Militärfamilien, die stets nur einige Jahre an einem Ort leb(t)en, haben nie mehr als 120 zivile Familien in Ophira gelebt.[356] Die wenigen Israelis, die sich aus freien Stücken in der südlichsten Peripherie des Landes niederließen, kämpften mit widrigen Umständen. Zunächst lebten sie in einem Hotel, das bereits 1970 in Privatinitiative vor Ort gebaut worden war. Der israelische Staat begann erst 1972 mit dem Aufbau der Stadt. Zwar gab es seit April 1973 eine Stromleitung von Eilat nach Ophira,[357] die ersehnten Wohnungen blieben indes Mangelware. Bis 1975 wurden nur 90 Wohnungen für die Zivilbevölkerung fertiggestellt, und im Mai jenes Jahres stellte Avraham Ofer, der zuständige Bauminister, das gesamte Stadtbauprojekt überraschend zur Disposition. Er stellte in einem Radiointerview die rhetorische Frage, wer denn eigentlich in Ophira leben wolle, schließlich habe der biblische Mose danach gestrebt, das jüdische Volk aus der Wüste in das verheißene Land zu führen – und nicht umgekehrt. Der damalige Ministerpräsident Jitzchak Rabin intervenierte und erklärte der irritierten Öffentlichkeit, seine Regierung sei bestrebt, 200 Wohneinheiten bis April 1977 fertigzustellen.[358] Auch dachte er kurzzeitig laut darüber nach, ob die aus Abu Rudeis evakuierten Familien nicht in Ophira angesiedelt werden könnten. Einzig: Für die Ölingenieure und Facharbeiter gab es dort keine Arbeitsplätze.[359]

Um den wirtschaftlichen Aufbau in der isoliert gelegenen Enklave zu forcieren, erklärte das Handels- und Industrieministerium Ophira 1977 zu einer Entwicklungsstadt von höchster Priorität. Die übrigen Ministerien hielten es mit dem einstigen Prestigeprojekt jedoch weiter nach hauseigenem Gutdünken.[360] Der Mangel an interministerieller Stringenz beim Aufbau der Stadt führte dazu, dass in Ophira letztlich nur ein wirtschaftliches Großprojekt realisiert wurde: eine Wasserfabrik, in deren Bau 40 Millionen Lira investiert wurden. Das Trinkwasserwasserversorgungsun-

356 Bezalel Lavie/Efraim Grinberg, »Ha-Minhal ve ha-Pituach ha-Esrachi ba-Merchav Schlomo«, S. 989.
357 N. N., »Ophira Techubar le-Chaschmal ha-Israeli« [Ophira wird an das israelische Stromnetz angeschlossen, hebr.], in: *Davar*, 15. 4. 1973, S. 3.
358 N. N., »Sar ha-Schikun: Ain Hachlatah Lehakim Ir ba-Ophira« [Bauminister: Keine Entscheidung, in Ophira eine Stadt zu errichten, hebr.], in: *Davar*, 11. 5. 1975, S. 8.
359 N. N., »Rosch ha-Memschalah le-Ovdei Abu Rodeis: Ha-Mischpachot sche-Panu lo Juchseru« [Ministerpräsident zu Arbeitern von Abu Rodeis: Die Familien, die evakuiert wurden, werden nicht zurückkehren, hebr.], in: *Davar*, 2. 5. 1975, S. 3.
360 Nurit Kliot/Schmuel Albeck, *Sinai – Anatomija schel Prida*, S. 58.

ternehmen »Mekorot« baute von al-Tur aus eine 100 Kilometer lange Pipeline, durch die Trinkwasser geliefert werden konnte.[361] Wasser war stets ein knappes Gut gewesen in der Wüstenstadt. Die Geologen und Ingenieure von »Mekorot« hatten lange vergeblich mit dem für die Beobachtung stehender und fließender Binnengewässer hergestellten Vertikal-Schreibpegel »R16« der Firma A. Ott aus Kempten nach Grundwasser gesucht.[362] Jitzchak Aharonowiczs Schiff »He Daroma« (s. Kap. 6.1) musste aufgrund des Wassermangels für einige Zeit sogar Frischwasser auf dem Seeweg nach Ophira liefern.[363] Als im April 1977 schließlich die bereits zuvor fertiggestellte Wasserleitung feierlich eingeweiht wurde, reiste der scheidende Ministerpräsident Jitzchak Rabin eigens an. In einer seiner letzten Amtshandlungen erklärte er: »Ich glaube, alle, die hier leben, werden für viele Generationen israelische Staatsbürger bleiben.«[364] Doch die ersten Einwohner hatten die Stadt bereits im März 1974 wieder verlassen.[365] Schließlich gab es nur zwei staatliche Institutionen, die in Ophira funktionierten: zum einen die seit 1970 ortsansässige Polizei,[366] zum anderen die lokale Militärkommandantur. Sie überflutete die menschenleeren »Weiten Salomons« mit Gesetzestexten, die alles detailliert regelten, bis hin zur jährlichen Pkw-Steuer, die für ein dieselbetriebenes Auto 126 Lira betrug, für Motorräder indes nur zwölf Lira.[367]

Diejenigen, die in Ophira geblieben waren, hatten sich zu einer Bürgervertretung zusammengeschlossen und Jitzchak Rabin vor dessen Besuch eine Mängelliste geschickt. In ihren Augen war der Umstand, dass Reuven Aloni den Auf- und Ausbau des Südsinais nicht vor Ort begleitete, das größte Problem. Sie plädierten dafür, dass die Zivilverwaltung vor Ort an-

361 *Kav ha-Meim al-Tur-Ophira* [Wasserleitung von al-Tur nach Ophira, hebr.], Informationsbroschüre der Firma Mekorot, 1977, S. 5-11. In: ISA/10770/14-ב.
362 *Informationsbroschüre über den Vertikal-Schreibpegel R16.* In: ISA/8252/1-בל.
363 Ya'acov Ardon, »Accent on Sport at Sinai Resort«, in: *Jerusalem Post International Edition*, 5.1.1970, S. 12.
364 N. N., »Rabin: Nochchoteinu ba-Ophira Sman Aroch« [Wir sind komfortabel damit, für lange Zeit in Ophira zu bleiben, hebr.], in: *Davar*, 13.4.1977, S. 3.
365 Baruch Meiri, »Ba-Sharm al-Sheikh lo Memeharim Livnot ve Esrot Za'irim kvar Azvu et ha-Makom« [In Sharm al-Sheikh beeilt man sich nicht mit dem Bauen, und Dutzende junge Leute haben den Ort bereits verlassen, hebr.], in: *Maariv*, 25.3.1974, S. 7.
366 N. N., »Mischtara ba Ophira« [Polizei in Ophira, hebr.], in: Ron Kfir u. a. (Hg.) *Divrei ha-Jamim*, o. J., o. S. In: CZA/JK208/1.
367 *Minscharim, Zivim ve-Hoda'ot schel Mefakedet Kochot Zahal ba-Esor Merchav Schlomo*, S. 456-458.

Abb. 14: Jitzchak Rabin drückt bei der feierlichen Einweihung der Pipeline von al-Tur nach Sharm al-Sheikh den Startknopf (Aufnahme 12.4.1977).

gesiedelt werden und er unter ihnen leben sollte. Sie argumentierten, die Erfahrung bei der Verwirklichung von staatlichen Siedlungsprojekten in der Peripherie, wie etwa zuvor in Arad im Negev, habe gezeigt, dass die Verantwortlichen durch diese Maßnahme ein besseres Verständnis für die alltäglichen Nöte entwickeln und schneller auf Fehlentwicklungen reagieren würden.[368] Reuven Aloni blieb in Tel Aviv, die Probleme in Ophira.

Die israelische Bevölkerung im Kernland erfuhr in jenen Jahren nur sporadisch und bruchstückhaft durch einige wenige Berichte in den Tageszeitungen von dem städtebauplanerischen Fiasko in Ophira. Für die meisten blieb die Enklave ein Sehnsuchtsort am Ende der Welt. Ein Garten Eden mit einem Meer, »in dessen lavendel-, pfirsich-, schwarz-, violett-, orange- und eierschalfarbenen Korallenriffen Goldfische, Seeschildkröten sowie giftige cognac- und schwarzgestreifte Rotfeuerfische« schwammen.[369] Für die israelische Mittelschicht war Ophira in erster Linie ein Paradies der »holy days/Holidays«.[370] An den hohen jüdischen Feiertagen formten viele

[368] *Va'ad Toschavei Ophira* [Bürgerkommission Ophira, hebr.], 10. 4.1977, S. 3. In: ISA/6576/33-2.
[369] Smadar Lavie, *The Poetics of Military Occupation*, S. 8.
[370] John Fiske, »Lesarten des Strandes«, in: ders., *Lesarten des Populären*, aus dem Engl. übers. v. Christina Lutter, Markus Reisenleitner u. Stefan Erdei, Wien 2000, S. 56.

Abb. 15: Israelische Camper an einem Strand zwischen Nuweiba und Sharm al-Sheikh (Aufnahme 10.5.1977).

bunte Zelte eine »Halskette entlang der Bucht zwischen Eilat und Sharm al-Sheikh«.[371] So auch im Frühjahr 1973, während des »holiday of Biscuits«, wie die Beduinen das Pessachfest nannten.[372] In einem Zeitraum von nur fünf Tagen, zwischen dem 18. April und dem 22. April, kamen 30.700 Israelis nach Ophira und Na'ama. Zuvor hatten die israelischen Autokolonnen auf ihrem Weg nach Süden zweimal dafür gesorgt, dass in der Tankstelle von Dahab das Benzin ausgegangen war.[373]

Die Ouvertüre zu diesem Auszug auf den Sinai hatte im März 1973 das Israelische Philharmonie-Orchester unter der Leitung von Schalom Ronli-Rikli mit einem Freiluftkonzert in der Bucht von Ophira gegeben – auf einem riesigen Landungsschiff der Marine. Das Publikum saß im Sand und lauschte Händels »Wassermusik«, den »Ungarischen Tänzen« von

---

371 Sheila Meltzer, »Nostalgia Storms Sinai Wilderness«, in: *Jerusalem Post International Edition*, 28.4.1979, S. 14.
372 Smadar Lavie, *The Poetics of Military Occupation*, S. 4.
373 *Sikum Pe'ilut Pessach* [Zusammenfassung der Pessach-Aktivitäten, hebr.], 1.5.1973, S. 2. In: ISA/8286/3-בג.

Abb. 16: DJ in der Disco »Weißer Elefant« (Aufnahme 5.4.1972).

Brahms und Rossinis »Die diebische Elster«, ebenso wie der 9. Sinfonie e-Moll op. 95 von Antonín Dvořák. Der Titel: »Aus der Neuen Welt«.[374] In der halbmondförmigen Bucht von Na'ama gab es zwei Tauchzentren, die Diskothek »Weißer Elefant« und eine Feldschule.[375] Die 1976 eröffnete Dependance der »Gesellschaft für Naturschutz« warb mit einem Angebot, das »von der Tiefe des Meeres bis zu den Gipfeln der Berge reicht«.[376] Bereits in den frühen 1970er-Jahren hatten private Entrepreneure das koscher geführte »Desert Inn Caravan Resort Village« eröffnet, dessen Wohnmobile und Zelte rund 300 Touristen Platz boten.[377] Ab 1976 wurde das Feriendorf mit seinem Segel-, Tret- und Speedbootverleih von der größten Krankenversicherung des Landes übernommen und geführt, der zum arbeiterzionistischen Imperium gehörenden »Kupat Cholim«. Noch im selben Jahr eröffnete diese vor Ort das neu errichtete Hotel »Sharm«.[378]

374 Jaakov Mischori, *Chiuchim, Ta'alulim u-Schi'ulim ba-Philharmonit* [Lachen, Lausbubenstreiche und Husten im Israelischen Philharmonie-Orchester, hebr.], Tel Aviv 2001, S. 49-50.
375 Burton Bernstein, *Sinai*, S. 184.
376 *Chanukat Beit Sefer Sadeh Na'ama* [Einweihung der Feldschule Na'ama, hebr.], 12.2.1976, S. 5. In: ISA/6531720-בו.
377 *Touring in the Sinai*, S. 4.
378 *Bikur Rosch Memschelet Jisrael Jitzchak Rabin ba-Merchav Schlomo*, 12.4.1977, o. S.

In Ophira selbst gab es eine kleine Jugendherberge.³⁷⁹ Die beiden anderen Bauprojekte reihten sich in die von fehlerhafter Planung, Pleiten, Pech und Pannen geprägte Stadtgeschichte ein. Ein mit 1.300 Betten geplantes Motel umfasste schließlich nur 535 Betten,³⁸⁰ das zentrale Stadthotel, das auf dem Fundament von einigen 1975 errichteten Bungalows entstehen sollte, wurde nie eröffnet.³⁸¹ Auch das 18 Kilometer von der Stadt entfernte Flugfeld »Ophir« wurde nie wie geplant zu einem internationalen Flughafen ausgebaut.³⁸² Zwar hatte der langjährige Tourismusminister Mosche Kol die Fluggesellschaft »Arkia« bereits 1975 angewiesen, die Preise für Flüge nach Ophira zu senken,³⁸³ und zuvor im Jahrbuch der israelischen Regierung deklariert, man dürfe die Bedeutung des Fremdenverkehrswesens als Devisenbringer für die wirtschaftliche Entwicklung des Landes nicht unterschätzen.³⁸⁴ Doch der Ansturm aus dem Ausland war nie so groß, wie erhofft. Die Buchten von Na'ama und Ophira blieben ein Naherholungsgebiet für Israelis.

Um der israelischen Jugend als Orte der Metamorphose zu dienen, waren sie jedoch weit genug vom Zentrum des Landes entfernt. Jungen Männern wie Boaz etwa, einem Charakter in Amos Oz' Roman »Black Box«, der als Rebell aus bürgerlichen Verhältnissen nach Ophira aufbricht – und zurückkehrt als »sonnenverbrannter Wikingerbeduine mit dem Geruch von Meer und Staub, das schulterlange Haar weißglühend wie siedendes Gold«.³⁸⁵ Weit weg vom Mutterland konnte man in Ophira abtauchen. Die Stadt entwickelte sich mit den Jahren zu einer Enklave für idealistische Individualisten und Aussteiger aus dem ganzen Land. Nach drei Kriegen in nur einem Jahrzehnt entwickelte sich Ophira zu einem Rückzugsort für jene, die sich nach (innerem) Frieden sehnten. Ophira war ihre selbstgewählte Diaspora innerhalb der damaligen Landesgrenzen und doch außerhalb. Ein Ort, von dem aus die lokalen Schulklassen in Herkules-Trans-

---

379 Tzvi Ilan, »Achsaniat No'ar Hukmah ba-Ophira« [Jugendherberge in Ophira errichtet, hebr.], in: *Davar*, 25.1.1976, S. 4.
380 Bezalel Lavie/Efraim Grinberg, »Ha-Minhal ve ha-Pituach ha-Esrachi ba-Merchav Schlomo«, S. 988.
381 Nurit Kliot/Schmuel Albeck, *Sinai – Anatomija schel Prida*, S. 58.
382 *Ophira. Diur ve-Pituach* [Ophira, Hausbau und Entwicklung, hebr.], hg. v. Bauministerium/Regionalverwaltung Negev, 1.1973, S. 8. In: YTA/15-46/72/1.
383 Brief v. Mosche Kol an Jitzchak Rabin, 23.10.1975. In: ISA/6723/66-2.
384 Moshe Kol, »The Place of Tourism in Israeli Economy«, in: *The Israel Year Book 1972*, Tel Aviv 1972, S. 45.
385 Amos Oz, *Black Box*, aus dem Hebr. übers. v. Ruth Achlama, Frankfurt a. M. 1989, S. 108.

Abb. 17: Badeurlauber in der Bucht von Na'ama (Aufnahme 17.10.1974).

portmaschinen nach »Norden« flogen, damit die Kinder aus Ophira Israels Kernland auf Ausflügen kennenlernen konnten.[386]
Die säkularen Siedler von Ophira suchten ein Leben, das anders war als jenes, das sie hinter sich gelassen hatten. Sie wollten im Süden der Halbinsel eine Existenz aufbauen, die nicht auf den wirtschaftlichen und soziokulturellen Prämissen basierte, die von der israelischen Gesellschaft als die ausschlaggebenden für ein erfolgreiches Leben betrachtet wurden.[387] Die jungen Familien richteten sich ein in ihrer kleinen unvollkommenen Stadt ohne Fernsehanschluss. Ophira wurde ihr Gibraltar, eine Festung der individuellen israelischen Freiheit. Der mit dem Sokolov-Preis ausgezeichnete Radiojournalist und Kolumnist Natan Zahavi gehörte ebenso zu dieser viele Autostunden von Eilat entfernten Exil-Gemeinde wie Hilik

386 Nirit Reichel, *Beit Sefer Zomeach bein Jam le-Midbar ve-Ne'ekar: Beit Sefer Ophira (Sharm al-Sheikh 1974-1982)* [Eine Schule, die zwischen dem Meer und der Wüste blühte und dann entwurzelt wurde: die Schule von Ophira (Sharm al-Sheikh 1974-1982), hebr.], Tel Aviv 2005, S. 107.
387 Rafael Moses/Rena Hrushovski-Moses/Jona Rosenfeld/Reuven Beumel, »A Psychological View of the Forced Evacuation of a Small Town at the Southern-Most Tip of the Sinai Peninsula as Part of Israel's Evacuation of Sinai in April 1982: A Case Study«, in: *The American Journal of Social Psychiatry*, 5/4, 1985, S. 34.

Magnus, für den selbst die auf dem Nordsinai gelegene Stadt Jamit (s. Kap. 8.1) ein »Schtetl« war, in dem man anders sprach und andere Kleidung trug.[388]
Der in Schweden geborene Reserveoffizier einer Eliteeinheit war bereits 1971 nach Sharm al-Sheikh respektive »Sharm« gezogen, wie die Stadt im Volksmund und von Teilen der israelischen Medien weiterhin konsequent genannt wurde. Ophira existierte als Ortsname nur in offiziellen Dokumenten oder Meldungen in Tageszeitungen – und auch das erst ab Mitte der 1970er-Jahre. Die israelische Namensgebungspolitik hatte, weder zum ersten, noch zum letzten Mal, nicht verfangen.

Hilik Magnus wurde fünf Jahre nach seiner Ankunft im Süden von der israelischen Naturschutzbehörde zum Regionalleiter für den gesamten Sinai ernannt und nahm diese Funktion von Sharm al-Sheikh aus wahr.[389] Die Behörde wurde in jenen Jahren von einem Schwager Jitzchak Rabins geleitet, einem ehemaligen General – Avraham Joffe. Der Eroberer von Sharm al-Sheikh kämpfte nun für den Erhalt von Flora und Fauna. Mit Erfolg: Das israelische Naturschutzgesetz wurde auf die Sinai-Halbinsel übertragen und 98 Prozent der Küste des Golfs von Akaba zu einem offenen Naturschutzgebiet erklärt, in dem Ranger patrouillierten.[390] Einzig an der südlichsten Spitze der Halbinsel, in Ras Muhammad, errichtete die Naturschutzbehörde, für die zu Höchstzeiten 72 Beduinen arbeiteten, einen festen Kontrollposten.[391]

»Die Umbrüche, die nun erwartet werden«, hatte Joram Kaniuk 1975 in einem Interview mit dem Magazin »New Outlook« gesagt, »sind so immens, dass meiner Meinung nach die einzige Möglichkeit, die Welt zu retten, darin bestünde, dass alle Chinesen sich entschieden, im gleichen Moment zu springen – ich meine, stellen Sie sich 700 Millionen springende Chinesen vor! Dann würde sich die Welt herumdrehen und jede Nation fände sich an einer anderen Stelle wieder.«[392] Hilik Magnus und seine Nachbarn hatten diesen anderen Ort bereits selbst aufgesucht und mitgeschaffen: Ophira, ihre Stadt in *neverland*. Ein Ort, an dem die staatstragenden Ismen, von Sozialismus bis Zionismus, keine Rolle spielten.

---

388 Persönlich kommuniziert von Hilik Magnus, 7. 6. 2016, Jerusalem.
389 Ebd.
390 Shahar Sadeh, *Environment, Peacemaking and Peacebuilding in the Middle East. Examining Peace Park Proposals along Israeli-Arab Borders*, Tel Aviv 2016, S. 102 [unveröffentlichte Dissertation, Universität Tel Aviv].
391 Persönlich kommuniziert von Hilik Magnus, 7. 6. 2016, Jerusalem.
392 Joram Kaniuk, »On the Edge«, in: *New Outlook*, 18/1, 1975, S. 32.

7. Kampfgeist

7.1. Kammerspiel in der Knesset

> »The first and most important necessity is the creation of a modus vivendi with the Arab people.«
>
> *Albert Einstein, Jew and Arab*

> »Es gibt keine Wölfe mehr in Ze'evs Feste – nur Strauße.«
>
> *Geula Cohen, Rede anlässlich der Gründung des »Bundes der Getreuen Eretz Jisraels«*

David Ben-Gurion gründete 1948 den Staat Israel. Menachem Begin handelte drei Jahrzehnte später den ersten Friedensvertrag in der Geschichte des Landes aus. Er, der von Ben-Gurion einst mit Adolf Hitler verglichen worden war,[1] vereinbarte am 17. September 1978 gemeinsam mit Anwar al-Sadat das Camp-David-Abkommen. In der Präambel erkannten beide Länder allumfänglich die UN-Resolution 242 als Ausgangspunkt für die friedliche Beilegung des Konfliktes zwischen Israel und seinen arabischen Anrainerstaaten an.[2] Das Abkommen war untergliedert in Punkt A, der das Westjordanland und den Gaza-Streifen betraf, und Punkt B, der die bilateralen Beziehungen zwischen Ägypten und Israel abhandelte. Im ersten Absatz hieß es unter anderem:

> »1. Ägypten, Israel, Jordanien und die Vertreter des palästinensischen Volkes sollen an Verhandlungen zur Regelung des palästinensischen Problems in all seinen Aspekten teilnehmen. […] (a) Ägypten und Israel stimmen darin überein, dass zur Gewährung einer friedlichen und geordneten Übertragung der Autorität und mit Rücksicht auf die Sicherheitserfordernisse aller Parteien Übergangsregelungen für das Westjordanland und Gaza für einen Zeitraum von höchstens fünf Jahren getroffen werden sollten. Um den Bewohnern die volle Autonomie zu gewähren, werden gemäß diesen Regelungen die israelische Militärregierung und ihre Zivilverwaltung abgezogen, sobald von den Bewohnern dieser Gebiete eine Selbstverwaltungskörperschaft frei gewählt

---

1   Avi Shilon, *Ben-Gurion. His Later Years in the Political Wilderness*, Lanham/London u. a. 2016, S. 15.
2   Die deutsche Übersetzung folgt der Deutschen Gesellschaft für Auswärtige Politik. S. hierzu: dies., *Die Internationale Politik. 1979. Dokumente und Zeittafel. Ergänzungsband*, München 1979, S. D48-49. Das englische Original findet sich in: »Camp David Summit Meeting: Frameworks for Peace (September 17, 1978)«, in: Walter Laqueur/Barry Rubin (Hgg.), *The Israel-Arab Reader*, S. 222.

worden ist, die die bestehende Militärregierung ablöst. [...] (b) Ägypten, Israel und Jordanien werden die Modalitäten für die Errichtung der gewählten Selbstverwaltungskörperschaft im Westjordanland und Gaza vereinbaren. [...] (c) Wenn die Selbstverwaltungskörperschaft (Verwaltungsrat) im Westjordanland und in Gaza errichtet ist und ihre Tätigkeit aufgenommen hat, beginnt die Übergangszeit von fünf Jahren. So rasch wie möglich, aber nicht später als im dritten Jahr nach Beginn der Übergangszeit, werden Verhandlungen stattfinden, um den endgültigen Status des Westjordanlandes und Gazas und deren Verhältnis zu ihren Nachbarn festzulegen und am Ende der Übergangszeit einen Friedensvertrag zwischen Israel und Jordanien abzuschließen.«[3]

Im zweiten Absatz erklärten sich Ägypten und Israel bereit, innerhalb von drei Monaten einen Friedensvertrag zu unterzeichnen. Ferner wurden – unter anderem – folgende Vereinbarungen zwischen beiden Ländern getroffen:

»(a) Die volle Ausübung der ägyptischen Souveränität bis zur international anerkannten Grenze zwischen Ägypten und dem Mandatsgebiet Palästina; (b) der Abzug der israelischen Streitkräfte aus dem Sinai; (c) die Nutzung der Flugplätze, die Israel bei El Arisch, Rafach, Ras al-Nakb und Sharm al-Sheikh hinterlässt, für ausschließlich zivile Zwecke, einschließlich einer möglichen kommerziellen Nutzung durch alle Länder; (d) das Recht der freien Durchfahrt israelischer Schiffe durch den Golf von Suez und den Suezkanal gemäß der für alle Staaten geltenden Konvention von Konstantinopel aus dem Jahre 1888.«[4]

Als Menachem Begin mit diesem Abkommen im Gepäck nach Israel zurückkehrte, wurde er von Anhängern der Friedensbewegungen am Flughafen von Tel Aviv begeistert mit Blumen begrüßt. Seine Ankunft in Jerusalem fiel frostiger aus: Dort warteten Mitglieder des Gusch Emunim und Veteranen der Etzel und der Lechi mit schwarzen Regenschirmen auf ihn. Sie warfen ihm vor, das Abkommen gleiche jenem, das Neville Chamber-

---

3 Deutsche Gesellschaft für Auswärtige Politik, *Die Internationale Politik*, S. 48-49.
4 Ebd. Die »Konvention von Konstantinopel« war vom British Empire, dem Osmanischen sowie dem Deutschen Reich, der k. u. k.-Monarchie, Frankreich, Spanien, Italien und den Niederlanden 1888 unterzeichnet worden und garantierten zivilen wie militärischen Schiffen aller Staaten in Friedens- und Kriegszeiten freie Kanal-Passage. S. hierzu: Jean Allain, *International Law in the Middle East. Closer to Power than Justice*, Aldershot 2004, S. 47-70/277-280.

lain 1938 mit Nazi-Deutschland ausgehandelt und das die Tschechoslowakei an Hitler ausgeliefert hatte.⁵

Die Knessetsitzung, in der die Parlamentarier über die Annahme des Abkommens entschieden, wurde am 25. September 1978 eröffnet. Die Diskussion über das Für und Wider des Abkommens von Camp David machte die verschiedenen Standpunkte deutlich. Es wurde die bis dato längste Debatte in der Geschichte des israelischen Parlaments. Siebzehneinhalb Stunden lang rangen die Abgeordneten der unterschiedlichen Parteien vor der kargen Kulisse des kleinen Plenarsaals der Knesset wortreich miteinander – wie in einem Kammerspiel mit mehr Darstellern als normalerweise üblich. Normal war in diesen Septembertagen aber ohnehin wenig. Nach dem Sechs-Tage-Krieg hatten die Israelis Gedenkmünzen, die dem militärischen Sieg gewidmet waren, erwerben können. Nun konnten sie Gedenkmünzen kaufen, die dem politischen Frieden gewidmet und auf denen die Worte »Nie wieder Krieg« in hebräischer und englischer Sprache eingraviert waren; die teuerste Münze, eine 22-Karat-Goldversion, kostete 6.850 Lira, die günstigste, ein versilbertes Stück, 195 Lira.⁶

Geula Cohen machte gleich zu Beginn der Debatte deutlich, dass sie das Abkommen gänzlich ablehnte und ihr der Preis für den Frieden zu hoch war. Sie war Abgeordnete der Likud-Liste Menachem Begins und hatte einst mit ihm in der Untergrundorganisation Etzel gekämpft, ehe sie in die noch militantere Lechi-Gruppe eingetreten war. Cohen forderte Begin, den sie erst mit »Ministerpräsident«, dann mit »Kommandeur der Etzel« ansprach, zu Beginn seiner Rede zum Rücktritt auf und unterbrach sein Eröffnungsstatement so oft, dass sie schließlich aus dem Plenarsaal verwiesen wurde.⁷

Die Fundamentaloppositionelle aus der Regierungspartei stand beispielhaft für eine Gruppe von außerparlamentarischen Aktivisten und Abgeordneten, zu der auch der ebenfalls für den Likud im Parlament sitzende Schriftsteller Mosche Schamir gehörte, und über die der Politikwissenschaftler Ehud Sprinzak schrieb: »Die israelische Rechte wurde am 17. September 1978 geboren.«⁸

Nachdem Geula Cohen den Saal verlassen hatte, führte Begin seine Einführung weiter aus. Er machte unmissverständlich klar, dass Israel nach

---

5 N.N., »Begin be-Schuvo: Heskem im Bitachon ve-Kavod« [Begin nach seiner Rückkehr: Ein Vertrag mit Sicherheit und Ehre, hebr.], in: *Davar*, 24.9.1978, S. 2.
6 Zeitungsannonce in: *Maariv*, 18.9.1978, S. 7.
7 »Kenes Mejuchad schel ha-Knesset« [Sondersitzung der Knesset, hebr.], in: *Divrei ha-Knesset*, Sonderband, 25.9.1978-27.9.1978, Jerusalem o.J., S. 4061.
8 Ehud Sprinzak, *The Ascendance of Israel's Radical Right*, S. 71.

der im Abkommen genannten fünfjährigen Übergangsperiode seine Souveränitätsansprüche im Westjordanland und Gaza-Streifen geltend machen würde. Sollte ob der widerstreitenden Interessen ein Kompromiss gefunden werden, so werde man sich nicht dagegenstellen, erklärte er. Falls dies aber nicht der Fall sei, dann würde aber eben sowohl die militärische wie auch die zivile Verwaltung der besetzten Gebiete fortgeführt werden. Daraufhin fragte ihn der kommunistische Politiker Tawfiq Toubi, der für die »Demokratische Front für Frieden und Gleichheit« in der Knesset saß: »Nennen Sie das Frieden? Die Besatzung wird fortgesetzt, die Palästinenser werden weiter ihrer Rechte beraubt.« Begin entgegnete ihm: »Herr Tawfiq Toubi, ich habe bereits viele Artikel der Prawda gelesen und die Position Moskaus ist mir sehr vertraut, ich brauche Sie dafür nicht.« Außerdem, fügte Begin hinzu, habe er mit dem Abkommen von Camp David erreicht, »dass es kein Referendum in Judäa, Samaria und Gaza geben wird«. Ferner werde es »unter keinen Umständen einen Palästinenserstaat geben«. Toubis Parteikollege, der Dichter Tawfiq Ziad, erwiderte knapp: »Das hängt nicht von Ihnen ab. Es hängt von den Palästinensern ab.« Und Begin antwortete Ziad: »Ich möchte dem Bürgermeister der israelischen Stadt Nazareth sagen, dass es seit den Nazis keine Organisation gegeben hat, die sich so barbarisch und inhuman verhält, wie jene, die als PLO bekannt ist.«[9]

Die Fronten waren mit diesem Rededuell deutlich gezogen. Auch wurde offenbar, dass Begins Entschluss, das Abkommen von Camp David zu unterzeichnen, jener Logik folgte, die seine Politik von Beginn an gekennzeichnet hatte. Sein Herz hing nicht am Sinai und an den dort von den verschiedenen Regierungen der Arbeiterpartei errichteten Siedlungen und Städten, sondern am biblischen Land Israel, am Westjordanland sowie dem Gaza-Streifen – und mit etwas geringerer Priorität an den Golanhöhen. Der binational vereinbarte Rückzug von der ägyptischen Halbinsel, den die internationale Staatengemeinschaft mit großem Wohlwollen goutierte, war – wie im Folgenden weiter dargelegt werden wird – ein diplomatischer Schachzug Begins, um sich in den übrigen Gebieten, die seit 1967 von Israel besetzt waren, einen größeren Handlungsspielraum zu verschaffen.

Der arbeiterzionistische Ma'arach befand sich infolge des Abkommens in einer Zwickmühle. Schimon Peres konnte in seiner Funktion als Oppositionsführer keine klar ersichtliche Alternative zu dem von Menachem Begin eingeschlagenen Kurs vorweisen. Zum einen stand er seinerzeit in der

---

9 Zitiert nach: »Kenes Mejuchad schel ha-Knesset«, S. 4064-4065.

Palästinenser-Frage nicht allzu weit entfernt von Begin,[10] zum anderen wollte die politische Linke nicht die parlamentarische Kraft sein, die einem Frieden mit Ägypten im Wege stehen würde, wenngleich die israelischen Siedlungen und Städte des Sinais ihr Werk gewesen waren und es ihnen schwerfiel, diese aufzugeben. Schimon Peres, der unmittelbar nach dem Sechs-Tage-Krieg öffentlich erklärt hatte, Israel werde länger auf dem Sinai bleiben, als Mose für die Durchquerung der Wüste Sinai gebraucht hatte,[11] griff Begin nur moderat an.[12] »Manche sagen, dieser Plan erinnere an den Rogers-Plan«, erklärte er vor der Knesset. »Mit Blick auf den Sinai ist er schlimmer als der Rogers-Plan, der hinsichtlich des Schicksals von Sharm al-Sheikh Raum für Verhandlungen gelassen hatte. Wir haben nun Sharm al-Sheikh aufgegeben und den trennenden Siedlungsstreifen in der Jamit-Region.«[13]

Nachdem Menachem Begin um drei Uhr morgens in seinem Schlusswort das Abkommen mit der schmerzhaften Geburt eines Kindes verglichen hatte,[14] stimmte Schimon Peres mit der Mehrheit der Parlamentarier für die Annahme. Jigal Alon enthielt sich seiner Stimme ebenso wie 16 weitere Abgeordnete, darunter auch der spätere Ministerpräsident Jitzchak Schamir. Unter den 19 Wahlberechtigten, die mit Nein votierten, waren neben Geula Cohen und Mosche Schamir, Tafwiq Toubi und Tawfiq Ziad, der mächtige Vorsitzende des Außen- und Sicherheitskomitees der Knesset, Mosche Arens, sowie der junge Ehud Olmert.[15]

Aus Protest gegen die Abstimmung gründeten Cohen und Schamir Anfang November 1978 in der Ohel-Schem-Halle von Tel Aviv, wo Menachem Begin drei Jahrzehnte zuvor die Cherut-Bewegung ins Leben geru-

10 Guy Ziv, *Why Hawks Become Doves. Shimon Peres and Foreign Policy Change in Israel*, New York 2014, S. 60-67.
11 Jewish Telegraph Agency, »Defense Experts Say Occupied Areas Must Be Held until Peace is Made«, 25.9.1967, in: http://www.jta.org/1967/09/25/archive/defense-experts-say-occupied-areas-must-be-held-until-peace-is-made [zuletzt abgerufen am 4.11.2017].
12 Welche hohe Bedeutung der Sinai für die arbeiterzionistische Bewegung und ihr nahestehende Persönlichkeiten des öffentlichen Lebens gehabt hat, wird mit einem Blick auf Isser Harel deutlich. Der Gründungsdirektor des israelischen Auslandsgeheimdienstes hatte sich nach dem Sechs-Tage-Krieg nicht nur der Groß-Israel-Bewegung angeschlossen, sondern eine Zeit lang auch überlegt, ob er eine eigene »Sinai-Partei« gründen solle. S. hierzu: Rael Jean Isaac, *The Land of Israel Movement: A Study in Partial Deinstitutionalization*, New York 1971, S. 186 [unveröffentlichte Dissertation, The City University of New York].
13 Zitiert nach: »Kenes Mejuchad schel ha-Knesset«, S. 4068.
14 Zitiert nach: ebd., S. 4191.
15 Zitiert nach: ebd., S. 4193-4194.

fen hatte,¹⁶ die Banai-Bewegung. Dieses Akronym stand für »Bund der Getreuen Eretz Jisraels«. Die Mitglieder kamen aus der Groß-Israel-Bewegung und dem Gusch Emunim, es waren Veteranen von Etzel und Lechi darunter, ebenso arbeiterzionistische Territorialmaximalisten, die in der Tradition Tabenkins standen. Daneben gehörten Chajim Druckman, der für die national-religiöse Mafdal-Partei in der Knesset saß, die Studentengruppe »Falscher Frieden« und einige Bewohner der israelischen Siedlungen im Norden der Sinai-Halbinsel dazu. Die Mitglieder dieser heterogenen Gruppe einigte ein Ziel: Sie zogen in die gesellschaftlichen Schützengräben, um inner- und außerhalb der Knesset gegen das Abkommen von Camp David zu kämpfen.¹⁷

Zwar gelang es der Banai-Bewegung mit ihren Aktionen, große Aufmerksamkeit zu erzeugen, die Unterzeichnung des Friedensvertrages konnte sie jedoch nicht verhindern. Nachdem Menachem Begin und Anwar al-Sadat – vertreten durch seinen Schwiegersohn – am 10. Dezember 1978 in Oslo der Friedensnobelpreis verliehen worden war,¹⁸ und die Knesset der Ratifizierung des Vertragswerkes zugestimmt hatte, unterzeichneten der ägyptische Präsident und der israelische Premierminister am 26. März 1979 den Friedensvertrag in Washington.¹⁹

Der mit der Macht des Autokraten agierende Sadat war mit diesem Schritt ein hohes Risiko eingegangen. Er unterschrieb den Friedensvertrag nicht nur gegen den Willen vieler Intellektueller und der immer stärker werdenden sunnitischen Islamisten im eigenen Land – welche die »Islamische Revolution« im schiitisch dominierten Iran, die zu Beginn des Jahres den Schah von dessen Pfauenthron gestoßen hatte, sehr wohl registriert hatten –, sondern auch gegen den Widerstand der Arabischen Liga. Diese verstieß Ägypten infolgedessen aus ihren Reihen und verlegte ihren Sitz vorübergehend von Kairo nach Tunis. Darüber hinaus brachen alle Mit-

16 Colin Shindler, *The Triumph of Military Zionism. Nationalism and the Origins of the Israeli Right*, London/New York 2010, S. 222.
17 Ehud Sprinzak, *The Ascendance of Israel's Radical Right*, S. 73-75.
18 Sadat hatte den Schwiegersohn an seiner Stelle zu der Verleihung geschickt, um die arabischen Länder zu besänftigen. S. hierzu: Avi Shilon, *Begin. A Life*, New Haven/London 2012, S. 310.
19 »Egypt and Israel: Peace Treaty (March 26, 1979)«, in: Walter Laqueur/Barry Rubin (Hgg.), *The Israel-Arab Reader*, S. 227-228. An dieser Stelle sei darauf hingewiesen, dass einer der ägyptischen Architekten hinter dem bilateralen Friedensvertrag Boutros Boutros-Ghali gewesen ist – der Enkel von Boutros Ghali, jenem ägyptischen Außenminister, der – neben anderen – Herzls Sinai-Plan zu Beginn des 20. Jahrhunderts abgelehnt hatte. S. hierzu: Boutros Boutros-Ghali, *Egypt's Road to Jerusalem. A Diplomat's Story of the Struggle for Peace in the Middle East*, New York 1997.

gliedsstaaten – mit Ausnahme des Oman und des Sudan – ihre diplomatischen Beziehungen zur Republik am Nil ab.[20] Begin, auf der anderen Seite, hatte durch den Vertrag wesentlich weniger verloren. Zum einen zog sich der jüdische Staat im Mai 1979 aus al-Arish zurück, jener Stadt, in der es ohnehin nie zu einer zivilen israelischen Besiedlung gekommen war. Zum anderen verließen Geula Cohen und Mosche Schamir den Likud und gründeten gemeinsam mit Juval Ne'eman am 8. Oktober 1979 die Partei Techija. Ne'eman, ein international renommierter Physiker und ehemaliger Präsident der Universität Tel Aviv, der zudem eine herausragende Karriere im israelischen Militär vorweisen konnte und lange dem arbeiterzionistischen Lager nahegestanden hatte, betrachtete den Friedensvertrag als Sakrileg. Er war die treibende Kraft hinter der Parteineugründung, der sich mit dem Segen Tzvi Jehuda ha-Kohen Kuks auch prominente Aktivisten des Gusch Emunim anschlossen, darunter Chanan Porat.

Der Name Techija – auf Deutsch: Renaissance – war mit Bedacht gewählt worden. Es war eine Reminiszenz an die »Achtzehn Prinzipen der Renaissance«, die Avraham Jair Stern, der Gründer der radikalen Untergrundbewegung Lechi, während der Mandatszeit aufgestellt hatte.[21] Diese hatten unter anderem die Gründung eines jüdischen Staates vom »großen Fluss Ägyptens« bis hin zum Euphrat sowie die Errichtung des Dritten Tempels umfasst.[22] Intellektuell bis an die Zähne bewaffnet, zog die Techija-Partei so aus, um bei den Parlamentswahlen des Jahres 1981 zu reüssieren und das Friedensabkommen doch noch zu kippen.[23]

---

20 Lawrence Wright, *Thirteen Days in September. The Dramatic Story of the Struggle for Peace*, New York 2015, S. 376.
21 Ehud Sprinzak, *The Ascendance of Israel's Radical Right*, S. 76-78.
22 Colin Shindler, *The Land beyond Promise. Israel, Likud and the Zionist Dream*, London/New York 1995, S. 30.
23 Bei aller flammenden Rhetorik sei jedoch bereits an dieser Stelle angemerkt, dass die Partei nach dem israelischen Rückzug von der Sinai-Halbinsel im Sommer 1982 der Regierung Menachem Begins beitreten sollte; dieser ernannte Ne'eman zum Minister für Forschung und Entwicklung sowie zum Vorsitzenden des Ministerialkomitees für Siedlungsbau. S. hierzu: Gadi Taub, *The Settlers. And the Struggle over the Meaning of Zionism*, New Haven/London 2010, S. 86.

7.2. Eiserne Mauer

»Ein kluger Fürst kann und darf daher sein Wort nicht halten, wenn die Beobachtung desselben sich gegen ihn selbst kehren würde, und die Ursachen, die ihn bewogen haben es zu geben, aufhören.«

Niccolò Machiavelli, Der Fürst

»Urlauber liegen auf Strandstühlen in der Sonne. Die Luft duftet nach Jasmin und Sonnenlotion, Eiscreme und Kuchen«, schrieb Amos Elon über die von Eukalyptusbäumen gesäumte Uferpromenade des Timsahsees am Suezkanal im März 1979. Der israelische Intellektuelle erkundete wenige Tage nach der Unterzeichung des Friedensvertrages Ägypten. Die surreale Szenerie am einstmals umkämpften Kanal faszinierte ihn ebenso sehr, wie der Blick auf die andere Seite – auf den Sinai und die Überreste der Bar-Lev-Linie. »Aus der Entfernung sehen die Wehranlagen wie Azteken-Pyramiden oder Grabstätten einer prähistorischen Rasse aus.«[24]

Amos Elon war mit einer Sondergenehmigung der ägyptischen Regierung nach Kairo geflogen und hatte von dort aus seine Reise begonnen. Die Landroute zwischen Israel und Ägypten war zu diesem Zeitpunkt noch nicht für den Verkehr freigegeben. Einer der Ersten, der im Dezember desselben Jahres – ebenfalls mit einer Sondergenehmigung – das Privileg hatte, mit dem Auto über die Sinai-Halbinsel nach Kairo zu fahren, war Ari Rath. »Israel ist nicht länger eine isolierte Insel, die von den Landmassen Asiens und Afrikas umschlossen ist«, triumphierte er wenige Wochen später, am 15. Januar 1980, in einer Reisereportage, die in der mittlerweile von ihm herausgegebenen »Jerusalem Post« erschien.[25]

Die Fahrt führte ihn innerhalb von viereinhalb Stunden »durch den Hain von Dattelpalmen, der sich entlang der ›Riviera‹ von El-Arish erstreckt«, über den Suezkanal bis nach Kairo, wo er »in einer schmalen, ruhigen Straße in der Nähe des lärmenden Midan al-Tahrir vor dem im Renaissance-Stil erbauten Palais« anhielt, »in dem das Leitungsbüro des ägyptischen Außenministeriums untergebracht ist«.[26] Dort unterzeichnete Rath einen Vertrag, der regelte, dass erstmals israelische Tageszeitungen in Ägypten und ägyptische Tageszeitungen in Israel verkauft werden durften.

Sowohl Elons Flug als auch Raths Reise waren Gesten des guten Willens gewesen, die auf beiden Seiten zu Beginn des Jahres 1980 fortgesetzt wur-

---

24 Amos Elon, *Flight into Egypt*, New York 1980, S. 226-227.
25 Ari Rath, »Öffnung des Landwegs von El-Arish über den Suezkanal nach Kairo«, in: ders., *Auf dem Weg zum Frieden. Artikel und Essays aus fünf Jahrzehnten*, Potsdam 2005, S. 127.
26 Ebd., S. 135.

den: Im Januar räumte Israel seine größte Armeebasis Refidim, die militärische Hauptstadt auf der Halbinsel,[27] und im Februar wurden sowohl die israelische Botschaft in Kairo[28] als auch die ägyptische Botschaft in Tel Aviv eröffnet, die zunächst im Hilton-Hotel an der Strandpromenade untergebracht war; die angegliederte ägyptische Visa-Stelle lag in der Lobby des Hotels in einem Büro, in dem zuvor Rina Mor-Goder, die 1976 in Hongkong als erste israelische Frau zur Miss Universe gewählt worden war, als Public Relations-Managerin für die Hilton-Gruppe gearbeitet hatte.[29]

Der diplomatische Prozess des Wandels durch Annäherung wurde in den folgenden zwölf Monaten jedoch durch das politische Powerplay, das Menachem Begin trotz seiner angeschlagenen Gesundheit unternahm, herausgefordert. Nachdem Mosche Dajan im Oktober 1979 von seinem Amt als Außenminister zurückgetreten war – aus Protest über die Art und Weise, wie die Palästina-Autonomieverhandlungen geführt wurden sowie die Ernennung Joseph Burgs von der Mafdal-Partei zum israelischen Delegationsleiter –,[30] legte im Mai 1980 aus den gleichen Gründen mit Verteidigungsminister Ezer Weizman ein weiterer Architekt des ägyptisch-israelischen Friedensvertrages sein Amt nieder.[31] Menachem Begin wich, wie in der Knessetdebatte im Herbst 1978 angekündigt, in der Palästinafrage kein Jota von der Haltung seines politischen Lehrmeisters Wladimir Jabotinsky ab.

Der Begründer der revisionistisch-zionistischen Bewegung hatte 1923 in seinem fraglos wichtigsten Aufsatz »Über die Eiserne Mauer« geschrieben: »Der einzige Weg für uns, in der Zukunft eine Verständigung zu erzielen, ist die uneingeschränkte Absage an alle Versuche, eine Einigung in der Gegenwart zu erreichen.«[32] Er hatte dies mit den folgenden Worten begründet:

»Sie [die Palästinenser, Anm. d. Verf.] hängen an Palästina mindestens mit derselben instinktiven Liebe und dem gleichen wahren Eifer wie die

27 Jewish Telegraph Agency, »Israel Moving to New Sinai Line«, 22.1.1980, in: http://www.jta.org/1980/01/22/archive/israel-moving-to-new-sinai-line [zuletzt abgerufen am 4.11.2017].
28 Jewish Telegraph Agency, »Israel Opens its Embassy in Cairo«, 19.2.1980, in: http://www.jta.org/1980/02/19/archive/israel-opens-its-embassy-in-cairo [zuletzt abgerufen am 4.11.2017].
29 Jewish Telegraph Agency, »First Egyptian Visa Office in Israel«, 28.2.1980, in: http://www.jta.org/1980/02/28/archive/first-egyptian-visa-office-in-israel [zuletzt abgerufen am 4.11.2017].
30 Moshe Dayan, *Die Mission meines Lebens. Bericht über die ägyptisch-israelischen Friedensverhandlungen 1977-1979*, München 1981, S. 394-396.
31 Ezer Weizman, *The Battle for Peace*, Toronto/New York 1981, S. 383-384.
32 Ze'ev Jabotinsky, »On the Iron Wall (1923)«, in: Eran Kaplan/Derek J. Penslar (Hgg.), *The Origins of Israel, 1882-1948. A Documentary History*, Madison/London 2011, S. 263.

Azteken an Mexiko oder die Sioux an der Prärie. Die Fantasterei, dass sie freiwillig die Realisierung des Zionismus akzeptieren im Tausch für kulturelle oder materielle Annehmlichkeiten, die ihnen die jüdischen Kolonialisten bringen – diese kindische Fantasterei stammt von unseren ›Arabophilen‹ […], entstammt einem bestimmten, radikalen Bild von dieser Rasse als einem bestechlichen Volk, das bereit ist, sein Heimatland für ein gutes Eisenbahnnetz herzugeben. Diese Vorstellung ist gänzlich unbegründet.«[33]

Menachem Begin teilte diese Sichtweise, vor allem – wie bereits erörtert – mit Blick auf den Gaza-Streifen, die Golanhöhen, das Westjordanland und Jerusalem. Jene historisch und religiös aufgeladene Stadt, über die der Dichter Jehuda Amichai unmittelbar nach dem Sechs-Tage-Krieg geschrieben hatte: »Ich bin zurückgekehrt in diese Stadt, in der sie / Entfernungen Namen gaben, wie menschlichen Lebewesen. / Und die Liniennummern sind nicht die von Bussen, / sondern: 70 nach, 1917, 500 v.Chr., Achtundvierzig. Dies sind / die Linien auf denen man wirklich reist.«[34]

Für Begin war das Schicksal der Stadt nicht verhandelbar. Als Geula Cohen, die ihn seit Abschluss des ägyptisch-israelischen Friedensvertrages Woche für Woche unablässlich weiter angegriffen hatte, im Sommer 1980 einen Gesetzesentwurf in die Knesset einbrachte, demzufolge Jerusalem zur unteilbaren Hauptstadt des Staates Israel erklärt werden sollte,[35] lobte Begin dies öffentlich und stimmte mit der Mehrheit des Parlaments am 30. Juli 1980 für das Basisgesetz.[36]

Im darauffolgenden Jahr fanden im Juni die Knessetwahlen statt, auf welche die Techija-Politiker hingearbeitet hatten und auf die sie ihre Hoffnungen richteten. Die Splitterpartei schaffte zwar den Einzug ins Parlament, allerdings nur mit drei Sitzen, die an Juval Ne'eman, Geula Cohen und Chanan Porat gingen. Menachem Begin gelang es hingegen nach einem langen Wahlkampf, an dessen Ende sein Befehl zum Angriff auf den irakischen Kernreaktor »Osirak« stand,[37] wiedergewählt zu werden.[38] Er

33 Ze'ev Jabotinsky, »On the Iron Wall (1923)«, S. 259.
34 Jehuda Amichai, »Jerusalem 1967«, in: ders., *Schirei Jehuda Amichai*, Bd. 2, Jerusalem/Tel Aviv 2002, S. 11.
35 S. hierzu: *Sefer Ha-Chukim* [Gesetzbuch, hebr.], Bd. 980, hg. v. Staat Israel, Jerusalem 1980, S. 186.
36 Avi Shilon, *Begin*, S. 321.
37 S. hierzu: Amos Perlmutter/Michael I. Handel/Uri Bar-Joseph, *Two Minutes over Baghdad*, London/Portland ²2003.
38 Asher Arian, »Elections 1981: Competitiveness and Polarization«, in: *The Jerusalem Quarterly*, Heft 21, 1981, S. 3-27.

reiste wenige Monate später nach Ägypten. Nicht aber, um mit Anwar al-Sadat zu sprechen, sondern um sich von ihm zu verabschieden. Der ägyptische Präsident wurde am 6. Oktober 1981, während der alljährlichen Parade zum Gedenken an die Überquerung des Suezkanals durch ägyptische Truppen im Jom-Kippur-Krieg, von Islamisten erschossen. Das Attentat versetzte Israel in eine Schockstarre. Es war nicht ad hoc klar, ob Hosni Mubarak als neuer Präsident der ägyptischen Republik die getroffenen Vereinbarungen einhalten würde. Neben Begin fand sich eine Vielzahl an Präsidenten, Prinzen und Premierministern der westlichen Welt in Kairo ein – von Jimmy Carter und Richard Nixon über François Mitterand und Valéry Giscard d'Estaing bis hin zu König Baudouin von Belgien und Kronprinz Harald von Norwegen. Aus dem Kreis der Mitgliedsstaaten der Arabischen Liga entsandten nur Somalia und Sudan, Marokko und Oman Vertreter zu diesem Begräbnis.[39]

Nach seiner Rückkehr aus Kairo und vor der finalen Rückgabe der Sinai-Halbinsel schärfte Begin sein Profil als politischer Falke. Er beschloss am 14. Dezember 1981, das »Golanhöhen-Gesetz« in das Parlament einzubringen, durch das die Anwendung der israelischen Gesetze und die Ausweitung der israelischen Souveränität auf die selbigen übertragen werden sollte; das Gesetz wurde noch am selben Tag mehrheitlich angenommen.

Begin war aus drei Gründen zu dieser Entscheidung gekommen: Zum einen schadete er damit Syrien, das immer offener in den libanesischen Bürgerkrieg eingriff, in den auch Israel seit 1978 direkt und indirekt involviert war; zum anderen konnte er dadurch das Argument des Ma'arach widerlegen, dessen Abgeordnete ihm immer wieder vorwarfen, er kümmere sich mehr um den Ausbau der israelischen Siedlungen im Westjordanland als um die Entwicklung der ländlichen Gebiete im Negev und den Golanhöhen.[40] Außerdem lenkte er ein letztes Mal die nationale Aufmerksamkeit fort von der Sinai-Halbinsel, deren Besatzung kurz vor ihrem Ende stand. Die israelischen Siedlungen und Städte wurden nach erbitterten Debatten und gewalttätigen Demonstrationen im April 1982 geräumt.

39 N.N., »Officials from around the World Attending Sadat's Funeral«, 9.10.1981, in: http://www.nytimes.com/1981/10/10/world/officials-from-around-the-world-atten ding-sadat-s-funeral.html [zuletzt abgerufen am 4.11.2017]. Sechs Tage nach Sadat starb Mosche Dajan. Mit ihm und Jigal Alon, der bereits im März 1980 verstorben war, waren zwei der wichtigsten arbeiterzionistischen Politiker der israelischen Sinai-Politik nicht mehr am Leben. S. hierzu: Mordechai Bar-On, *Moshe Dayan. Israel's Controversial Hero*, New Haven/London 2012, S. 208-215. Udi Manor, *Yigal Allon. Political Biography, 1980-1949*, S. 190 [unveröffentlichtes Manuskript].
40 Avi Shilon, *Begin*, S. 360-361.

8. Grenzland

Grenzland 251

8.1. Gartenstadt vor Gaza

> »We didn't know that, in 1960, we were born to a star whose light had long since died and it was now on its way to the sea.«
> *Yael Neeman, We were the Future. A Memoir of the Kibbutz*

> »›Habt ihr sich schon zigewehnt?‹ werden die ›Neuen‹, die noch kein Hebräisch verstehen, ein dutzendmal am Tag von den alteingesessenen Palästinensern gefragt – in Jiddisch also, das in solchen Ausnahmefällen ungesetzlich zugelassen wird. Und mit einem anderen Standardwort, das in Palästina eins der am häufigsten gebrauchten ist, kommt dann meistens die Antwort: ›Man ordnet sich ein‹.«
> *Erich Gottgetreu, Das Land der Söhne. Palästina nahe gerückt*

Im Herbst 1965 schickte die Tageszeitung »Haaretz« einen Journalisten in die Sowjetunion. Er sollte über die Juden, die hinter dem Eisernen Vorhang unter der Diskriminierung durch den Kreml und den KGB lebten und litten, berichten. Die Sukkot-Feiertage verbrachte er in der Choral-Synagoge der russischen Hauptstadt. Während der Feierlichkeiten zu »Simchat Tora« trat ein Mann auf ihn zu und erklärte, er habe ihm etwas mitzuteilen, was jedoch niemand hören dürfe. »Er begann die Worte der ›Hatikvah‹ in mein Ohr zu summen, beendete die erste Strophe und verschwand, sein Gesicht hell erleuchtet vom Sieg«, schrieb der Journalist in seinem Buch, das im darauffolgenden Jahr erschien. Der Autor war Elie Wiesel, der spätere Friedensnobelpreisträger.[1]

Bereits vor 1967 hatten viele Juden versucht, die Sowjetunion zu verlassen. Die Zahl der Ausreisewilligen stieg nach dem Sechs-Tage-Krieg, in dessen Folge die Sowjetunion ihre diplomatischen Beziehungen mit Israel abbrach, weiter an. Die überwiegende Mehrheit der Ausreiseanträge wurde jedoch von den Behörden abgelehnt. Erst zu Beginn der 1970er-Jahre hatten einige jener Juden, die nicht länger in Moskau oder Minsk leben wollten, Erfolg.[2] Einige von ihnen zog es auf den Sinai, in die Rafach-Ebene, wo eine neue Stadt entstehen sollte. Im Oktober 1972 wurde ein erster Entwicklungsplan für das Stadtprojekt vorgelegt, der vom Verteidigungsministerium veröffentlicht wurde.

---

1 Eli Wiesel, *The Jews of Silence. A Personal Report on Soviet Jewry*, New York 2011, S. 47.
2 Liane Sue Rosenblatt, *Building Yamit: Relationships between Officials and Settler Representatives in Israel*, Rochester 1983, S. 77 [unveröffentlichte Dissertation, Universität Rochester].

Das lieferte nicht kleines Karo, sondern die Vision einer Megapolis am Mittelmeer – Jamit. Die Stadt sollte alle anderen Bauprojekte auf der Sinai-Halbinsel in den Schatten stellen und eine der größten des Landes werden. Der Plan sah vor, dass Jamit im Jahr 1977 eine Stadt mit 10.000 Einwohnern sein würde, 1992 sollte sich die Bevölkerungszahl bereits auf 80.000 belaufen, im Jahr 2000 dann auf 130.000 und in der zweiten Hälfte des 21. Jahrhunderts schließlich bei einer Viertelmillion liegen. Des Weiteren sollte in Jamit ein Tiefseehafen entstehen, der – neben den bereits bestehenden Tiefseehäfen in Aschdod und Haifa – die Wirtschaft des Landes im Allgemeinen und die der jungen Planstadt im Besonderen ankurbeln würde.[3]

Das *mastermind* hinter diesem Masterplan war Mosche Dajan. Der Verteidigungsminister verfolgte mit dem Projekt vor allem ein Ziel: Er wollte ein israelisches Bollwerk in der strategisch bedeutsamen Rafach-Ebene errichten, die die Grenze zwischen dem Gaza-Streifen und der Sinai-Halbinsel markiert (s. Kap. 4.1). Jamit sollte der südlichste jener aus der Negevwüste ragenden »jüdischen Finger« sein, die Ariel Scharon im Blick gehabt hatte, als er im Januar 1972 zuerst die Vertreibung der Beduinen in diesem Grenzgebiet angeordnet und es dann zur Sperrzone erklärt hatte (s. Kap. 4.2).

Mit diesem Plan stieß Mosche Dajan jedoch auf Widerstand in der eigenen Regierung. Pinchas Sapir – Finanzminister, graue Eminenz des Kabinetts und Maschinist der arbeiterzionistischen Macht in Personalunion – sprach sich am deutlichsten dagegen aus.[4] Statt dem Vorhaben von Dajan zuzutimmen, beschlossen die Männer um Ministerpräsidentin Golda Meir am 24. Dezember 1972 einen eigenen Plan. Dieser fiel wesentlich kleiner aus. Das Kabinett gab der Siedlungsabteilung der Zionistischen Weltorganisation seinen sozialistischen Segen für den Bau eines Regionalzentrums in der Rafach-Ebene. In Reminiszenz an Avschalom Feinberg (s. Kap. 4.1) sollte dieses Zentrum »Avschalom« heißen. Es war als Service- und Kulturzentrum geplant, das mit einer Schule, einem Kino, einem Versammlungssaal und einer Krankenstation sowohl der Armee als auch den landwirtschaftlichen Siedlungen in der Rafach-Ebene und der Eschkol-Region des Negev dienen sollte.[5]

3 *Esor Rezu'at Asah ve-Zfon Sinai. Tochnit Av. Chelek Scheni: Tochniot Mekomiot* [Gaza-Streifen und Nordsinai. Masterplan. Zweiter Teil: Ortspläne, hebr.], hg. v. israel. Verteidigungsministerium, o. O. 1972, S. 57-61. In: YTA/15-46/72-1.
4 William Wilson Harris, *Taking Root. Israeli Settlement in the Westbank, the Golan and Gaza, Sinai, 1967-1980*, Chichester 1980, S. 34-35.
5 *Avshalom – Mercaz Esori Pitchat Rafiach*, S. 1.

Mosche Dajan war düpiert. Angesichts dieses Kabinettsbeschlusses überarbeitete er in den folgenden Monaten sein Projekt und präsentierte im Juli 1973 – vor dem Hintergrund der für Oktober geplanten Knessetwahlen – einen Zehn-Punkte-Plan, in dem er seine Vision der Zukunft der besetzten Gebiete skizzierte. Der Verteidigungsminister wollte mit diesem Manifest in den Wahlkampf ziehen. Darin hieß es:

»Jamit – Forcierte Planung und Entwicklung von Jamit als regionales, urbanes Zentrum der Rafach-Ebene. Entwicklung eines Tiefseehafens südlich von Gaza – unabhängig von der Entwicklung der Häfen in Haifa und Aschdod.«[6]

Die um den Ausgleich zwischen Maximalisten und Minimalisten bemühte Golda Meir beauftragte infolgedessen Israel Galili, den Vorsitzenden des interministeriellen Siedlungskomitees, ein offizielles Positionspapier für den Wahlkampf des Ma'arach zu verfassen. Es sollte einerseits jene Position abbilden, die Mosche Dajan und dessen Anhänger vertraten, und andererseits vage genug sein, um Sapir und die anderen Kritiker zu besänftigen. Die Zauberformel Galilis, die am 17. August 1973 vom Ma'arach angenommen wurde, lautete:

»Die Weiterentwicklung des Regionalzentrums in der Rafach-Ebene wird sichergestellt und auf 800 Wohneinheiten bis 1977/78 erweitert. […] Mit der formulierten Absicht, die Entwicklung der Rafach-Ebene auszubauen, wird beschlossen, dass in den nächsten zwei bis drei Jahren eine grundlegende Analyse der wesentlichen Elemente des Vorschlags, einen Tiefseehafen südlich von Gaza zu errichten, unternommen werden wird. Nachdem alle Daten erhoben und ein konkreter Entwurf vorgelegt wurde, wird die Regierung in dieser Sache entscheiden.«[7]

Bereits einen Tag zuvor, am 16. August, hatten die Arbeiten an einer sechs Meter breiten Straße begonnen, die in das Gebiet führen sollte.[8] Die ersten jüdischen Einwanderer aus der Sowjetunion zogen am Ende desselben Monats in das Regionalzentrum ein.[9]

6 William Wilson Harris, *Taking Root*, S. 177.
7 Ebd. S. 180-181.
8 Jewish Telegraph Agency, »Work Started on Road to Yamit«, 16.8.1973, in: http://www.jta.org/1973/08/16/archive/work-started-on-road-to-yamit [zuletzt abgerufen am 4.11.2017].
9 Aharon Bier, *Ha-Hitjaschvut ba-Eretz Jisrael mi-as Milchemet Scheschet ha-Jamim*, S. 25.

Wenngleich sich die Politiker des Ma'arach darauf geeinigt hatten, vorerst nur ein Regionalzentrum zu errichten, das ausgebaut werden würde, so wurde der ursprüngliche und an die Öffentlichkeit durchgesickerte Plan, dass mit Jamit eine Stadt für 250.000 Einwohner entstehen sollte, Gegenstand vieler Debatten. Eli Ejal von der Tageszeitung »Maariv« prophezeite im Frühherbst 1973: »Mosche Dajan, ehemaliger Verteidigungsminister, wird Ehrengast bei der 25-Jahr-Feier der Stadt Jamit sein.« Denjenigen, die Dajans Prognose in Frage stellten, antwortete der Journalist: »In jedem Fall braucht es keine wilde Vorstellungskraft, um sich eine Stadt in der Größe vorzustellen, wenn jede verlässliche Prognose von fünf Millionen israelischen Bürgern im Jahr 1998 ausgeht.«[10] Um seinen Punkt zu verdeutlichen, wiederholte er ihn in abgewandelter Form: »Die Vision von Jamit als einer Stadt mit 250.000 Einwohnern ist keine moderne Prophezeiung. Vor fünfzig Jahren lebten in Tel Aviv 10.000 Menschen.«[11] Abschließend holte Ejal weit aus und stellte Jamit als ein Projekt dar, das der Sicherheit des Staates Israel dienen würde, da es auf den Erfahrungen der zionistischen Pioniere in der Negevwüste basiere:

> »Dieselben Leute, die sich im Jahr 1973 gegen Jamit aussprechen, gehörten 1946 zu jenen, denen bewusst war, dass elf Siedlungen binnen einer Nacht errichtet werden mussten, damit der Negev überhaupt dauerhaft in jüdischer Hand bleiben würde. Hätten wir die Errichtung dieser elf Siedlungen im Negev um zwei Jahre verschoben, wäre der Negev nach dem Unabhängigkeitskrieg nicht Teil Israels geblieben.«[12]

Eli Ejal rekurrierte mit diesem Verweis auf ein historisches Ereignis und ein zentrales Ideal der zionistischen Bewegung – das der »Frontsiedlung«. In den ersten Jahrzehnten der zionistischen Besiedlung Palästinas waren in der Negev-Wüste lediglich drei Siedlungen errichtet und im Umkreis der Stadt Beerscheva Land erworben worden. David Ben-Gurion hatte jedoch bereits seit 1939 immer wieder zur Besiedlung des Negevs aufgerufen, weshalb die dereinst von den Pionieren ausgegebene Parole »gen Galiläa« auf »gen Negev« übertragen wurde. Vor diesem Hintergrund verwundert es nicht, dass die erste Negevsiedlung, die noch im selben Jahr errichtet worden war, den Namen Negba erhalten hatte – auf Deutsch: gen Negev.[13] Zwischen 1941 und 1947 war dem Aufruf Ben-Gurions ein wahrer Bauboom gefolgt: Die

---

10 Eli Ejal, »Yamit after the Compromise«, in: *Aliyon*, V/9, 1973, S. 6.
11 Ebd., S. 8.
12 Ebd., S. 9.
13 Wie bereits im Falle Ophiras erörtert, handelt es sich bei diesem Schlussbuchstaben um ein sogenanntes »Heh-lokale«, das eine Richtung kennzeichnet.

Gartenstadt vor Gaza 255

verschiedenen zionistischen Bewegungen hatten in diesem Zeitraum 35 Siedlungen in der Negevwüste errichtet.[14] Elf dieser Siedlungen – jene, auf die sich Ejal in seinem Artikel bezog – hatten infolge der Staatsgründung einen festen Platz im kollektiven Gedächtnis der jungen Nation eingenommen und wurden zu tragenden Säulen der Mythografie des Landes Israel. Dies aus zwei Gründen: Zum einen waren sie im Oktober 1946 als Mauer-und-Wachturm-Bauten (»Choma u-Migdal«) in nur einer Nacht heimlich errichtet worden, um die britische Mandatsmacht vor vollendete Tatsachen zu stellen. Die Koordination dieser außergewöhnlichen Aktion der Jewish Agency, an der auch der junge Ari Rath teilgenommen hatte, hatte bei Levi Eschkol gelegen.[15] Zum anderen hatten die Kämpfer der Untergrundarmee Haganah während des Unabhängigkeitskrieges in diesen elf isoliert gelegenen Kibbutzim den ägyptischen Angriffen standgehalten.[16] Nur durch die Verteidigung dieser Siedlungen war der Negev Teil des neugegründeten Staates geblieben und hatte diesen – in den Worten von David Ben-Gurion – überhaupt erst möglich gemacht. Er hatte wenige Monate vor Ausbruch des Unabhängigkeitskrieges erklärt:

»Ein jüdischer Staat ohne den Negev ist beinahe kein jüdischer Staat und das in einem doppelten Sinne: Beinahe kein Staat und beinahe nicht jüdisch, denn ich glaube nicht, dass ein jüdisches Karthago möglich ist. Und ohne den Negev wird es eine Art Karthago geben, das Tel Aviv genannt werden wird.«[17]

Die Region des Negevs, die sowohl an die Sinai-Halbinsel als auch an den Gaza-Streifen angrenzt, wurde infolge der Staatsgründung nach Levi Eschkol benannt, dem »Erzsiedler«, wie ihn sein Biograph genannt hat.[18] Nun, 1973, sollte die Rafach-Ebene Teil dieser Eschkol-Region werden – jenem Teil der Negevwüste, aus dem heraus Ariel Scharon die »jüdischen Finger« zur Umklammerung des Gaza-Streifens plante. So wie sich hier der geografische Kreis schließt, schloss sich auch die chronologisch strukturierte Argumentationskette von Eli Ejal – und damit auch die des Verteidigungsministeriums. Der neue Siedlungsblock in der Rafach-Ebene mit der Stadt Jamit in seinem Zentrum sollte das israelische Hinterland schützen, so, wie dereinst die Kibbutzim im Negev das Hinterland des Jischuvs

14 Aharon Kellerman, *Society and Settlement*, S. 244-248.
15 Ari Rath, *Ari heißt Löwe. Erinnerungen*, Wien 2012, S. 78-79.
16 Benny Morris, *Righteous Victims*, S. 227-230.
17 Ben-Gurion zitiert nach: Aharon Kellerman, *Society and Settlement*, S. 245.
18 Shlomo Aronson, *Levi Eshkol*, S. 35.

geschützt hatten, als die Verteidiger dort den Angriffen standgehalten und die Siedlungen nicht aufgegeben hatten.

Es fällt ein weiterer Aspekt in der Argumentation von Eli Ejal auf: Er bezog sich in seinem Plädoyer für den Bau von Jamit nicht nur auf die elf Negevsiedlungen, sondern verglich Jamit mit Blick auf das Bevölkerungspotential mit Tel Aviv. Zu Beginn der 1970er-Jahre war die »Weiße Stadt« noch nicht das von Bernard Avishai beschriebene »hebräische Drehkreuz in einem kosmopolitischem System« der Gegenwart,[19] vermittelte aber auch nicht länger »den Eindruck, ein jüdischer Vorort einer nicht existierenden Stadt« zu sein,[20] wie es Arthur Koestler unmittelbar nach der Staatsgründung formuliert hatte. Tel Aviv war in den 1970er-Jahren eine stetig wachsende Stadt am Mittelmeer. Es war ein Ort, der dem Jischuv entwachsen war. Viele Vatikim jener Jahre verfielen deshalb in Larmoyanz, wenn sie an die Gründerjahre des »Frühlingshügels« dachten.

Amos Oz hat dieses Gefühl in seinem Werk »Späte Liebe« in Worte gefasst. Die Erzählung handelt von einem alternden Kibbutzfunktionär, Schraga, dessen einst mit Verve und Wortgewalt vorgetragenen Überzeugungen die nächste Generation nicht mehr hören will. Er schwelgt deshalb immerfort in seinen Erinnerungen, die er allein mit Ljuba, einer alten Weggefährtin jener Jahre, teilt und sie ihre mit ihm. Die beiden richten sich in einem gefühlten Zustand ewiger Jugend ein. »Du erinnerst dich doch, wie unser Tel Aviv vor dreißig, fünfunddreißig Jahren gewesen ist«, sagt Ljuba und liefert ihre Antwort gleich mit:

»[E]ine kleine Stadt, eine helle Stadt, eine luftige Stadt, Meeresgeruch war in jedem Zimmer, Meeresduft noch im Schlaf. Der Geschmack der Sonnenstrahlen jeden Tag den ganzen Sommer hindurch, und die entlegene Flußaue am Jarkon, und das Pflanzen der Bäume, die zarten Schößlinge zwischen den neuen Häusern, und all die grünen Gärten, die auf den weiten Sandflächen wuchsen und gediehen. Reihe auf Reihe stiller Kamele zogen gegen Abend durch diesen Sand, mit fernem Glöckchenbimmeln. Vogelscharen sangen vor Sonnenuntergang in allen Gärten ringsum. Und die Bauarbeiter sangen den ganzen Morgen über. Halb nackt liefen die jungen Burschen auf den Gerüsten herum, sonnengebräunt und schweißüberströmt. Und sie sangen und sangen pausenlos jene alten Lieder. Du hast es nicht vergessen. Sie schoben schwere Schubkarren über Holz-

---

19 Bernard Avishai, »Is Donald Trump the Friend Israel Needs?«, 31.12.2016, in: https://www.nytimes.com/2016/12/31/opinion/sunday/is-donald-trump-the-friend-israel-needs.html?partner=rss&emc=rss&_r=1 [zuletzt abgerufen am 4.11.2017].
20 Arthur Koestler, *Promise and Fulfilment*, S. 326.

planken. Und die Lieder kamen ihnen so warm und kräftig über die Lippen. Und all die neuen Alleen, die wir hatten: Die kleinen Bäumchen, zu denen Kinder hinunterliefen, um sie mit Eimern zu begießen. Warum ist uns langsam, langsam alles kaputt gegangen, Schraga?«[21]

Indem Eli Ejal Jamit in eine Genealogie mit Tel Aviv setzte, appellierte er an eben jene Emotionen, die Amos Oz in »Späte Liebe« in Satzstrukturen gebracht hat. Dieser Debattenbeitrag von Ejal erschien nicht nur in der Tageszeitung »Maariv«. Sein Plädoyer für Jamit wurde auch ins Englische übersetzt und erschien in »Aliyon. The Publication of the North American Aliyah Movement«, einem Monatsperiodikum der Jewish Agency, das sich expressis verbis an potentielle Olim, das heißt Neueinwanderer, in den USA und Kanada wandte. Aus einem Grund: Die israelische Regierung wollte in der Rafach-Ebene nicht nur Juden aus der Sowjetunion, sondern auch Neueinwanderer aus den USA ansiedeln.

In den Vereinigten Staaten hatte sich zu diesem Zeitpunkt bereits eine kleine Gruppe einwanderungswilliger Juden zusammengefunden. Sie wollten die »Goldene Medine« verlassen und vor den Toren von Gaza eine Gartenstadt errichten. Die Männer und Frauen aus Philadelphia und Palm Beach, New Jersey und New York, Ohio und Kalifornien wollten auf den Spuren der hebräischen Mayflower-Generation wandeln. Ihr urbaner Pionier(t)raum sollte das 100 Kilometer entfernte Tel Aviv und das 60 Kilometer entfernte Beerscheva schützen, sollte die »Mauer von Jerusalem« und das »Schild von Aschkelon« werden.[22] Die Familienväter und -mütter teilten ihre Vision in derselben Ausgabe von »Aliyon« mit, in der auch der Beitrag von Eli Ejal erschien. Für sie stand fest: »Dies ist ein Pionierunternehmen der Siebzigerjahre.«[23]

Diese Rhetorik entsprach exakt jener, die Mosche Dajan infolge des Kabinettsbeschlusses und des »Galili-Dokumentes« verwendete. Er prophezeite öffentlich, sein wesentlich kleiner gewordenes Sicherheitsprojekt werde die Rafach-Ebene in ein zweites »Emek Jisrael« verwandeln.[24] Der

21 Amos Oz, »Späte Liebe«, in: ders., *Dem Tod entgegen*, aus dem Hebr. übers. v. Ruth Achlama, Frankfurt a. M. 1999, S. 75-76.
22 Jewish Telegraph Agency, »Gush Wants New Settlement near Yamit«, 20.12.1979, in: http://www.jta.org/1979/12/20/archive/gush-wants-new-settlement-near-yamit [zuletzt abgerufen am 4.11.2017].
23 Garin Yamit, »Yamit. Chalutz Aliyah of the Mid 70's«, in: *Aliyon*, V/9, 1973, S. 5.
24 Mosche Negbi, *Kvalim schel Zedek. Bagaz mul ha-Memschal ha-Israeli ba-Schtachim* [Die Justiz unter Besatzung. Das Oberste Gericht Israels gegen die Militärverwaltung in den besetzten Gebieten, hebr.], Jerusalem 1981, S. 29.

Verteidigungsminister wählte damit den wirkmächtigsten Vergleich, den die arbeiterzionistische Bewegung zur Verfügung hatte: Die Jesreelebene war das »herausragende Symbol für die pionierhafte israelische Gesellschaft«.[25] Selbst Wladimir Jabotinsky, der Begründer der mit den Arbeiterzionisten rivalisierenden revisionistischen Bewegung, hatte die Ebene zur Zeit des Jischuvs als das »wahre Land der Romantik« beschrieben. »Du durchlebst im Tal einige der Eindrücke, die du schon vor vielen Jahren durchlebt hast, als du Alice durchs Wunderland gefolgt bist.«[26]

Vor diesem Hintergrund glaubten die Auswanderer aus der amerikanischen Mittelschicht, in diesem Teil der Sinai-Halbinsel das verheißene Land zu erkennen, und erklärten, einzig die Rafach-Ebene komme für sie als Ansiedlungsort in Frage, da »Orte wie Tel Aviv oder Haifa keine wirkliche Herausforderung bieten oder die Phantasie beflügeln. Dort zu wohnen wäre – abgesehen von den jüdischen Aspekten – doch sehr vergleichbar mit einem Umzug in jede andere Stadt der westlichen Welt«. Daneben informierte die Gruppe die Leser, dass sowohl Berufserfahrung als auch Gesundheitszustand und die »allgemeine Stabilität und Eignung« eines jeden Bewerbers von ihnen und den israelischen Behörden geprüft würden; Personen unter 40 Jahren würden bevorzugt berücksichtigt, da das Leben auf dem Sinai zunächst sicher »einige Schwierigkeiten« bereithalten werde.[27]

Einzig: So klar diese Kriterien formuliert waren, so unklar entwickelte sich die Zukunft von Jamit und der Rafach-Ebene im Oktober 1973 nach Ausbruch des Jom-Kippur-Krieges. Es sollte über ein Jahr vergehen, bis im September 1974 die ersten zehn Familien aus den USA nach Israel auswanderten. Sie durften jedoch nicht in die Rafach-Ebene ziehen, sondern mussten zunächst in einem Aufnahmezentrum in Beerscheva leben.[28] Die Begeisterung der Neu-Israelis war indes ungebrochen. Nach einer Ortsbesichtigung der Rafach-Ebene verfasste ein weibliches Mitglied der Gruppe einen Brief an das »Aliyon«-Magazin. Sie ging dabei – bewusst oder unbewusst – mit keinem Wort auf die Beduinen ein, die dereinst in der Region gelebt hatten.

»Jamit – der Name gibt nicht den leisesten Hinweis darauf, wie unsere neue Adresse aussieht. Also schließt eure Augen und stellt euch den blauen Himmel vor, endloses blaues Wasser und einen reinen, weißen

---

25 Aharon Kellerman, *Society and Settlement*, S. 371.
26 V. Jabotinsky, »The Last Land of Romance«, in: *Palestine & Near East Economic Magazine*, Heft 5/6, 1930/31, S. 122.
27 V. Jabotinsky, »The Last Land of Romance«, S. 4.
28 Garin Yamit, »Garin Yamit Newsletter«, in: *Aliyon*, VI/8, 1974, S. 15.

Gartenstadt vor Gaza 259

Abb. 18: Die Umgebung von Jamit: Sand, Palmen und Meer (Aufnahme 10.10.1977).

Strand, umgeben von Sanddünen. Die Stämme der Dattelpalmen ragen in die Höhe, während ihre Wedel Schatten spenden und Dattelbüschel verbergen. Wohin du auch blickst, du erschrickst vor der Schönheit. Klingt romantisch? Klingt unmöglich? Nun, es ist echt, es ist romantisch, es ist Jamit.«²⁹

Im Frühjahr 1975 begannen die Bauarbeiten in Jamit.³⁰ Damit nahm der Sinai in der nationalen Raumplanung zur Besiedlung der im Sechs-Tage-Krieg eroberten Gebiete eine Sonderstellung ein. Dies aus zwei Gründen: Zum einen wurden auf der Halbinsel mit Jamit und Ophira ganze Städte geplant und gebaut. Solche Bauvorhaben gab es zu diesem Zeitpunkt weder im Westjordanland noch im Gaza-Streifen, und auch auf den Golanhöhen begannen die israelischen Behörden mit dem Bau des für 40.000 Einwohner konizipierten Verwaltungszentrums Katzrin erst zwei Jahre später.³¹ Zum anderen lag Jamit – ebenso wie die Stadt Ophira – in der Peripherie des Landes. Dort hatte man in den 1950er- und 1960er-Jahren vorwiegend jüdische Einwanderer aus den verschiedenen Kulturkreisen der mus-

29 Garin Yamit, »Garin Yamit Newsletter«, S. 15.
30 Der Name der Stadt wurde im Mai durch das Namenskomitee festgelegt. S. hierzu: Liane Sue Rosenblatt, *Building Yamit*, S. 78.
31 S. hierzu: Yigal Kipnis, *The Golan Heights. Political History, Settlement and Geography since 1949*, London 2013, S. 143-180.

limisch geprägten Welt angesiedelt. Diese Praxis verfestigte in der Folge die soziale und wirtschaftliche Kluft zwischen Aschkenasim und Mizrachim, wobei Letztere an den gesellschaftlichen Rand gedrängt wurden und dort »gefangen waren«.[32] In Jamit siedelten die israelischen Entscheidungsträger hingegen Olim aus der Sowjetunion und den USA an, also keine Einwanderer oder Nachkommen von Einwanderern aus den muslimischen Kulturkreisen des Nahen Ostens. Diese Entscheidung ist ein deutlicher Hinweis darauf, welche Bedeutung dieses Bauprojekt hatte.

Wie auf internationaler Ebene mit der Unterzeichnung der Schlussakte von Helsinki durch die Mitgliedsländer des Warschauer Paktes und der NATO im Rahmen der blockübergreifenden »Konferenz über Sicherheit und Zusammenarbeit in Europa« (KSZE), so kam es im selben Jahr auch auf dem Sinai zu einem Wandel durch Annäherung zwischen den sowjetischen und amerikanischen Neubürgern des Staates Israel. Chajim Feifel, ein Mitbegründer der US-Einwanderergruppe, schrieb im Frühjahr 1975 noch aus dem Aufnahmezentrum in Beerscheva im »Aliyon«-Magazin über seine neuen Nachbarn aus der Sowjetunion: »Sie haben uns all ihre Geräte nutzen lassen, ohne im Gegenzug dafür etwas zu verlangen. Wir schätzen ihre Freundlichkeit und hoffen, dass ihre Bereitschaft zu teilen zu einem tieferen Verständnis zwischen unseren beiden Gruppen beiträgt.«[33]

Wenige Monate später, im August 1975, legte Ra'anan Weitz nach abschließenden Untersuchungen einen Plan vor, der erläuterte, welchen Zweck die Besiedlung der Rafach-Ebene erfüllen sollte. Dem Kabinettsbeschluss vom 24. Dezember 1972 sowie dem »Galili-Dokument« folgend, sah das sogenannte »Projekt Süd« der Abteilung für die Besiedlung des ländlichen Raums der Jewish Agency vor, innerhalb von 15 Jahren 110 landwirtschaftliche Siedlungen in der Eschkol-Region zu errichten, in denen 200.000 Einwohner leben würden. Durch den Anbau und Export von Blumen, Wintergemüse und -obst sollte die wirtschaftliche Zukunftsfähigkeit dieser Kommunen gewährleistet werden. Darüber hinaus schlug Weitz den Bau eines Atomreaktors vor, der zum einen die Elektrizität in der Region sichern sollte und zum anderen für die Meerwasserentsalzung genutzt werden konnte.[34] Im Gebiet der Rafach-Ebene, die nur einen Teil

32 Erez Tzfadia, »Trapped Sense of Peripheral Place in Frontier Space«, in: Haim Yacobi (Hg.), *Constructing a Sense of Place. Architecture and the Zionist Discourse*, Aldershot/Burlington 2004, S. 125.
33 Chaim Feifel, »Yamit!«, in: *Aliyon*, VII/2, 1975, S. 21.
34 Ra'anan Weitz, *Ha-Mifal ha-Dromi. Haza'ah li-Pituach Esor ha-Hitjashvuti ba-Drom ha-Aretz* [Der Süd-Plan. Vorschlag zur Erschließung eines Siedlungsgebietes im Süden des Landes, hebr.], Jerusalem 1975, S. 1-4. In: YTA/15-46/72/1.

Gartenstadt vor Gaza

der Eschkol-Region ausmachte, sollte die Hälfte der 110 Siedlungen errichtet werden.[35] Am 28. September 1975 verwandelte sich der Jahre lang verwendete Konjunktiv schließlich in einen Indikativ: An diesem Sonntag zog das erste Dutzend amerikanischer Familien zusammen mit sechs israelischen Familien nach Jamit; im Oktober folgten die ersten 15 Familien aus der Sowjetunion.[36] Ein halbes Jahr später schrieb die aus Miami stammende Carole Rosenblatt im »Aliyon« über ihr ganz persönliches »Gegenleben«:

»Zwei Mal in der Woche schauen wir kostenlos Filme, einmal pro Woche gibt es eine Lesung und irgendwer schmeißt immer eine Party. An Chanukkah gab es in der neu glänzenden Schule für die Eltern eine Aufführung ihrer Kinder, und ich habe noch nie stolzere Eltern gesehen. Ich bin mir nicht sicher, auf wen sie stolzer waren – auf die Schule in Jamit oder ihre Kinder. Wir hatten eine tolle Zeit. Es gab einen Menorah-Wettbewerb, den meine Jungs gewonnen haben. Unsere Kinder sind wirklich großartig. Wie Ihr wahrscheinlich schon wisst – wir sind eine verkehrsfreie Stadt. Alle motorenbetriebenen Fahrzeuge parken am Rand der Stadt. Alle Straßen im Zentrum sind Fußgängerzonen, und Kinder jeden Alters dürfen dort spielen. Das sollte unsere Straßen ruhiger machen. Nun, unsere Kinder haben ihre eigenen Verkehrsprobleme geschaffen mit ihren Fahrrädern, denn die Stadtplaner haben die Fahrradwege vergessen. Manchmal denke ich, es ist sicherer und ruhiger auf der Schnellstraße.«[37]

Vier Ausgaben später klang Chajim Feifel bereits wesentlich nüchterner in seiner Einschätzung der Entwicklung, die Jamit nahm. Er schrieb:

»Es besteht die Notwendigkeit, sich zu akklimatisieren, anzupassen an den israelischen Lebensstil, das bezieht sich auch auf die neue Sprache. Unsere neue Gemeinschaft hat nicht den vollen Zugang, den man in einer gut etablierten Stadt vorfinden würde. Das Transportwesen ist armselig. Die Post auf Rädern kommt einmal täglich und immer zu einer anderen Uhrzeit – die medizinische Versorgung ist mangelhaft; für jeden Arztbesuch muss man nach Beerscheva, und das ist teuer und kostet Zeit. Keine der Verwaltungsbehörden hat ein Büro in Jamit, deshalb müssen wir weite Strecken zurücklegen, um unsere Geschäfte zu erledigen.«[38]

35 *Yamit Area*, hg. v. Jewish Agency Rural Settlement Department, Jerusalem o. J., S. 1. In: CZA/1BK/73522.
36 N. N., »Yamit Settles in«, in: *Aliyon*, VII/9, 1975, S. 3.
37 Carole Rosenblatt, »Greetings from Yamit«, in: *Aliyon*, VIII/3, 1976, S. 9.
38 Chaim Feifel, »Yamit: One Year Later«, in: *Aliyon*, VIII/7, 1976, S. 10.

Diese Gegenüberstellung verdeutlicht, dass die Einwanderung in ein anderes Land nicht einfach ist, auf Enthusiasmus folgt oft Ernüchterung. So war es auch im Falle von Jamit. Die Pioniere der späten 1970er-Jahre unterschieden sich in diesem Punkt kaum von vielen anderen Olim, die in der ersten Hälfte des 20. Jahrhunderts eingewandert waren und in Palästina nur schwer hatten Fuß fassen können. Das vorrangige Problem, mit dem sich die Bürger von Jamit konfrontiert sahen, war der von Chajim Feifel angesprochene Mangel an Hebräischkenntnissen. Damit erging es ihnen nicht anders als Theodor Herzl.

Der Begründer der zionistischen Bewegung hatte in seinem Entwurf des »Judenstaates« erklärt, ein jeder solle diejenige Sprache beibehalten, »welche die liebe Heimat seiner Gedanken ist«. Er hatte es ausgeschlossen, das Neuhebräische zur Landessprache zu erklären. »Wer von uns weiß schon genug Hebräisch, um in dieser Sprache ein Bahnbillet zu verlangen?«, hatte er rhetorisch gefragt.[39] Die Einwanderer in Jamit waren, im Gegensatz zu Herzl, durchaus bestrebt, Hebräisch zu erlernen. Ihnen war bewusst, dass die Sprache einerseits die Bedingung für ein Verständnis der israelischen Gesellschaft und andererseits beziehungsweise gleichzeitig der Schlüssel für die Aufnahme in diese war. Der Prozess dauerte aber einige Zeit. Diese hatten sie jedoch aus zwei Gründen nicht: Zum einen mussten sie Jobs auf dem Arbeitsmarkt finden, um sich und ihre Familien ernähren zu können, zum anderen standen sie in ständigem Kontakt mit den Behörden, um den Auf- und Ausbau der Stadt voranzutreiben.

In den Ministerien trafen die Bewohner von Jamit vor allem auf jene Haltung in der israelischen Gesellschaft, die von der Journalistin Netiva Ben-Jehuda in einem Satz prägnant zusammengefasst worden ist: »Du sprichst nicht wie wir – dann halt die Klappe.«[40] Hiermit ist nicht allein das Unvermögen, die hebräische Sprache wie ein Sabra auf Muttersprachenniveau sprechen zu können, gemeint. Vielmehr liegt in den Wörtern »wie wir« eine Erwartungshaltung: Wollte ein Einwanderer seinen Außenseiterstatus überwinden, so musste er zunächst eigene Wünsche hintanstellen und aktiv etwas zur Gesellschaft beitragen – zum Beispiel, indem er rasch die mit kulturellen Codes versehene Sprache seiner neuen Heimat erlernte, wodurch er wiederum arbeitsfähig wurde, was den Prozess der Akkulturation beförderte.

---

39 Theodor Herzl, Der Judenstaat, S. 75.
40 Netiva Ben-Yehuda, *1948 – Bein ha-Sfirot* [1948 – Zwischen Kalendern, hebr.], Jerusalem 1981, S. 71.

Abb. 19: Autofreie Stadt: Kinder mit ihren Fahrrädern in Jamit (Aufnahme 10.12.1978).

Den Einwanderern aus der Sowjetunion gelang die Eingliederung in den israelischen Arbeitsmarkt schneller als den Einwanderern aus den USA. Zwar stießen sie ebenso wie ihre neuen Nachbarn auf sprachliche Barrieren. Die einstigen Bürger des Arbeiter- und Bauern-Imperiums fügten sich aber leichter ein und erfüllten aufgrund ihrer oftmals eher praxisorientierten Berufsausbildung die Erwartungen der verschiedenen Ministerien, die am Aufbau von Jamit beteiligt waren.

In Jamit gab es zu diesem Zeitpunkt noch keine Arbeit – denn Jamit hatte es bis dahin nicht gegeben. In der Rafach-Ebene existierten lediglich die Moschavim Sadot und Netiv ha-Asara, das 1973 errichtet worden war und seinen Namen – »Pfad der Zehn« – in Erinnerung an jene Soldaten um David Tamir (s. Kap. 6.1) erhalten hatte, die im Nordsinai bei einem Helikopterabsturz ums Leben gekommen waren. Zudem lag in der Rafach-Ebene die Luftstreitkräftebasis Etam; gemäß der biblischen Tradition hatten die Israeliten auf ihrer Exodus-Wanderung nach Sukkot in Etam ihr Lager »am Rand der Wüste« aufgeschlagen (2. Buch Mose, 13:20). In gewisser Weise schloss sich damit ein Kreis: Elie Wiesel hatte die sowjetischen Juden zum Sukkotfest 1965 in der Sowjetunion besucht, der Name der Basis stand in unmittelbarem Zusammenhang mit der biblischen Erzählung von Sukkot und die ersten Einwanderer waren während der Sukkotfeiertage des Jahres 1975 nach Jamit gezogen.

Um die Einwohner der Stadt in Lohn und Brot zu bringen, wurde in Jamit eine Werkstatt errichtet, in der Armeefahrzeuge und -equipment der nahen Basis repariert werden sollten. Allein, nur die handwerklich ausgebildeten Einwanderer aus der Sowjetunion konnten dort beschäftigt werden, ebenso wie in der ortsansässigen Schlosserei und Schreinerei. Die US-Einwanderer konnten weder in diesen Betrieben noch auf den vielen Baustellen der Stadt eingesetzt werden. Dies sorgte bei Handels- und Industrieminister Chajim Bar-Lev für Unverständnis. Er warf ihnen vor, sie hätten die Alija besser vorbereiten und die Jobmöglichkeiten, die in einer solchen Stadt wie Jamit zur Verfügung stünden, realistischer einschätzen müssen. Einem der Einwohner gegenüber erklärte Bar-Lev unverhohlen:

»Wenn ein Jude nach Jamit kommt, dann muss er wissen, dass es nur begrenzte Jobmöglichkeiten gibt, jetzt und auch noch in zwanzig Jahren. Wenn ein auf rechte Ohren spezialisierter Arzt und ein Mineningenieur nach Jamit kommen – nicht in zwanzig Jahren können sie hier ihren Lebensunterhalt verdienen. Das ist es, was ihr wissen müsst.«[41]

Die israelische Regierung bevorzugte Arbeiter, die in größeren Industrieprojekten oder Werkstätten arbeiten konnten. Aus diesen Gründen stießen die US-Einwanderer mit ihren Plänen zum Bau eines Hotels und eines Campingplatzes bei den Behörden auf Widerstände.[42] Es gelang lediglich einigen wenigen aus dieser Gruppe, kleine Geschäfte in der Stadt zu eröffnen, darunter eines für Levis-Jeans[43] und einen Gemischtwarenladen. Den führte Chajim Feifel, der sich auf seine Visitenkarten Herzls Ausspruch »Wenn ihr wollt, ist es kein Märchen« gedruckt hatte.[44] Grosso modo galt jedoch: Die US-Einwanderer gingen aufgrund ihrer individuellen Zukunftswünsche, der fehlenden Sprachkenntnisse sowie den nicht in die Pläne der Ministerien passenden Berufsausbildungen im »Treibsand der israelischen Bürokratie« anfangs oft unter.[45] Nur diejenigen, die bereit waren, nach Aschkelon oder Beerscheva zu pendeln, hatten Chancen, eine für

---

41 Chajim Bar-Lev zitiert nach: Liane Sue Rosenblatt, *Building Yamit*, S. 130.
42 Sara Yael Hirschhorn, *City on a Hilltop. American Jews and the Israeli Settler Movement*, Cambridge Mass./London 2017, S. 82.
43 Katherine Phillips, »Yamit – Straining at the Leash«, in: *Jerusalem Post International Edition*, 20.7.1976, S. 7.
44 Sara Yael Hirschhorn, *City on a Hilltop*, S. 82.
45 Ebd., S. 58.

sie passende Stelle zu finden. Ein solcher Einwohner war Gary B. Meisels, den Jitzchak Rabin im November 1976 in Jamit traf.⁴⁶ Der Ministerpräsident erklärte bei seinem Besuch, die Stadt werde künftig die Grenzen des Staates schützen, und nahm an der Grundsteinlegung der Feldschule teil.⁴⁷ Wie im Westjordanland, auf den Golanhöhen und am Katharinenkloster, so diente auch die Feldschule in Jamit nicht allein der Vermittlung von Landeskunde, sondern war Teil der Siedlungspolitik. Es war das erklärte Ziel der »Gesellschaft für Naturschutz«, durch den Zuzug der jungen Madrichim mit ihren Familien den Auf- und Ausbau in den neuen Siedlungen jenseits der »Grünen Linie« zu befördern.⁴⁸ Zwei Tage nach seinem Besuch in Jamit erhielt Rabin einen Brief von Meisels, in dem dieser schrieb:

»Sehr geehrter Herr Ministerpräsident:

Ich möchte Ihnen persönlich für den Besuch in Jamit am 17. November danken. Ich habe Sie kurz beim Empfang des Verwaltungsrats der Ben-Gurion-Universität getroffen, wo ich als Assistent des Direktors der Finanzabteilung arbeite. Ich erwähnte Ihnen gegenüber ›Ich lebe in Jamit und bin ein Pionier‹, und Sie antworteten: ›Jafeh Maod‹ [sic!]. Ich bin froh darüber, dass Sie es endlich geschafft haben, uns zu besuchen und dass wir alle den Staat Israel aufbauen – gemeinsam. Auch wenn ich über 75 Kilometer von meinem Arbeitsplatz entfernt schlafe, [glaube ich, dass] das Leben in dieser Gemeinschaft sehr wichtig für die Sicherheit und den Aufbau des Staates Israel ist. Lassen Sie es nicht zu, dass uns irgendjemand Jamit wegnimmt. Wir sind hier, um zu bleiben und um unsere Stadt aufzubauen für eine reiche und bessere Zukunft.

Hochachtungsvoll Ihr Gary B. Meisels
Adresse:
Jamit 0015
Gaza-Strand«⁴⁹

---

46 *Tochnit Bikur Rosch ha-Memschalah be-Jamit*, 16.11.1976, S. 3. In: ISA/6755/13-ב. Zur kurzen Geschichte der Feldschule von Jamit s.: Asaël Ben-David, *Sipurim schel Batei Sefer Sadeh schel Chevrat le-Haganat ha-Teva* [Geschichten der Feldschulen der Gesellschaft für Naturschutz, hebr.], o. O. 1999, S. 95-99. In: AGNI.
47 N. N., »Yamit Must be in Borders: Rabin«, in: *The Jerusalem Post International Edition*, 23.11.1976, S. 4.
48 Persönlich kommuniziert von Prof. Dr. Avi Perevolotzky, 15.6.2016, Tel Aviv.
49 Brief von Gary B. Meisels an Jitzchak Rabin, 19.11.1976. In: ISA/6755/13-ב.

Dieser Brief verdeutlicht nicht nur die mäßigen Sprachkenntnisse und die schwierige Arbeitsmarktsituation, sondern zeigt mit Blick auf die Absenderadresse auch, dass Gary Meisels noch immer auf einer Baustelle wohnte. Erst im Laufe des folgenden Jahres entwickelte sich der Traum langsam zur Wirklichkeit.

Am 5. Juni 1977 wurde am Stadtrand ein Denkmal für die gefallenen Soldaten der »Stählernen Division« eingeweiht, die im Sechs-Tage-Krieg in der Rafach-Ebene gekämpft hatten. Es wurde auf Initiative der Hinterbliebenen und ihrer Kommandeure errichtet. Der Architekt Israel Gudovitch hat es entworfen.

Der zylinderförmige Betonturm glich fünf in den Himmel ragenden Kanonenrohren. Die 23 Meter hohe Aussichtsplattform auf der Spitze war ein umgekehrt aufgehängter Geschützturm. Von dort blickte man auf Jamit und die Ebene von Rafach. Um den Turm herum waren im Wüstensand 295 säulenförmige Stelen errichtet worden, auf denen – je nach Größe der Stelen – Kampfausrüstung, unter anderem die Überreste eines gepanzerten Wagens oder ein Gewehr, montiert war. In der Mitte dieses Labyrinths befand sich eine Kammer, deren Eingang nur 60 Zentimeter hoch war. Sie war dem Gedenken an die 180 Gefallenen gewidmet, die namentlich auf einer Bronzetafel aufgelistet waren. Auf dieser fanden sich zudem Bibelzitate, welche die Bedeutung von Säulen im Judentum beschrieben.[50] Ein Zitat lautete: »Der Herr zog vor ihnen her, bei Tag in einer Wolkensäule, um ihnen den Weg zu zeigen, bei Nacht in einer Feuersäule, um ihnen zu leuchten. So konnten sie Tag und Nacht unterwegs sein.« (2. Buch Mose, 13:21)

Naomi Meiri-Dann und Shmuel Meiri zufolge basierte die Einzigartigkeit dieses Denkmals jedoch vor allem auf seiner Verortung im urbanen Raum:

> »Es ist nicht denen gewidmet, die hier lebten und andernorts ihren Tod fanden, sondern jenen, die hier starben. Mit anderen Worten: Anders als andere Denkmäler im Zentrum ziviler Ortschaften, die die Geschichte der lokalen Bevölkerung erzählen – ›unsere Gefallenen, unsere Freunde, unsere Söhne‹ –, erzählt dieses urbane Denkmal hauptsächlich die Geschichte des Ortes, bevor er eine Stadt wurde.«[51]

---

50 Naomi Meiri-Dann/Shmuel Meiri, »Between Victory and Destruction: The Changing Narrative of the Division of Steel Memorial«, in: *The Journal of Israeli History: Politics, Society, Culture*, 28/2, 2009, S. 216-217.
51 Ebd.

Gartenstadt vor Gaza 267

Abb. 20: Das im Bau befindliche Kriegsdenkmal von Jamit (Aufnahme 17.11.1976).

Im September 1977 wurde in Jamit auch eine Jeschivat Hesder, in der wehrpflichtige Studenten den Militärdienst mit dem Torah-Studium verbinden konnten, eingeweiht. Das Denkmal und diese Bildungseinrichtung betonten den Charakter der Stadt als urbanes Sicherheitsprojekt; die religiöse Bildungseinrichtung war zudem der Versuch zu verhindern, dass sich Jamit »wie jede andere Stadt in Texas oder New Jersey« entwickeln würde, so drückte es jedenfalls ein Vertreter der national-religiösen Bnei Akiva-Jugendbewegung in einem Interview aus.[52] Dies war ganz im Sinne von Menachem Begin, der die Rafach-Ebene im selben Monat besuchte.

Die Stadt, die der neue Ministerpräsident besichtigte, unterschied sich deutlich von jenem Jamit, das Rabin besucht hatte. Jede der 350 ortsansässigen Familien lebte mittlerweile in einem aus Waschbetonfertigteilen gebauten ein- bis zweistöckigen Haus mit Garten. Diese Wohneinheiten mit

52 Tzvi Arenstein, »Mixing Religious Study with Army Service«, in: *Jerusalem Post International Edition*, 3.10.77, S. 13. An dieser Stelle sei angemerkt, dass es in keiner israelischen Ortschaft im Südsinai, weder in Neviot, noch in Di-Zahav oder in Ophira, eine Jeschivat Hesder und auch keine Synagoge gegeben hat, zumindest waren diese weder in den Entwicklungsplänen für die Region, die im Zuge der vorliegenden Arbeit studiert wurden, vorgesehen gewesen, noch erinnerte sich ein einziger meiner Gesprächspartner an eine Synagoge oder eine Jeschivat Hesder im Süden der Halbinsel.

je drei oder vier Zimmern lagen alle in jenem Planquadrat der Stadt, in dem auch großzügige Grünflächen und Spielplätze angelegt worden waren. Dieses verkehrsberuhigte Viertel war in sich geschlossen und als Muster für die weiteren geplanten Stadtteile konzipiert, die, identisch in Form und Struktur, in den kommenden Jahren errichtet werden sollten. Daneben gab es in Jamit bereits eine Grundschule, einen Kindergarten und ein Einkaufszentrum sowie eine Bank, eine Bibliothek, eine Postfiliale, eine Polizeiwache, ein Fotostudio und eine Krankenstation. Eine Synagoge, ein Kino und ein Campingplatz befanden sich im Bau, ein Gymnasium in der Planung – die älteren Schüler fuhren bis dato mit einem Bus durch den Gaza-Streifen nach Aschkelon. Die Telefon- und Stromleitungen der Stadt waren unterirdisch verlegt worden – in Israel damals ein Novum. Dieser Bauboom auf der Halbinsel hatte hohe Kosten zur Folge.[53] Anstelle des geplanten Tiefseehafens wurde jedoch lediglich ein Badestrand ausgebaut, und neben einem Lokal entstanden Wachtürme für Rettungsschwimmer, die mit Holzbalken verkleidet waren – hergestellt von Schreinern aus dem Gaza-Streifen.[54]

Die Reißbrettstadt verfügte darüber hinaus über eine kleine Fläche, auf der private Wohnungen und Häuser errichtet werden durften. Dort war ein »architektonischer Wirrwarr neogotischer und bajuwarischer Stilelemente einiger für israelische Verhältnisse z. T. maßlos überzogener Luxusbauten kräftig ins Kraut geschossen«, wie zwei Geographen der Universität Heidelberg konstatierten.[55] Menachem Begin schien sich daran jedoch nicht zu stören. In das Goldene Buch der Stadt schrieb er, Jamit solle »die Freude und der Stolz der Nation« werden.[56]

Anschließend besuchte er die Siedlungen, die um Jamit herum bereits entstanden waren oder sich im Bau befanden: Neben Sadot und Netiv ha-Asara der 52 Gebäude zählende Moschav Ugda, welcher 1975 gegründet worden war, sowie der seit 1976 im Bau befindliche Moschav Nir Avraham, in dem es bereits einen Sportplatz, einen Kindergarten, eine Krankenstation und einen Coop-Supermarkt gab. Der Moschav Ugda war nach einer Panzerabteilung benannt, die im Sechs-Tage-Krieg durch die Rafach-

---

53 *Bikur Rosch ha-Memschalah be-Jamit ve-Skirah al-Jischuvei Chevel Jamit* [Besuch des Ministerpräsidenten und Übersicht über die Siedlungen in der Jamit-Region, hebr.], 29. 9. 1977, S. 18-19. In: CZA/BK/72303.
54 Amiram Harlap (Hg.), *Israel Boneh/Israel Builds*, S. 231-236.
55 H. Eichler/A. Scheuerbrandt, »Yamit – Planung, Aufstieg und Ende einer israelischen ›Stadt in der Wüste‹ (Nord-Sinai)«, in: *Zeitschrift für Wirtschaftsgeographie*, 3-4/27, 1983, S. 226.
56 S. hierzu: *Jamiton*, 29. 12. 1977, Heft 12, S. 1.

Gartenstadt vor Gaza   269

Ebene an den Suezkanal vorgestoßen war. Der Moschav Nir Avraham war nach dem arbeiterzionistischen Politiker Avraham Hertzfeld benannt worden. Außerdem besuchte Begin den Moschav Talmei Josef, dessen Grundstein erst wenige Wochen vor seinem Besuch gelegt worden war. Dieser war nach Josef Weitz, dem Direktor des Jüdischen Nationalfonds, benannt. Ferner reiste der Ministerpräsident in den Moschav Priel – auf Deutsch: Gottesfrucht –, welcher seit 1977 im Bau befindlich war, und das Avschalom-Zentrum. Dort waren seit dem Beschluss der Regierung Golda Meirs, in der Rafach-Ebene zu siedeln, neben einer Schule und einem Swimmingpool 20 Häuser errichtet worden, in denen einige Lehrer, Krankenschwestern und Verwaltungsangestellte der Region wohnten, die sich weder in Jamit noch in den landwirtschaftlichen Siedlungen hatten niederlassen wollen. Außerdem ließ Begin es sich nicht nehmen, die von seiner revisionistischen Bewegung geführten Moschavim Neot Sinai, Dikla und Cheruvit zu besuchen, ebenso wie die Kibbutzim Sufa und Cholit, die sich zu diesem Zeitpunkt noch in der Bauphase befanden.[57]

Mit diesen Moschavim und Kibbutzim, der Militärbasis Etam und dem urbanen Peripherieprojekt Jamit legten sich mehr »Finger« um den Gaza-Streifen, als ein Mensch an zwei Händen hat. Die zwölf Siedlungen im Norden der Sinai-Halbinsel erfüllten jene beiden Ziele – das militärische und das wirtschaftspolitische –, die im Laufe der Zeit von den verschiedenen Planungsstäben formuliert worden waren: Zum einen fungierten sie als Sicherheitsgürtel für das israelische Hinterland,[58] und zum anderen züchteten die Landwirte in den Siedlungen erfolgreich Blumen, bauten Obst und Gemüse an – in Sadot und Netiv ha-Asara auf Feldern, in allen übrigen Dörfern in Gewächshäusern.[59] Den Überlegungen von Ra'anan Weitz folgend, waren diese Agrarprodukte nicht allein für den israelischen

---

57 *Bikur Rosch ha-Memschalah be-Jamit ve-Skirah al-Jischuvei Chevel Jamit*, S. 4-17. Neot Sinai bedeutet auf Deutsch »Sinai-Oase«, Sufa »Sandsturm« und Cholit »Düne«. Cheruvit war der landläufig genutzte Name für das im Bau befindliche Kibbutz, offiziell hieß es jedoch Tarsag. Es handelt sich hierbei um ein Akronym, dessen Buchstaben als Zahlenwert 1903 ergeben – jenes Jahr, in dem die von Theodor Herzl initiierte Expedition auf den Sinai gereist war.
58 In Netiva ha-Asara, Neot Sinai, Sufa und Cholit gab es Waffenkammern. S. hierzu: ebd., S. 20.
59 Die Siedlungen, in denen mittels Gewächshäusern Landwirtschaft betrieben wurde, blieben unprofitabel. Aus diesem Grund nannten ihre Bewohner diese »Glasghettos«. S. hierzu: Nurit Kliot, »Here and There: The Phenomenology of Settlement Removal from Northern Sinai«, in: *The Journal of Applied Behavioral Science*, 23/1, 1987, S. 40.

Markt bestimmt, sondern wurden vor Ort auch »für die Küchen Europas gepflückt und gepackt.«⁶⁰ Die zuständigen Planungsbehörden hatten den 1975 vorgelegten »Südplan« im Jahr 1976 auf der Basis erster Erfahrungswerte ergänzt und in dieser zweiten Fassung detailliert dargelegt, wie viel frisches Gemüse pro Kopf in den europäischen Ländern verzehrt wurde. Den Berechnungen zufolge waren dies 1970 in Westdeutschland 83 Kilogramm, im gleichen Jahr in Italien hingegen 153 Kilogramm. Für das Jahr 1990 prognostizierte man einen Pro-Kopf-Verbrauch von 108 Kilogramm für Westdeutschland, für Italien 190 Kilogramm.⁶¹ Auf der Basis dieser und anderer Schätzungen legte Ra'anan Weitz im November 1977 die finale Version seines »Südplans« vor. Diesem zufolge markierten die Moschavim und Kibbutzim, die Menachem Begin zwei Monate zuvor besichtigt hatte, nur den Beginn der israelischen Besiedlung der Rafach-Ebene. Es sollten in der Region zwischen Rafach und al-Arish 100 landwirtschaftliche Siedlungen entstehen, wobei erwartet wurde, dass die ersten 50 bis zur Jahrtausendwende fertiggestellt sein würden. Bis 1995 sollten 38.500 Bewohner in der Region siedeln. Zwischen dem Gaza-Streifen und al-Arish sollten ferner binnen zwölf Jahren die Strände ausgebaut und Hotels mit hunderten Zimmern gebaut werden, ebenso eine Jugendherberge, ein Campingplatz und ein Feriendorf mit 200 Zimmern.⁶²

Dieser Plan verschwand jedoch in den Archiven. Denn: Im gleichen Monat kam Anwar al-Sadat nach Jerusalem. Seine Reise markierte den Anfang vom Ende der israelischen Präsenz auf dem Sinai. Mit Blick auf die jahrelange, moderne und kostenintensive zivile Besiedlung des Nordens wie des Südens der Halbinsel betonte Elisha Efrat die Singularität dieser Projekte:

»Es gibt keine prosperierenden Grenzsiedlungen an den Ausläufern der Wüsten West- und Südaustraliens, auch nicht im Ödland Patagoniens in Südargentinien, ebenso wenig wie in den Wüsten von Nevada und Arizona in den USA und freilich auch keine nahe dem Atlasgebirge oder der afrikanischen Kalahari. Ein gewisser Erfolg kann in den Grenzregi-

---

60 Zitiert nach: Nathan Zahavi, *Sinai – Towards Peace*. In: SSJFA/000243887.
61 Diese Berechnungen stammen aus einer überarbeiteten Fassung des Originalplans. S. hierzu: *Ha-Mifal ha-Dromi. Memzaim ve-Haza'ot schel Va'adah Meschutefet* [Der Südplan. Befunde und Vorschläge der gemeinsamen Kommission, hebr.], hg. v. israel. Landwirtschaftsministerium u. der Jewish Agency, Rechovot 1976, S. 8.
62 *Ha-Mifal ha-Dromi. Doch Sofi* [Der Südplan. Schlussreport, hebr.], hg. v. israel. Landwirtschaftsministerium u. der Jewish Agency, Jamit 1977, S. 122-133.

onen beobachtet werden, in denen es dauerhafte und vielversprechende Ressourcen gibt und die im Territorium der Länder liegen, die hoffen, diese ausbeuten zu können. Fairbanks in Zentralalaska, Arica, nördlich der Atacama-Wüste in Chile, die Öl- und Gasstädte in der kanadischen Provinz Alberta und auch einige Städte entlang der Transsibirischen Eisenbahn nach Wladiwostok am Pazifik sind vielleicht Beispiele für Ansiedlungen und Gegenden, die eine ökonomische und politische Rolle in klar definierten, souveränen Gebieten spielen. Aber auf der ganzen Welt gibt es keinen Fall, in dem ein Land eine zivile Grenzsiedlung außerhalb des Staatsgebietes gebaut und entwickelt hat, auf einem Gebiet, drei Mal so groß wie das eigene Land, also so, wie es Israel auf dem Sinai getan hat.«[63]

Als es nach dem Besuch Sadats aussah, als würde zwischen Ägypten und Israel bald Frieden geschlossen werden, waren viele Bewohner in den Siedlungen der Rafach-Ebene alarmiert. In Jamit kam es zu einem Generalstreik in allen öffentlichen Einrichtungen, und Carole Rosenblatt, die den »Aliyon«-Lesern einst von ihrem Kleinstadtglück vorgeschwärmt hatte, erklärte nun beunruhigt: »Ich habe Miami Beach nicht verlassen, um unter ägyptischer Herrschaft zu leben. Ich bin hierhergekommen, um in Israel zu leben.«[64] Doch tatsächlich ging das Leben unter der israelischen Regierung Menachem Begins zunächst weiter, als sei nichts passiert. Parallel zu den Vorbereitungen auf die Friedensverhandlungen in Camp David wiederholte sich die zionistische Gründersaga im Norden des Sinais wie in einer Endlosschleife.

Am 17. Januar 1978 wurde das Kibbutz Cholit eingeweiht. Zu dieser Feier kamen 2.000 Mitglieder aller Kibbutzbewegungen des Landes, um ihre Solidarität mit den Siedlern zu bekunden.[65] Ein Reiseführer wurde publiziert, in dem es über Jamit hieß: »Es sieht aus wie ein Wunder in der Wüste und doch ist es wahr, bewohnt von jungen Pionierfamilien und kleinen Kindern, die eines Tages (so hoffen wir) über die guten alten Tage im Sand sprechen werden.«[66]

63 Elisha Efrat, *Geography and Politics in Israel since 1967*, London 1988, S. 130.
64 Jewish Telegraph Agency, »General Strike in Yamit in Protest against Begin's Plan«, 28.12.1977, in: http://www.jta.org/1977/12/28/archive/general-strike-in-yamit-in-protest-against-begins-plan [zuletzt abgerufen am 4.11.2017].
65 Ezra Janov, »Anu Etchem ba-Ma'avakchem Lehavtiach Hitjaschvut Jehudit« [Wir unterstützen Euch bei Eurem Kampf, die jüdische Besiedlung zu erhalten, hebr.], in: *Maariv*, 18.1.1978, S. 4.
66 Avraham Lewensohn, *Israel Tourguide*, Tel Aviv 1978, S. 568.

Am 20. Januar 1978 reiste der stellvertretende Verteidigungsminister Mordechai Zippori in die Rafach-Ebene, um einen Kranz an »der« Palme von Avschalom Feinberg (s. Kap. 4.1) niederzulegen, wohin rund 800 Jugendliche von Jamit aus eine zehn Kilometer lange Gedenkwanderung unternahmen, nachdem sie am Stadtrand Setzlinge gepflanzt hatten.[67] Allein bis 1976 waren in den Dünen um Jamit zehntausende Tamarisken- und Akaziensetzlinge angepflanzt worden.[68] Dies hatte praktische Gründe gehabt, da die Sträucher den durch Wüstenwinde aufgewirbelten Sand von der Stadt fern- beziehungsweise aufhielten.

Das Pflanzen von Setzlingen war aber darüber hinaus seit den Tagen des Jischuvs eine der zentralsten Praktiken der zionistischen Bewegungen überhaupt gewesen.[69] Dies aus zwei Gründen: Zum einen hatte es bis zu Beginn der jüdischen Einwanderungswellen nur wenig Baumbewuchs in Palästina gegeben. So hatte etwa Arthur Holitscher im Anschluss an seine Reise im Jahre 1922 geschrieben:

»Auf der Reise nach Jaffa bestieg ich in Port-Said das kleine Schiff ›Merano‹ des Triester Lloyd. Wir blieben anderthalb Tage liegen, weil wir Bretter zu laden hatten. Auf den Brettern waren die Worte ›Orangenkisten für Jaffa‹ zu lesen. Das Holz kam aus Österreich. Es gibt also in Palästina keinen Wald. Das Holz für Orangenkisten muß die Steiermark liefern!«[70]

Die Aufforstung Palästinas folgte jedoch nicht allein den mit der landwirtschaftlichen Besiedlung verbundenen Notwendigkeiten, sondern sollte auch und vor allem die Verwurzelung des jüdischen Volkes symbolisieren. Besonders häufig fand das Ritual der Baumpflanzung während des Tu-Bischvat-Feiertages statt, dem Neujahrsfest der Bäume. Das Pflanzen von Setzlingen nahm einen so zentralen Stellenwert ein, dass eine solche Aktion im Kibbutz Mischmar ha-Emek anlässlich des Tu-Bischvat-Festes des Jahres 1944 sogar im Radio übertragen wurde.[71]

---

67 Ezra Janov, »Alfim Hischtatfu etmol ba-Neti'ot ba-Chevel Jamit« [Tausende nahmen gestern an der Pflanzungsaktion in der Jamit-Region teil, hebr.], in: *Maariv*, 20.1.1978, S. 4.
68 H. Eichler/A. Scheuerbrandt, »Yamit«, S. 227.
69 S. hierzu: Yael Zerubavel, »The Forest as a National Icon: Literature, Politics, and the Archeology of Memory«, in: *Israel Studies*, 1/1, 1996, S. 60-99.
70 Arthur Holitscher, *Reise durch das jüdische Palästina*, S. 34.
71 Derek J. Penslar, *Israel in History. The Jewish State in Comparative Perspective*, London/New York 2007, S. 191-192.

Wer im Sommer 1978 Nachrichten im israelischen Rundfunk hörte und Tageszeitungen las, der kam nicht umhin, zu erkennen, dass Anwar al-Sadat die Blockhütten von Camp David nicht ohne eine feste und verbindliche Zusage über die Rückgabe der Sinai-Halbinsel verlassen wollte. Vor diesem Hintergrund warnte Ra'anan Weitz im August: »Der Zweck der jüdischen Siedlungen im Bezirk Jamit in Beziehung zum Gaza-Streifen ähnelt jenem der Siedlungen im Jordantal zu Judäa und Samaria.« Das Ziel müsse sein, niemals wieder eine Landverbindung zwischen Ägypten und dem Gaza-Streifen zu ermöglichen, so Weitz. Die wachsende Bevölkerung am Nil auf der einen Seite und die positiven Aussichten für die landwirtschaftliche und kommerzielle Entwicklung des Gaza-Streifens auf der anderen Seite könnten diesen für Wirtschaftsimmigranten aus Ägypten reizvoll machen. Eine territoriale Verbindung sei eine »veritable Zeitbombe«.[72]

Auf die Worte von Ra'anan Weitz folgten Taten.[73] Am Wochenende vor der Abstimmung über die Annahme des Camp-David-Abkommens in der Knesset blockierten die Bewohner der landwirtschaftlichen Siedlungen in der Rafach-Ebene die Staße nach al-Arish mit Traktoren, die Einwohner von Jamit errichteten Straßensperren um die Stadt und verteilten Flugblätter. Auf diesen stand: »Straße geschlossen – aufgrund des Ausverkaufs von Prinzipien«. In der Nacht vor dem 25. September 1978 versammelten sich hunderte Anhänger der verschiedenen Moschav- und Kibbutzbewegungen in Nachalal, dem Geburtsort Mosche Dajans im Jesreel-Tal. Auf dieser Kundgebung erklärte ein Farmer aus Sadot, Jamit sei kein Hindernis auf dem Weg zum Frieden mit Ägypten – und wenn dies doch der Fall sein sollte, dann sei auch das Jesreel-Tal ein Hindernis auf dem Weg zu einem Frieden mit Jordanien und das Chula-Tal ein Hindernis auf dem Weg zum Frieden mit Syrien.[74]

---

72 Ra'anan Weitz, *Peace and Settlement. Outline Plan for Rural and Urban Settlement in Israel*, Jerusalem 1978, S. 9-11.
73 Eine – wenngleich überspitzte – Darstellung, wie sehr die Gemüter erhitzt waren, liefert folgender Bericht aus dem Magazin »Der Spiegel« über eine Bewohnerin des Moschavs Sadot: »Drora Tscherbinski ist adrett und handfest, patriotisch, aber politisch gemäßigt. Sie entstammt einer bürgerlichen Familie und gewann vor einigen Jahren in Rom den zweiten Platz eines internationalen Wettbewerbs der idealen Hausfrau. Sie hat vier Kinder. Jetzt spricht sie davon, ihr Haus in die Luft zu sprengen, als Protest gegen die Politik der Begin-Regierung.« Zitiert nach: Henri Zoller, »Wir fühlen uns betrogen«, in: *Der Spiegel*, Heft 40, 1978, S. 168.
74 Jewish Telegraph Agency, »Gush Activist Oppose Camp David«, 25.9.1978, in: http://www.jta.org/1978/09/25/archive/gush-activist-oppose-camp-david [zuletzt abgerufen am 4.11.2017].

Wie schon zu Beginn der 1970er-Jahre, so wurde also auch am Ende des Jahrzehnts die Rafach-Ebene mit der Herzkammer des Arbeiterzionismus verglichen. Als am Morgen des 25. September 1978 schließlich die Debatte über das Friedensabkommen begann, wurden die Moschavim Priel und Talmei Josef offiziell feierlich eingeweiht – mit dem Wissen der Regierung. Zwei Tage später bezogen 25 Familien aus den USA, Großbritannien und Südafrika ihre neuen Eigenheime.[75] »Ihre Häuser haben keine Elektrizität, sie schlafen auf Matten auf dem Boden«, hieß es in einem Bericht jener Tage. »Die Mitglieder von Talmei Josef sind mehrheitlich jung, gut ausgebildet und verkörpern den Pioniergeist der frühen Jahre der nationalen Siedlungsbewegung.«[76]

In den folgenden Wochen und Monaten bis zur Unterzeichnung des Friedensabkommens im März 1979 kämpften die »alteingesessenen« Bewohner der Rafach-Ebene weiter friedlich für eine Zukunft ihrer Kommunen – im Scheinwerferlicht der israelischen Medien. In der Tageszeitung »Maariv« wurde ein Einwohner von Jamit porträtiert, der bereits aus Abu Rudeis evakuiert worden war,[77] in der Stadt selbst wurden Straßen umbenannt, in die »Menachem Chamberlain Avenue«[78] etwa, und es gründete sich ein »Aktionskomitee der Rafach-Zone«. Dieses »Wutbürgergremium« wandte sich mit einem Mahnschreiben an die israelische Öffentlichkeit – auf Englisch. Diese Gruppe erklärte, die Stadt und die Siedlungen seien »eine Grenze zwischen Ägypten und dem Gaza-Streifen, eine Barriere aus Feldern, Farmen und Familien, Kindern und allen Faktoren, die zusammengenommen ein einfaches, friedliches Alltagsleben ausmachen«. Ihr Schreiben schloss mit folgenden Worten: »Wir beabsichtigen hierzubleiben, zu pflanzen, zu wachsen und zu gedeihen unter ISRAELISCHER HERRSCHAFT.«[79]

---

75 Jewish Telegraph Agency, »Behind the Headlines: The Fate of Yamit«, 27.9.1978, in: http://www.jta.org/1978/09/27/archive/behind-the-headlines-the-fate-of-yamit [zuletzt abgerufen am 4.11.2017].
76 Harry Wall, »Settlers in the Dark«, in: *Jerusalem Post International Edition*, 14.11.1978, S. 12.
77 Ezra Jonav, »Jamit«, in: *Maariv*, 1.10.1978, S. 21.
78 S. hierzu eine Fotoaufnahme in: *Jerusalem Post International Edition*, 17.10.1978, S. 2.
79 *Point of Information Regarding the Pitchat Rafiach Zone*, 1979, S. 1-2. In: CZA/ S15/49.125.

8.2. Etzel II

»Wir sind die anonymen Soldaten ohne Uniform, / umgeben von Angst und dem Schatten des Todes. / Wir alle sind zum Leben eingezogen worden, / aus diesem Rang wird uns nur der Tod befreien.«

Erste Hymne der Etzel, Die anonymen Soldaten

»Es ist eine alte Diskussion, in der wir uns befinden. Eine Diskussion, in der rationale Argumente nicht ausschlaggebend sind. So gibt es eine ›Realisierbarkeit‹, die rückwirkend abrechnet, den Ort aufzugeben, und eine ›Realisierbarkeit‹, die unbeirrbar daran festhält, sich bis zum letzten Augenblick nicht zurückzuziehen, denn dann kann es sein, dass das Unmögliche möglich wird.«

Berl Katznelson, Sitzung des Interimskomitees der Juden in Eretz Jisrael (Februar 1920)

Als Henry C. Trumbull gegen Ende des 19. Jahrhunderts den Sinai durchquerte, glaubte er, Kadesch Barnea entdeckt zu haben – eine der Lagerstätten der Israeliten während der vierzigjährigen Wanderung über die Halbinsel. Von dort hatte Mose Späher entsandt, um Kanaan zu erkunden. Wie die zwölf Kundschafter, die der biblischen Tradition zufolge ein Land vorgefunden hatten, »darin Milch und Honig fließen« (4. Buch Mose, 13:27), so war auch der amerikanische Missionar auf einen paradiesähnlichen Ort gestoßen. »Es war ein fabelhafter Ort!«, schrieb er. »Die Oase hatte etwas von Neu-England. Bienen summten dort, und Vögel flogen von Baum zu Baum.«[80]

Trumbull hatte maßlos übertrieben und sich auf der Halbinsel offensichtlich seiner Phantasie hingegeben. Die ersten Archäologen, die 1914 Trumbulls Wunderoase besichtigten, waren T. E. Lawrence (Lawrence von Arabien) und Leonard Woolley. Auf ihrer Forschungsreise für den »Palestine Exploration Fund« fanden sie an jenem Ort – unabhängig von der Frage nach der tatsächlichen Lokalisierung oder Existenz Kadesch Barneas – nur Ödnis vor.[81]

Im Frühjahr 1978 machte dieser Ort schließlich Schlagzeilen auf der ganzen Welt. Die israelische Regierung hatte nach dem Besuch Sadats in Jerusalem im November 1977 zunächst alle Siedlungsaktivitäten eingefro-

---

80 Henry Clay Trumbull, *Kadesh-Barnea. Its Importance and Probable Site. Including Studies of the Route of the Exodus and the Southern Boundary of the Holy Land*, London 1884, S. 272-274.
81 C. Leonard Woolley/T. E. Lawrence, *The Wilderness of Zin. Archaeological Report*, London 1914, S. 55.

ren, im Januar 1978 jedoch – wie bereits im vorherigen Kapitel erörtert – die Besiedlung einiger landwirtschaftlicher Kommunen in der Rafach-Ebene genehmigt. Die treibende Kraft dahinter war Ariel Scharon. Der Landwirtschaftsminister saß nun dem interministeriellen Komitee für Siedlungsfragen vor. Er wollte – mit Billigung von Ministerpräsident Menachem Begin und Außenminister Mosche Dajan – Fakten schaffen.[82] Scharon war im Moschav Kfar Malal geboren worden. Auf seinen Geburtsort und seine arbeiterzionistische Sozialisierung anspielend, erklärte er dem rechtsgerichteten Kabinett: »Ich bin der einzige MAPAI'nik in dieser Regierung.«[83] Mit seinen Worten und Taten stellte er sich in die Tradition der Pioniere des Jischuvs. Dies umso mehr, als er nach der Kabinettssitzung nicht nur Neueinwanderer in die Moschavim und Kibbutzim der Rafach-Ebene einziehen, sondern mit Hilfe einer privaten Firma an insgesamt 23 Orten in den Weiten des Nordsinais Wasserbohrtürme aufstellen ließ und ausrangierte Busse zum Einsatz brachte.[84] Einer dieser Orte war Kadesch Barnea. Die arbeiterzionistischen Vorgängerregierungen hatten den Platz als möglichen Siedlungsort in Erwägung gezogen, erste Bauarbeiten durchführen lassen, es war aber nicht zu einer Besiedlung gekommen.[85] Die übrigen 22 Orte waren bis dato Wüste gewesen.

Der staatliche israelische Rundfunk berichtete nun, dass nicht nur die bereits bestehenden Siedlungen in der Rafach-Ebene ausgebaut werden sollten, sondern dass die israelische Regierung de facto über Nacht 23 neue Siedlungen errichtet habe – mehr als doppelt so viele wie im Oktober 1946 in der Negevwüste. »Die falschen Türme und verrosteten Busse wurden zu einem beliebten Motiv der Fotografen, deren Bilder über Kommunikationssatelliten in jeden Haushalt auf der ganzen Welt gesandt wurden«, schrieb Ezer Weizman in seinen Memoiren.[86]

Mit diesen »Bauprojekten« wollte Scharon Ägypten und der ganzen Welt demonstrieren, dass Israel trotz der Friedensverhandlungen nicht bereit war, diesen Teil der Halbinsel aufzugeben. Mehr noch: Der Landwirtschaftsminister hatte diese leerstehenden Kulissen errichten lassen, um an-

---

82 Gadi Blum/Nir Hefez, *Ariel Scharon. Die Biografie*, aus dem Amerikan. übers. v. Helmut Dierlamm u. Hans Freundl, Hamburg 2006, S. 235.
83 Ariel Scharon zitiert nach Idith Zertal/Akiva Eldar, *Die Herren des Landes. Israel und die Siedlerbewegung seit 1967*, aus dem Engl. übers. v. Markus Lemke, München 2007, S. 84.
84 Ezer Weizman, *The Battle for Peace*, S. 143.
85 S. hierzu: Oded Lifshitz, »Hurrah for the Promoters«, in: *Isralefi*, Heft 7, 1972, S. 10.
86 Ezer Weizman, *The Battle for Peace*, S. 147.

schließend Sadat die Räumung ebendieser anzubieten und ihn im Gegenzug dazu zu bewegen, die echten und bewohnten Siedlungen der Rafach-Ebene als israelisches Territorium anzuerkennen. Dass er Wassertürme in seinen Scheinsiedlungen errichten ließ, ist bezeichnend und nicht zufällig. Den in den Ebenen weithin sichtbaren Wassertürmen hatte seit Beginn der zionistischen Besiedlung Palästinas eine hohe symbolische Bedeutung innegewohnt. »Das Prestige der Wassertürme ist verbunden mit ihrer Fähigkeit, ideologische Argumente, politische Statements, historische Assoziationen, territoriale Verbundenheit und lokale Identitäten zu repräsentieren und zu konkretisieren«, schreibt der Kulturgeograph Maoz Azarjahu. »Wassertürme, ob als physische Strukturen oder ikonische Repräsentationen, stellten Referenzpunkte in der kulturellen Bewertung der israelischen Landschaft als einer zionistischen ›map of meanings‹ dar.«[87]

Nachdem der Bau der 23 Siedlungsattrappen publik geworden war, musste Ariel Scharon, dessen Großmutter Menachem Begin als Hebamme in Polen zur Welt gebracht hatte, diese auf Anordnung des Ministerpräsidenten wieder räumen lassen. Der damalige Kabinettssekretär Arye Naor betonte öffentlich, die Regierung habe Scharons Plan vor der Umsetzung nicht gebilligt. Den Umstand, dass Personen, die Scharon nahestanden, das Siedlungsprojekt an den Rundfunk durchgestochen hatten, kommentierte Naor mit den Worten: »Scharon steht nicht unter Verdacht, auch wenn es stimmt, dass die Weisen sagten, ›ein Mann ist sich selbst am nächsten‹.«[88] Die Debatte war damit jedoch noch nicht beendet: Im März 1978 versuchte die Moschav-Bewegung ein letztes Mal, in Kadesch Barnea zu siedeln. Sie berief sich dabei auf einen Entschluss der Rabin-Regierung ebenso wie auf Scharons Plan. Verteidigungsminister Ezer Weizman stoppte diesen Siedlungsversuch schließlich.[89]

Scharons Biograph hat über diese Episode geschrieben, sie sei »aufschlussreich, weil sie die Doppelzüngigkeit des Siedlungsbaus unter Begin aufzeigt«.[90] Dies ist zweifellos eine zutreffende Analyse. Mit Blick auf die Sinai-Halbinsel kann gleichwohl konstatiert werden, dass diese doppel-

---

87 Maoz Azaryahu, »Water Towers: A Study in the Cultural Geographies of Zionist Mythology«, in: *Ecumene*, 8/3, 2001, S. 335.
88 Asher Wallfish, »Cabinet Denies Sinai Settlement Rumours«, in: *Jerusalem Post International Edition*, 10.1.1978, S. 2.
89 Jewish Telegraph Agency, »Weizman Bars Group of 50 People from Settling Themselves in Sinai«, 3.3.1978, in: http://www.jta.org/1978/03/03/archive/weizman-bars-group-of-50-people-from-settling-themselves-in-sinai-begin-asked-to-rule-on-validity-0 [zuletzt abgerufen am 4.11.2017].
90 David Landau, *Arik*, S. 156.

züngige Siedlungspolitik spätestens mit der Unterzeichnung des bilateralen Friedensabkommens zwischen Ägypten und Israel am 26. März 1979 in Washington an ihre Grenzen stieß. Israel musste nach Abschluss dieses verbindlichen Vertragswerkes Stück für Stück Abschied nehmen von jenem »Land, das bis an den Horizont reicht«, wie Chajim Guri schrieb.[91] Anwar al-Sadat wollte jeden Zentimeter des Sinais zurück, der zwischenzeitlich für viele Israelis von einer reinen Verhandlungsmasse zu einem Sehnsuchtsort geworden war, über dessen Temperatur- und Wetteraussichten das israelische Radio jeden Tag seine Hörer ebenso informierte wie über jene am See Genezareth.[92] Dies trifft vor allem auf den Süden der Halbinsel zu, aber auch auf den Norden, wenngleich es dort erst seit April 1979 mit dem »Diklia« im Moschav Dikla eine Bar gab, die an das Resort von Rafi Nelson in Taba erinnerte. Es war eine Art Club Mediterranee mit 40 über die Dünen verteilten Holzhütten, einem Strandrestaurant, einer Bar und einer Disco, die vor allem bei Journalisten und »jungen Vergnügungssüchtigen aus Tel Aviv« als *place to be* galt. Sie tranken dort an den Wochenenden »unter den Sternen des Sinais« Cocktails und schauten einer »verschleierten Tänzerin aus dem nahen Rafach« zu.[93]

Von solch einem – mit Klischees überladenen – In-Ort für Wochenendausflügler und andere Touristen hatte man lange Zeit auch in Neot Sinai geträumt. Noch 1977 erklärte ein Mitglied des Moschavs gegenüber der »Jerusalem Post«: »Unsere Touristenanlagen werden eine breite Klientel anziehen. Scheichs aus den arabischen Ländern können übernachten und Israelis einen Stopp auf dem Weg nach oder aus Kairo einlegen.«[94] Als sich Menachem Begin noch im selben Jahr nach seiner Besichtigung der Rafach-Ebene entschied, es seinem Antipoden David Ben-Gurion gleichzutun, indem er öffentlich erklärte, seinen Alterssitz in einem Haus dieses Moschavs der Cherut-Bewegung zu planen, fühlten sich die Bewohner von Neot Sinai ihrer Zukunft noch sehr sicher.[95] Zumal der Ministerpräsident ihnen am 1. Dezember 1977 – also nach Sadats Besuch in Jeru-

---

91 Chajim Guri, »He, Schalom Sinai« [Mach's gut, Sinai, hebr.], in: *Davar*, 23.3.1979, S. 2.
92 Ezer Weizman, *The Battle for Peace*, S. 137.
93 Harry Wall, »Digly's Oasis«, in: *Jerusalem Post International Edition*, 9.-19.9.1979, S. 17.
94 Tzvi Arenstein, »Remote Sinai Coast Settlement Has an Eye on the Tourist Trade«, in: *Jerusalem Post International Edition*, 3.10.1977, S. 6.
95 David Ben-Gurion verbrachte seinen Lebensabend im Kibbutz Sde Boker im Negev.

Abb. 21: Menachem Begin hält eine Rede vor den Bewohnern von Neot Sinai (Aufnahme 29.9.1977).

salem – mit offiziellem Brief und Siegel für die Aufnahme in den Moschav dankte:

»Liebe Freunde, mit Freude habe ich euren Brief gelesen, in dem ihr mich über eure Entscheidung der Mitgliederkommission vom 12. November 1977 informiert habt. Ich bitte euch im Namen meiner Frau und mir, für eure einstimmige Entscheidung, uns als Mitglieder in eure Kooperative aufzunehmen, unseren Dank anzunehmen.«[96]

Mit dem israelisch-arabisch-amerikanischen Gipfeltreffen in Camp David schien all das Geschichte. Es zeichnete sich ab, dass künftig keine arabischen Prinzen kommen würden und auch Menachem Begin seine Memoiren als Pensionär nicht in Neot Sinai schreiben würde – wenige Kilometer entfernt von al-Arish.

Mit dem Bau von Neot Sinai war im Juni 1975 begonnen worden. Ein Jahr später waren die Farmer eingezogen. In dem Moschav gab es neben einem Sportplatz, einer Synagoge und einem Amphitheater auch ein Ge-

---

96 Brief von Menachem Begin an die Kommission des Moschavs Neot Sinai, in: *Neot Sinai – Za'adim ba-Cholot* [Neot Sinai – Schritte im Sand, hebr.], hg. v. Moschav Neot Sinai, Neot Sinai 1981, S. 1. In: MBA/PM-0210.

denkzimmer für David Ben-Harusch.[97] Dieser hatte Ende der 1950er-Jahre die Proteste jüdischer Einwanderer aus Nordafrika gegen die Diskriminierung durch das aschkenasische Establishment in Haifa angeführt, die als Wadi-Salib-Unruhen in die israelische Geschichte eingegangen sind.[98] Die Existenz dieses Gedenkzimmers auf der Sinai-Halbinsel ist bemerkenswert. Denn: Der Moschav war aus dem Wehrdorf Nachal Sinai (s. Kap. 4.1) hervorgegangen.

Dort, wo nach dem Sechs-Tage-Krieg junge, mehrheitlich arbeiterzionistische Aschkenasim aus den Pfadfinderbewegungen als Nachal-Soldaten mit Saatgutbeuteln in der einen und Karabinern in der anderen Hand die Chalutzim des Jischuvs in staatlichem Auftrag imitiert und das Fundament für die zivile Besiedlung der Halbinsel gelegt hatten, lebten zur Zeit der Verhandlungen von Camp David Mizrachim, die mehrheitlich der revisionistischen Bewegung nahestanden. Die insgesamt 24 Familien des Moschavs bauten auf einer Ackerfläche von 2.000 Dunam, rund 200 Hektar, Obst und Gemüse an und züchteten in Gewächshäusern Blumen. Sie betrieben ein Fischrestaurant in al-Arish sowie eine Industriewäscherei, in der die Kleider der Siedler, die Uniformen der auf dem Sinai stationierten Soldaten und die Wäsche der Krankenhäuser von al-Arish und Aschkelon gesäubert wurden – im Schnitt monatlich 300 Tonnen Textilien.[99]

Das »Genesis-Vorhaben«, die Urbarmachung der Ödnis und die Einsammlung der Exilierten, von der David Ben-Gurion in den Gründerjahren immer und immer wieder gesprochen und geschrieben hatte, schien in Neot Sinai aufgegangen.[100] In diesem Moschav waren die Traditionen, Ideale und Mythen der unterschiedlichen zionistischen Strömungen und jüdischen Gesellschaften zu einem israelischen Amalgam verschmolzen. Diejenigen, die dem Ruf der aschkenasischen Gründerväter gefolgt waren, um dort das viel beschworene »Salz der Erde« zu verkörpern, lebten nun als Anhänger Menachem Begins im Sand der Sinai-Halbinsel den Traum David Ben-Gurions – ohne ihre marokkanischen Wurzeln dabei zu verleugnen, sondern, im Gegenteil, diese zu pflegen.

---

97 Aharon Bier, *Ha-Hitjaschvut ba-Eretz Jisrael mi-as Milchemet Scheschet ha-Jamim*, S. 82.
98 Zu David Ben-Harusch und der doppelten Geschichte dieses Ortes s.: Yfaat Weiss, *A Confiscated Memory: Wadi Salib and Haifa's Lost Heritage*, New York 2011.
99 *Neot Sinai*, S. 10.
100 David Ben-Gurion, »Mission and Dedication«, in: ders., *Like Stars and Dust. Essays from Israel's Government Year Book*, Beerscheva 1997, S. 20.

Bis Menachem Begin aus Camp David zurückgekehrt war. Als die Knesset am 25. September 1978 über die Annahme des Abkommens – und damit verbunden über die Evakuierung der Siedlungen auf der Sinai-Halbinsel – diskutierte, suchten die Gegner nach Argumenten, warum ein solcher Schritt die Sicherheit des Staates gefährde. So, wie der britische Kolonialminister Joseph Chamberlain einst in seinem »Trödelladen« nachgeschaut hatte, ob er dort für Theodor Herzl ein »Versammlungsland für das jüdische Volk« finden konnte (s. Kap. 2), so suchten einige Politiker in der Geschichte des Zionismus nach Gründen für ihr Veto. Zwei von ihnen fanden, was sie gesucht hatten. Der eine war Mosche Arens, Vorsitzender des Außen- und Verteidigungsausschusses. Wie, fragte er seine Kritiker im Parlament rhetorisch, können die Siedlungen der Verteidigung Israels dienen, »wenn die arabischen Armeen heute genauso viele Panzer, Flugzeuge, Artillerie und andere Waffen besitzen, wie alle Armeen der NATO zusammen?« Die Antwort gab er noch im gleichen Atemzug: Durch die Siedlungen sei auch die israelische Armee in den besetzten Gebieten präsent, das eine bedinge das andere. Die Existenz der Siedlungen werde den internationalen Druck, sich von dort zurückzuziehen, reduzieren, Israel sogar dagegen immunisieren, schließlich müsste man sonst auch die Streitkräfte von den Grenzen des Landes abziehen, was ausgeschlossen sei. »Es ist dies die Tradition jüdischer Siedlungsaktivität im Land Israel seit Tel Chai«, folgerte er. »Ich denke, alle hier stimmen zu, dass, wenn wir ein Stück aus dieser Mauer entfernen, wenn wir die Siedlungen auf dem Sinai räumen, die Mauer nie wieder so stabil und stark sein wird, wie zuvor.«[101]

Der zweite prominente Opponent gegen das Abkommen, der seine Rede mit Material aus dem Archiv des Jischuvs angereichert hatte, war Mosche Schamir. Im Zuge seiner Rede entwickelte sich folgender Schlagabtausch zwischen ihm und zwei weiteren Abgeordneten, die sich vehement für die Vereinbarungen von Camp David aussprachen:

»Stef Wertheimer (Demokratische Bewegung für einen Wandel): Wie sieht Ihr Frieden aus?

Mosche Schamir (Likud): Mein Frieden ist der eines starken Israels, das auf seine Forderungen und die Rechtmäßigkeit seiner Ansprüche pocht.

Schulamit Aloni (Bewegung für Zivilrechte und Frieden): Vom Euphrat bis zum Nil.

Mosche Schamir (Likud): Das Israel von Tel Chai, Mischmar ha-Emek und Negba.«[102]

---

101 Zitiert nach: »Kenes Mejuchad schel ha-Knesset«, S. 4078.
102 Zitiert nach: ebd., S. 4082.

Der Schriftsteller hatte drei Beispiele gewählt, mit denen er die Sinai-Siedlungen verglich – zwei sind bereits im vorherigen Kapitel erörtert worden: Negba im Negev und Mischmar ha-Emek, das in der Jesreelebene liegt. Das dritte, Tel Chai, welches auch Mosche Arens in seinen Ausführungen nannte, war der Frontmythos des Staates Israel schlechthin. Er basierte auf einem Ereignis, das sich dort im Frühjahr 1920 ereignet hatte – und in fast jedem Jahrzehnt bis 1978 politischen Debattenführern als Referenz und Argumentationsstütze dienen sollte.[103]

Tel Chai war im Jahr 1920 nicht viel mehr als ein kleines Gehöft in Obergaliläa, umgeben von arabischen Dörfern inmitten der Grenzregion zwischen dem französischen und englischen Machtbereich – die beiden Großmächte hatten das Osmanische Reich nach dem Ersten Weltkrieg als Ordnungsmacht in der Levante abgelöst. Am 1. März 1920 wurde die kleine Siedlung von lokalen Arabern angegriffen. Sechs jüdische Verteidiger fielen in diesem Kampf. Tel Chai musste in der Folge geräumt werden. Die Nachricht vom Fall Tel Chais verbreitete sich im Jischuv wie ein »Lauffeuer«.[104] Dies aus zwei Gründen.

Zum einen waren nicht wenige erbost darüber, dass die zionistische Führung weder Kräfte in die unruhige Peripherie-Region geschickt hatte, um die wenigen Pioniere von Tel Chai zu unterstützen, noch die Siedlung hatte räumen lassen, obwohl die Lage in Obergaliläa sich bereits vor dem Kampf immer weiter zugespitzt hatte. Auf einer Sitzung des »Interimskomitees der Juden in Eretz Jisrael« eine Woche vor dem Fall von Tel Chai war genau dies von Wladimir Jabontinsky, dem Gründer der revisionistisch-zionistischen Bewegung, gefordert worden. David Ben-Gurion, Berl Katznelson und Jitzchak Tabenkin, das Triumvirat der arbeiterzionistischen Bewegung, hatten es jedoch abgelehnt, Einzelschicksale über das nationale Ziel der Besiedlung Palästinas zu stellen und die isoliert gelegene Siedlung zu räumen, da sie die Auffassung vertreten hatten, dies würde andernorts weitere Evakuierungen zur Folge haben.[105]

103 Im gleichen Jahr, 1978, veröffentlichte der Journalist Nakdimon Rogel ein Buch über die Geschichte von Tel Chai. Auf der Basis archivalischer Quellen kam er darin zu dem Schluss, dass die Einschätzung von Jabotinsky seinerzeit richtig gewesen sei und Tel Chai hätte geräumt oder unterstützt werden müssen. S. hierzu: Nakdimon Rogel, *Tel Chai. Chasit bli Oref* [Tel Chai. Eine Front ohne Hinterland], Tel Aviv 1979.
104 Anita Shapira, *Land and Power: The Zionist Resort to Force, 1881-1948*, New York u. a. 1992, S. 101.
105 Idith Zertal, *Nation und Tod*, S. 30. An dieser Stelle sei angemerkt, dass allein zwischen 1838 und 1967 mehr als 40 jüdische Siedlungen aufgegeben und nicht wieder besiedelt worden sind. S. hierzu: Ben-Zion Michaeli, *Jischuvim sche-Nit-*

Zum anderen erschütterte der Fall von Tel Chai die jüdischen Pioniere im Jischuv deshalb so sehr, da sich unter den Opfern auch Joseph Trumpeldor befand, eine der frühen Galionsfiguren der zionistischen Bewegung. Der studierte Zahnarzt hatte im russisch-japanischen Krieg in der Armee des Zaren gedient, bei der Schlacht um Port Arthur seinen linken Arm verloren und war 1912 nach Palästina ausgewandert, wo er als Pionier am See Genezareth Aufbauarbeit geleistet hatte. Im Ersten Weltkrieg hatte er das Mandatsgebiet wieder verlassen und war eine der treibenden Kräfte hinter der Gründung der »Jüdischen Legion« gewesen, die auf der Seite der Briten gekämpft hatte. Nach dem Krieg war er nach Russland zurückgekehrt und hatte dort die arbeiterzionistische Partei »Hechalutz« gegründet, auf Deutsch: der Pionier.[106] Joseph Trumpeldor hatte eine klare Definition dieses Pioniertums vor Augen gehabt:

»Wir brauchen Männer, die bereit sind für ›alles‹, für alles, was das Land Israel braucht. Ein Arbeiter verfolgt seine proletarischen Interessen. Soldaten haben ihren Esprit de Corps; der Arzt, der Ingenieur und all die anderen haben ihre Gewohnheiten, wenn wir sie so nennen wollen. Wir müssen eine Generation von Männern heranziehen, die keine Interessen und keine Eigenschaften haben. […] Ein Rad fehlt? Ich bin das Rad. Ein Nagel, eine Schraube, ein Schwungrad? Nehmt mich! Muss die Erde gepflügt werden? Ich pflüge. Braucht es jemanden, der schießt, einen Soldaten? Ich bin Soldat. Polizist? Arzt? Anwälte? Lehrer? Wasserträger? In Ordnung, ich mache all das. Ich habe kein Gesicht, keine Psyche, keine Emotionen, noch nicht mal einen Namen. Ich – die reine Idee des Dienens – bin zu allem bereit. Ich kenne nur einen einzigen Imperativ – aufbauen!«[107]

In diesem Geiste war Joseph Trumpeldor im Kampf um Tel Chai gefallen. Kurz vor seinem Tod – so will es die Legende – soll er die Worte »Macht nichts, es ist gut, für unser Land zu sterben« gesagt haben;[108] die Nähe zu jenem »Süß und ehrenvoll ist es, fürs Vaterland zu sterben« des Dichters Horaz ist offensichtlich.

Wie vor dem Fall von Tel Chai, so kam es auch danach zu einer kontroversen Debatte zwischen der revisionistischen und der arbeiterzionisti-

schu ba Schloscha Mischtarim Mediniim [Siedlungen, die unter drei Regierungen aufgegeben wurden, hebr.], Tel Aviv 1980, S. 15-163.
106 Tom Segev, *Es war einmal ein Paläsina. Juden und Araber vor der Staatsgründung Israels*, aus dem Amerikan. übers. v. Doris Gerstner, München ²2005, S. 137-138.
107 Zitiert nach: Boaz Neuman, *Land and Desire in Early Zionsim*, S. 140.
108 Tom Segev, *Es war einmal ein Paläsina*, S. 139.

schen Bewegung. Sowohl die politische Linke als auch die politische Rechte wollten den Mythos für sich vereinnahmen.[109] Aharon Kellerman hat diese beiden Positionen wie folgt zusammengefasst:

»Die Linken betonten der Wert der Siedlungen, Grenzsiedlungen und der Siedlungsverteidigung für den Erhalt des Territoriums und der Schaffung von Grenzen, sodass die sozialen und sicherheitspolitischen Dimensionen als integriert betrachtet wurden. Die Rechte, die nicht an den Siedlungsbau als Strategie zur Souveränitätsgewinnung glaubte, betonte die ultimative Aufoperung der Siedler und ihrer Anführer. Folglich nahm die Linke den Slogan ›keine Siedlung darf aufgegeben werden‹, nichts, das erbaut wurde, darf überlassen werden‹ an, der einem der Verteidiger zugeschrieben worden war, wohingegen die Rechte den Trumpeldor zugeschriebenen Satz übernahm: ›Es ist gut, für unser Land zu sterben‹.«[110]

Um ihren Anspruch auf den Mythos zu demonstrieren, unternahmen die Jugendgruppen der beiden zionistischen Strömungen zudem Jediat ha-Aretz-Ausflüge nach Tel Chai, wo in den 1930er-Jahren ein Monument errichtet wurde: ein brüllender Löwe aus Stein, der über Galiläa blickt. Das Leben und Sterben der Pioniere von Tel Chai sollte den heranwachsenden Sabras ein Vorbild sein, sich voll und ganz in den Dienst des Zionismus der jeweiligen Bewegung zu stellen – bis hin zum Tod.[111]

Der Tel Chai-Mythos wurde bis zum Ausbruch des Zweiten Weltkrieges so mächtig, dass er nicht nur im Jischuv in der innerzionistischen Debatte über den Holocaust, sondern auch unter den verfolgten Juden in Europa

109 Die Revisionisten hatten 1923 ihre Jugendbewegung Beitar genannt, ein Akronym für »Brit ha-Noar ha-Ivri al Schem Joseph Trumpeldor«, auf Deutsch: »Hebräischer Jugendbund Joseph Trumpeldor«. Bereits im Sommer 1920 waren ihnen jedoch die Arbeiterzionisten zuvorgekommen, als sie die Arbeiterbrigade (s. Kap. 4.1) ins Leben gerufen hatten, deren voller Name »Gdud ha-Avoda ve-Haganah al Schem Joseph Trumpeldor« lautete, auf Deutsch: »Brigade der Arbeit und Verteidigung Joseph Trumpeldor«. »Ich habe sein Bild in ganz Palästina gesehen«, schrieb Arthur Holitscher 1922 nach seiner Reise durch das Land. »In Zelten, Baracken, Steinhäusern, neben denen Weizmanns, des Präsidenten, und Herzls, des Schöpfers der Zionistischen Weltorganisation, – an Orten, wo Arbeiter lebten und sich versammelten; öfter, als die der beiden anderen.« Arthur Holitscher, *Reise durch das jüdische Palästina*, S. 31.
110 Aharon Kellerman, »Settlement Myth and Settlement Activity: Interrelationships in the Zionist Land of Israel«, in: *Transactions of the Institute of British Geographers*, 21/2, 1996, S. 373.
111 Yael Zerubavel, »The Politics of Interpretation: Tel Hai in Israel's Collective Memory«, in: *AJS Review*, 1-2/16, 1991, S. 137.

eine Rolle spielte. »Die stark überarbeitete mythologische Geschichte der Schlacht um Tel-Chai«, so Idith Zertal,»diente auf der einen Seite als Identifikationsmodell für die jungen jüdischen Aufständischen in den Ghettos und wurde auf der anderen Seite, zusammen mit der Geschichte der Bergfeste Masada, als rügende Antithese und Gegenpol zum Tod der jüdischen Bevölkerungsmassen im Holocaust präsentiert«.[112] Im Herbst 1946 bezeichnete David Ben-Gurion die elf in der Negevwüste errichteten Siedlungspunkte schließlich als »Tel Chai des Negev«.[113] Nach der Staatsgründung sah er sich in seiner Einschätzung von 1920 bestätigt, denn Tel Chai, das nicht geräumt worden war, befand sich ab 1948 auf israelischem Staatsgebiet.[114]

Indem Mosche Arens und Mosche Schamir im Jahr 1978 Tel Chai, den nationalen »Gründungsmythos«,[115] wählten, um sich vor der Knesset gegen einen Rückzug von der Sinai-Halbinsel auszusprechen, argumentierten die beiden konservativen Abgeordneten folglich wie die Arbeiterzionisten im Jischuv. Im Fall von Neot Sinai vermischten sich also nicht nur vor Ort die Traditionen und Ideale, sondern auch in der Parlamentsdebatte im weit entfernten Jerusalem.

Mosche Schamir gehörte zu den wenigen Parlamentariern, die ihre Ablehnung der Vereinbarungen von Camp David nicht nur in der Knesset äußerten, sondern auch aktiv an der Gründung der außerparlamentarischen Protestbewegung »Bund der Getreuen Eretz Jisraels« (Banai) beteiligt waren. Diese wurde, wie bereits erörtert, zu einem Sammelbecken vieler ehemaliger Mitglieder der nach dem Sechs-Tage-Krieg entstandenen Groß-Israel-Bewegung. Nachdem mit Natan Alterman 1970 der unumstrittene Primus inter pares dieser Gruppe verstorben war, hatte sie sich

---

112 Idith Zertal, *Nation und Tod*, S. 12-13.
113 Aharon Kellerman, »Settlement Myth and Settlement Activity«, S. 375.
114 Wie groß die Wirkmächtigkeit des Mythos von Tel Chai bis heute ist, lässt sich mit Blick auf den Internetblog der israelischen Armee erkennen. Dort wird bis zum heutigen Tag der ehemalige General David Elazar mit folgenden Worten zitiert: »Unsere Denkmäler sind nie den Siegen gewidmet. Sie gedenken der Namen der Gefallenen. Wir brauchen keinen Triumphbogen; wir haben Masada, Tel Chai und das Warschauer Ghetto – wo die Schlacht verloren wurde, aber der Krieg um die jüdische Existenz gewonnen.« Zitiert nach: http://www.idfblog.com/blog/2012/04/29/greatest-quotes/ [zuletzt abgerufen am 4.11.2017].
115 Yael Zerubavel, »New Beginning, Old Past: The Collective Memory of Pioneering in Israeli Culture«, in: Laurence J. Silberstein (Hg.), *New Perspectives on Israeli History. The Early Years of the State*, New York u.a. 1991, S. 193.

peu à peu aufgelöst.[116] »Der Umstand, dass es ein Regenbogen mit allen Farben ist, ist gut, aber er paralysiert die Bewegung auch«, hatte Israel »Sambation« Eldad diesen Prozess zusammengefasst.[117] Der ehemalige Untergrundkämpfer der Lechi stand für den radikalen Flügel innerhalb der Groß-Israel-Bewegung. Die Mehrheit ihrer Mitglieder hatte jedoch oft Positionen vertreten, die sich nicht nur in weiten Teilen der israelischen Gesellschaft wiederfinden ließen, sondern so zum Teil eins zu eins von der israelischen Ministerpräsidentin Golda Meir – deren Amtszeit in die wirkmächtige Phase der Bewegung gefallen war – vertreten worden waren. So hatte etwa die Groß-Israel-Bewegung im Dezember 1968 eine zweiseitige Anzeige in der »Jerusalem Post« geschaltet. In dieser hatte sie 21 Fragen gestellt – und selbst beantwortet. »Wenn sich ein Volk erfolgreich gegen einen Angriff verteidigt hat, ist es dann üblich, das Gebiet, von dem aus der Angriff gestartet wurde, zurückzugeben?«, hatte eine dieser Fragen gelautet. Und die Antwort:

»Mit Sicherheit nicht! Im Gegenteil – große Gebiete, die früher zum nationalen Territorium Deutschlands und Japans gehörten, den Aggressoren im Zweiten Weltkrieg, wurden in die Territorien der Länder integriert, die als Opfer auserkoren worden waren. Als ein Ergebnis halten heute Sowjetrussland, Polen und die USA Gebiete, die niemals ihren Völkern gehört haben. Es gibt weder Anzeichen noch auch nur einen Vorschlag, diese Territorien wieder an Deutschland oder Japan zurückzugeben. Noch würde es jemandem einfallen vorzuschlagen, dass

---

116   Welche zentrale Rolle Alterman vor und nach 1967 im Leben von Mosche Schamir eingenommen hat, wird mit Blick auf die Publikation »Natan Alterman – Der Poet als Führer« deutlich. In diesem 1988 erschienenen Werk hat Schamir einen – viel zitierten – Satz des schottischen Essayisten und Historikers Thomas Carlyle aus dessen Werk »On Heroes and Hero Worship and the Heroic in History« (1841) in hebräischer Übersetzung vorangestellt. Dieser lautet im englischen Original: »The Poet who could merely sit on a chair, and compose stanzas, would never make a stanza worth much. He could not sing the Heroic warrior, unless he himself were at least a Heroic warrior too. I fancy there is in him the Politician, the Thinker, Legislator, Philosopher; – in one or the other degree, he could have been, he is all these.« S. Mosche Schamir, *Alterman ke-Manhig*, S. 7.
117   Israel Eldad zitiert nach: Rael Jean Isaac, *The Land of Israel Movement*, S. 161. Die Bewegung hatte urprünglich geplant, einen Generalsekretärsposten zu schaffen, für den Amnon Lin vorgesehen war. Dieser Plan wurde jedoch nie umgesetzt. Mit der sukzessiven Auflösung der Bewegung sank auch die Abonnentenzahl ihres im Zwei-Wochen-Takt erschienenen Periodikums »Sot ha-Aretz«: Hatte man 1968 noch 10.000 treue Leser gehabt, so waren es 1970 nur noch 6.000 bis 7.000 gewesen. S. hierzu: ebd., S. 176-188.

Deutschland Elsass-Lothringen von Frankreich zurückhielte, oder das Sudetenland von der Tschechoslowakei, auch wenn von Deutschland keine Gefahr einer Aggression ausgeht, zumindest nicht in der nahen Zukunft. Israels arabische Nachbarn hingegen haben trotz zahlreicher Niederlagen ihre Drohungen, die Sicherheit und tatsächlich die Existenz Israels zu gefährden, nicht aufgegeben und erachten dies als ihr unabänderliches Ziel.«[118]

Vier Jahre später hatte Golda Meir in ihrem Beitrag für das Magazin »Foreign Affairs« (s. Kap. 3.2) auf die von Anwar al-Sadat formulierte Mahnung, Israel dürfe die »Früchte des Sieges« – also die 1967 eroberten Gebiete – nicht behalten, entgegnet, ihr sei kein modernes Land bekannt, das es nach einem erfolgreich geführten Verteidigungskrieg versäumt hätte, die neuen Grenzverläufe so festzulegen, dass sie in der Zukunft die Sicherheit des Staates garantierten. Um ihr Argument zu untermauern, fügte sie hinzu:

»Die Anpassung der Grenze zwischen Polen und Ostdeutschland ist ein zeitgenössisches Beispiel für signifikante Grenzänderungen, die große Gebiete bewohnter Territorien beinhalten und mit dem Ziel vorgenommen wurden, größere Sicherheit zu gewährleisten. Israel ist überzeugt, dass Polen im Recht war, als es auf territoriale Anpassungen pochte, und Kanzler Willy Brandt verdient Anerkennung für die Courage, die er bei der Durchführung gezeigt hat. Die Vergabe des Nobelpreises an Brandt ist Beweis, dass die Weltöffentlichkeit dies genauso sieht. Jeder, der sich in der Region auskennt, kann nicht ernsthaft vorschlagen, dass unser Recht auf Grenzveränderungen weniger gilt als das Polens.«[119]

Dieser Textvergleich verdeutlicht die Nähe zwischen der arbeiterzionistisch geführten Regierung von Golda Meir und der Groß-Israel-Bewegung in der zentralen Grenzfrage. Dies war 1978 bei der Banai-Bewegung anders. Diese bestand aus den radikalen Kräften der Groß-Israel-Bewegung und einigen wenigen Persönlichkeiten des öffentlichen Lebens, die sich im Laufe der Jahre radikalisiert und von der arbeiterzionistischen Bewegung entfernt hatten: Mosche Schamir, Juval Ne'eman – und die legendäre Sän-

---

118 N.N., »The Land of Israel«, in: *Jerusalem Post International Edition*, 2.12.1968, S. 10.
119 Golda Meir, »Israel in Search of a Lasting Peace«, S. 458.

gerin Naomi Schemer. Sie, die einst das Nachal Sinai besungen hatte, war es, die den Namen »Banai« für die Protestgruppe vorgeschlagen hatte.[120] Auch Tzvi Schiloa gehörte dieser Renegatengruppe an. Er war in den 1960er-Jahren der Rafi-Partei beigetreten, hatte nach dem Sechs-Tage-Krieg die Groß-Israel-Bewegung mitbegründet und war Herausgeber ihrer Zeitung »Sot ha-Aretz« geworden, ehe er sich immer weiter von seinen politischen Wurzeln entfernte und schließlich bei der Techija-Partei seine politische Heimat fand. Nachdem Menachem Begin den Friedensvertrag mit Anwar al-Sadat im April 1979 unterschrieben hatte, schrieb er in der Tageszeitung »Jediot Acharonot«:

»Nun, sechzig Jahre nach den Ereignissen in Tel Chai, ruft die Situation an der Südgrenze ähnliche Argumente hervor wie in Trumpeldors Tagen. Ein Gruppe Beitar-Mitglieder siedelt in Neot Sinai, und Jabotinskys Erbe, Menachem Begin, hatte seinen Wunsch ausgedrückt, dort sein künftiges Heim zu errichten – entweder ein ernst gemeinter Wunsch oder ein leeres Versprechen. Dieses Heim gab er auf, um mit Ägypten zu verhandeln und einen Friedensvertrag zu unterzeichnen. Seine Freunde in Neot Sinai sind eines Morgens aufgewacht und mussten feststellen, dass sie die ›Front ohne Hinterland‹ sind. Wenn sie sich entscheiden, Trumpeldors Pfad einzuschlagen und ihr eigenes Tel Chai nicht zu evakuieren, dann müssen sie rebellieren, es geht nicht anders, nicht nur gegen den, der sich als Jabotinskys Erben betrachtet, sondern auch gegen seine Amtsgewalt.«[121]

Im Mai 1979 wurde Neot Sinai schließlich geräumt. Im Gegensatz zu den arbeiterzionistischen Mitgliedern der Moschav-Bewegung, die in Kadesch Barnea hatten siedeln wollen, gaben die revisionistisch-zionistischen Bewohner von Neot Sinai jedoch nicht freiwillig auf. Sie nannten sich stattdessen »Etzel« und schworen, ihren Moschav und die Felder nicht kampflos aufzugeben – unterstützt wurden sie dabei von der Banai-Bewegung und einigen Dutzend national-religiöser Aktivisten des Gusch Emunim. »Etzel« war das Akronym der radikalen Untergrundgruppe Irgun gewesen, die Ministerpräsident Menachem Begin einst im Unabhängigkeitskampf angeführt hatte. Die Bedeutung war 1979 indes eine andere: Statt für »Nationale Militärorganisation« (»Irgun Tzva'i Leumi«) standen die Buchsta-

---

120 Ehud Sprinzak, *The Ascendance of Israel's Radical Right*, S. 73-75.
121 Tzvi Schiloa, »Mi Tel Chai ve-ad Neot Sinai« [Von Tel Chai nach Neot Sinai, hebr.], in: *Jediot Acharonot*, 10.4.1979, S. 11.

ben nun für »Wir müssen kämpfen« (»Anachnu Tzrichim Lehilachem«).[122] Es blieb nicht bei Worten: Die Demonstranten in Neot Sinai umzäunten ihre Felder mit Stacheldraht, ehe sie die unbewaffneten israelischen Soldaten, die den Moschav und seine Bewohner evakuieren sollten, am 24. Mai 1979 mit brennenden Fackeln angriffen, Insektizide versprühten und Früchte, Gemüse sowie Steine warfen.[123] Der Moschav Neot Sinai wurde dennoch geräumt und gleich am darauffolgenden Tag an Ägypten übergeben. Ebenso wie die benachbarte Stadt al-Arish, in der nie israelische Zivilisten gelebt hatten. »Um 10.45 Uhr marschieren die Kapellen vor der Kantine auf, um 11.05 Uhr wird die blauweiße Flagge mit dem Davidstern zum letzten Mal eingeholt«, schrieb der junge Josef Joffe, der damals vor Ort war. »El Arisch ist wieder ägyptisch.«[124]

Die Weigerung der Bewohner von Neot Sinai, ihre Siedlung zu verlassen, und die Gewalt, die sie gegen die israelische Armee anwandten, war auf dem Sinai bis dahin beispiellos. Die Saat des Hasses, die radikale Kräfte seit Sadats Besuch in Jerusalem zu säen begonnen hatten, war in diesem Moschav aufgegangen. Es sollte jedoch nur der Prolog sein für jene Ereignisse, die bis zum endgültigen Rückzug Israels zwei Jahre später im Norden der Halbinsel geschehen würden und die sich so drastisch von jenen im Süden des Sinais unterschieden.

Den ersten Teil dieser Region, das Gebiet der Granitberge sowie jenes entlang der Küste des Golfs von Suez, räumte Israel am Ende des Jahres 1979. Nachdem der Friedensvertrag im März von Menachem Begin und Anwar al-Sadat im Weißen Haus unterzeichnet worden war, war den Mitarbeitern der Feldschule Zukei David in den Bergen des Südsinais endgültig bewusst geworden, dass ihre Zeit auf dem Sinai bald zu Ende sein würde. Vor diesem Hintergrund hatte Avraham Schaked im April, also wenige Wochen vor der Eskalation der Gewalt in Neot Sinai, am Sederabend des letzten Pessachfestes, das von den Mitarbeitern der Feldschule in all

---

122 Jewish Telegraph Agency, »Behind the Headlines: Sticking Points in the Peace Process«, 22.5.1979, in: http://www.jta.org/1979/05/22/archive/behind-the-headlines-sticking-points-in-the-peace-process [zuletzt abgerufen am 4.11.2017].
123 Jewish Telegraph Agency, »Neot Sinai Settlers Agree to Evacuate Their Fields«, 25.5.1979, in: http://www.jta.org/1979/05/25/archive/neot-sinai-settlers-agree-to-evacuate-their-fields [zuletzt abgerufen am 4.11.2017].
124 Josef Joffe, »Nie mehr Rollstühle für unsere Männer«, 1.6.1979, in: http://www.zeit.de/1979/23/nie-mehr-rollstuehle-fuer-unsere-maenner/komplettansicht [zuletzt abgerufen am 4.11.2017].

den Jahren ihrer Existenz stets gefeiert worden war, versucht, in Worte zu fassen, was der Sinai ihm bedeutet:

»Diese Nacht ist anders als alle anderen Nächte, denn in dieser Nacht steht Frieden vor der Tür. Hier, in der Wüste Sinai, sind wir ein freies Volk geworden. Im Gegensatz zu den Kindern Israels jedoch hat es keine 40 Jahre gedauert, sondern geschah beinahe über Nacht. Denn Freiheit ist weder eine Flagge noch ein Staat. Freiheit ist, ein unbekanntes Land zu entdecken und sich ihm zu nähern, behutsam, ehrfurchtsvoll; Freiheit ist, unter einem sternenklaren Himmel zu liegen, neben der glühenden Asche eines Beduinen-Lagerfeuers, süßen, schwarzen Tee zu trinken, den Aufgang des Vollmondes zu betrachten und dieses grandiose Wunder der Ruhe und Stille wahrzunehmen. Freiheit ist, den Gipfel eines kahlen Berges über einen noch nie betretenen Pfad zu erklimmen und die endlose, einzig vom Horizont begrenzte Wildnis zu erblicken. Der Geschmack von Freiheit ist der Rausch der endlosen Weiten. Wir haben diesen Geschmack kennengelernt. Und ein freies Volk soll nicht zurückkehren in das Haus der Sklaverei.«[125]

Diese Sätze waren das Manifest von Avraham Schaked. Sie stehen beispielhaft für den Geist der israelischen Bewohner des Südsinais. Auch sie hingen an ihrer neuen Heimat. In der ersten Septemberwoche des Jahres 1979 fand schließlich der letzte Künstler-Workshop in der Feldschule statt. Avraham Schaked hatte im Juli einen Brief an den US-Umweltaktivisten Edward Abbey geschickt, der ihn so sehr inspirierte, und diesen darin eingeladen, aus den USA anzureisen, auf den Sinai zu kommen, zum »schönsten Ort auf der Welt«.[126] Am 9. August war die Antwort aus Arizona gekommen: Er, Abbey, werde es nicht schaffen.[127] Amos Kenan war indes unter den Teilnehmenden. Am Ende des Workshops gab es ein Konzert. »Dudu am Cello, Oded auf der Flöte und Maria-Isabella an der Violine. Haydn. Telemann. Bach«, notierte Kenan. Er beschäftigte sich in dieser Nacht, wie so oft, mit dem Gefühl der Freiheit, mit dem Gefühl des Verlusts und der Kunst, sich zu verlieren – auf dem Sinai:

»Jemand hatte eine Gitarre mitgebracht. Danach sang der Chor. Angeführt von Arie Levanon. Anschließend das Konzert. Dann – Stille. Eine lange Stunde saßen wir in dieser Stille. Wir dachten nach. Über das, was

---

125 Avraham Schaked, *Dvarim ba-Lail ha-Seder ba-Sinai* [Pessachrede im Sinai, hebr.], 1979. In: PAS.
126 Brief von Schaked an Abbey, 12.7.1979. In: PAS.
127 Brief von Abbey an Schaked, 9.8.1979. In: PAS.

man an einem Ort wie diesem, in einer solchen Nacht, einem solchen Jahr, einer solchen Epoche und im Wissen, dass all dies nie mehr sein wird, nachdenken kann. Hier sehen wir die Stimmen und hören die Minuten der Stille. Wir gehen fort von hier. Und nur diese Ewigkeit wird nach uns sein.«[128]

Die Feldschule wurde schließlich am 15. November 1979 friedlich geräumt.[129] Fünf Tage später wehte die ägyptische Flagge wieder im Schatten des Katharinenklosters,[130] ebenso wie in al-Tur am Golf von Suez.[131]

128 Amos Kenan, »Prida mi Santa Katharina« [Abschied von Santa Katharina, hebr.], in: ders., *Al Arzecha, al Moledetcha*, Tel Aviv 1981, S. 164.
129 N.N., »Ha-Jom ha-Nesiga mi-Santa Katharina« [Heute Rückzug aus Santa Katharina, hebr.], in: *Davar*, 15.11.1979, S. 1.
130 Smadar Peri, »Chilufei ha-Degelim ba-Santa Katharina« [Flaggentausch in Santa Katharina, hebr.], in: *Davar*, 20.11.1979, S. 3. Die Hebräische Universität in Jerusalem erhielt das Herbarium sowie die Reptiliensammlung, die Insekten- und Schmetterlingsammlung wurden der Universität Tel Aviv übergeben und die Bibliothek wurde in den Buchbestand der Feldschule Eilat integriert. Persönlich kommuniziert von Avraham Schaked, 8.6.2016, Jerusalem.
131 Nach dem Abzug aus Abu Rudeis im Jahr 1975 fand Israel in der Nähe von al-Tur ein weiteres großes Ölfeld im Golf von Suez – Alma –, das zwischen März 1978 und November 1979 ausgebeutet wurde, jedoch ohne dass dort eine zivile Siedlung entstanden wäre. S. hierzu: Ja'acov Gilboa/Schalom Salhov, »Sdeh ha-Neft Alma« [Das Ölfeld Alma, hebr.], in: Avi Degani/Gdaliahu Gvirtzman/Avshalom Shmueli/Yehuda Gradus/Itzhaq Beit-Arieh/Menashe Har-El (Hgg.), *Sinai*, Bd. 1, Tel Aviv 1987, S. 308.

8.3. Rote Taube

> Joe Gillis: »You used to be big.«
> Norma Desmond: »I am big. It's the pictures that got small.«
> Billy Wilder, Sunset Boulevard

> »April is the cruelest month.«
> T. S. Eliot, The Waste Land

Ariel Scharon reiste im Januar 1982 nach Ägypten. Er, der Eroberer von Goschen, musste die letzten Details des Rückzuges von der Sinai-Halbinsel besprechen. Scharon, mittlerweile nicht mehr Landwirtschaftsminister, sondern Nachfolger des zurückgetretenen Ezer Weizman im Amt des Verteidigungsministers, bat die ägyptische Regierung, auf dem Landweg nach Kairo reisen zu dürfen. Die Mubarak-Administration gestattete ihm diesen Wunsch. Ariel Scharon wusste sich in Szene zu setzen. Viele israelische Journalisten begleiteten ihn auf der Fahrt, die er immer wieder unterbrach, um ihnen zu zeigen, wo er in den vergangenen Jahrzehnten welche Schlacht geschlagen hatte. »Es war fast wie bei einer Reise mit einer Zeitmaschine«, schrieb ein Reporter. »Da war Ariel Scharon, Karte in der Hand, die Haare vom Wind zersaust, wie er die Weiten des Sinais überblickte.«[132]

Unmittelbar im Anschluss an diese Reise veröffentlichte das israelische Bildungsministerium eine Handreichung für Lehrer an den weiterführenden Schulen des Landes, um die Evakuierung der Siedlungen auf der Sinai-Halbinsel im Unterricht adäquat behandeln zu können. Das 100 Seiten umfassende Buch, in dem unter anderem Parlamentsreden und Zeitungskommentare enthalten waren, hieß: »Am Puls der Zeit«. Die Lehrer sollten ihren Schülern mit Hilfe dieses Quellenbandes beibringen, dass es »in einem demokratischen Staat Dinge gibt, die legitim sind, und Handlungen, die keine Ideologie auf der Welt rechtfertigt«.[133] Die verantwortlichen Beamten im Bildungsministerium hatten diesen Satz bewusst in die Einleitung der Veröffentlichung geschrieben. Denn spätestens mit der letzten Reise von Ariel Scharon nach Kairo war klar geworden, dass die israelische

---

132 Hirsh Goodman, »Battlefield Revisited«, in: *Jerusalem Post International Edition*, 24.-30. 1. 1982, S. 15.
133 *Jad al-ha-Dofek. Pinui Jischuvim ba-Misgeret Choser Schalom. Likrat Haschlamat ha-Nesigah mi-Sinai* [Am Puls der Zeit. Die Evakuierung von Siedlungen im Gegenzug für Frieden. Anlässlich der Vollendung des Rückzuges vom Sinai, hebr.] Jerusalem 1982. In: YTA/15-46/74/10.

Regierung vertragstreu sein und alle Siedlungen von der Sinai-Halbinsel evakuieren würde – auch gegen Widerstände. Diese waren nach der Unterzeichnung des Friedensvertrages mit Ägypten und dem Rückzug aus al-Arish im Mai 1979 immer massiver geworden. Sowohl in Israel als auch in den jüdischen Gemeinden Nordamerikas wuchsen die Proteststürme zu einem Orkan an, der sich vor allem gegen Menachem Begin richtete. So bezeichnete etwa das »Komitee gegen den israelischen Rückzug« aus der südkanadischen Provinz Ontario die Aufgabe der Sinai-Halbinsel in einem Brief an den Ministerpräsidenten als »grotesk«,[134] andere Mitglieder dieser Bewegung beschrieben den Plan als »selbstmörderisch«.[135] Ein weiteres Mitglied dieser Gruppe fragte auf postalischem Wege: »Der Midrasch berichtet vom Tag, an dem die ganze Welt Israel und sein Handeln unisono verurteilen wird, also warum sollte man versuchen, sie zu beschwichtigen?«[136] Auch wurde Begin dazu aufgefordert, »diese Abweichung vom Recht und die Schändung der Gräber der Soldaten, die ihr Leben für dieses Heilige Land gaben«, zu stoppen, bevor es zu spät sei,[137] wurde mit den Worten »Schänden Sie nicht den Namen Gottes durch die Rückgabe des Landes, das er auf wundersame Weise für uns gewonnen hat«[138] beschworen und in einem weiteren Brief vor den Folgen des Rückzugs für den Rest des Landes gewarnt: »Leider bin ich Realist und mir fällt es schwer zu glauben, dass dieses Land unsere ägyptischen Brüder zufriedenstellen wird. Was wollen sie nach dem Sinai? Jerusalem???«[139]

Die Wut, die Unsicherheit und das ungläubige Staunen darüber, dass Menachem Begin die Abmachungen des bilateralen Friedensvertrages tatsächlich erfüllen wollte, welche in diesen Briefen aus Übersee deutlich zu erkennen sind, wurden auch im Norden der Sinai-Halbinsel geteilt, wo sich eine Vielzahl an kleineren Protestgruppen gründeten. Je näher das Datum des Rückzuges rückte, desto deutlicher traten drei verschiedene Hauptgruppen hervor. Die erste bevorzugte friedliche Mittel zum Erreichen ihrer Ziele, sie bestand mehrheitlich aus den Farmern der Moschavim und Kibbutzim in der Rafach-Ebene. Sie erkannten jedoch rasch, dass sie

---

134 Brief des »Committee Against Israeli Retreat« an Menachem Begin, o. D. In: MBA/PM-0242/4.
135 Brief von L. H. an Menachem Begin, o. D. In: MBA/PM-0242/15. Um mögliche Persönlichkeitsrechte nicht zu verletzen, werden hier und in den folgenden Fußnoten nur die Initialen der Absender genannt.
136 Brief von J. T. an Menachem Begin, o. D. In: MBA/PM-0242/13.
137 Brief von L. M. an Menachem Begin, o. D. In: MBA/PM-0242/5.
138 Brief von S. B. an Menachem Begin, o. D. In: MBA/PM-0242/7.
139 Brief von E. R. an Menachem Begin, 18.12.1981. In: MBA/PM-0242/11.

Menachem Begin nicht davon abhalten konnten, den Rückzug zu vollziehen. Vor diesem Hintergrund organisierten sie sich, um von der Regierung eine größtmögliche Entschädigung zu erhalten, und arbeiteten eine Verhandlungsstrategie heraus, die auf drei Säulen basierte. Zum einen engagierten sie eine der besten Anwaltskanzleien des Landes, die mit der Regierung um die Höhe der Abfindungen rang. Zum anderen ernannten sie einen Vertreter aus ihren eigenen Reihen, der fortan hauptberuflich und unter Rückgriff auf die Ressourcen der Moschav- und Kibbutzbewegungen als Lobbyist beim Landwirtschaftsministerium für ihr Anliegen warb. Außerdem sorgten die Siedler mit öffentlichkeitswirksamen Protestaktionen für Aufsehen, indem sie etwa die Lieferung des Wintergemüses und -obstes in den Norden des Landes stoppten.[140] Ihre Strategie hatte Erfolg: Sie erhielten – nach zähen Verhandlungen – großzügige Entschädigungen für ihre »Bonanzas«.[141]

Die zweite Gruppe, die gegen den Rückzug aus der Rafach-Ebene protestierte, war die kleinste, wurde ad hoc gebildet und bestand aus rund 60 Unternehmern, die für ihre Geschäfte ebenfalls eine Kompensation erhalten wollten. Die Gruppe hatte keine gewählten Vertreter und verfügte auch nicht über ein gemeinsames Budget. Ihre Mitglieder waren zudem untereinander in der Frage zerstritten, wer mit den Behörden verhandeln dürfe. Außerdem konnten sie nicht auf ein Unterstützernetzwerk, wie etwa die Moschav- und Kibbutzbewegungen, zurückgreifen. Deshalb wählten sie von Beginn an eine Strategie der Eskalation. In den Wintermonaten um die Jahreswende 1981/82 setzten sie bereits verlassene Häuser in Brand, riegelten Jamit mit Stacheldraht von der Außenwelt ab, hoben kleine Kanäle aus, die sie »Panzergräben« nannten, drohten mit Gewalt und ließen ihre Kinder Sandsäcke befüllen. Mit diesen Protestaktionen wollten sie zum einen die Regierung provozieren und zum anderen die israelischen Medien dazu bewegen, auf den Titelblättern und in den Abendnachrichten prominent über sie zu berichten. Diese Taktik erwies sich jedoch als Bumerang: Zwar hatten die Reporter der Tageszeitungen und Fernsehsender zunächst über die Aktionen berichtet, aber nachdem die immer und immer wiederholten Drohungen sowie das symbolische Handeln nicht zu konkreten, gewalttätigen Taten geführt hatten, ebbte die Berichterstattung ab. Stattdessen schlug die Sympathie, die die israelische Öffentlichkeit anfangs für

---

140 Gadi Wolfsfeld, *The Politics of Provocation. Participation and Protest in Israel*, New York 1988, S. 118-120.
141 Yosef Goell, »Golden Sand«, in: *Jerusalem Post International Edition*, 7.-15.12.1980, S. 10.

die vor der Evakuierung stehenden Ladenbesitzer gehegt hatte, in Verachtung um. Ihre Forderungen nach Kompensation für ihre Geschäfte wurden als skandalös überzogen empfunden, schließlich gab es diese Geschäfte in dutzendfacher Multiplikation auch im Kernland Israels selbst.[142] So druckte etwa die »Jerusalem Post« einen Brief ab, den die Redaktion von einem Leser aus Haifa erhalten hatte. Dieser bezeichnete die Demonstranten darin als »skrupellose Parasiten«.[143]

Nachdem die Ladenbesitzer vor die Wahl gestellt wurden, entweder eine symbolische Entschädigung durch die Regierung anzunehmen oder ihre Drohungen in die Tat umzusetzen, lenkten sie schließlich – mit wenigen Ausnahmen – ein.[144]

Bevor die dritte Protestgruppe in der Rafach-Ebene in den Blick genommen wird, soll an dieser Stelle zum Vergleich zunächst die Situation im Süden der Halbinsel erörtert werden. Dort verlief die Evakuierung von Neviot, Di-Zahav und Ophira friedlich. Der Schriftsteller Amos Kenan, der diesen Teil des Sinais so oft besucht hatte, schrieb in einer Sonderausgabe der »Jediot Acharonot«-Tageszeitung, die anlässlich des Rückzugs erschien: »Man kann nicht beides haben: Frieden und Groß-Israel. Man kann nur Frieden oder Groß-Israel haben. Das ist alles.« Diese Sätze spiegelten die Auffassung vieler Israelis, die sich im Südsinai niedergelassen hatten, wider. Kenan gelang es auch, das Gefühl, das die israelischen Bewohner entlang der Küste am Golf von Akaba im Laufe der Jahre entwickelt hatten, treffend zu beschreiben. Für ihn war dieser Teil des Sinais ein Ort gewesen, »zu dem man fliehen konnte. Fliehen, fast vor der ganzen Welt«, ein Ort, »an dem du allein sein konntest. Mit dir.«[145]

Allein sein wollte auch Avraham Schaked, der die Feldschule am Katharinenkloster geleitet hatte. Er nahm auf seine Weise Abschied vom Südsinai – und ging im April 1982 die 300 Kilometer lange Strecke von Eilat nach Sharm al-Sheikh zu Fuß.[146] Schaked kam an der Koralleninsel Far'un im Golf von Akaba vorbei, wo wenige Wochen zuvor »ein großer schotti-

---

142 Die Beträge, die sowohl an die erste als auch an die zweite Protestgruppe gezahlt wurden, sind bis heute im Israelischen Staatsarchiv nicht einsehbar.
143 Stan Goodman, »Yamit Handouts«, in: *Jerusalem Post International Edition*, 24.-30.1.1982, S. 23.
144 Gadi Wolfsfeld, *The Politics of Provocation*, S. 116-119.
145 Amos Kenan, »Ma sche-Lo Ihie« [Was nicht sein wird, hebr.], in: *Jediot Acharonot. Sonderausgabe anlässlich der fünfzehnjährigen Herrschaft Israels über den Sinai*, 7.4.1982, S. 27.
146 Avraham Schaked, »300 Kilometerim ba-24 Jom« [300 Kilometer in 24 Tagen, hebr.], in: *Jediot Acharonot*, 7.4.1982, S. 11.

scher Chor Händels Oratorium ›Israel in Ägypten‹ aufgeführt hatte«,[147] und erreichte via Neviot und Di-Zahav nach 24 Tagen schließlich »das Ende der Welt – die Landschaft von Sharm al-Sheikh«.[148] In den Wochen vor dem Abzug waren einige Psychologen nach Ophira gekommen. Sie wollten untersuchen, wie die Einwohner der Stadt auf die Ausnahme- und Stresssituation des bevorstehenden Heimatverlustes reagierten. Ein Mitglied der kleinen Forschergruppe war Jona Rosenfeld, der in Karlsruhe geborene spätere Direktor der Hochschule für Soziale Arbeit an der Hebräischen Universität in Jerusalem. »Die wenigen, die Ophira zu ihrer Heimat gemacht hatten, betrachteten sich als dauerhafte Hüter einer Trauminsel, die mit dem Besten gesegnet ist, was Natur und Zivilisation zu bieten haben«, konstatierte er. Die Einwohner von Ophira, so Rosenfeld weiter, seien nach ihren sporadischen Reisen in den Norden wieder zurück zur ruhigen Küste von Ophira geflohen, »wie aus Sodom und Gomorrha«.[149] Ein durch Anonymisierung unkenntlich gemachter, aber offenkundig älterer Bewohner der Stadt erklärte in einem Interview der Studie:

> »Wenn ich an den Norden [Israels] denke, sehe ich vor mir meine Nachbarn, die ich in Polen hatte. Sie zeigten mit ihren Fingern auf mich und nannten mich einen gierigen Juden. Sie erniedrigten mich, als sei ich schmutzig. So fühlte ich mich, wenn ich in den Norden kam. Diese Menschen hassen uns, und sie sind missgünstig.«[150]

Nun mussten die Bewohner von Ophira, Di-Zahav und Neviot jedoch ihr Eiland verlassen und dorthin, in den Norden, zurückkehren. Am 22. März wurden in Ophira die Telefonleitungen nach Israel gekappt.[151] Am Morgen des 26. April 1982 endete mit der friedlichen Übergabe der Stadt an die von den Vereinten Nationen finanzierte multinationale Friedenstruppe schließlich die israelische Präsenz im Süden der Sinai-Halbinsel, über die der Lie-

---

147 Ari Rath, »Sinai Farewell«, in: *Jerusalem Post International Edition*, 4.-10. 4. 1982, S. 12.
148 Abraham Rabinovich, »Sinai Farewell«, in: *Jerusalem Post International Edition*, 14.-20. 3. 1982, S. 11.
149 Rafael Moses/Jona M. Rosenfeld/Rena Moses-Hrushovski, »Facing the Threat of Removal: Lessons from the Forced Evacuation of Ophira«, in: *The Journal of Applied Behavioral Science*, 23/1, 1987, S. 55.
150 Zitiert nach: ebd., S. 60.
151 Jewish Telegraph Agency, »Yamit Farmers Giving Breathing Spell«, 22. 3. 1982, in: http://www.jta.org/1982/03/22/archive/yamit-farmers-given-breathing-spell [zuletzt abgerufen am 4. 11. 2017].

dermacher Chajim Chefer in seinem Abschiedstext schrieb: »Ich wandere umher in dir, seit 3.000, 4.000 Jahren.«¹⁵²
Diese Referenz auf die biblische Geschichte der Halbinsel implizierte jedoch keinen territorialen Anspruch auf den Sinai durch den Staat Israel in der damaligen Gegenwart. Ebendiesen proklamierte indes die dritte Protestgruppe im Norden der Halbinsel. Diese trat im Oktober 1981 erstmals unter dem Namen »Bewegung für einen Stopp des Rückzuges von der Sinai-Halbinsel« (BSRS) in Erscheinung. Ihr gehörten nur wenige säkulare Siedler aus der Rafach-Ebene an. Die Mehrheit der Mitglieder waren Politiker, national-religiöse Aktivisten und ihre Rabbiner.¹⁵³
Die Prima inter pares der politisch Aktiven in dieser Bewegung war Geula Cohen von der Techija-Partei. Nachdem sie den Kampf um al-Arish verloren hatte, war sie im Spätsommer 1981 nach Jamit gezogen, um den Kampf um diese Stadt zu gewinnen. Benny Morris, damals noch ein junger Journalist der »Jerusalem Post« und noch nicht Professor an der Ben-Gurion-Universität in Beerscheva, porträtierte sie im Dezember 1981 mit den folgenden Sätzen:

»Die Republikaner im Spanischen Bürgerkrieg hatten ihre Dolores Ibarruri, bekannt als ›La Pasionaria‹. Diese kommunistische Heeresführerin rief die Massen mit flammender Rhetorik auf, zur Tat zu schreiten, zu kämpfen und zu sterben in Guadalajara und entlang des Ebros. Für das Knessetmitglied Geula Cohen, Anführerin der Techija-Bewegung und in den 40er-Jahren ›das Mädchen‹ der Lechi-Untergrundbewegung, verlaufen diese Grenzen in Jamit und entlang des Jordans. […] Die Welt der Geula Cohen ist eine hobbesianische, sie ist nichts anderes als das Recht des Dschungels, das in die internationalen Beziehungen übertragen worden ist. Nationen sind demnach entweder Schafe oder Wölfe, und Kriege zwischen Staaten immerwährend. Es gibt nur die Lebenden und die Toten. […] Sie glaubt nicht, dass sich Begin durch menschlichen Druck von seinem Standpunkt abbringen ließe; nur die Hand

---

152 Chajim Chefer, »Prida mi-Sinai« [Abschied vom Sinai, hebr.], in: *Jediot Acharonot. Sonderausgabe anlässlich der fünfzehnjährigen Herrschaft Israels über den Sinai*, 7.4.1982, S.7.
153 Einer der wenigen säkularen Sinai-Siedler, der die »BSRS« anführte, war Vito Weizman aus dem Moschav Sadot. S. hierzu: Liane Sue Rosenblatt, *Building Yamit*, S.14. Einige Bewohner von Jamit gründeten eine kleine Protestgruppe, die jedoch rasch in der »BSRS« aufging. S. hierzu: Gadi Wolfsfeld, »Political Action and Media Strategy: The Case of Yamit«, in: *The Journal of Conflict Resolution*, 28/3, 1984, S.369.

Gottes, dies scheint sie vorzuschlagen, eine Deus ex Machina, kann dieser Herausforderung [gemeint ist der israelische Rückzug vom Sinai, Anm. d. Verf.] begegnen.«[154]

Neben Cohen und den beiden anderen Knessetabgeordneten der Techija-Partei – Juval Ne'eman und Chanan Porat – gehörte auch der in die Jahre gekommene Mosche Schamir der »BSRS« an. Über ihn hat Chajim Guri in seiner Autobiographie geschrieben: »Mosche Schamir ist nicht nur Schriftsteller und Dramatiker. Es gibt Mosche Schamir mehrmals.«[155] Spätestens im Zuge der Evakuierung der Sinai-Halbinsel zeichnete sich in aller Deutlichkeit eine weitere Facette seiner Persönlichkeit ab. Er, der einstmals politisch so weit links gestanden war wie Menachem Begin rechts, verglich den amtierenden israelischen Ministerpräsidenten öffentlich mit dem französischen Marschall Philippe Pétain, der während des Zweiten Weltkrieges als Staatschef des Vichy-Regimes mit Nazi-Deutschland kollaboriert hatte.[156]

Dieses Politiker-Quartett – Cohen, Schamir, Ne'eman und Porat – bildete das Gesicht der »BSRS«, die von zwei Mitgliedern der Regierung offen unterstützt wurde. Zum einen von David Schiffman, dem stellvertretenden Verkehrsminister von der Likud-Partei, der im national-religiösen Moschav Kfar Ha'roeh sozialisiert worden war, aus dem viele Alumni des Jeschiva-Zentrums »ha-Rav Kuk« hervorgegangen sind, zum anderen von Rabbiner Chajim Druckman, dem stellvertretenden Minister für religiöse Angelegenheiten von der Mafdal-Partei, der ein enger Weggefährte Chanan Porats war. Als Privatperson übergab Schiffman im Januar 1982 einen Scheck an die Siedler der Rafach-Ebene, gestand dies auch öffentlich ein, wollte es aber nicht als monetäre Unterstützung der »BSRS« verstanden wissen.[157] Druckman hingegen verbarg seine wahre Gesinnung

---

154 Benny Morris, »Unredeemed Warrior«, in: *Jerusalem Post International Edition*, 13.-19. 12. 1981, S. 12.
155 Chajim Guri, *Chajim Guri im ha-Schira ve ha-Sman* [Chajim Guri über Poesie und Zeit, hebr.], Bd. 2, Jerusalem 2008, S. 251.
156 Der Kinderbuchautor Michael Desche rief in einem Gedicht gar die Toten von Treblinka und Auschwitz an, sie sollten aus der Asche emporsteigen und ihre Stimme gegen Begin erheben. S. hierzu: Arye Naor, »Lessons of the Holocaust versus Territories for Peace, 1967-2001«, in: *Israel Studies*, 8/1, 2003, S. 143.
157 Jewish Telegraph Agency, »A Deputy Minister Denies Making a Personal Contribution to Settlers Opposed to Withdrawing from Sinai«, 26. 1. 1982, in: http://www.jta.org/1982/01/26/archive/a-deputy-minister-denies-making-a-personal-contribution-to-settlers-opposed-to-withdrawing-from-sina [zuletzt abgerufen am 4. 11. 2017].

nicht: Er zog im Oktober 1981 mit seiner Frau und neun Kindern nach Jamit.[158] Dass eines Tages Rabbiner die Synagogen verlassen und auf der Sinai-Halbinsel aktiv in politische Prozesse eingreifen würden, indem sie gegen die auf Befehl des israelischen Staates agierende Armee gewaltsam demonstrierten, davon hatte Theodor Herzl fast ein Jahrhundert zuvor nicht geträumt. »Heer und Clerus sollen so hoch geehrt werden, wie es ihre schönen Functionen erfordern und verdienen«, hatte Herzl im »Judenstaat« geschrieben. »In den Staat, der sie auszeichnet, haben sie nichts dreinzureden, denn sie würden äussere und innere Schwierigkeiten heraufbeschwören.«[159] Wie anders die Dinge lagen, darüber hatte sich Walter Laqueur bereits 1973 ausgelassen, indem er einen fiktiven Brief an Herzl schrieb, der anlässlich des 25. Jubiläums der Staatsgründung in der Sonderausgabe des amerikanischen »Life«-Magazins abgedruckt wurde. Adressiert war der Brief an »meinen lieben Doktor Herzl«, als Absender wählte er den fiktiven »Kingscourt« – einer der Hauptprotagonisten in Herzls utopischem Roman »Altneuland«,[160] der mittlerweile im Jerusalemer Stadtteil Rechavia »lebte«.[161] In dem Artikel heißt es:

»Heute sind die Ex-Generäle omnipresent – in der Regierung, der Wirtschaft, dem öffentlichen Leben, selbst an den Universitäten. Das Resultat daraus ist aber nicht, dass die israelische Gesellschaft militarisiert wäre; die Armee ist das demokratischste Element im Land. Bezüglich der Rabbiner gibt es allerdings Probleme; sie teilen Ihre Ideen über einen modernen säkularen Staat nicht vollständig. Aufeinander folgende Regierungen haben ihren Forderungen nachgegeben. Früher oder später wird es zu einem Showdown kommen.«[162]

Nun, Anfang der Achtzigerjahre, forcierten die einflussreichsten national-religiösen Rabbiner des Landes diesen ersten »Showdown« in der Geschichte des Staates Israel, indem sie die Räumung der Rafach-Ebene mit der Zer-

---

158 Jewish Telegraph Agency, »Some 30,000 People Protest Planned Evacuation of Sinai«, 22.10.1981, in: http://www.jta.org/1981/10/22/archive/some-30000-people-protest-planned-evacuation-of-sinai [zuletzt abgerufen am 4.11.2017].
159 Theodor Herzl, *Der Judenstaat*, S. 75.
160 S. hierzu: Theodor Herzl, *Altneuland*, Leipzig 1902.
161 Walter Laqueur, »My Dear Doctor Herzl«, in: *Life Special Report. The Spirit of Israel. 25th Anniversary*, 1973, S. 65.
162 Ebd., S. 69.

störung des Zweiten Tempels gleichsetzten,[163] einen »Kulturkampf« entfachten und sich in die »Bewegung für einen Stopp des Rückzuges von der Sinai-Halbinsel« integrierten.[164] Wie die Politiker der »BSRS«, so stammten auch die Anhänger des Gusch Emunim nicht von der Halbinsel. Diese aktivistischen Anhänger der »BSRS« betrachteten sich seit dem Sechs-Tage-Krieg als neue Chalutzim, die wie die biblischen Pioniere vorausgingen (4. Buch Mose, 32:21). Auf dem Sinai führten sie einen ganz eigenen Kampf. Das primäre Augenmerk dieser Bewegung lag nicht auf den Siedlungen im Sinai selbst. Ihre Mitglieder befürchteten vielmehr, dass die Evakuierung von Jamit und den umliegenden Moschavim und Kibbutzim durch die israelische Armee einen Präzedenzfall schaffen werde, der eines Tages auch ihre eigenen Siedlungen betreffen könnte. Deshalb stiegen sie im Winter 1981/82 zu Tausenden von den Hügeln des Westjordanlandes in die Rafach-Ebene herab.

Die erste Vorhut der national-religiösen Aktivisten hatte bereits unmittelbar nach der Unterzeichnung des ägyptisch-israelischen Friedensvertrages eine illegale Frontsiedlung zwischen al-Arish und Jamit gegründet: Atzmona.[165] Die Siedler des Gusch Emunim hatten mit diesem Mauer-und-Wachturm-Bau in der Rafach-Ebene versucht, sich vom arbeiterzionistischen »Landadel« abzugrenzen, der im Norden des israelischen Kernlandes in »gut geschützten Enklaven den Geist und die Werte einer vergangenen Ära« prolongierte,[166] und versucht, sich als wahre Gralshüter des aktivistischen Erbes der Pioniere des Jischuvs darzustellen.[167] Ihr urplötzliches Verlangen, auf dem Sinai zu siedeln und diesen als Teil von Altneuland zu betrachten, belegten sie mit der Bibel. Die Sinai-Siedler aus dem Westjordanland behaupteten, das Gebiet vom Gaza-Streifen bis zum Wadi al-Arish, das sie anstelle des Nils zum »Bach Ägyptens« erklärten, sei dem jüdischen Volk von Gott verheißen worden. Als Referenz zitierten sie aus dem 4. Buch Mose, Kapitel 34:3-5:

163 Gideon Aran, *Eretz Jisrael bein Dat u-Politika: Ha-Tnuah la-Azirat ha-Nesigah u-le-Kacheha* [Das Land Israel zwischen Religion und Politik. Bewegung für einen Stopp des Rückzuges von der Sinai-Halbinsel, hebr.], Jerusalem 1985, S. 12.
164 Michael Feige/Gideon Aran, »The Movement to Stop the Withdrawal in Sinai: A Sociological Perspective«, in: *The Journal of Applied Behavioral Science*, 23/1, 1987, S. 74. Dieser Aufsatz basiert auf der Feldforschung Feiges, die dieser im Frühjahr 1982 im Nordsinai durchgeführt hatte.
165 Ebd., S. 76. Zur Praxis der inoffiziellen Namensgebung s.: Saul B. Cohen/Nurit Kliot, »Place-Names in Israel's Ideological Struggle over the Administered Territories«, in: *Annals of the Association of American Geographers*, 82/4, 1992, S. 662.
166 Amos Elon, *Die Israelis*, S. 342.
167 Aharon Kellerman, »Settlement Myth and Settlement Activity«, S. 375.

Abb. 22: Ein Wohncaravan in der illegalen Siedlung Atzmona (Aufnahme 10.3.1982).

»Eure Südgrenze soll von der Wüste Zin aus an Edom entlang verlaufen, und zwar soll sie vom Ende des Salzmeeres im Osten ausgehen. Dann soll eure Grenze südlich des Skorpionenpasses sich bis Zin erstrecken. Ihre Ausläufer sollen bis südlich von Kadesch Barnea reichen. Von dort sollen sie sich bis Chatzar Adar und bis Atzmon hinziehen. Von Atzmon soll die Grenze zum Grenzbach Ägyptens abbiegen und die Ausläufer der Grenze sollen bis zum Meer reichen.«

Viele der national-religiösen Aktivisten zog es im Winter 1981/82 jedoch nicht nur nach Atzmona, »gen Atzmon«, sondern auch und vor allem nach Jamit. Dort lebte und lehrte der Rabbiner Israel Ariel. Er hatte am Jeschiva-Zentrum »ha-Rav Kuk« studiert, leitete die Jeschivat Hesder der Stadt und erklärte im Herbst 1981: »Ob ich um den Sand von Jamit oder um die Steine der Klagemauer kämpfe, ist für mich dasselbe.«[168] Einige seiner Anhänger nahmen den Rabbiner beim Wort. Sie gründeten in jenen Tagen über Nacht – so wie dereinst im Negev – und unter Bezugnahme auf die Bibel, die Traditionsliteratur und die arbeiterzionistischen Pioniere in der Nähe von Jamit eine weitere illegale Frontsiedlung: Chatzar Adar.[169] »Nekudah«,

168 Zitiert nach: Abraham Rabinovich, »Countdown for Yamit Settlers«, in: *Jerusalem Post International Edition*, 20.-26.9.1981, S. 12.
169 Haggai Segal, *Dear Brothers. The West Bank Jewish Underground*, New York 1988, S. 146-147. In der rabbinischen Literatur wurde Rafach zuweilen mit dem bi-

das Periodikum der national-religiösen Bewegung, betitelte einen Bericht über diese Enklave unter Anspielung auf den Friedensvertrag zwischen Israel und Ägypten wenig später mit den Worten: »Es gibt einen Vertrag mit dem Heiligen, Er sei gesegnet.«[170]

Israel Ariel konnte sich im Kampf gegen den Rückzug aus der Rafach-Ebene jedoch nicht nur auf seine eigenen Schüler verlassen, sondern auch auf sein persönliches Netzwerk, das er während seines Studiums am Jeschiva-Zentrum in Jerusalem geknüpft hatte. Im Februar 1982 zog der Rabbiner Mosche Tzvi Nerija nach Jamit. Der spirituelle Führer der national-religiösen Bnei-Akiva-Jugendbewegung und Gründer des Moschavs Kfar Ha'roeh bezog ein bereits leerstehendes Haus, das direkt neben jenem von Rabbiner Druckman stand.[171] Auf Nerija folgten alle weiteren Wortführer des Gusch Emunim: Mosche Levinger und Eliezer Waldman, Joel Ben-Nun und Schlomo Aviner, Benjamin Katzover und Menachem Felix.[172]

Wie bei ähnlichen Aktionen, die der Gusch Emunim in den Jahren zuvor im Westjordanland initiiert hatte, so waren die Rabbiner auch auf dem Sinai nur die »Spitze des Eisberges«.[173] Sie wurden von alten Weggefährten und jungen Familien, einigen Jeschivot-Klassen und vielen Mitgliedern der Bnei-Akiva-Jugendbewegung begleitet. Die Größe dieser Gruppe lässt sich nicht exakt benennen. Michael Feige, der sich seinerzeit zu Feldforschungszwecken in der Rafach-Ebene aufhielt, schätzte sie auf rund 1.500 Personen.[174]

Die national-religiösen Aktivisten eröffneten in Jamit, Atzmona und Chatzar Adar Torahschulen, errichteten Ritualbäder und gründeten einen »Rat der Weisen«.[175] Sie verfolgten damit genau jene Taktik, die sie bereits im Westjordanland erfolgreich angewandt hatten. Die Tallit tragenden und Tefillin anlegenden Anhänger der Rabbiner verweigerten sich der »säkularen Realität« und verstanden sich auf der Halbinsel als »Modell

---

blischen Chatzerot gleichgesetzt. S. hierzu: Raphael Patai, *The Children of Noah. Jewish Seafaring in Ancient Times*, Princeton 1998, S. 137-140.
170 Haggai Segal, »Jesch Heskem im HKB«H«« [Es gibt einen Vertrag mit dem Heiligen, hebr.], in: *Nekudah*, Heft 38, 1982, S. 8-11.
171 Motti Ben-Yanai, »More Anti-Pullback Diehards Keep Streaming into Yamit«, in: *Jerusalem Post International Edition*, 21.2-27.2.1982, S. 8.
172 Haggai Segal, *Dear Brothers*, S. 149.
173 S. hierzu: Ehud Sprinzak, »The Iceberg Model of Political Extremism«, in: David Newman (Hg.), *The Impact of Gush Emunim. Politics and Settlement in the West Bank*, Beckenham 1985, S. 27-45.
174 Michael Feige/Gideon Aran, »The Movement to Stop the Withdrawal in Sinai«, S. 77-79.
175 Haggai Segal, *Dear Brothers*, S. 145.

einer überlegenen jüdischen Existenz für die lokalen Sinai-Siedler, die Armee und das israelische Volk.«[176] Eines aber hatte sich im Vergleich zu den Siedlungsbemühungen, die der Gusch Emunim bis dahin im Westjordanland unternommen hatte, verändert – das logistische Netzwerk der Bewegung. Wie die Farmer der Rafach-Ebene, so konnte auch die »BSRS« auf eine Vielzahl an Ressourcen zurückgreifen:

»Viele derjenigen, die aus dem Westjordanland kamen, demonstrierten nicht nur als private Staatsbürger (wie zwischen 1974 und 1978) gegen eine [in ihren Augen falsch agierende] Regierung. Sie waren nun Funktionäre des öffentlichen Lebens, Vorsitzende und Angestellte der mit Regierungsgeldern finanzierten lokalen und regionalen Verwaltungen in Judäa und Samaria. Die kostenintensive Operation in Jamit wurde nicht von privaten Spendern finanziert. Das meiste Geld kam direkt aus dem öffentlichen Haushalt, den von den Staatsministerien für Bildung, Religion, Landwirtschaft, Bauwesen und Inneres zugewiesenen Etats der Regionalverwaltungen. Auch Ressourcen der Zionistischen Weltorganisation wurden genutzt. Und der Beschluss, nach Jamit zu gehen, wurde nicht auf freiwilliger Basis der einzelnen Mitglieder des Gusch Emunim getroffen. Es handelte sich um eine kollektive Entscheidung, die vom Jescha-Rat getroffen wurde, dem vom Gusch Emunim dominierten Siedlungsrat in Judäa, Samaria und Gaza. Zwar wurde niemand gezwungen, nach Jamit zu kommen, aber der Aufruf war von den Rabbinern genehmigt worden, den höchsten Autoritäten der Bewegung.«[177]

Auf Anweisung der höchsten staatlichen Autorität, der demokratisch gewählten Regierung, begann Anfang März schließlich die erste Phase der Evakuierung der Siedlungen rund um Jamit. Die Armee räumte die illegale Siedlung Chatzar Adar sowie die Moschavim Talmei Josef und Nir Avraham. Die Taktik der militanten Siedler war an allen drei Orten die gleiche: Die Männer verbarrikadierten sich in den Synagogen, während die Frauen mit ihren Kindern in den Wohnwagen und Häusern blieben. Dadurch sendete das Fernsehen Bilder von israelischen Soldaten, die zum einen betende Juden aus ihren Gotteshäusern, zum anderen jüdische Mütter mit ihren Kindern aus ihren Wohnungen holten.[178] Die Aktivisten des Gusch Emu-

176 Michael Feige/Gideon Aran, »The Movement to Stop the Withdrawal in Sinai«, S. 82.
177 Ehud Sprinzak, *The Ascendance of Israel's Radical Right*, S. 103-104.
178 Jewish Telegraph Agency, »Army Continues to Remove Illegal Squatters from Northern Sinai«, 5.3.1982, in: http://www.jta.org/1982/03/05/archive/army-con

nim und ihre Unterstützer beherrschten die Strategie der medialen Inszenierung perfekt. Nachdem diese Siedlungen evakuiert waren, begannen arabische Angestellte der Jewish Agency unter dem Schutz der israelischen Armee damit, die Gewächs- und Fertigbauwohnhäuser der Moschavim und Kibbutzim abzubauen und zu verladen. Zuvor hatten dies die Siedler mit Angriffen auf die arabischen Arbeiter verhindert.[179] Eine Woche nach dieser Räumungsaktion starb Tzvi Jehuda ha-Kohen Kuk. Der Spiritus Rector des Gusch Emunim wurde auf dem Ölberg in Jerusalem beigesetzt.[180] In den darauffolgenden Tagen versammelten sich an der Klagemauer rund 40.000 Demonstranten, um gegen den Rückzug zu protestieren.[181] Das Oberrabbinat rief angesichts der bevorstehenden vollständigen Evakuierung zudem einen außerordentlichen Fastentag aus.[182] Angesichts dieser Solidaritätsbekundungen mit den national-religiösen Aktivisten und infolge der Eskalation während der ersten Phase der Evakuierung fragte die »Jerusalem Post« ihre Leser in einem Kommentar:

»Warum das Schweigen? Wie ist es möglich, dass in einer Demokratie Bürger – egal welcher politischen Überzeugung – passiv bleiben und apathisch zuschauen, wie eine laute Minderheit eine Privatarmee auf die Beine stellt? Radio, Fernsehen, Zeitungen und Nachrichtenagenturen informierten uns zu Beginn der vergangenen Woche, dass Benny Katzover zum Generalstabschef der Armee der Rückzugsgegner ernannt worden ist. Tzachi Hanegbi, der ehemalige Studentenführer [und Sohn von Geula Cohen sowie spätere Justizminister Israels, Anm. d. Verf.],

tinues-to-remove-illegal-squatters-from-northern-sinai [zuletzt abgerufen am 4.11.2017].
179 Jewish Telegraph Agency, »Dismantling of Farm, Irrigation Equipment Continues in Yamit Area«, 9.3.1982, in: http://www.jta.org/1982/03/09/archive/dismantling-of-farm-irrigation-equipment-continues-in-yamit-area [zuletzt abgerufen am 10.3.2017]. Das Ingenieursbüro »Finkel & Finkel« hatte den Abbau bereits seit 1980 geplant. S. hierzu: *Moving Houses from the Yamit District. Feasibility Report (English Summary)*, Haifa 1980. In: CZA S15/49/061.
180 Jewish Telegraph Agency, »Rabbi Zvi Yehuda Kook Dead at 91«, 10.3.1982, in: http://www.jta.org/1982/03/10/archive/rabbi-zvi-yehuda-kook-dead-at-91 [zuletzt abgerufen am 4.11.2017].
181 Ian S. Lustick, *For the Land and the Lord. Jewish Fundamentalism in Israel*, New York 1988, S. 60.
182 Jewish Telegraph Agency, »Rabbinate Decrees Fast Day Next Week to Mark Withdrawal from Sinai«, 19.3.1982, in: http://www.jta.org/1982/03/19/archive/rabbinate-decrees-fast-day-next-week-to-mark-withdrawal-from-sinai [zuletzt abgerufen am 4.11.2017].

wurde zum Offizier ernannt, der für die Verbarrikadierungen zuständig ist und Avi Farhan zum operativen Befehlshaber des nahenden heiligen Krieges. Diese Instant-Generäle stellen ihre Truppen nicht zum Kampf gegen einen äußeren Feind, sondern gegen die israelische Armee auf. Warum das tosende Schweigen in der Knesset, der Institution, die mit großer Mehrheit den Friedensvertrag von Camp David befürwortet hat?«[183]

Hieran schließt sich eine weitere Frage an: Die Rafach-Ebene war am 1. April 1982 zu militärischem Sperrgebiet erklärt worden. Wie konnte es dem Gusch Emunim vor diesem Hintergrund gelingen, unaufhörlich neue Aktivisten in das Gebiet zu schleusen? Folgt man Gadi Wolfsfeld, so gelang dies mit der stillschweigenden Zustimmung der Begin-Administration. Der Politik- und Kommunikationswissenschaftler vermutet, man habe die Wege, welche die Anhänger des Gusch Emunim nutzten, um in die Rafach-Ebene zu gelangen, sehr wohl gekannt, aber nicht effektiv blockieren wollen. Je größer diese Gruppe vor der finalen Evakuierungsaktion werden würde, desto größer wäre auch die Wahrscheinlichkeit einer gewaltsamen Räumung, die wiederum im beiderseitigen Interesse lag, so sein Argument. Während die national-religiösen Aktivisten eine möglichst dramatische Evakuierung anstrebten, um der israelischen Öffentlichkeit die unabsehbaren Folgen eines solchen Vorhabens im Westjordanland zu verdeutlichen, hatte die Regierung ein Interesse daran, so Wolfsfeld, der Weltöffentlichkeit den hohen Preis möglichst drastisch vor Augen zu führen, den der israelische Staat für einen Frieden mit Ägypten zu zahlen bereit war. Einen faktischen Beleg für diese These – etwa ein archivalisches Dokument, in dem eine solche Vereinbarung getroffen worden wäre – kann er nicht liefern.[184] Wie bereits in Kapitel 7.2 gezeigt, hatte Menachem Begin den Friedensvertrag genutzt, um einerseits in Jerusalem und auf den Golanhöhen Fakten zu schaffen und um andererseits jeglichen Fortschritt in den Autonomiegesprächen mit der palästinensischen Führung zu verhindern. Hinzu kommt, dass der Gusch Emunim zur Durchführung seiner Demonstrationen im Sinai auf das bereits erörterte ressourcenreiche und mit Steuermitteln finanzierte Netzwerk im Westjordanland zurückgreifen konnte und die israelische Regierung dies nicht unterbunden hat. Wolfsfelds These erscheint vor diesem Hintergrund plausibel.

---

183 Hirsh Goodman, »Benny's Private ›Army‹«, in: *Jerusalem Post International Edition*, 14.-20.3.1982, S. 21.
184 Gadi Wolfsfeld, *The Politics of Provocation*, S. 123.

Lediglich ein einziges Mal versuchten die israelischen Behörden vor der Räumung der Stadt Jamit und der noch verbliebenen Siedlungen aktiv, die Strategie des Gusch Emunim zu durchkreuzen. Dies war unmittelbar vor der abschließenden Evakuierung. Vor dem Hintergrund der traumatischen Bilder, die im Zuge der ersten Räumungsaktionen auf den Titelseiten der Tageszeitungen und in den TV-Nachrichten gezeigt worden waren, sollte sowohl die in- als auch die ausländische Presse aus der Rafach-Ebene verbannt werden. Damit sollte dem Gusch Emunim eine seiner wichtigsten Ressourcen im Kampf um Jamit genommen werden – die Macht der Bilder. Außerdem bezweckte man damit, der Armee die Evakuierung zu erleichtern. Da dies freilich zur Folge gehabt hätte, dass die israelische Öffentlichkeit ihres Rechts auf Informationen und die Medien ihres Rechts auf Berichterstattung beraubt worden wären, wogegen die israelischen Tageszeitungen mit weißen Titelblättern, die TV- und Radiosender mit einer symbolischen Minute Funkstille protestierten, gelangte die Angelegenheit vor den Obersten Gerichtshof. Dieser entschied, dass 16 ausgewählte Reporter über die Räumung der Rafach-Ebene von vor Ort berichten durften. Schlussendlich wurden es wesentlich mehr, da es einigen Journalisten gelang, die Absperrungen nach Jamit zu umgehen – ob mit oder ohne Wissen der Behörden, bleibt unklar.[185] Die israelische Armee begann am 19. April 1982 mit der endgültigen Evakuierung der Siedlungen in der Rafach-Ebene.[186]

Zu diesem Zeitpunkt lebten von den ursprünglich 2.000 Einwohnern Jamits nur noch 60 in der Stadt.[187] In der Stadt wimmelte es dennoch von Menschen. Es waren Aktivisten der »BSRS«.

Die Soldaten räumten zunächst die letzten verbliebenen Siedlungen in der Rafach-Ebene und zum wiederholten Male Talmei Josef; einigen Aktivisten war es gelungen, wieder in den Moschav zurückzukehren und sich auf den Dächern der verbliebenen Häuser zu verschanzen. Am darauffolgenden Tag fand in Israel der Holocaustgedenktag statt, weshalb die Operation »Rote Taube« für 24 Stunden unterbrochen wurde.[188] In den Mona-

---

185 Jewish Telegraph Agency, »Evacuation of Squatters, Settlers from Yamit is Temporarily Halted«, 21.4.1982, in: http://www.jta.org/1982/04/21/archive/evacuation-of-squatters-settlers-from-yamit-is-temporarily-halted [zuletzt abgerufen am 4.11.2017].
186 Motti Ben-Yanai, »Quiet ›Last Shabbat‹ in Yamit as more Residents Depart«, in: *Jerusalem Post International Edition*, 28.3-3.4.1982, S. 4.
187 Liane Sue Rosenblatt, *Building Yamit*, S. 15.
188 Zur Politik der Namensgebung von Militäroperation s.: Dalia Gavriely-Nuri, »Rainbow, Snow, and the Poplar's Song: The ›Annihilative Naming‹ of Israeli Military Practices«, in: *Armed Forces & Society*, 36/5, 2010, S. 825-842.

ten vor der Räumung hatte die »BSRS« immer wieder auf den Völkermord Bezug genommen. Einige Mitglieder der Bewegung hatten gelbe Sterne getragen, andere davor gewarnt, dass der Sinai durch das Handeln der israelischen Regierung »judenrein« werde.[189] Mit Aktionen und Vergleichen wie diesen hatten sie einen Sturm der Entrüstung ausgelöst. So schrieb etwa Bela Vago, ein renommierter Holocaust-Forscher der Universität Haifa, in einem Leserbrief an die »Jerusalem Post«:

»Der Anblick der Friedenssaboteure in Jamit, die das gelbe Abzeichen zur Schau tragen, ist für die Überlebenden des Holocausts ein Affront; es ist auch eine Erinnerung an die billige und skrupellose Demagogie aller fanatischen, irrationalen und gefährlichen Extremistenbewegungen auf der internationalen Polit-Landkarte.«[190]

Zu diesen radikalen Kräften, die sich bis zuletzt in Jamit aufhielten, gehörten zweifelsfrei auch einige Anhänger des radikalen Rabbiners Meir Kahane. Wie im Falle des Gusch Emunim, so existierte auch hier eine persönliche Verbindung zu Israel Ariel. Der Rabbiner von Jamit hatte bei den Wahlen zur Knesset im Jahr 1981 auf dem zweiten Listenplatz der rassistischen und später verbotenen Partei Kahanes gestanden.[191] Seine jungen, männlichen Anhänger verbarrikadierten sich in einem Luftschutzbunker von Jamit und drohten damit, Selbstmord zu begehen. Sie weigerten sich den Bunker zu verlassen, wenngleich der Oberrabbiner der israelischen Armee, Gad Navon, sie darum gebeten und sie die Oberrabbiner des Landes, Schlomo Goren und Ovadia Josef, daran erinnert hatten, dass die Halacha Suizid verbiete.[192]

Am 22. April begann schließlich die letzte Phase der Operation »Rote Taube«. Die unbewaffneten Soldaten wurden mit Steinen und Flaschen beworfen, mit Farbe übergossen, trugen schwangere Frauen und weinende Kinder aus den Häusern, holten zunächst die Aktivisten von den Hausdächern in Jamit herunter und entfernten dann die Aktivisten um Tzachi ha-Negbi, die sich auf dem Soldatendenkmal am Rande von Jamit

189 Yosef Goell, »The People against Withdrawal«, in *Jerusalem Post International Edition*, 7.-13. 3. 1982, S. 14.
190 Leserbrief abgedruckt in: *Jerusalem Post International Edition*, 14.-20. 3. 1982, S. 22.
191 Eliezer Don-Yehiya, »The Book and the Sword: The Nationalist Yeshivot and Political Radicalism in Israel«, in: Martin E. Marty/R. Scott Appleby (Hgg.), *Accouting for Fundamentalisms. The Dynamic Character of Movements*, Chicago/London 1994, S. 278.
192 Jewish Telegraph Agency, »Militants Vow to Commit Suicide if Israel Completes Sinai Withdrawal«, 19. 4. 1982, in: http://www.jta.org/1982/04/19/archive/militants-vow-to-commit-suicide-if-israel-completes-sinai-withdrawal [zuletzt abgerufen am 4. 11. 2017].

Abb. 23: Soldaten versuchen während der gewaltsamen Räumung von Jamit Siedler von den Häuserdächern zu evakuieren (Aufnahme 22.4.1982).

verschanzt und hinter sich die 127 Stufen zählende Treppe abgeschweißt hatten.[193] Um die Anhänger von Meir Kahane zur Aufgabe zu überreden, ließ die Regierung den Rabbiner eigens aus den USA einfliegen – mit Erfolg. Die jungen Männer gaben auf. In einer letzten öffentlichkeitswirksamen Aktion gelobten einige Aktivisten am 23. April in Jamit einen Schwur:

»Im Namen des Herrn, des Gottes Israels: Heute, Sonntag, 5.742 Jahre nach Schaffung der Welt, auf den Ruinen des Denkmals für die Soldaten der israelischen Verteidigungsstreitkräfte, in der heiligen Stadt Jamit, möge sie rasch wieder aufgebaut werden, schwören wir im Namen Gottes, im Namen Israels, dass wir nicht gegangen sind und dass wir nicht gehen sollen. Wir haben Jamit, Sadot, Dikla, Priel, Prigan, Talmei Josef, Netiva ha-Asara, Ugda, Nir Avraham, Neot Sinai, Atzmona, Chatzar Adar, Sufa und Cholit nicht vergessen, noch werden wir vergessen. Diese Region ist Teil des Landes Israel, wie es in der Torah versprochen worden ward. Wir werden dieses Land weder einer anderen Nation außer der unsrigen überlassen, noch werden wir es als Ödland verlassen, bis erreicht sein wird, was geschrieben steht: Ich will sie in ihr Land pflanzen, dass sie nicht mehr aus ihrem Lande ausgerottet werden, das ich ihnen gegeben habe, spricht der Herr, dein Gott [Amos, 9:15, Anm. d. Verf.].«[194]

Am 25. April 1982 zog sich Israel schließlich offiziell aus Jamit zurück. Ariel Scharon ordnete in seiner Funktion als Verteidigungsminister die Zerstörung der verbliebenen Häuser an, und die israelische Besatzung der Sinai-Halbinsel endete, wie sie begonnen hatte – mit einem Tagesbefehl an die Soldaten. Scharon schrieb in diesem Text: »Noch nie ist es einer arabischen Armee gelungen – und nie wird es einer arabischen Armee gelingen –, eine israelische Stadt zu zerstören. Nur wir haben Jamit mit unseren eigenen Händen zerstört und es vom Antlitz der Erde ausgelöscht.«[195]

193 Jewish Telegraph Agency, »A Few Pockets of Resistance Continue to Remain in Yamit«, 23. 4. 1982, in: http://www.jta.org/1982/04/23/archive/a-few-pockets-of-resistance-continue-to-remain-in-yamit [zuletzt abgerufen am 4. 11. 2017].
194 Der Schwur wurde abgedruckt in: »Lo Asavnu ve lo Na'asov« [Wir haben nicht aufgegeben und werden nicht aufgeben, hebr.], in: *Nekudah*, Heft 57, 1982, S. 2.
195 Ariel Scharon, »Pkudat Jom le-Pinui Sinai« [Tagesbefehl anlässlich der Evakuierung des Sinais, hebr.], in: *Davar*, 25. 4. 1982, S. 1.

9. Epilog: Paradise Lost

»If life is one big party, Sinai is definitely the chill-out room.«
Etgar Keret, The Nimrod Flipout: Stories

»Der Alte rechts: Dieses Tal hat uns seit jeher gehört.
Der Soldat: Was heißt ›seit jeher‹? Niemandem gehört nichts seit jeher. Als du jung warst, hast du selber dir nicht gehört, sondern den Fürsten Kazbeki.
Der Alte rechts: Nach dem Gesetz gehört uns das Tal.
Die junge Traktoristin: Die Gesetze müssen auf jeden Fall überprüft werden, ob sie noch stimmen.«
Bertolt Brecht, Der kaukasische Kreidekreis

Im israelischen Außenministerium war man am 29. April 1982 empört. Auf einer Landkarte, die von der in Jerusalem ansässigen Firma »Carta Map Co.« für eine Informationsbroschüre angefertigt worden war, war der kleine Ferienort Taba auf ägyptischem Territorium eingezeichnet. Einzig: Israel hatte sich zwar wenige Tage zuvor von dem 60.000 Quadratkilometer großen Sinai zurückgezogen, einen Quadratkilometer der Halbinsel aber behalten – Taba. Als Grund für die Verortung Tabas auf ägyptischem Territorium wurde offiziell »menschliches Versagen« angegeben.¹ Der Kartograph hatte jedoch schlicht vorweggenommen, was nach sieben weiteren Jahren Realität werden sollte.

Die Gründe, warum Israel sich 1982 zunächst weigerte, Taba an Ägypten zurückzugeben, finden sich in der Geschichte des Ortes, der zu Beginn des 20. Jahrhunderts im Fokus zweier Großmächte gestanden hatte.
Wie bereits im Prolog ausgeführt, betrachtete das Osmanische Reich die Halbinsel als integralen Bestandteil seines Territoriums. Das British Empire jedoch, das damals de facto die Macht in Ägypten ausübte, versuchte nach langen Grenzstreitigkeiten 1906, diesen Status quo zu ändern. Lord Cromer, der britische Generalkonsul in Ägypten, mit dem Theodor Herzl seinerzeit in Kairo über seine Siedlungspläne auf dem Sinai gesprochen hatte, war bestrebt, die Soldaten der »Hohen Pforte« so weit wie möglich vom Suezkanal fernzuhalten, der Sinai sollte eine natürliche Puf-

---

1 Jewish Telegraph Agency, »Israel's Bus Line Inaugurates Service to Cairo via North Sinai«, 30.4.1982, in: http://www.jta.org/1982/04/30/archive/israels-bus-line-inaugurates-service-to-cairo-via-north-sinai [zuletzt abgerufen am 4.11.2017].

ferzone werden und die Grenze entlang der Linie Rafach–Akaba verlaufen. Das Osmanische Reich lehnte das ab.

Vor diesem Hintergrund versuchte im Januar 1906 W. Jennins Bramly, der für den Sinai verantwortliche britische Frontoffizier, mit nicht einmal einem halben Dutzend Mann auf Anweisung Cromers, in der Küstengegend von Akaba einen Grenzposten zu errichten, um so den britischen Hoheitsanspruch in dieser Region zu markieren. Der lokale osmanische Kommandeur zwang die Soldaten der britischen Krone nach Konsultationen mit seinen Vorgesetzten in Damaskus aber zum Rückzug und errichtete selbst einen Grenzposten. In den darauffolgenden Wochen verschärften sich die Grenzstreitigkeiten. Die osmanische Garnison in Akaba erhielt eine Truppenaufstockung, und das Empire versuchte mehrmals vergeblich, in der Region Fuß zu fassen. Das Kräftemessen in der Peripherie war damit indes noch nicht zu Ende. Die von Cromer kontrollierte ägyptische Regierung forderte anschließend den osmanischen Herrscher Abdül Hamid II. auf, eine Grenzlinie zwischen dem ägyptischen und dem osmanischen Territorium zu ziehen. Dieser weigerte sich, schließlich betrachtete er – formal noch Herrscher über Ägypten – das Land als integralen Bestandtteil seines Reichs (s. Kap. 2). Infolgedessen stellte London, unterstützt von Frankreich und dem russischen Zarenreich, am 3. Mai 1906 ein Ultimatum: Abdül Hamid II. sollte binnen zehn Tagen dem Grenzverlauf Rafach–Akaba zustimmen und Taba räumen, andernfalls müsse er mit schwerwiegenden Konsequenzen rechnen. Angesichts dieser Übermacht gab der Sultan am 14. Mai 1906 nach, und am 1. Oktober desselben Jahres wurde eine osmanisch-ägyptische administrative Separationslinie vertraglich festgelegt, die von Rafach am Mittelmeer bis nach Taba und damit an den Golf von Akaba reichte; der letzte von insgesamt 91 Grenzsteinen wurde von den britischen Behörden aufgrund des unwegsamen Terrains jedoch nur ungefähr nahe dem Wadi Taba gesetzt und nach dem Sechs-Tage-Krieg von Israel gänzlich entfernt.[2]

Israel eröffnete 1982 neben dem bereits vor Ort bestehenden Resort von Rafi Nelson das luxuriöse »Sonesta Hotel«.[3] Ägypten war außer sich. Die

---

2 Nurit Kliot, »The Evolution of the Egypt-Israel Boundary: From Colonial Foundations to Peaceful Borders«, in: *Boundary & Territory Briefing*, 1/8, 1995, S. 2-8. Die Originaldokumente der Streitigkeiten zwischen den beiden Weltmächten finden sich in: Patricia Toye (Hg.), *Palestine Boundaries, 1833-1947. Vol. 1. Palestine-Egypt*, London 1989.
3 Jewish Telegraph Agency, »New Hotel Opens for Business in the Disputed Taba Region«, 2.11.1982, in: http://www.jta.org/1982/11/02/archive/new-hotel-opens-for-business-in-the-disputed-taba-region [zuletzt abgerufen am 4.11.2017].

Regierung in Kairo erklärte, der 91. Grenzstein habe nicht an dem von Israel angegebenen Ort gestanden und verwies unter anderem auf eine Karte, die T. E. Lawrence während des Ersten Weltkrieges und noch vor der Eroberung Palästinas durch die britischen Truppen angefertigt hatte. Auf dieser Karte lag Taba in britischem Gebiet, das heißt ägyptischem.[4] Die Verhandlungen über Taba führten zwischen 1982 und 1985 zu keinem nennenswerten Erfolg. In Kairo überhöhte die Presse den kleinen Landstrich zu einem ägyptischen »Elsass-Lothringen«, und auch in Jerusalem wurden ähnlich schiefe historische Vergleiche gezogen. Die israelische Regierung beauftragte den Journalisten Jon Kimche mit der Suche nach geeignetem Material in den britischen Regierungsarchiven, das die eigene Argumentation in der Causa stärken sollte; Jon Kimche war der Bruder des damaligen Generaldirektors des israelischen Außenministeriums David Kimche.[5]

In einem Zeitungsbeitrag, der mit »Taba oder Masada?« betitelt war, warnte der Journalist eindringlich vor einer Rückgabe Tabas. Er bezog sich in seinem Text unter anderem auf Unterpunkt »e« des Friedensvertrages von Camp David. Darin hatten sich die Regierungen auf »den Bau einer Landstraße zwischen dem Sinai und Jordanien bei Eilat mit Garantie der freien und friedlichen Benutzung durch Ägypten und Jordanien« geeinigt.[6] Für Kimche war dies nicht weniger als die »israelische Version des Danzig-Korridors«, und er schrieb: »Ezer Weizman, mit seinem charakteristischen Faible für einprägsame Phrasen, sagte der Jerusalem Post, dass ›Taba nicht Masada ist und das Sonesta-Hotel steht nicht auf heiligem Grund.‹ Er hat es nicht begriffen. Masada zu halten, war, bei allem Heldenmut, ein strategischer Fehler. Taba zu halten ist eine strategische Notwendigkeit.«[7]

Um die diplomatische Sackgasse zu verlassen, die Maximalpositionen zu korrigieren und einen für beide Seiten akzeptablen Kompromiss in der Taba-Frage zu erreichen, brachten sich die USA abermals in die ägyptisch-israelischen Verhandlungen ein. Unter Vermittlung der Reagan-Adminis-

---

4 Adriana Kemp/Uri Ben-Eliezer, »Dramatizing Sovereignty: The Construction of Territorial Dispute in the Israeli-Egyptian Border at Taba«, in: *Political Geography*, Heft 19, 2000, S. 333.
5 Ebd., S. 328-332.
6 »Camp David Summit Meeting: Frameworks for Peace (September 17, 1978)«, in: Walter Laqueur/Barry Rubin (Hgg.), *The Israel-Arab Reader*, S. 227.
7 Jon Kimche, »Taba or Masada?«, in: *Midstream. A Monthly Jewish Review*, XXXI/4, 1985, S. 4-5.

tration diskutierten beide Länder von 1985 bis 1986 in Ägypten, Israel und der Schweiz ihre Streitpunkte.

In Israel selbst spielten währenddessen sicherheitspolitische Argumentationen wie jene von Kimche eine – vergleichsweise – untergeordnete Rolle. Es herrschte vielmehr eine öffentliche Larmoyanz vor. Taba war der Vorposten des gelobten Landes jenseits des verheißenen Landes. Der Mythos dieses Ortes war nach dem israelischen Rückzug von der Halbinsel nicht verblasst. Im Gegenteil: Viele säkulare Israelis waren ab April 1982 auf der Suche nach der verlorenen Zeit, und der Genius loci dieser Enklave symbolisierte für sie ebendiese. Das Resort war zu einem Heiligtum der Hedonisten avanciert, zur Eintrittspforte in die *twilight*-Zone des Südsinais, die sich nun zu schließen drohte. Thomas L. Friedman erinnerte der Ort an Fort Lauderdale, mit dem Unterschied, so der damalige Israel-Korrespondent der »New York Times«, dass auf diesem verbliebenen israelischen Teil des Sinais permanent »spring break« zu sein schien. Er schrieb:

> »Nelson Village ist eine Mischung aus Tahiti und Dodge City, einschließlich abgedeckter Waggons, Saloons und einer Postkutsche inmitten von Strandhütten mit Strohdächern, die von freundlichen Pfauen bewacht werden. Herr Nelson managed alles von der Bar aus, wo er für gewöhnlich mit Badehose, Cowboyhut und Rohlederkrawatte, die auf der nackten Brust baumelt, und einem Budweiser in seinem Halfter anzutreffen ist. Der Saloon ist mit einem ausgestopften Bullenkopf, einem ausgestopften Affen, von dessen Ohr eine Bierflasche baumelt, und einem über der Bar angebrachten Hammerhai ausgestattet.«[8]

Rafi Nelson starb im Februar 1988 im Alter von 58 Jahren an einem Herzinfarkt.[9] In diesem Jahr wurde auch die Taba-Frage endgültig entschieden. Ägypten und Israel hatten sich auf die Einsetzung eines internationalen Schiedsgerichts geeinigt, das die Grenzfrage klären sollte. Dieses Gremium bestand aus fünf Experten aus ebenso vielen Ländern: Der Vorsitzende war ein Schweizer, zwei weitere unabhängige Sachverständige kamen aus Frankreich sowie Schweden und die beiden Konfliktparteien entsandten je einen eigenen Vertreter. Von 1987 bis 1988 untersuchte diese Kommission den

---

8 Thomas L. Friedman, »The Talk of Taba. A Disputed Slice of Sinai is Taking it all in Stride«, 23.9.1986, in: http://www.nytimes.com/1986/09/23/world/the-talk-of-taba-a-disputed-slice-of-sinai-is-taking-it-all-in-stride.html [zuletzt abgerufen am 4.11.2017].

9 Jewish Telegraph Agency, »Taba Resort Owner Rafi Nelson is Dead«, 7.2.1988, in: http://www.jta.org/1988/02/07/archive/taba-resort-owner-rafi-nelson-is-dead [zuletzt abgerufen am 4.11.2017].

Grenzverlauf mit Hilfe von Karten- und Archivmaterial zu Lande und aus der Luft, wofür ein von den Vereinten Nationen bereitgestellter Helikopter genutzt wurde.[10] Im September 1988 kam das Quintett auf der Basis der Untersuchungen in einem hundert Seiten umfassenden Abschlussbericht zu einem Schiedsspruch: Vier Kommissionsmitglieder sprachen Taba Ägypten zu, nur der israelische Repräsentant votierte dagegen. In der Folge versuchte Israel, auch diese endgültige Entscheidung anzufechten – und scheiterte. Am 26. Februar 1989 wurde im »Sonesta Hotel« die Übergabe Tabas in einer Zeremonie schriftlich fixiert. Am 15. März, um 12 Uhr Ortszeit, hisste Ägypten seine Flagge über Taba.[11] Die israelische Geschichte der ägyptischen Sinai-Halbinsel war damit zu Ende. Der Staat Israel hatte erstmals in seiner Geschichte eine feste und international anerkannte Landesgrenze.

[10] Jewish Telegraph Agency, »Arbiters Study Taba by Air, on Foot«, 19.2.1988, in: http://www.jta.org/1988/02/19/archive/arbiters-study-taba-by-air-on-foot [zuletzt abgerufen am 4.11.2017].
[11] Adriana Kemp/Uri Ben-Eliezer, »Dramatizing Sovereignty«, S. 334-341.

10. Schlussbetrachtungen

»Traum ist von That nicht so verschieden, wie
mancher glaubt. Alles Thun der Menschen war
vorher Traum und wird später zum Traume.«

Theodor Herzl, *Altneuland*

Jeder Staat benennt seine Straßen und Plätze nach Personen und Ereignissen, die sich im kollektiven Gedächtnis der Nation eingebrannt haben – oder darin verankert werden sollen. Dieser Prozess der Namensgebung ist nie final, sondern verändert sich periodisch. Am 28. November 1989 befand Jair Rotlevy, es sei Zeit für einen solchen Wandel. Der einflussreiche Industrielle saß im Namensgebungskomitee von Tel Aviv. Die Stadtverwaltung hatte ein Problem: Es gab weniger Straßen als Personen und Ereignisse, derer man erinnern wollte. »Wenn uns Straßen fehlen«, sagte Rotlevy, »dann verstehe ich nicht, warum es nicht möglich ist, zum Beispiel die Refidim-Straße umzubenennen.«[1]

Refidim war nicht nur die größte Basis der israelischen Armee auf der Sinai-Halbinsel, eine veritable Stadt in der Wüste, sondern auch und vor allem der Ort gewesen, an dem der biblischen Tradition zufolge die Israeliten auf ihrem Weg nach Kanaan ihr Lager aufgeschlagen und siegreich gegen die Amalekiter gekämpft hatten (2. Buch Mose, 17:8-14). Jair Rotlevys Vorschlag wurde abgelehnt. Die Refidim-Straße existiert bis heute in Tel Aviv. Auch gibt es nach wie vor eine Di-Zahav-Allee und eine Ophira-Straße in Jerusalem, aber es scheint wahrscheinlich, dass damit der biblischen Geschichte und nicht der israelischen auf der Sinai-Halbinsel gedacht werden soll. Denn: All jene Orte, die zwischen 1967 und 1982 auf der Sinai-Halbinsel gegründet wurden und deren Namen nicht auf ein biblisches Ereignis rekurriert hatten, sind beinahe gänzlich aus dem öffentlichen Raum verschwunden.

Dort, wo sie als Straßennamen noch existieren, finden sie Fußgänger, Fahrrad- und Autofahrer gebündelt vor. Es handelt sich dabei um vier Orte im ganzen Land. Der erste, der Stadtteil Neve Dekelim, liegt in der Stadt Rischon le-Zion und ist von drei Boulevards, die nach israelischen Generälen – Mosche Dajan, Jitzchak Rabin und Chajim Bar-Lev – benannt

---

[1] *Sitzungsprotokoll des Namensgebungskomitees der Stadtverwaltung von Tel Aviv*, 28.11.1989, S. 4. In: PMA.

sind, umgeben.² Neve Dekelim ist zweigeteilt: Auf der einen Seite tragen die Straßen die Namen israelischer Ortschaften auf den Golanhöhen, auf der anderen Seite jene der israelischen Siedlungen auf dem Sinai, darunter Neviot, Nachal Jam und Netiv ha-Asara, Ugda, Sadot und Jamit. Die übrigen drei Orte, in denen Straßen die Namen von israelischen Siedlungen auf der Halbinsel tragen, sind von der dort ansässigen Bevölkerung geprägt.

Im Moschav Ein ha-Besor, im Norden des Negev, haben sich viele ehemalige Bewohner des Moschavs Sadot nach ihrer Evakuierung niedergelassen. Die wenigen Straßen in dem kleinen Ort Ain ha-Besor heißen: Dikla, Cheruvit, Jamit, Neviot, Priel, Sadot, Ugda und sogar Zaharon – es handelt sich dabei um eine Siedlung, die am Golf von Akaba hätte errichtet werden sollen, wozu es aber aufgrund des israelisch-ägyptischen Friedensvertrages und des damit verbundenen Rückzuges von der Halbinsel nie kam. Ebendiesen hatten national-religiöse Israelis aus dem Westjordanland seinerzeit zu verhindern versucht. In zwei ihrer Siedlungen im Westjordanland, in Beit El und in Ma'ale Adumim, steigen heute noch alte Namen auf, um Arthur Holitschers Satz aus Kapitel 4.1 zu paraphrasieren – unter anderem Avschalom und Atzmona, Sufa und Sadot, Chatzar Adar und Cholit.

In Israels Großstädten hingegen, in Haifa, in Tel Aviv und in Jerusalem, gibt es heute keine einzige Jamit-Straße, keinen Sadot-Boulevard und auch keine Schalhevet-Allee, weder eine Ugda-Brücke noch einen Netiv ha-Asara-Platz.³ Vor diesem Hintergrund stellt sich die Frage, welche Bedeutung die israelische Besiedlung des Sinais für die israelische Geschichte hat, ob die Art und Weise, wie jene Gründerideale dort einerseits prolongiert, andererseits herausgefordert und transformiert wurden, diesseits der »Grünen Linie« nachhallt, und wenn ja, wie relevant dies für das Verständnis der Gegenwart ist.

Das in hohem Maße nationalistische Ideal der »Hebräischen Arbeit«, das bereits in den 1970er-Jahren ein prolongiertes gewesen ist, spielt in der heutigen israelischen Gesellschaft des hochtechnologisierten 21. Jahrhunderts keine große Rolle mehr. Zwar ist Israel nicht in jedem Wirtschaftsbereich die viel zitierte »Start-up-Nation«, und es existieren weiterhin viele Moschavim und Kibbutzim, die Volkswirtschaft des Landes hängt jedoch – wie die aller westlichen Länder – nicht mehr ausschließlich von der klassischen »Arbeiterschaft«, sondern mehr und mehr vom globalen

---

2   An dieser Stelle sei angemerkt, dass Neve Dekelim auch der Name einer israelischen Siedlung im Gaza-Streifen gewesen ist.
3   Alle genannten Angaben basieren auf der zuverlässlichsten Quelle: googlemaps.

Schlussbetrachtungen

Marktgeschehen und der eigenen Dienstleistungsindustrie ab. Das Nachal-Corps, welches Naomi Schemer begeistert besungen hat, existiert hingegen bis in die Gegenwart. Auch bilden Schwert und Sichel bis heute das Wappen der Infanterie-Einheit, die letzte Landwirtschaftssiedlung wurde jedoch am 1. Januar 1992 errichtet: Nachal Rechelim im Westjordanland.[4]

Ein nach wie vor ungelöstes Streitthema zwischen Beerscheva und Beit Schean ist indes die am Beispiel von Sadot erörterte Beschäftigung von arabischen Arbeitskräften im Niedriglohnsektor. Zwar ist arabischen Arbeitnehmern aus dem Gaza-Streifen und dem Westjordanland durch den Bau der Mauer zwischen Israel und den Palästinensergebieten der Zugang zum israelischen Arbeitsmarkt diesseits der »Grünen Linie« weitgehend verwehrt und sie sind durch Migranten aus Südostasien und Afrika ersetzt worden, im Westjordanland sind jedoch bis zum heutigen Tag viele Palästinenser in Bauprojekten beschäftigt.

Die verschwiegene Gemeinschaft der international vernetzten israelischen Industriellen und Ingenieure, die am Golf von Suez Öl gefördert hatten, hat die Gewässer gewechselt und arbeitet heute im Mittelmeer auf dem Offshore-Gasfeld »Leviathan«. Es ist Eitan Eisenberg gewesen, der dieses größte israelische Gasfeld entdeckt hat, Jahrzehnte nachdem er die Probebohrungen in der Nähe von al-Tur initiiert hatte, aus denen Ende der 1970er-Jahre das profitable Alma-Ölfeld hervorgegangen ist. Das für diese beiden Wirtschaftscoups nötige (Praxis-)Wissen hatte er als junger Mann unmittelbar nach dem Sechs-Tage-Krieg gesammelt – als Chefgeologe und technischer Manager von »Netivei Neft« in Abu Rudeis.[5]

Dort, im Süden des Sinais, war das »Jediat ha-Aretz«-Ideal der Vatikim von den Madrichim der Zukei David-Feldschule erst herausgefordert und schließlich transformiert worden. Nach der Evakuierung der Region um das Katharinenkloster hatte Avraham Schaked im Dezember 1979 in einem Abschiedsbrief an alle Mitglieder der von ihm geführten Feldschule geschrieben, mit ihnen würden auch ihr Wissen, ihre Ideen und Prinzipien aus dem Sinai verschwinden. Ein Teil ihrer Ideen, so Schaked, würde jedoch »gedruckt und veröffentlicht – auf eine erlösende Hand wartend, die, vielleicht, versuchen wird, den Samen an einem anderen Ort zu streuen. Inschallah.«[6] Er selbst half dabei mit. 1981 veröffentlichten Schaked und

---

4 Jair Douer, *Lanu ha-Magal Hu Cherev*, S. 9.
5 Zur Biographie und den beruflichen Stationen von Eitan Eisenberg s.: http://www.eitaneisenberg.com/ [zuletzt abgerufen am: 4.11.2017].
6 Avraham Schaked, »Le-kol Chevrei ha-Zevet, 1972-1979« [An alle Teammitglieder, 1972-1979, hebr.], in: *Bulletin der Feldschule Zukei David*, Heft 15, 1979, S. 48. In: PAS.

Dani Rabinowitz nach langen und erfolglosen Diskussionen mit der »Gesellschaft für Naturschutz« ihren Quellenband im Eigenverlag unter dem Titel »Geist der Erde«. In vier Jahren verkauften sie 5.000 Exemplare.[7] In diesem Buch waren all jene Texte, von denen sie selbst so geprägt wurden, auf Hebräisch abgedruckt: von Edward Abbey, Aldo Leopold und Ian Douglas-Hamilton (»Among the Elephants«) ebenso wie die dem Indianerhäuptling »Chief Seattle« zugeschriebenen Reden.[8] Am Ende des Buches stand das Lied »Big Yellow Taxi« der Sängerin Joni Mitchell: »Don't it always seem to go, / that you don't know what you've got, / till it's gone. / They paved paradise / and put up a parking lot. / They took all the trees, / put'em in a tree museum / and they charged the people / a dollar and a half just to see'em.«[9]

Alon Tal schreibt in seinem Standardwerk zur israelischen Umweltgeschichte, viele Feldschulen seien ein »Übungsgelände für eine Generation ökologischer Wortführer« gewesen, und viele Madrichim wurden »zu Legenden.«[10] Dies trifft in jedem Fall auch für die Feldschule im Tal von al-Raaba zu, dessen Wanderführer zwischen Oktober 1974 und Mai 1979 zehntausende israelische Jugendliche durch den Sinai geleitet hatten.[11] Die dort eingesetzten Guides führten ihre Arbeit nach dem Rückzug von der Halbinsel in unterschiedlichen Bereichen fort.

Avraham Schaked arbeitet bis heute bei der »Gesellschaft für Naturschutz«. Avi Perevolotzky arbeitete nach seiner Promotion zunächst als stellvertretender Direktor der »Gesellschaft für Naturschutz« in Israel (1984-1987), wurde dann leitender Wissenschaftler der israelischen Naturparkbehörde (1998-2003) und ist heute als Ökologe am Volcani-Institut, einer Forschungseinrichtung des israelischen Landwirtschaftsministeriums, aktiv. Auch Dani Rabinowitz hat nach seiner Zeit auf dem Sinai eine wissenschaftliche Karriere eingeschlagen. Der bei Ernest Gellner in Cambridge promovierte Anthropologe leitet heute die »Porter-Schule für Umweltstudien« der Universität Tel Aviv. Das erklärte Ziel dieser israelischen Bildungseinrichtung ist es, ein interdisziplinäres Forschungszentrum für Umweltstudien mit internationaler Ausrichtung zu sein.

7 Persönlich kommuniziert von Avraham Schaked, 8.6.2016, Jerusalem.
8 S. hierzu: Rudolf Kaiser, *Die Erde ist uns heilig: Die Reden des Chief Seattle und anderer indianischer Häuptlinge*, Freiburg im Breisgau u.a. 1992.
9 Avraham Schaked/Dani Rabinowitz (Hgg.), *Ruach ha-Adama. Mekorot be-Schmirat ha-Teva* [Geist der Erde. Quellen zum Naturschutz, hebr.], Tel Aviv 1981, S. 44.
10 Alon Tal, *Pollution in a Promised Land*, S. 123-124. .
11 Dani Rabinowitz, »Zionut o-Eretz Bereschit«, S. 195.

Schlussbetrachtungen

Durch ihr Wirken in zentralen Positionen, das Festhalten sowie das Weiterentwickeln ihres in »Santa« entwickelten Konzepts, trugen Perevolotzky, Schaked und Rabinowitz maßgeblich dazu bei, einen die lokalen Spezifika des Landes miteinbeziehenden universalistischen Umweltschutz in Israel zu etablieren. Aber: Auch das ursprüngliche Landeskundekonzept ist weiterhin fester Bestandtteil der israelischen Umweltkultur – mit zuweilen skurrilen Folgen. Diese lassen sich im 2014 fertiggestellten Gebäude der Porter-Schule erkennen. Rein optisch ist es ein Bau aus dem 22. Jahrhundert. Er gilt als das grüne Vorzeige-Bauprojekt im Staat Israel. Das US-amerikanische »Green Building Council« (USGBC) hat für das Gebäude eine LEED-Platinum-Zertifizierung vergeben. LEED steht für: »Leadership in Energy and Environmental Design«. Von 110 möglichen Punkten erreichte der Bau der Porter-Schule 93. Nur 17 Gebäude auf der Welt haben bis 2018 mehr als 90 Punkte geschafft.[12] Dort nun lässt sich, wenige Meter vom Büro von Dani Rabinowitz entfernt, an einer schwarzen Herren-WC-Kabinenwand eine in grüner Farbe gedruckte Manifestation des Heimatkunde-Kults finden – ein Zitat von Azarja Alon: »Wenn du der Natur schadest, schadest du der ganzen menschlichen Zivilisation. Wenn du der Natur des Landes Israel schadest, schadest du unserer ganzen Kultur als Volk und als Staat.«[13]

Die Widersprüche bestehen folglich fort. Das »Jediat ha-Aretz«-Konzept ist in seiner ursprünglichen Form jedoch nicht mehr so wirkmächtig, wie es einst gewesen ist; der Ort, an dem Azarja Alons Satz angebracht worden ist, bekundet dies. Die Backpacking-Kultur, die im Südsinai aus dem »Jediat ha-Aretz«-Konzept hervorgegangen ist, erfreut sich hingegen immer größerer Popularität. Aufgrund der instablien Sicherheitslage auf der Halbinsel meidet zwar die Mehrheit der jungen israelischen Männer und Frauen die einstmals als Fahrt in die Freiheit empfundene Reise entlang der Küstenstraße von Taba nach Sharm al-Sheikh, stattdessen wandern sie nun auf dem »Kosher Banana Pancake Trail« in Thailand oder geloben sich: »Nächstes Jahr in Kathmandu.«[14]

---

12   S. hierzu: Porter School for Environmental Studies, »Officially Green: The Building Attained LEED Platinum Certification«, 27.11.2014, in: https://en-environment.tau.ac.il/news/leed-award [zuletzt abgerufen am 4.11.2017].
13   Persönlich kommuniziert u. gezeigt von Prof. Dr. Dani Rabinowitz, 11.1.2016, Tel Aviv.
14   Ayana Shira Haviv, »Next Year in Kathmandu. Israeli Backpackers and the Formation of a New Israeli Identity«, in: Chaim Noy/Erik Cohen (Hgg.), *Israeli Backpackers*, S. 65.

Der spezielle säkulare *spirit* der israelischen Diaspora-Gemeinden von Sharm al-Sheikh, Nuweiba und Dahab ist dagegen nicht in jenes globale Dorf der Gegenwart umgezogen, zu dem die *communities* junger Israelis zwischen Berlin und Barcelona, Berkeley und Buenos Aires gehören. Der Genius loci von Ophira, Neviot und Di-Zahav war aus zwei Gründen einzigartig. Zum einen vermittelte die spektakuläre Weite des Südteils der Sinai-Halbinsel denjenigen Israelis, die sich dort dauerhaft niedergelassen hatten, ein Gefühl von Freiheit innerhalb der Grenzen des damaligen Staates Israel. Sie hatten dafür nicht mit einem Flugzeug nach Europa oder Amerika fliegen müssen und waren doch – anders als im Fall der grenznahen Rafach-Ebene – weit weg von Tel Aviv und Tiberias gewesen. Zum anderen existierte auf der Halbinsel das Henne-Ei-Problem nicht. Die Halbinsel war nie Teil des »verheißenen Landes« gewesen. Der israelisch-palästinensische Konflikt war folglich auf dem Sinai nicht existent gewesen, obwohl dieser ein Teil von Israel gewesen war. Im Gegensatz zum Norden, wo Israel als brutale Besatzungsmacht agierte, präsentierte sich die Militär- und Zivilverwaltung im spärlich besiedelten Süden wesentlich »aufgeklärter«, wenngleich freilich auch dort Beduinen ihr Land verloren haben. Gleichwohl: Der Südsinai war und wird in weiten Teilen der israelischen Gesellschaft als »unbelastetes« Gebiet betrachtet. Dies zeigt beispielhaft der Nachruf, den Gideon Levy im Januar 2014 auf Schulamit Aloni geschrieben hat:

> »Schulamit Aloni war Israels First Lady, die First Lady der Überbleibsel seiner Liberalität und Offenheit. Sie prägte das Werden des Staates mit, war aber eine der wenigen Persönlichkeiten in seiner Geschichte, die dies ohne Blutvergießen tat. Sie war kein gefeierter General, dekoriert mit Orden, nicht der ›Ausrotter des Terrors‹, weder Eroberer noch Siedler und doch eine israelische Heldin – eine zivile Heldin für einen Wandel. [...] Durch die Besatzung waren wir miteinander verbunden. Als ihr Mann Reuven die Besatzung [im Südsinai] leitete, spielten wir gemeinsam Tennis im Sonesta-Hotel im besetzten Taba.«[15]

Gideon Levy ist der prominenteste Kritiker der israelischen Besatzungspolitik in den palästinensischen Gebieten. Er prangert diese seit Jahren beinahe wöchentlich wortreich an. Der bekannte Journalist der Tageszeitung

---

15 Gideon Levy, »Shulamit Aloni: The Great Woman of the Dreams«, 26.1.2014, in: http://www.haaretz.com/opinion/.premium-1.570523 [zuletzt abgerufen am 4.11.2017].

Schlussbetrachtungen

»Haaretz«, der Aloni in seinem Nachruf für ihren Liberalismus pries, hatte jedoch kein Problem damit, im besetzten Süden der Sinai-Halbinsel mit ihr Tennis zu spielen. Die Vorstellung, er und Aloni – zwei der lautesten israelischen Stimmen gegen die Besatzung – hätten sich zu einem Freizeitmatch in, beispielsweise, Ma'ale Adumim getroffen, ist undenkbar.

Bis zur Unterzeichnung des Friedensvertrages von Camp David hatte es das arbeiterzionistische Establishment ausgeschlossen, die Stadt Jamit sowie die sie umgebenden landwirtschaftlichen Kommunen in der Rafach-Ebene aufzugeben. Die Vatikim hatten diese Region als eine sicherheitspolitische Achillesferse des Staates betrachtet. Das prolongierte Pionier-Ideal der Frontsiedlung erodierte jedoch mit der Zerstörung Jamits und der Evakuierung der nahegelegenen Moschavim und Kibbutzim sukzessive.

Dies aus fünf Gründen: Die Grenze zwischen Ägypten und Israel erweist sich seither, *erstens*, als eine dauerhafte und stabile. Der Staat Israel hat, *zweitens*, seine Grenzen durch den international anerkannten Friedensvertrag mit Jordanien weiter konsolidiert. Dort, wo diese weiterhin umstritten sind, werden, *drittens*, sogenannte Sicherheitsmauern errichtet. Im 21. Jahrhundert werden Konflikte zudem mehr und mehr mit Waffen aus dem digitalen Arsenal des Cyberwarfare geführt, die, *viertens*, vor keiner geographischen Grenze haltmachen. Schließlich und *fünftens*: Die arbeiterzionistische Bewegung war eine revolutionäre und der Zukunft zugewandte. Nach 1948 und parallel zum Prozess der Ausbildung des Staatswesens – ergo: der Institutionalisierung ihrer im Jischuv entwickelten hegemonialen Werte- und Dogmenlehre – kam es jedoch zu einer für revolutionäre Bewegungen nicht unüblichen »Erschöpfung der Ideologie«, wie es der Doyen der israelischen Soziologie, Schmuel N. Eisenstadt, formuliert hat.[16] Dieser Prozess kulminierte in den Knessetwahlen des Jahres 1977, der demokratisch legitimierten Revolution Menachem Begins und dem damit verbundenen arbeiterzionistischen Hegemonieverlust, der sich in einem ersten Schritt durch die Aufgabe der Sinai-Halbinsel, des Pionier(t)raums der Vatikim, manifestierte.

»Das neue Israel ist keine Rekonstruktion des Königreichs von David und Salomon oder der Zeit des Zweiten Tempels, oder ein Schtetl getragen von den Bergen Kanaans auf den Flügeln von Chagall«, hat Amos Oz nach dem Sechs-Tage-Krieg geschrieben. »Man kann es aber auch nicht als ein rein synthetisches Immigrationsland australischer Art auf biblischem Boden betrachten«, so der säkulare Schriftsteller weiter. »Die Gebote und

---

16 S. N. Eisenstadt, *Die Transformation der israelischen Gesellschaft*, aus dem Hebr. übers. v. Ruth Achlama, Frankfurt a. M. 1992, S. 586.

die Propheten, der Talmud und der Midrasch, die Gebete und die Hymnen sind hier alle gegenwärtig und sichtbar, doch sind wir weder gänzlich in ihnen, noch gänzlich außerhalb.«[17] Für das national-religiöse Milieu waren dies Worte der Häresie. Das biblische Land Israel war und ist für diese Männer und Frauen, die sich als Pioniere betrachten, ihr messianischer, der Zukunft zugewandter (T-)Raum und der Staat Israel in seinen Grenzen vor 1967 ein Torso. Die Sinai-Halbinsel hatte für die Anhänger des Gusch Emunim als jüdischer Grenzort hingegen keine, maximal eine marginale Rolle gespielt. Für das Verständnis der bis in die Gegenwart reichenden aktivistischen Strategie dieser Bewegung und seiner Nachfolgeorganisationen sind die Ereignisse rund um die Räumung der Rafach-Ebene jedoch essenziell.

Als die Nomenklatur des Gusch Emunim mit ihren Anhängern zur Zeit der Jahreswende 1981/1982 von den Bergen des Westjordanlands hinabgestiegen war auf den Sinai, den Norden der Halbinsel zum verheißenen Land erklärt sowie Mauer-und-Wachturm-Siedlungen in der Rafach-Ebene errichtet hatte, war dies der Versuch gewesen, sich als Erben der arbeiterzionistischen Vatikim zu inszenieren. Sie wollten die »Erschöpfung der Ideologie« nutzen, sich die Gründerzeitideale symbolisch zu eigen machen und mit neuer Bedeutung anfüllen. Der Sinai war ihr »Schützengraben«, in den sie zogen, um die Hegemonie des Staates herauszufordern und um ihre Siedlungen im Westjordanland zu schützen. Mit den gleichen Argumenten und Taktiken wie auf dem Sinai organisierten dieselben Gründerväter und -mütter der national-religiösen Bewegung schließlich auch im Sommer 2005 den Protest gegen die Räumung der Siedlungen des Katif-Blocks, die Ariel Scharon – ihr einstiger Patron, der mittlerweile Premierminister geworden war – evakuieren ließ, um sich aus dem palästinensischen Gaza-Streifen zurückzuziehen.[18]

Auch die Enkel der noch lebenden Gusch Emunim-Vatikim, die sogenannte »Hügeljugend«, wenden bis heute so regelmäßig wie das Ticken einer Uhr die Strategie des Errichtens von Mauer-und-Wachturm-Siedlungen an. Sie betrachten diese als archimedische Punkte auf der Landkarte, mit denen sie ihren Anspruch auf das Westjordanland betonen. Allein, wenn Selbstverständlichkeiten betont werden müssen, dann stehen

---

17   Amos Oz, »The Meaning of Homeland«, in: ders., *Under this Blazing Light. Essays*, New York 1995, S. 85-86.
18   Elisha Efrat, *The West Bank and Gaza Strip. A Geography of Occupation and Disengagement*, London/New York 2006, S. 176-195. S. außerdem: Joyce Dalsheim, *Unsettling Gaza. Secular Liberalism, Radical Religion, and the Israeli Settlement Project*, Oxford/New York 2011.

sie zur Disposition. Mit anderen Worten: Der *spirit* der Sinaisiedlung Atzmona lebt etwa in Amona fort, einer illegalen Siedlung in der Nähe von Ramallah, die im Januar 2017 von der israelischen Regierung geräumt worden ist.

Auf der Sinai-Halbinsel hatten im Gegensatz zum Westjordanland und dem Gaza-Streifen fast ausschließlich säkulare Israelis gesiedelt. Während im Norden mehrheitlich Neueinwanderer und Israelis lebten, die sich den prolongierten Pionieridealen verpflichtet gefühlt hatten und mit der Bevölkerung der Golanhöhen verglichen werden können, haben im Süden des Sinais vor allem jene Israelis gesiedelt, die ebendiese Ideale als Ballast empfunden haben. Indem sie diese erst herausgefordert und schließlich transformiert haben, entstanden neue Ideale, die bis heute in der israelischen Mehrheitsgesellschaft diesseits der »Grünen Linie« nachhallen.

Vor diesem Hintergrund kann konstatiert werden: Geschichte wiederholt sich nicht, jedenfalls nicht eins zu eins – und doch spiegelt die Geschichte der israelischen Besiedlung der exterritorialen Sinai-Halbinsel die Geschichte des Staates Israel von seinen Ursprüngen im Jischuv bis in die Gegenwart des 21. Jahrhunderts in vielen Aspekten wider. Die larmoyanten Vatikim, Politiker wie Intellektuelle, waren auf der Suche nach einer verlorenen Zeit gewesen, nach einem Leben, wie sie es erinnerten, nicht, wie es gewesen war. Der Versuch, ihre Gründerzeit-Ideale auf die als zionistische Zeitkapsel erdachte Halbinsel zu projizieren und auf dem Sinai einen prolongierten Pionier(t)raum zu schaffen, scheiterte deshalb in weiten Teilen. Jedem Anfang wohnt ein Zauber inne. Ihn zu konservieren ist nicht möglich.

Zeittafel

	Israel und der Nahe Osten	Sinai-Halbinsel
1956	Suez-Krise: Israel, Großbritannien und Frankreich greifen Ägypten an	Beginn der Besiedlung von Nachal Rafach
		Beginn der Besiedlung von Nachal Tarschisch (Ophir)
1957		Evakuierung von Nachal Rafach
		Evakuierung von Nachal Tarschisch (Ophir)
1967	Sechs-Tage-Krieg zwischen Israel und Ägypten, Syrien sowie Jordanien Gründung der Groß-Israel-Bewegung	Beginn der Besiedlung von Nachal Jam Beginn der Besiedlung von Nachal Sinai (später Moschav Neot Sinai)
1968	Beginn des Abnutzungskrieges zwischen Israel und Ägypten sowie zwischen Israel und Jordanien	
1969	Ministerpräsident Levi Eschkol stirbt Golda Meir übernimmt das Amt der Ministerpräsidentin Wahlen zur 7. Knesset Rogers-Plan	Beginn der Besiedlung von Nachal Dikla (später Moschav Dikla)
1970	Rogers-Plan B Ende des Abnutzungskrieges Gamal Abd al-Nasser stirbt Anwar al-Sadat übernimmt das Amt des ägyptischen Präsidenten	Beginn der Besiedlung von Schalhevet

	Israel und der Nahe Osten	Sinai-Halbinsel
1971		Beginn der Besiedlung von Moschav Di-Zahav
		Beginn der Besiedlung von Moschav Neviot
		Beginn der Besiedlung von Moschav Sadot
		Beginn der Besiedlung von Ophira
1972		Beginn der Besiedlung der Feldschule Zukei David
1973	Jom-Kippur-Krieg	Beginn der Besiedlung von Moschav Netiv ha-Asara
	Wahlen zur 8. Knesset	Beginn der Besiedlung des Avschalom-Zentrums
1974	Sinai-I-Abkommen	
	Gründung des Gusch Emunim	
	Golda Meir tritt vom Amt der Ministerpräsidentin zurück	
	Jitzchak Rabin übernimmt das Amt des Ministerpräsidenten	
1975	Sinai-II-Abkommen	Rückzug aus Abu Rudeis und Umgebung
		Beginn der Besiedlung von Jamit
		Beginn der Besiedlung von Moschav Ugda
1976		Beginn der Besiedlung von Moschav Nir Avraham

	Israel und der Nahe Osten	Sinai-Halbinsel
1977	Wahl zur 9. Knesset Menachem Begin wird Ministerpräsident Anwar al-Sadats Reise nach Jerusalem	Beginn der Besiedlung von Moschav Cheruvit Beginn der Besiedlung von Kibbutz Sufa
1978	Gründung von Schalom Achschav Friedensgespräche von Camp David zwischen Israel und Ägypten unter Vermittlung der USA Gründung der Banai-Bewegung	Beginn der Besiedlung von Kibbutz Cholit Beginn der Besiedlung von Moschav Priel Beginn der Besiedlung von Moschav Prigan Beginn der Besiedlung von Moschav Talmei Josef
1979	Ratifizierung des israelisch-ägyptischen Friedensvertrags Gründung der Techija-Partei	Gründung der Siedlung Atzmona Rückzug aus al-Arish, al-Tur, Neot Sinai und Zukei David
1980	Jerusalem-Gesetz	
1981	Ermordung Anwar al-Sadats Golanhöhen-Gesetz Wahlen zur 10. Knesset Israelischer Angriff auf den Atomreaktor Osirak im Irak Gründung der »Bewegung für einen Stopp des Rückzuges von der Sinai-Halbinsel«	Gründung der Siedlung Chatzar Adar
1982		Evakuierung aller verbliebenen Siedlungen und endgültiger Rückzug Israels vom Sinai
1988	Internationales Schiedsgericht spricht Taba Ägypten zu	
1989		Israel gibt Taba an Ägypten zurück

Quellen- und Literaturverzeichnis

Archivalische Quellen

Archiv der Gesellschaft für Naturschutz in Israel (AGNI)
Israelisches Staatsarchiv (ISA)
- Dokumente der Departments für die Planung und Entwicklung des Landes: 2742.
- Dokumente zur Geschichte des Moschavs Neviot: 6723.
- Dokumente zur Stadtgeschichte von Jamit: 6755.
- Dokumente zur Stadtgeschichte von Ophira: 6576.
- Sammlung der Sitzungsberichte der Kommission zur Überprüfung ausländischer Künstler: 1428.
- Sammlung des Departments für Kibbutzim: 6531 / 6532.
- Sammlung des israelischen Geologischen Instituts: 17215.
- Sammlung des Ministerpräsidenten Jitzchak Rabin für das Jahr 1977: 10770.
- Sammlung des Ministers ohne Portfolio Israel Galili: 7452.
- Sitzungsprotokolle und -korrespondenzen des Namensgebungskomitees: 12410.
- Südsinai-Sammlung: 6600 / 8252 / 8285 / 8286.
Jad-Tabenkin-Archiv (YTA)
- Bibliographische Institutssammlung: 16-8.
- Israel Galili-Archiv: 15.
Menachem Begin-Archiv (MBA)
- Archiv des Ministerpräsidenten Menachem Begin: PM.
Privatarchiv Avraham Schaked (PAS)
Privatarchiv Prof. Dr. Emanuel Marx (PEM)
Privatarchiv Prof. Dr. Maoz Azaryahu (PMA)
Steven Spielberg Jewish Film Archive (SSJFA)
The Israel Defense Forces and Defense Establishment Archives (IDFA)
Zionistisches Zentralarchiv (CZA)
- Bibliothek des Josef Weitz-Instituts zur Siedlungsforschung: BK.
- Dokumente zur Stadtgeschichte von Ophira (Sharm al-Sheikh): JK208.

– Drucksachensammlung: DD1.
– Hillel Jaffe-Archiv: A31.
– Josef Weitz-Archiv: A246.
– Landwirtschaftliche Siedlungsabteilung der Zionistischen Weltorganisation und der Jewish Agency: S15.
– Theodor Herzl-Archiv: H1.

Interviews

Dr. Oz Barazani, 13.6.2016, Rischon le-Zion.
Asher Bitanski, 15.6.2016, Tel Aviv.
Eitan Eisenberg, 14.6.2016, Herzlija.
Prof. Dr. Rachel Elior, 4.1.2016, Jerusalem.
Avner Goren, 15.1.2016, Jerusalem.
Prof. Dr. Zali Gurevitch, 15.6.2016, Tel Aviv.
Hilik Magnus, 7.6.2016, Jerusalem.
Prof. Dr. Avi Perevolotsky, 11.1.2016/15.6.2016, Tel Aviv.
Prof. Dr. Dani Rabinowitz, 11.1.2016, Tel Aviv.
Avraham Schaked, 8.6.2016, Jerusalem.

Filmografie

Arndt, Jens/Jungnickel, Fayd: *Gefangen im Bittersee – Schiffsfalle Suez*, Mainz 2010.
Fiedler, Eric: *The Voice of Peace. Der Traum des Abie Nathan*, Hamburg 2016.
Ne'eman, Judd: *La-Midbar* [Gen Wüste, hebr.], Tel Aviv 2016.
Wieseltier, Etty/Goldfinger, Aaron: *Medinat Achziv. Makom schel Ahava* [Der Staat Achziv. Ein Ort der Liebe, hebr.], Tel Aviv 2009.
Wiseman, Frederick: *Sinai Field Mission*, Cambridge 1978.

Literaturverzeichnis

Zeitungen, Zeitschriften, Magazine und Nachrichtenagenturen

– Aliyon
– Ba-Machane
– Ba-Machane ha-Nachal
– Davar
– Der Israelit. Central-Organ für das orthodoxe Judenthum
– Der Spiegel
– Die Welt: Zentralorgan der zionistischen Bewegung

- Die Zeit
- Eretz Magazine
- Filantropia – Organo de la Asociacion Filantropica Israelita
- Foreign Affairs
- Haaretz
- Israleft
- Jamiton
- Jediot Acharonot
- Jerusalem Post / Jerusalem Post International Edition
- Jewish Telegraph Agency
- Lahiton. Olam ha-Kolno'a
- Life Magazine
- Maariv
- Mare. Die Zeitschrift der Meere
- Nekudah
- Neue Wege
- New Outlook
- Ost und West: Illustrierte Monatsschrift für Modernes Judentum
- Palaestina. Zeitschrift für die culturelle und wirtschaftliche Erschliessung des Landes
- Palästina: Zeitschrift für den Aufbau Palästinas
- Palestine & Near East Economic Magazine
- Selbst-Emancipation
- Teva ve-Eretz
- The Economist
- The National Geographic Magazine
- The New York Review of Books
- The New York Times
- The New Yorker
- The Washington Post

Monografien und Aufsätze

Abbey, Edward: *Desert Solitaire*, Tucson ³1988.
Abulafia, David: *Das Mittelmeer. Eine Biographie*, aus dem Engl. übers. v. Michael Bischoff, Frankfurt a. M. ²2013.
Aciman, André: *Hauptstädte der Erinnerung*, aus dem Amerikan. übers. v. Matthias Fienbork, Berlin 2006.
Adamsky, Dima P.: »How American and Israeli Intelligence Failed to Estimate the Soviet Intervention in the War of Attrition«, in: Nigel J. Ashton

(Hg.), *The Cold War in the Middle East. Regional Conflict and the Superpowers 1967-73*, London/New York 2007, S. 113-135.

Adan, Avraham: *On the Banks of the Suez. An Israeli General's Personal Account of the Yom Kippur War*, Jerusalem 1979.

Adler, Marcus Nathan: *The Itinerary of Benjamin of Tudela*, London 1907.

Admoni, Jechiel: *Ischur schel Schikul Da'at. Ha-Hitjaschvut mi-ever ha-Kav ha-Jarok 1967-1977* [Eine Dekade der Diskretion. Siedlungspolitik jenseits der Grünen Linie 1967-1977, hebr.], Ramat Efal 1992.

Agranat-Kommission: *Doch Va'adat Agranat. Va'adat ha-Chakira – Milchemet Jom ha-Kippurim* [Bericht der Agranat-Kommission. Untersuchungskommission – Jom-Kippur-Krieg, hebr.], Tel Aviv 1975.

Aharoni, Jochanan: »Recent Discoveries in the Sinai Peninsula: A Preliminary Note. I. Results of the Archaeological Investigations«, in: W. A. Ruysch u. a. (Hgg.), *The Holy Land. New Light on the Prehistory and Early History of Israel. Antiquity and Survival*, Bd. 2, Den Haag/Jerusalem 1957, S. 287-296.

Alexander, Zvi: *Oil: Israel's Covert Efforts to Secure Oil Supplies*, Jerusalem 2004.

Allain, Jean: *International Law in the Middle East. Closer to Power than Justice*, Aldershot 2004.

Almog, Oz: *Pridah mi-Srulik. Schinui ha-Arachim ba-Elita ha-Israelit* [Abschied von Srulik: Wertewandel in der israelischen Elite, hebr.], Bd. 1/2, Haifa 2004.

Almog, Oz: »From Blorit to Ponytail: Israeli Culture Reflected in Popular Hairstyles«, in: *Israel Studies*, 8/2, 2003, S. 82-117.

Almog, Oz: *The Sabra: The Creation of the New Jew*, Berkeley/Los Angeles u. a. 2000.

Alon, Azarja: *Teva ve-Adam* [Die Natur und der Mensch, hebr.], hg. v. Shachar Alterman, Tel Aviv 2012.

Alroey, Gur: *Zionism without Zion. The Jewish Territorial Organization and its Conflict with the Zionist Organization*, Detroit 2016.

Alterman, Natan: *Kochavim Bachuz. Schirim* [Sterne im Freien. Gedichte, hebr.], Tel Aviv 1959.

Amichai, Jehuda: »Jerusalem 1967«, in: ders., *Schirei Jehuda Amichai*, Bd. 2, Jerusalem/Tel Aviv 2002, S. 11-22.

Anbar, Z./Harari, D. (Hgg.): *South Sinai. Solomon Region ... and 15 Years of Creativity/Drom Sinai. Merchav Schlomo ... ve od 15 Schanim Asija*, Tel Aviv 1982.

Ancel, Jean: »Kishinev«, in: Fred Skolnik/Michael Berenbaum (Hgg.), *Encyclopaedia Judaica*, Bd. 12, Detroit u. a. ²2007, S. 198.

Appelfeld, Aharon: *The Story of a Life*, London/New York 2005.

Aran, Gideon: *Kukism. Schoraschei Gusch Emunim, Tarbut ha-Mitnachalim,*

Teologiah Zionit, Masichiut ba-Smaneinu [Kukismus. Die Wurzeln des Gusch Emunim, Kultur jüdischer Siedler, zionistische Theologie, Gegenwartsmessianismus, hebr.], Jerusalem 2013.

Aran, Gideon: *Eretz Jisrael bein Dat u-Politika: Ha-Tnuah la-Azirat ha-Nesigah u-le-Kacheha* [Das Land Israel zwischen Religion und Politik. Bewegung für einen Stopp des Rückzuges von der Sinai-Halbinsel, hebr.], Jerusalem 1985.

Arbell, Michal: »Abba Kovner: The Ritual Function of His Battle Missives«, in: *Jewish Social Studies*, 18/3, 2012, S. 99-119.

Arian, Asher: »Elections 1981: Competitiveness and Polarization«, in: *The Jerusalem Quarterly*, Heft 21, 1981, S. 3-27.

Arnon, Scheri: *Nuweiba, Neviot, Nuweiba*, o. O. 1984.

Aronson, Shlomo: *Levi Eshkol. From Pioneering Operator to Tragic Hero – A Doer*, London/Portland 2011.

Aronson, Shlomo: *David Ben-Gurion and the Jewish Renaissance*, New York u. a. 2011.

Asher, Dani: *The Egyptian Strategy for the Yom Kippur War*, Jefferson/London 2009.

Avineri, Shlomo: *Profile des Zionismus. Die geistigen Ursprünge des Staates Israel*, Gütersloh 1998.

Avishai, Bernard: *The Tragedy of Zionism. How its Revolutionary Past Haunts Israeli Democracy*, New York 2002.

Azaryahu, Maoz: *Tel Aviv. Mythography of a City*, New York 2007.

Azaryahu, Maoz: »The Beach at the End of the World: Eilat in Israeli Popular Culture«, in: *Social & Cultural Geography*, 6/1, 2005, S. 117-132.

Azaryahu, Maoz: »Water Towers: A Study in the Cultural Geographies of Zionist Mythology«, in: *Ecumene*, 8/3, 2001, S. 317-339.

Azaryahu, Maoz/Kellerman, Aharon: »Symbolic Places of National History and Revival: A Study in Zionist Mythical Geography«, in: *Transactions of the Institute of British Geographers*, 24/1, 1999, S. 109-123.

Baedeker, K.: *Ägypten. Handbuch für Reisende. Erster Theil: Unter-Ägypten und die Sinai-Halbinsel*, Leipzig ²1885.

Bailey, Clinton: *Bedouin Law from Sinai & the Negev: Justice without Government*, New Haven 2009.

Bailey, Clinton: *A Culture of Desert Survival: Bedouin Proverbs from Sinai and the Negev*, New Haven 2004.

Bailey, Clinton: *Ha-Ir al-Arish* [Die Stadt al-Arish, hebr.], o. O. 1976.

Bailey, Clinton/Peled, Rafi: *Schivtei Beduim ba-Sinai* [Beduinenstämme im Sinai, hebr.], Tel Aviv o. J.

Balázs, Béla: *Ein Baedeker der Seele. Und andere Feuilletons aus den Jahren 1920-1926*, Berlin 2002.

Bar, Doron: »Lo Agada, Re'ai? Kidusch Har Sinai ba-Mivtza Sinai« [Kein Märchen, Kameraden? Die Heiligung des Sinais im Sinaifeldzug, hebr.], in: *Et-Mol. Iton le-Toldot Eretz Jisrael ve-Am Jisrael*, Heft 239, 2015, S. 30-33.

Bar-On, Mordechai: *Moshe Dayan. Israel's Controversial Hero*, New Haven/London 2012.

Bar-On, Mordechai: *In Pursuit of Peace. A History of the Israeli Peace Movement*, Washington 1996.

Bar-On, Mordechai: *Schalom Achschav* [Frieden jetzt, hebr.], Tel Aviv 1985.

Bar-Siman-Tov, Yaacov: »Thy Myth of Strategic Bombing: Israeli Deep-Penetration Air Raids in the War of Attrition, 1969-1970«, in: *Journal of Contemporary History*, 19/3, 1984, S. 549-570.

Beit-Arieh, Itzhaq: *Archaeology of Sinai. The Ophir Expedition*, Tel Aviv 2003.

Beit-Arieh, Itzhaq: »Fifteen Years in Sinai. Israeli Archaeologists Discover a New World«, in: *Biblical Archaeological Society*, 10/4, 1984, S. 26-54.

Ben-Ami, Aharon (Hg.): *Ha-Kol. Gvulot ha-Schalom schel Eretz Jisrael* [Alles. Die Friedensgrenzen des Landes Israel, hebr.], Tel Aviv 1967.

Ben-Ami, Shlomo: *Scars of War, Wounds of Peace: The Israeli-Arab Tragedy*, London 2005.

Ben-Amotz, Dan/Ben-Jehuda, Netiva (Hgg.): *Milon Olami li-Ivrit Meduberet* [Weltwörterbuch für hebräische Umgangssprache, hebr.], Jerusalem 1972.

Ben-Ari, Nitsa: »Hero or Anti-Hero? S. Yizhars' Ambivalent Zionism and the First Sabra Generation«, in: Mark Levine/Gershon Shafir (Hgg.), *Struggle and Survival in Palestine/Israel*, Los Angeles/London 2012, S. 85-104.

Ben-David, Orit: »Tiyul (Hike) as an Act of Consecration Space«, in: Eyal Ben-Ari/Yoram Bilu (Hgg.), *Grasping Land: Space and Place in Contemporary Israeli Discourse and Experience*, Albany 1997, S. 129-145.

Ben-Gavriel, Mosche Jaakov: *Kleines Palästinabuch für empfindsame Reisende*, Mukacevo 1938.

Ben-Gurion, David: »Mission and Dedication«, in: ders., *Like Stars and Dust. Essays from Israel's Government Year Book*, Beerscheva 1997, S. 1-37.

Ben-Gurion, David: »Mediniut Chuz u-Bitachon. Hoda'ah Rosch ha-Memschalah, 15. Oktober 1956« [Außen- und Sicherheitspolitik. Regierungserklärung des Ministerpräsidenten, hebr.], in: *Divrei ha-Knesset*, Bd. 21, Heft 1-21, 8. 10. 1956-27. 2. 1957, Jerusalem o. J., S. 57-66.

Ben-Gurion, David: »Ha-Matzav ha-Medini ve ha-Tzva'i, 7. November 1956« [Die Lage des Staates und der Armee, 7. November 1956, hebr.], in: *Divrei ha-Knesset*, Bd. 21, Heft 1-81, 8. 10. 1956–27. 2. 1957, Jerusalem o. J., S. 197-200.

Ben-Gurion, David: »Tzava li-Haganah u-li-Binjan [Armee für Verteidigung und Aufbau, hebr.]«, in: ders., *Tzava u-Bitachon*, Tel Aviv 1955, S. 66-78.

Benjamin, Walter: »Essen«, in: ders., *Denkbilder*, Frankfurt a. M. 1994, S. 74-81.

Bentwich, Norman: *A Wanderer in the Promised Land*, London 1932.

Ben-Tzvi, Jitzchak: *Masa'ot ba-Schwilei ha-Aretz ve-Schchunoteiha* [Märsche auf den Pfaden des Landes und seiner Nachbarschaften, hebr.], Jerusalem 1960.

Benvenisti, David/Benvenisti, Meron: *Panas ha-Kesem. Masa'ot ba-Eretz Israel schel Pa'am* [Die magische Laterne: Märsche durch das Land Israel, hebr.], Jerusalem 1994.

Benvenisti, Meron: *Chalom ha-Zabar ha-Lavan. Autobiographia schel Hitpakchhut* [Der Traum des weißen Sabras. Autobiographie einer Desillusion, hebr.], Jerusalem 2012.

Benvenisti, Meron: *Son of the Cypresses. Memories, Reflections, and Regrets from a Political Life*, Berkeley/Los Angeles u. a. 2007.

Benvenisti, Meron: *Sacred Landscape. The Buried History of the Holy Land since 1948*, Berkeley/Los Angeles u. a. 2009.

Benvenisti, Meron: »Roots«, in: ders., *The Shepherds' War. Collected Essays (1981-1989)*, Jerusalem 1989, S. 17-34.

Ben-Yehuda, Nachman: *The Masada Myth. Collective Memory and Mythmaking in Israel*, Madison/London 1995.

Ben-Yehuda, Netiva: *1948 – Bein ha-Sfirot* [1948 – Zwischen Kalendern, hebr.], Jerusalem 1981.

Bergman, Ronen: *Der Schattenkrieg. Israel und die geheimen Tötungskommandos des Mossad*, aus dem Engl. übers. v. Henning Dedekind, Jens Hagestedt, Norbert Juraschitz u. Heide Lutosch, München 2018.

Bernstein, Burton: *Sinai. The Great and Terrible Wilderness*, London 1980.

Bialer, Uri: »Fuel Bridge across the Middle East – Israel, Iran, and the Eilat-Ashkelon Oil Pipeline«, in: *Israel Studies*, 12/3, 2007, S. 29-67.

Bialik, Chajim Nachman: »Al Umah ve-Laschon« (Über Nation und Sprache), in: ders., *Devarim sche be al-Peh*, Tel Aviv 1935, S. 96-101.

Bier, Aharon: *Ha-Hitjaschvut ba-Eretz Jisrael mi-as Milchemet Scheschet ha-Jamim* [Die Besiedlung des Landes Israel seit dem Sechs-Tage-Krieg, hebr.], Jerusalem 1981.

Bitan, Hanah: »Va'ad ha-Schemot ha-Memschaltit: Toldoteiha ve-Ikronot Avodoteiha« [Das Namensgebungskomitee der Regierung: Seine Geschichte und Arbeitsprinzipien, hebr.], in: *Ofakim ba-Geographia*, Heft 83, 2013, S. 67-84.

Blum, Gadi/Hefez, Nir: *Ariel Scharon. Die Biografie*, aus dem Amerikan. übers. v. Helmut Dierlamm u. Hans Freundl, Hamburg 2006.

Bodenheimer, Friedrich Simon/Theodor, Oskar (Hgg.): *Ergebnisse der Sinai-Expedition 1927 der Hebräischen Universität, Jerusalem*, Leipzig 1929.

Borokhov, Ber: »Our Platform«, in: Mitchell Cohen (Hg.), *Class Struggle and the Jewish Nation. Selected Essays in Marxist Zionism*, New York/London 1984, S. 75-104.

Boutros-Ghali, Boutros: *Egypt's Road to Jerusalem. A Diplomat's Story of the Strugle for Peace in the Middle East*, New York 1997.

Bräunlein, Peter J.: *Zur Aktualität von Victor W. Turner. Einleitung in sein Werk*, Wiesbaden 2012.

Brugsch, Heinrich: *Wanderung nach den Türkis-Minen und der Sinai-Halbinsel*, Leipzig 1866.

Burke, Edmund: *Reflections on the Revolution in France, and on the Proceeding in Certain Societies in London Relative to that Event. In a Letter Intended to Have Been Sent to a Gentleman in Paris*, London 1790.

Calvino, Italo: *Die unsichtbaren Städte*, aus dem Ital. übers. v. Burkhart Kroeber, Frankfurt a. M. ³2015.

»Camp David Summit Meeting: Frameworks for Peace (September 17, 1978)«, in: Walter Laqueur/Barry Rubin (Hgg.), *The Israel-Arab Reader. A Documentary History of the Middle East Conflict*, New York/London 2008, S. 222-227.

Chateaubriand, François-René de: *Chateaubriands Memoiren. Vierter Theil*, aus dem Franz. übers. v. Gottlob Fink, Stuttgart 1850.

Chefer, Chajim/Janko, Marcel: *Misdar ha-Lochamin* [Befehl für die Soldaten, hebr.], Tel Aviv 1968.

Clifford, James: *Routes: Travel and Translation in the Late Twentieth Century*, Cambridge/London 1997.

Cohen, Erik: »Nomads from Affluence: Notes on the Phenomenon of Drifter-Tourism«, in: *International Journal of Comparative Sociology*, 14/1-2, 1973, S. 89-103.

Cohen, Erik: »Toward a Sociology of International Tourism«, in: *Social Research*, 39/1, 1972, S. 164-182.

Cohen, Jerocham: *Tochnit Alon* [Alon-Plan, hebr.], Tel Aviv 1972.

Cohen, Saul B./Kliot, Nurit: »Place-Names in Israel's Ideological Struggle over the Administered Territories«, in: *Annals of the Association of American Geographers*, 82/4, 1992, S. 653-680.

Cohen, Schalom: *Mizrajim* [Ägypten, hebr.], Tel Aviv 1978.

Cooney, John D.: »Major Macdonald. A Victorian Romantic«, in: *The Journal of Egyptian Archaeology*, Heft 58, 1972, S. 280-285.

Cooper, Gregory: »Aldo Leopold and the Value of the Native«, in: William Vitek/Wes Jackson (Hgg.), *Rooted in the Land. Essays on Community and Place*, New Haven/London 1996, S. 150-161.

Cotterell, Paul: *Railways of Palestine and Israel*, Abingdon 1984.
Dahari, Uzi: *Monastic Settlements in South Sinai in the Byzantine Period. The Archaeological Remains*, Jerusalem 2000.
Dalsheim, Joyce: *Unsettling Gaza. Secular Liberalism, Radical Religion, and the Israeli Settlement Project*, Oxford/New York 2011.
Danin, Avinoam/Shmida, Avishai/Liston, Aaron: »Contributions to the Flora of Sinai, III. Checklist of the Species Collected and Recorded by the Jerusalem Team 1967-1982«, in: *Willdenowia*, 15/1, 1985, S. 255-322.
Davidson, Sara: »Last Days in Sinai«, in: dies., *Real Property*, New York 1981, S. 37-71.
Dayan, Moshe: *Die Mission meines Lebens. Bericht über die ägyptisch-israelischen Friedensverhandlungen 1977-1979*, München 1981.
Dayan, Moshe: *Die Geschichte meines Lebens*, Wien/München u. a. 1976.
Dayan, Moshe: *Diary of the Sinai Campaign*, New York 1967.
Dayan, Yael: *Mein Kriegstagebuch. Die Tochter Moshe Dayans im Sinaifeldzug 1967*, aus dem Engl. übers. v. Günther Danehl, Frankfurt a. M. 1967.
Dekel, Mikhal: »Citizenship and Sacrifice: The Tragic Scheme of Moshe Shamir's *He Walked through the Fields*«, in: *Jewish Social Studies*, 18/3, 2012, S. 197-211.
Deutsche Gesellschaft für Auswärtige Politik: *Die Internationale Politik. 1979. Dokumente und Zeittafel. Ergänzungsband*, München 1979.
Diodor: *Diodoros Griechische Weltgeschichte*, Bd. XVI, aus dem Griech. übers. v. Otto Veh, überarbeitet, eingeleitet u. kommentiert v. Thomas Nothers, Stuttgart 2007.
Diodor: *Diodoros Griechische Weltgeschichte*, Bd. I, aus dem Griech. übers. v. Gerhard Wirth, eingeleitet u. kommentiert v. Thomas Nothers, Stuttgart 1992.
Dishon, Daniel (Hg.): *Middle East Record*, Bd. 3, Jerusalem 1971.
Doleve-Gandelman, Tsili: »The Symbolic Inscription of Zionist Ideology in the Space of Eretz Israel: Why the Native Israeli is Called Tsabar«, in: Harvey E. Goldberg (Hg.), *Judaism Viewed from Within and from Without*, New York 1987, S. 257-284.
Don-Yehiya, Eliezer: »The Book and the Sword: The Nationalist Yeshivot and Political Radicalism in Israel«, in: Martin E. Marty/R. Scott Appleby (Hgg.), *Accouting for Fundamentalisms. The Dynamic Character of Movements*, Chicago/London 1994, S. 264-302.
Douer, Jair: *Lanu ha-Magal Hu Cherev* [Unsere Sichel ist unser Schwert, hebr.], Bd. 1 & 2, Ramat Efal 1992.
Douer, Jair: *Sefer Garinei Nachal. 40 Schanah: 1948-1987* [Das Buch der Nachal-Gruppen. 40 Jahre: 1948-1987, hebr.], Tel Aviv 1989.
Drory, Ze'ev: *The Israeli Defense Force and the Foundation of Israel: Utopia in Uniform*, London/New York 2005.

Eckenstein, Lina: *A History of Sinai*, London/New York 1921.
Eckermann, Johann Peter: *Gespräche mit Goethe in den letzten Jahren seines Lebens. Dritter Theil*, Magdeburg 1848.
Efrat, Elisha: *The West Bank and Gaza Strip. A Geography of Occupation and Disengagement*, London/New York 2006.
Efrat, Elisha: *Geography and Politics in Israel since 1967*, London 1988.
»Egypt and Israel: Peace Treaty (March 26, 1979)«, in: Walter Laqueur/Barry Rubin (Hgg.), *The Israel-Arab Reader. A Documentary History of the Middle East Conflict*, New York/London 2008, S. 227-228.
»Egyptian-Israeli Accord on Sinai (September 1, 1975)«, in: Walter Laqueur/Barry Rubin (Hgg.), *The Israel-Arab Reader. A Documentary History of the Middle East Conflict*, New York u. a. ^{7}2008, S. 194-200.
Eichler, H./Scheuerbrandt, A.: »Yamit – Planung, Aufstieg und Ende einer israelischen ›Stadt in der Wüste‹ (Nord-Sinai)«, in: *Zeitschrift für Wirtschaftsgeographie*, 3-4/27, 1983, S. 222-231.
Eisenberg, Eitan: »Biographische Skizze von Eitan Eisenberg«, in: http://www.eitaneisenberg.com/ [zuletzt abgerufen am 4. 11. 2017].
Eisenstadt, S. N.: *Die Transformation der israelischen Gesellschaft*, aus dem Hebr. übers. v. Ruth Achlama, Frankfurt a. M. 1992.
Elon, Amos: *Flight into Egypt*, New York 1980.
Elon, Amos/Hassan, Sana: *Ha-Jesch Derech le-Schalom. Du-Siach bein Mizrija ve-Israeli al Sikui Havanah bein Jehudim ve-Aravim* [Gibt es einen Weg zum Frieden. Dialog zwischen einer Ägypterin und einem Israeli über die Möglichkeiten einer Verständigung zwischen Juden und Arabern, hebr.], Tel Aviv 1974.
Elon, Amos: *Die Israelis. Gründer und Söhne*, Wien/Zürich u. a. ^{3}1972.
El-Sadat, Anwar: *Unterwegs zur Gerechtigkeit. Auf der Suche nach Identität: Die Geschichte meines Lebens*, aus dem Amerikan. übers. v. Johannes Eidlitz, Wien/München u. a. 1978.
Ephraim, Torgovnik: »A Movement for Change in a Stable System«, in: Allan Arian (Hg.), *The Elections in Israel 1977*, Jerusalem 1980, S. 75-101.
Ettinger, J.: *Jewish Nuris. How the Keren Hayesod is Populating Historic Rural Districts in Palestine*, London 1925.
Etzioni-Halevy, Eva/Livne, Moshe: »The Response of the Israeli Establishment to the Yom Kippur War Protest«, in: *Middle East Journal*, 31/3, 1977, S. 281-296.
Fabri, Felix: *Evagatorium in Terrae Sanctae, Arabiae et Aegypti Peregrinationem*, Bd. 2, hg. v. Konrad Dietrich Haßler, Stuttgart 1843.
Feige, Michael: *Settling in the Hearts: Jewish Fundamentalism in the Occupied Territories*, Detroit 2009.
Feige, Michael/Aran, Gideon: »The Movement to Stop the Withdrawal in

Sinai: A Sociological Perspective«, in: *The Journal of Applied Behavioral Science*, 23/1, 1987, S. 73-87.

Feiler, Bruce: *Walking the Bible. A Journey by Land through the Five Books of Moses*, New York 2001.

Feldman, Jossi: »Beit Sefer Sadeh Ein Gedi – Ha-Rischon ba-Aretz« [Feldschule Ein Gedi – die erste im Land, hebr.], in: Mordechai Naor (Hg.), *Jam ha-Melach ve-Midbar Jehuda 1900-1967*, Jerusalem 1980, S. 157-161.

Field, Henry: *The Faiyum. Sinai. Sudan. Kenya*, Berkeley/Los Angeles u. a. 1952.

Fishelson, Lev: »Red Sea Explorations by Israeli Zoologists 1950-2009«, in: http://smnh.tau.ac.il/upload/Red%20Sea%20Explorations%2026.2.pdf [zuletzt abgerufen am 4. 11. 2017].

Fiske, John: »Lesarten des Strandes«, in: ders., *Lesarten des Populären*, aus dem Engl. übers. v. Christina Lutter, Markus Reisenleitner u. Stefan Erdei, Wien 2000.

Forester, John/Fischler, Raphaël/Shmueli, Deborah: *Israeli Planners and Designers. Profiles of Community Builders*, New York 2001.

Forsyth, George: »Kirche und Festung Justinians«, in: John Galey (Hg.), *Das Katharinenkloster auf dem Sinai*, Stuttgart 2010, S. 60-91.

Fox, Robin Lane: *Reisende Helden. Die Anfänge der griechischen Kultur im homerischen Zeitalter*, aus dem Engl. übers. v. Susanne Held, Stuttgart 2011.

Fraas, Oscar Friedrich von: *Aus dem Orient. Geologische Beobachtungen am Nil, auf der Sinai-Halbinsel und in Syrien*, Stuttgart 1867.

Fried, Melvin: *Israels Besatzungspolitik. Eine Fallstudie über Politik, Wirtschaft und Verwaltung in militärisch besetzten Gebieten*, Tübingen 1975 [unveröffentlichte Dissertation, Eberhard-Karls-Universität Tübingen].

Galnoor, Itzhak: *Public Management in Israel. Development, Structure, Functions and Reforms*, London/New York 2001.

Gan, Alon: »The Tanks of Tammuz and The Seventh Day: The Emergence of Opposite Poles of Israeli Identity after the Six Day War«, in: *Journal of Israeli History: Politics, Society, Culture*, 28/2, 2009, S. 155-173.

Gat, Moshe: *In Search of a Peace Settlement. Egypt and Israel between the Wars, 1967-1973*, New York 2012.

Gavisch, Jeshajahu: *Sadin Adom: Sipur Chaji* [Rotes Tuch: Meine Lebensgeschichte, hebr.], Or Jehuda 2015.

Gavriely-Nuri, Dalia: *Israeli Culture on the Road to the Yom Kippur War*, Lanham/New York/Toronto u. a. 2014.

Gavriely-Nuri, Dalia: »Rainbow, Snow, and the Poplar's Song: The ›Annihilative Naming‹ of Israeli Military Practices«, in: *Armed Forces & Society*, 36/5, 2010, S. 825-842.

Gavriely-Nuri, Dalia: »Israeli Civilians during the 1973 Yom Kippur War«, in: P. R. Kumaraswamy (Hg.), *Caught in Crossfire: Civilians in Conflicts in the Middle East*, Berkshire 2008, S. 55-75.

Gazit, Shlomo: *Trapped Fools. Thirty Years of Israeli Policy in the Territories*, London/New York 2003.

Gilbert, Martin: *In Ishmaels House. A History of Jews in Muslim Lands*, New Haven/London 2010.

Gilboa, Ja'acov: »Sdot ha-Neft schel Ras al-Sudar, Abu Rudeis Sidri u-Belajim« [Die Ölfelder von Ras al-Sudar, Abu Rudeis Sidri und Belajim, hebr.], in: Gdaliahu Gvirtzman/Avshalom Shmueli/Yehuda Gradus/Itzhaq Beit-Arieh/Menashe Har-El (Hgg.), *Sinai*, Bd. 1, Tel Aviv 1987, S. 311-318.

Gilboa, Ja'acov/Salhov, Schalom: »Sdeh ha-Neft Alma« [Das Ölfeld Alma, hebr.], in: Avi Degani/Gdaliahu Gvirtzman/Avshalom Shmueli/Yehuda Gradus/Itzhaq Beit-Arieh/Menashe Har-El (Hgg.), *Sinai*, Bd. 1, Tel Aviv 1987, S. 305-310.

Gilead, Zerubavel/Krook, Dorothea: *Gideon's Spring. A Man and his Kibbutz*, New York 1985.

Ginat, Rami: »Origins of the Czech-Egyptian Arms Deal«, in: David Tal (Hg.), *The 1956 War. Collusion and Rivalry in the Middle East*, London/Portland 2001, S. 145-167.

Glassner, Martin Ira: »The Bedouin of Southern Sinai under Israeli Administration«, in: *Geographical Review*, 64/1, 1974, S. 31-60.

Golani, Motti: *Israel in Search of a War. The Sinai Campaign, 1955-1956*, Brighton u. a. 1998.

Gordon, Aaron David: *Erlösung durch Arbeit*, aus dem Hebr. übers. v. Victor Kellner, Berlin 1929.

Goren, Avner: »Der Sinai: Land der Zeugnisse und Wahrzeichen alter Kulturen«, in: Jan Parik, *Sinai. Wege ins verheißene Land*, Berlin u. a. 1988, S. 175-189.

Gorenberg, Gershom: »A Jew of No Religion«, 19. 10. 2011, in: http://prospect.org/article/jew-no-religion?article=a_jew_of_no_religion [zuletzt abgerufen am 4. 11. 2017].

Gorenberg, Gershom: *The Accidental Empire. Israel and the Birth of the Settlements, 1967-1977*, New York 2006.

Görg, Manfred: »Ophir, Tarschisch und Atlantis«, in: ders., *Aegyptiaca-Biblica. Notizen und Beiträge zu den Beziehungen zwischen Ägypten und Israel*, Wiesbaden 1991, S. 22-32.

Gottgetreu, Erich: *Das Land der Söhne. Palästina nahe gerückt*, Wien 1934.

Graetz, Heinrich: *Geschichte der Juden. Von den ältesten Zeiten bis auf die Gegenwart. Vom Abschluss des Talmuds (500) bis zum Aufblühen der jüdisch-spanischen Kultur (1027)*, Bd. 5, Leipzig ⁴1909.

Gramsci, Antonio: *Gefängnishefte. Kritische Gesamtausgabe*, Bd. 1-10, hg. un-

ter der wiss. Ltg. v. Klaus Bochmann/Wolfgang Fritz Haug, Hamburg 1991-2002.
Greenwood, Ned H.: *The Sinai. A Physical Geography*, Austin 1997.
Gurevitch, Zali: *Al ha-Makom* [Über den Ort, hebr.], Tel Aviv 2007.
Gurevitch, Zali/Aran, Gideon: »Al ha Makom« [Über den Ort, hebr.], in: *Alpajim*, Heft 4, 1991, S. 9-44.
Guri, Chajim: *Chajim Guri im ha-Schira ve ha-Sman* [Chajim Guri über Poesie und Zeit, hebr.], Bd. 2, Jerusalem 2008.
Gutman, Joshua: »Ophir«, in: Fred Skolnik/Michael Berenbaum (Hgg.), *Encyclopaedia Judaica*, Bd. 15, Detroit u. a. ²2007, S. 439.
Ha-Am, Achad: »Summa Summarum (1912)«, in: Hans Kohn (Hg.), *Nationalism and the Jewish Ethic. Basis Writings of Aham Ha'am*, New York 1962, S. 125-154.
Hadari, Jona: *Mashiah Rakhuv al Tank. Ha-Machscheva ha-Ziburit ba-Israel bein Mivtza Sinai le-Milchemet Jom ha-Kippurim. 1955-1975* [Der Messias reitet auf einem Panzer. Öffentliches Denken in Israel zwischen der Sinai-Kampagne und dem Jom-Kippur-Krieg. 1955-1975, hebr.], Jerusalem 2002.
Hagemann, Steffen: *Die Siedlerbewegung. Fundamentalismus in Israel*, Schwalbach/Ts. 2010.
Harell, Yehuda: *Tabenkin's View of Socialism*, Ramat Efal 1988.
Harlap, Amiram (Hg.): *Israel Boneh/Israel Builds*, Jerusalem 1977.
Harley, J. B.: *The New Nature of Maps. Essays in the History of Cartography*, hg. v. Paul Laxton, Baltimore/London 2001.
Harris, William Wilson: *Taking Root. Israeli Settlement in the Westbank, the Golan and Gaza, Sinai, 1967-1980*, Chichester 1980.
Haviv, Ayana Shira: »Next Year in Kathmandu. Israeli Backpackers and the Formation of a New Israeli Identity«, in: Chaim Noy/Erik Cohen (Hgg.), *Israeli Backpackers. From Tourism to Rite of Passage*, New York 2005, S. 45-86.
Hazleton, Lesley: *Where Mountains Roar. A Personal Report from the Sinai and Negev Desert*, New York 1980.
Helman, Anat: *A Coat of Many Colours: Dress Culture in the Young State of Israel*, Boston 2011.
Henkin, Yagil: *The 1956 Suez War and the New World Order in the Middle East: Exodus in Reverse*, Lanham/London 2015.
Herodot: *Historien*, III. Buch, aus dem Griech. übers. v. Christine Ley-Hutton u. hg. v. Kai Brodersen, Stuttgart 2007.
Herzl, Theodor: *Briefe und Tagebücher*, Bd. 1-7, hg. v. Alex Bein/Hermann Greive/Moshe Schaerf/Julius H. Schoeps, Berlin 1983-1996.
Herzl, Theodor: *Altneuland*, Leipzig 1902.

Herzl, Theodor: *Der Judenstaat. Versuch einer modernen Lösung der Judenfrage*, Leipzig/Wien 1896.

Hever, Hannan: *Nativism, Zionism, and Beyond*, New York 2014.

Hill, Sarah: »›This is my Country‹: American Popular Music and Political Engagement in ›1968‹«, in: Beate Kutschke/Barley Norton (Hgg.), *Music and Protest in 1968*, Cambrige/New York u. a. 2003, S. 46-63.

Hirschfeld, Ariel: »Locus and Language: Hebrew Culture in Israel, 1890-1990«, in: David Biale (Hg.), *Cultures of the Jews. A New History*, New York 2002, S. 1011-1063.

Hirschhorn, Sara Yael: *City on a Hilltop. American Jews and the Israeli Settler Movement*, Cambridge Mass./London 2017.

Hobbs, Joseph J.: *Mount Sinai*, Austin 1995.

Holitscher, Arthur: *Reise durch das jüdische Palästina*, Berlin 1922.

Hourani, Albert: »Conclusion«, in: W. M. Roger Loius/Rogger Owen (Hgg.), *Suez 1956. The Crisis and its Consequences*, Oxford/New York u. a. 1989, S. 393-411.

Internationales Komitee vom Roten Kreuz: *International Committee of the Red Cross. Annual Report 1972*, Genf 1973.

Isaac, Rael Jean: *The Land of Israel Movement: A Study in Partial Deinstitutionalization*, New York 1971 [unveröffentlichte Dissertation, The City University of New York].

Israelische Verteidigungsstreitkräfte: »7 Greatest Quotes by IDF Generals«, in: https://www.idfblog.com/2012/04/29/greatest-quotes/ [zuletzt abgerufen am 4. 11. 2017].

Israelische Verteidigungsstreitkräfte (Hg.): *Esor Drom Sinai. Pe'ilut ha-Memschal li-Kidum ha-Uchlusija ba-Esor* [Südsinai-Region. Regierungsaktivitäten zur Entwicklung der Bevölkerung in der Region, hebr.], o. O. 1980.

Israelische Verteidigungsstreitkräfte (Hg.): *Minscharim, Zivim ve-Hoda'ot schel Mefakedet Kochot Zahal ba-Esor Merchav Schlomo* [Proklamationen, Dekrete und Bekanntmachungen der Südsinai-Kommandantur, hebr.], o. O. 1973.

Israelisches Justizministerium (Hg.): *Sefer Ha-Chukim* [Gesetzbuch, hebr.], Bd. 980, Jerusalem 1980.

Israelisches Landwirtschaftsministerium u. a. (Hg.): *Ha-Mifal ha-Dromi. Doch Sofi* [Der Südplan. Schlussreport, hebr.], Jamit 1977.

Israelisches Landwirtschaftsministerium u. a. (Hg.): *Ha-Mifal ha-Dromi. Memzaim ve-Haza'ot schel Va'adah Meschutefet* [Der Südplan. Befunde und Vorschläge der gemeinsamen Kommission, hebr.], Rechovot 1976.

Israelisches Staatsarchiv: »Doch Nazigano mi-Pgischat Chassan-Tohami-Dajan« [Bericht unseres Repräsentanten vom Treffen Chassan-Tohami-

Dajan, hebr.], 6.12.1977, in: http://israelsdocuments.blogspot.de/search/label/Moshe%20Dayan [zuletzt abgerufen am 4.11.2017].

Israelisches Tourismusministerium (Hg.): *Touring in the Sinai*, Jerusalem 1972.

Israelisches Verteidigungsministerium (Hg.): *Three Years of Military Government 1967-1970. Data on Civilian Activities in Judea and Samaria, the Gaza Strip and Northern Sinai*, Tel Aviv 1970.

Jabotinsky, Ze'ev: »On the Iron Wall (1923)«, in: Eran Kaplan/Derek J. Penslar (Hgg.), *The Origins of Israel, 1882-1948. A Documentary History*, Madison/London 2011, S. 257-263.

Jarvis, Claude Scudamore: *Three Deserts*, London 1936.

Jarvis, Claude Scudamore: *Yesterday and Today in Sinai*, London 1931.

Jizhar, S.: *Auftakte*, aus dem Hebr. übers. v. Ruth Achlama, Hamburg 1998.

Joseph, Uri Bar: *The Watchman Fell Asleep. The Surprise of Yom Kippur and its Sources*, Albany 2005.

Josephus, Flavius: *Die jüdischen Alterthümer des Flavius Josephus*, Bd. 1, übers. u. m. einigen Anm. vers. v. K. Martin, Köln 1852.

Kaiser, Alfred: *Die Sinaiwüste*, Weinfelden 1922.

Kaiser, Alfred: »Mittheilung über naturwissenschaftliche Station Tor am Sinai«, in: *Verhandlungen der Schweizerischen Naturforschenden Gesellschaft*, Bd. 73, 1890, S. 136-138.

Kaiser, Rudolf: *Die Erde ist uns heilig: Die Reden des Chief Seattle und anderer indianischer Häuptlinge*, Freiburg im Breisgau u. a. 1992.

Kaniuk, Yoram: *Life on Sandpaper*, Champaign/London 2011.

Karabell, Zachary: *Parting the Desert. The Creation of the Suez Canal*, New York 2003.

Kartun-Blum, Ruth: »Isaaks Schrecken: Der Mythos der Opferung in der hebräischen Dichtung«, in: Anat Feinberg (Hg.), *Moderne hebräische Literatur*, München 2005, S. 53-72.

Katriel, Tamar: »Touring the Land: Trips and Hiking as Secular Pilgrimages in Israeli Culture«, in: *Jewish Folklore and Ethnology Review*, Heft 17, 1995, S. 6-13.

Katz, Shmuel: *The Aaronsohn Saga*, Jerusalem/New York 2007.

Kedar, Nir: »Ben-Gurion's Mamlakhtiyut: Etymological and Theoretical Roots«, in: *Israel Studies*, 7/3, 2002, S. 117-133.

Keel, Othmar/Küchler, Max: *Orte und Landschaften der Bibel. Ein Handbuch und Studien-Reiseführer zum Heiligen Land*, Bd. 2, Köln/Göttingen 1982.

Kellerman, Aharon: »Settlement Myth and Settlement Activity: Interrelationships in the Zionist Land of Israel«, in: *Transactions of the Institute of British Geographers*, 21/2, 1996, S. 363-378.

Kellerman, Aharon: *Society and Settlement. Jewish Land of Israel in the Twentieth Century*, New York 1993.

Kemp, Adriana: »The Frontier Idiom on Borders and Territorial Politics in Post-1967 Israel«, in: *Geography Research Forum*, Heft 19, 1999, S. 78-97.

Kemp, Adriana: »From Politics of Location to Politics of Signification: The Construction of Political Territory in Israel's first Years«, in: *Journal of Area Studies*, 6/12, 1998, S. 74-101.

Kemp, Adriana/Ben-Eliezer, Uri: »Dramatizing Sovereignty: The Construction of Territorial Dispute in the Israeli-Egyptian Border at Taba«, in: *Political Geography*, Heft 19, 2000, S. 315-344.

Kenan, Amos: *Sefer Hit'anugot* [Buch der Genüsse, hebr.], Or Jehuda 2006.

Kenan, Amos: *Al Arzecha, al Moledetcha* [Zu deinem Land, zu deiner Heimat], Tel Aviv 1981.

»Kenes Mejuchad schel ha-Knesset« [Sondersitzung der Knesset, hebr.], in: *Divrei ha-Knesset*, Sonderband, 25.9.1978-27.9.1978, Jerusalem o.J., S. 4059-4205.

Keren, Michael: *The Pen and the Sword. Israeli Intellectuals and the Making of the Nation-State*, San Francisco/London 1989.

Keren, Michael: *Ben Gurion and the Intellectuals: Power, Knowledge and Charisma*, DeKalb 1983.

Khadduri, M.: »Sulkh«, in: C. E. Bosworth/E. van Donzel/W. P. Heinrichs/G. Lecomte (Hgg.), *The Encyclopedia of Islam. New Edition*, Bd. 9, Leiden, S. 845-846.

Kimche, Jon: »Taba or Masada?«, in: *Midstream. A Monthly Jewish Review*, XXXI/4, 1985, S. 3-5.

Kipnis, Yigal: *The Golan Heights. Political History, Settlement and Geography since 1949*, London 2013.

Kishon, Ephraim: *Pardon, wir haben gewonnen. Vom Sechstagekrieg bis zur ersten Siegesparade*, aus dem Hebr. übers. v. Friedrich Torberg, München/Wien ²1968.

Kissinger, Henry: *Years of Upheaval*, Boston/Toronto 1982.

Klein ha-Levy, Yossi: *Like Dreamers. The Story of the Israeli Paratroppers who Reunited Jerusalem and Divided a Nation*, New York/London u. a. 2013.

Kletter, Raz: *Just Past? The Making of Israeli Archaeology*, London 2006.

Kliot, Nurit: »The Evolution of the Egypt-Israel Boundary: From Colonial Foundations to Peaceful Borders«, in: *Boundary & Territory Briefing*, 1/8, 1995, S. 1-17.

Kliot, Nurit: »Here and There: The Phenomenology of Settlement Removal from Northern Sinai«, in: *The Journal of Applied Behavioral Science*, 23/1, 1987, S. 35-51.

Kliot, Nurit/Albeck, Schmuel: *Sinai – Anatomija schel Prida: Mediniut Pi-*

nui Jeschuvim [Sinai: Anatomie eines Abzugs. Die Politik der Evakuierung von Siedlungen, hebr.], Tel Aviv 1996.

Kober, Avi: *Israel's War of Attrition. Attrition Challenges to Democratic States*, London/New York 2009.

Koestler, Arthur: *Promise and Fulfilment. Palestine 1917-1949*, London 1949.

Kol, Moshe: »The Place of Tourism in Israeli Economy«, in: *The Israel Year Book 1972*, Tel Aviv 1972, S. 45-51.

Kommandantur Sinai u. a. (Hg.): *Doch Pe'ilut li-Schnat 1974-1975* [Aktivitätenbericht für das Jahr 1974-1975, hebr.], o. O. 1975.

Koren, David: *Nachal – Tzava im Erech nosaf* [Nachal – Armee mit zusätzlichen Werten, hebr.], Tel Aviv 1997.

Korn, David A.: *Stalemate. The War of Attrition and Great Power Diplomacy in the Middle East, 1967-1970*, Boulder/San Francisco u. a. 1992.

Kosygin, A. N.: *Selected Speeches and Writings*, Oxford/New York u. a. 1981.

Kraus, Karl: *Eine Krone für Zion*, Wien 1898.

Kreß von Kressenstein, Friedrich: *Mit den Türken zum Suezkanal*, Berlin 1938.

Kressel, Getzel: »Greenberg, Leopold Jacob«, in: Fred Skolnik/Michael Berenbaum (Hgg.), *Encyclopaedia Judaica*, Bd. 8, Detroit u. a. ²2007, S. 71.

Kressel, Getzel: »Kessler, Leopold«, in: Fred Skolnik/Michael Berenbaum (Hgg.), *Encyclopaedia Judaica*, Bd. 12, Detroit u. a. ²2007, S. 91.

Kressel, Gideon M.: »He Who Stays in Agriculture Is Not a ›Freier‹ – The Spirit of Competition among Members of the Moshav is Eroded when Unskilled Arab Labor Enters the Scene«, in: Moshe Schwartz/Susan Lees/Gideon M. Kressel (Hgg.), *Rural Cooperatives in Socialist Utopia. Thirty Years of Moshav Development in Israel*, London 1995, S. 155-185.

Kristan, Markus: *Oskar Marmorek. Architekt und Zionist 1863-1909*, Wien/Köln u. a. 1996.

Kyle, Keith: *Suez: Britain's End of Empire in the Middle East*, London/New York 2011.

Lacish, Ilan/Meshel, Ze'ev (Hgg.): *Mechkarei Drom Sinai. 1967-1982* [Studien zum Südsinai, 1967-1982, hebr.], Tel Aviv 1982.

Lake, Kirsopp/Blake, Robert P.: »The Serabit Inscriptions: I. The Rediscovery of the Inscriptions«, in: *The Harvard Theological Review*, 21/1, 1928, S. 1-8.

Landau, David: *Arik. The Life of Ariel Sharon*, New York 2014.

Landau, Lola: *Leben in Israel*, gesammelt u. mit einem Vorwort versehen v. Margarita Pazi, Stuttgart 1987.

Laor, Dan: *Natan Alterman. Biografia* [Natan Alterman, Biografie, hebr.], Tel Aviv 2013.

Laqueur, Walter: *Der Weg zum Staat Israel. Geschichte des Zionismus*, Wien 1972.

Lavie, Bezalel/Grinberg, Efraim: »Ha-Minhal ve ha-Pituach ha-Esrachi ba-Merchav Schlomo« [Die Direktion und die zivile Entwicklung des Südsinais, hebr.], in: Gdaliahu Gvirtzman/Avshalom Shmueli/Yehuda Gradus/Itzhaq Beit-Arieh/Menashe Har-El (Hgg.), *Sinai*, Bd. 2, Tel Aviv 1987, S. 985-992.

Lavie, Drorah: *Derech Gavrosch. Sipuro Chajiav schel Gavriel Rapaport (1924-2001)* [Gavroschs Weg: Die Lebensgeschichte von Gavriel Rapaport (1924-2001), hebr.], Tel Aviv 2003.

Lavie, Smadar: »›The One Who Writes Us‹: Political Allegory and the Experience of Occupation among the Mzeina Bedouin«, in: dies./Kirin Narayan/Renato Rosaldo (Hgg.), *Creativity/Anthropology*, Ithaca/London 1993, S. 153-184.

Lavie, Smadar: *The Poetics of Military Occupation: Mzeina Allegories of Bedouin Identity under Israeli and Egyptian Rule*, Berkeley/Los Angeles u. a. 1990.

Lebel, Udi: »From Domination to Competition: The Yom Kippur War (1973) and the Formation of a New Grief Community«, in: ders./Eyal Lewin (Hgg.), *The 1973 Yom Kippur War and the Reshaping of Israeli Civil-Military Relations*, Lanham u. a. 2015, S. 55-80.

Lehman, Emil: *The Tents of Michael. The Life and Times of Colonal Albert Williamson Goldsmid*, Lanham/London 1996.

Leibniz, Gottfried Wilhelm: »Consilium Aegyptiacum«, in: ders., *Sämtliche Schriften und Briefe*, hg. v. Zentralinst. f. Philosophie a. d. Akademie d. Wissenschaften d. DDR, vierte Reihe, Politische Schriften, Bd. 1, Berlin ³1983, S. 217-410.

Leopold, Aldo: *A Sand County Almanac. With Essays on Conservation from Round River*, New York 1970.

Lerman, Rafi: »Tichnun ha-Ir Ophira« [Die Stadt Ophira planen, hebr.], in: Esra Sohar (Hg.), *Midbar. Avar. Hoveh. Atid*, Tel Aviv 1976, S. 309-315.

Levenson, Jon D.: *Sinai & Zion. An Entry into the Jewish Bible*, New York 1986.

Levin, Hanoch: *Ma Ichpat la-Zippor* [Was kümmert es den Vogel, hebr.], Tel Aviv 1987.

Levinger, Esther/Manor, Dalia: »Yigal Tumarkin«, in: Glenda Abramson (Hg.), *Encyclopedia of Modern Jewish Culture*, Bd. 1, London/New York 2005, S. 912-913.

Levy, Zach: »French-Israeli Relations, 1950-1956: The Strategic Dimension«, in: Simon C. Smith (Hg.), *Reassessing Suez 1956. New Perspectives on the Crisis and its Aftermath*, Aldershot 2008, S. 87-106.

Lewensohn, Avraham: *Israel Tourguide – with Road Maps and City Maps*, Tel Aviv 1978.

Lewisohn, Mark: *The Complete Beatles Recording Sessions: The Official Story of the Abbey Road Years*, London 1989.

Liebman, Charles S.: »The Myth of Defeat: The Memory of the Yom Kippur War in Israeli Society«, in: *Middle Eastern Studies*, 29/3, 1993, S. 399-418.

Liebman, Charles S./Don-Yehiya, Eliezer: *Civil Religion in Israel. Traditional Judaism and Political Culture in the Jewish State*, Berkeley/Los Angeles u. a. 1983.

Lind, Jakov: *Israel. Rückkehr für 28 Tage*, Frankfurt a. M. 1972.

Lipschatz, Ora/Sperling, S. David: »Sinai, Mount«, in: Fred Skolnik/Michael Berenbaum (Hgg.), *Encyclopaedia Judaica*, Bd. 18, Detroit u. a. ²2007, S. 627-628.

Lustick, Ian S.: *For the Land and the Lord. Jewish Fundamentalism in Israel*, New York 1988.

Manor, Udi: *Yigal Allon. Political Biography, 1980-1949* [unveröffentlichtes Manuskript].

Marx, Emanuel: *Bedouin of Mount Sinai. An Anthropological Study of their Political Economy*, New York u. a. 2015.

Marx, Emanuel: »Hashish Smuggling by Bedouin in South Sinai«, in: Dina Siegel/Hans Nelen (Hgg.), *Organized Crime. Culture, Markets and Politics*, New York 2008, S. 29-40.

Marx, Emanuel: »Changing Employment Patterns of Bedouin in South Sinai«, in: ders./Avshalom Shmueli (Hgg.), *The Changing Bedouin*, New Brunswick 1984, S. 173-186.

Medzini, Meron (Hg.): *Israel's Foreign Relations: Selected Documents, 1977-1979*, Jerusalem 1981.

Meir, Avinoam/Ben-David, Yosef (Hgg.): *The Bedouin in Israel and Sinai. A Bibliography*, Beersheva 1989.

Meir, Golda: *My Life*, London 1975.

Meiri-Dann, Naomi/Meiri, Shmuel: »Between Victory and Destruction: The Changing Narrative of the Division of Steel Memorial«, in: *The Journal of Israeli History: Politics, Society, Culture*, 28/2, 2009, S. 213-230.

Melman, Yossi: *Knesseth und Kibbutz. Die Geschichte des Staates Israel*, München 1993.

Meshel, Ze'ev: *Sinai. Excavations and Studies*, Oxford 2000.

Meshel, Ze'ev: *Drom Sinai. Nofim ve-Tijulim* [Südsinai. Aussichten und Ausflüge, hebr.], Jerusalem 1971.

Michaeli, Ben-Zion: *Jischuvim sche-Nitschu ba Schloscha Mischtarim Mediniim* [Siedlungen, die unter drei Regierungen aufgegeben wurden, hebr.], Tel Aviv 1980.

Miron, Dan: *Verschränkungen. Über jüdische Literaturen*, aus dem Hebr. übers. v. Liliane Granierer, Göttingen 2007.
Miron, Dan: *Noge'a ba-Davar. Masot al-Sifrut, Tarbut ve-Chevrah* [Essays über Literatur, Kultur und Gesellschaft, hebr.], Tel Aviv 1991.
Mischori, Jaakov: *Chiuchim, Ta'alulim u-Schi'ulim ba-Philharmonit* [Lachen, Lausbubenstreiche und Husten im Israelischen Philharmonie-Orchester, hebr.], Tel Aviv 2001.
Morewood, Steve: »Prelude to the Suez Crisis: The Rise and Fall of British Dominance over the Suez Canal, 1869-1956«, in: Simon C. Smith (Hg.), *Reassessing Suez 1956. New Perspectives on the Crisis and its Aftermath*, Aldershot 2008, S. 13-34.
Morris, Benny: *Righteous Victims: A History of the Zionist-Arab Conflict, 1881-1998*, New York 1999.
Morris, Benny: *Israel's Border Wars 1949-1956. Arab Infiltration, Israeli Retaliation, and the Countdown to the Suez War*, Oxford 1993.
Morton, H. V.: *Through Lands of the Bible*, New York [10]1956.
Moschav Sadot (Hg.): *Sefer Sadot: Eser Schanim* [Das Sadot-Buch. Zehn Jahre, hebr.], Sadot 1982.
Moses, Rafael/Hrushovski-Moses, Rena/Rosenfeld, Jona/Beumel, Reuven: »A Psychological View of the Forced Evacuation of a Small Town at the Southern-Most Tip of the Sinai Peninsula as Part of Israel's Evacuation of Sinai in April 1982: A Case Study«, in: *The American Journal of Social Psychiatry*, 5/4, 1985, S. 31-38.
Moses, Rafael/Rosenfeld, Jona M./Moses-Hrushovski, Rena: »Facing the Threat of Removal: Lessons from the Forced Evacuation of Ophira«, in: *The Journal of Applied Behavioral Science*, 23/1, 1987, S. 553-571.
N. N.: »Biografische Skizze von Tzvi Swet«, in: http://lehi.org.il/?p=2145 [zuletzt abgerufen am 4.11.2017].
Nachmias, David: »Israel's Bureaucratic Elite: Social Structure and Patronage«, in: *Public Administration Review*, 51/5, 1991, S. 413-420.
Naor, Arye: »Lessons of the Holocaust versus Territories for Peace, 1967-2001«, in: *Israel Studies, 8/1*, 2003, S. 130-152.
Naor, Arye: *Ha-Ideologia schel Eretz Israel ha-Schlema mi-as Milchemet Scheschet ha-Jamim* [Die Groß-Israel-Ideologie seit dem Sechs-Tage-Krieg, hebr.], Jerusalem 1997 [unveröffentlichte Dissertation, Hebräische Universität Jerusalem].
Naor, Mordechai (Hg.): *Album ha-Nachal* [Das Nachal-Album, hebr.], Tel Aviv 1971.
Nasser, Gamal Abdel: »Speech by President Nasser at Alexandria Announcing the Nationalization of the Suez Canal Company, 26 July 1956«, in:

Noble Frankland (Hg.), *Documents on International Affairs 1956*, London/New York u. a. 1959, S. 77-113.
Near, Henry: *The Kibbutz Movement. A History. Origins and Growth 1909-1939*, Bd. 1, Oxford/Portland 2007.
Near, Henry (Hg.): *The Seventh Day. Soldiers' Talk about the Six-Day War. Recorded and Edited by a Group of Young Kibbutz Members*, Harmondsworth/Baltimore u. a. 1971.
Negbi, Mosche: *Kvalim schel Zedek. Bagaz mul ha-Memschal ha-Israeli ba-Schtachim* [Die Justiz unter Besatzung. Das Oberste Gericht Israels gegen die Militärverwaltung in den besetzten Gebieten, hebr.], Jerusalem 1981.
Netanjahu, Jonathan: *The Letters of Jonathan Netanjahu*, Jerusalem/New York 2001.
Netivei Neft (Hg.): *Schalom Lecha Abu Rudeis* [Mach's gut, Abu Rudeis, hebr.], Tel Aviv 1975.
Neuman, Boaz: *Land and Desire in Early Zionism*, Waltham 2011.
Nevo, Naomi: »Change or Renewal? Israel's First Moshav Ovdim in a New Political and Economic Order«, in: Moshe Schwartz/Susan Lees/Gideon M. Kressel (Hgg.), *Rural Cooperatives in Socialist Utopia. Thirty Years of Moshav Development in Israel*, London 1995, S. 97-111.
Norris, Jacob: *Land of Progress: Palestine in the Age of Colonial Development, 1905-1948*, Oxford 2013.
Noy, Chaim/Cohen, Erik: »Backpacking as a Rite of Passage in Israel«, in: dies. (Hgg.), *Israeli Backpackers: From Tourism to Rite of Passage*, New York 2005, S. 1-44.
Oberkofler, Gerhard: *Ludwig Spiegel und Kleo Pleyer: Deutsche Misere in der Biografie zweier sudetendeutscher Intellektueller*, Innsbruck/Wien u. a. 2012.
Ofrat, Gidon: »Die israelische Kunst: 1948-1992«, in: Anat Feinberg (Hg.), *Kultur in Israel*, Gerlingen 1993, S. 19-57.
Olmert, Ehud: »Naum Rosch ha-Memschalah – Mivtza Kadesch« [Rede des Ministerpräsidenten – Operation Kadesch, hebr.], 6. 11. 2006, in: http://www.pmo.gov.il/MediaCenter/Speeches/Pages/speechkness061106.aspx [zuletzt abgerufen am 4. 11. 2017].
Orkibi, Eithan: »The Combatants' Protests after the Yom Kippur and the Transformation of the Protest Culture in Israel«, in: Udi Lebel/Eyal Lewin (Hgg.), *The 1973 Yom Kippur War and the Reshaping of Israeli Civil-Military Relations*, Lanham u. a. 2015, S. 9-36.
Orni, Efraim/Efrat, Elisha: *Geography of Israel*, Jerusalem ³1971.
Oz, Amos: *Eine Geschichte von Liebe und Finsternis*, aus dem Hebr. übers. v. Ruth Achlama, Frankfurt a. M. 2008.

Oz, Amos: »Späte Liebe«, in: ders., *Dem Tod entgegen*, aus dem Hebr. übers. v. Ruth Achlama, Frankfurt a. M. 1999, S. 9-97.

Oz, Amos: »Under this Blazing Light«, in: ders., *Under this Blazing Light. Essays*, New York 1995, S. 19-37.

Oz, Amos: »The Meaning of Homeland«, in: ders., *Under this Blazing Light. Essays*, New York 1995, S. 77-103.

Oz, Amos: *Black Box*, aus dem Hebr. übers. v. Ruth Achlama, Frankfurt a. M. 1989.

Patai, Raphael: *The Children of Noah. Jewish Seafaring in Ancient Times*, Princeton 1998.

Patai, Raphael: »Herzl's Sinai Project: A Documentary Record«, in: ders. (Hg.), *Herzl Yearbook*, Bd. 1, New York 1958, S. 107-145.

Penslar, Derek J.: *Israel in History. The Jewish State in Comparative Perspective*, London/New York 2007.

Penslar, Derek J.: »Zionism, Colonialism and Postcolonialism«, in: *Journal of Israeli History: Politics, Society, Culture*, 20/2-3, 2001, S. 84-98.

Peras, Arne: *Carl Peters and German Imperialism 1856-1918. A Political Biography*, Oxford 2004.

Peres, Shimon: *David's Sling*, London 1970.

Perevolotzky, Avi: »Orchards Agriculture in the High Mountain Region of South Sinai«, in: *Human Ecology*, 9/3, 1981, S. 331-357.

Perlmutter, Amos: *Military and Politics in Israel. Nation-Building and Role Expansion*, London 1969.

Perlmutter, Amos/Handel, Michael I./Bar-Joseph, Uri: *Two Minutes over Baghdad*, London/Portland ²2003.

Peters, Carl: *Im Goldland des Altertums. Forschungen zwischen Zambesi und Sabi*, München 1902.

Peters, Carl: *Das Goldene Ophir Salomo's. Eine Studie zur Geschichte der Phönizischen Weltpolitik*, München/Leipzig 1895.

Por, Francis Dov: *Lessepsian Migration. The Influx of Red Sea Biota into the Mediterranean by Way of the Suez Canal*, Berlin/Heidelberg u. a. 1978.

Porter School for Environmental Studies: »Officially Green: The building attained LEED Platinum certification«, 27. 11. 2014, in: https://en-environment.tau.ac.il/news/leed-award [zuletzt abgerufen am 4. 11. 2017].

Prasad, Anshuman: »The Colonizing Consciousness and Representations of the Other: A Postcolonial Critique of the Discourse of Oil«, in: Mary Godwyn/Joddy Hoffer Gittell (Hgg.), *Sociology of Organizations. Structures and Relationships*, Los Angeles/London u. a. 2012, S. 546-563.

Prawer, Joshua: »Kumsitz schel Ahavat Eretz Jisrael« [Kumsitz der Liebe zum Land Israel, hebr.], in: Eli Schiller, *Sefer Ze'ev Vilnai. Mivchar*

Ma'amarim ba-Jediat ha-Aretz Mukdaschim li-Ze'ev Vilnai. Chelek Beth, Jerusalem 1987, S. 9-14.

Prokopius: *Prokop Werke: Perserkriege*, Bd. 3, hg. v. Otto Veh, München 1970.

Rabinowicz, Oskar K.: »Friedmann, Paul«, in: Fred Skolnik/Michael Berenbaum (Hgg.), *Encyclopaedia Judaica*, Bd. 15, Detroit u. a. ²2007, S. 287-288.

Rabinowicz, Oskar K.: » Trietsch, Davis«, in: Fred Skolnik/Michael Berenbaum (Hgg.), *Encyclopaedia Judaica*, Bd. 20, Detroit u. a. ²2007, S. 146.

Rabinowitz, Dani: »Zionut o-Eretz Bereschit: Rekvi'iem le-Zukei David« [Zionismus oder Land des Ursprungs: Requiem für Zukei David, hebr.], in: *Svivot*, 1989, S. 196-197.

Rabinowitz, Dani: *Ruach Sinai* [Der Geist des Sinais, hebr.], Tel Aviv 1987.

Ranta, Ronald: *The Wasted Decade. Israel's Policies towards the Occupied Territories 1967-1977*, London 2009 [unveröffentlichte Dissetation, UCL London].

Rat, Avi (Hg.): *Ha-Rav Schlomo Goren. Ba-Oz ve-Ta'azumot. Autobiografia* [Rabbiner Schlomo Goren: Mit Courage und Kraft. Autobiographie, hebr.], Tel Aviv 2013.

Rath, Ari: *Ari heißt Löwe. Erinnerungen*, Wien 2012.

Rath, Ari: »Öffnung des Landwegs von El-Arish über den Suezkanal nach Kairo«, in: ders., *Auf dem Weg zum Frieden. Artikel und Essays aus fünf Jahrzehnten*, Potsdam 2005, S. 127-138.

Ravitzky, Aviezer: *Messianism, Zionism, and Jewish Religious Radicalism*, Chicago/London 1996.

Raw, Charles/Page, Bruce/Hodgson, Godfrey: *Do You Sincerely Want to Be Rich?: The Full Story of Bernard Cornfeld and I. O.S.*, New York 1971.

Raz, Avi: *The Bride and the Dowry. Israel, Jordan, and the Palestinians in the Aftermath of the June 1967 War*, New Haven/London 2012.

Regev, Motti/Seroussi, Edwin: *Popular Music and National Culture in Israel*, Berkeley/Los Angeles u. a. 2004.

Reichel, Nirit: *Beit Sefer Zomeach bein Jam le-Midbar ve-Ne'ekar: Beit Sefer Ophira (Sharm al-Sheikh 1974-1982)* [Eine Schule, die zwischen dem Meer und der Wüste blühte und dann entwurzelt wurde: die Schule von Ophira (Sharm al-Sheikh 1974-1982), hebr.], Tel Aviv 2005.

»Repertoire des 22. Bühnenprogramms der Nachal-Unterhaltungsgruppe im Jahr 1969«, in: http://www.army-bands.co.il/programm.asp?id=32 [zuletzt abgerufen am 4. 11. 2017].

Reshef, Yael: »From Hebrew Folksong to Israeli Song: Language and Style in Naomi Shemer's Lyrics«, in: *Israel Studies*, 17/1, 2012, S. 157-179.

Resolution 242 des UN-Sicherheitsrats (22.11.1967), in: http://www.un.org/depts/german/sr/sr_67/sr242-67.pdf [zuletzt abgerufen am 4.11.2017].

Richter, Werner: *Das Nomadentum im Negev und auf der Sinaihalbinsel: Phasen und Probleme der Seßhaftwerdung mobiler Lebensformgruppen seit dem 19. Jahrhundert*, Vechta 1985.

Roei, Elischa: »Chipusei Neft u-Hafkato ba-Mifratz Suez al-Jadei Medinat Israel« [Ölsuche und -förderung im Golf von Suez durch den Staat Israel, hebr.], in: Gdaliahu Gvirtzman/Avshalom Shmueli/Yehuda Gradus/Itzhaq Beit-Arieh/Menashe Har-El (Hgg.), *Sinai*, Bd. 1, Tel Aviv 1987, S. 319-330.

Rogel, Nakdimon: *Tel Chai. Chasit bli Oref* [Tel Chai. Eine Front ohne Hinterland], Tel Aviv 1979.

Rolef, Susan Hattis: »Tamir (Katznelson), Shmuel«, in: Fred Skolnik/Michael Berenbaum (Hgg.), *Encyclopaedia Judaica*, Bd. 19, Detroit u.a. ²2007, S. 495-496.

Romem, Pnima/Reizer, Haya/Romem, Yitzhak/Shvarts, Shifra: »The Provision of Modern Medical Services to a Nomadic Population: A Review of Medical Services to the Bedouins of Southern Sinai during Israeli Rule 1967-1982«, in: *The Israel Medical Association Journal*, 4/4, 2002, S. 306-308.

Rosenberg, Göran: *Das verlorene Land: Israel – eine persönliche Geschichte*, aus dem Schwed. übers. v. Jörg Scherzer, Frankfurt a.M. 1998.

Rosenblatt, Liane Sue: *Building Yamit: Relationships between Officials and Settler Representatives in Israel*, Rochester 1983 [unveröffentlichte Dissertation, Universität Rochester].

Rosenfeld, Jona/Hrushovski, Rena/Moses, Rafael/Beumel, Re'uven: »North of Eden: The Evacuation of Ophira, Sinai«, in: *Jerusalem Quarterly*, Heft 33, 1984, S. 109-124.

Rosler, Joram: *Abie Nathan*, Tel Aviv 1998.

Rothenberg, Beno: »The Sinai Archaeological Expedition (1967-1970)«, in: L. Berger u.a. (Hgg.), *The Israel Year Book 1972*, Tel Aviv 1972, S. 199-203.

Rothenberg, Beno/Aharoni, Yohanan/Hashimshoni, Avia: *Die Wüste Gottes. Entdeckungen auf Sinai*, München/Zürich 1961.

Rothschild, Walther: *Arthur Kirby and the Last Years of Palestine Railways. 1945-1948*, Berlin 2009.

Rovner, Adam: *In the Shadow of Zion. Promised Lands before Israel*, New York/London 2014.

Royal Commission on Alien Immigration: *Report of the Royal Commission on Alien Immigration with Minutes of Evidence and Appendix, Vol. II*, London 1903.

Rozin, Orit: *The Rise of the Individual in 1950s Israel. A Challenge to Collectivism*, Waltham 2011.

Sachar, Howard M.: *Egypt and Israel*, New York 1981.

Sadeh, Shahar: *Environment, Peacemaking and Peacebuilding in the Middle East. Examining Peace Park Proposals along Israeli-Arab Borders*, Tel Aviv 2016 [unveröffentlichte Dissertation, Universität Tel Aviv].

Said, Edward: *Orientalismus*, aus dem Engl. übers. v. Hans Günter Holl, Frankfurt a. M. ²2010.

Salamon, Hagar: »Political Bumper Stickers in Contemporary Israel: Folklore as an Emotional Background«, in: Esther Hertzog/Orit Abuhav u. a. (Hgg.), *Perspectives on Israeli Anthropology*, Detroit 2010, S. 259-294.

Schafran, Nessia: *Ha-Sela ha-Adom. Ha-Masa'ot ha-Asurium le-Petrah* [Der rote Felsen. Die verbotenen Märsche nach Petra, hebr.], Jerusalem 2013.

Schahar, Natan: *Schir Schir Ale-Na. Toldot ha-Semer ha-Ivri* [Lied, Lied, erhebe deine Stimme. Geschichte des hebräischen Lieds, hebr.], Ben Schemen 2006.

Schaked, Avraham/Rabinowitz, Dani (Hgg.): *Ruach ha-Adama. Mekorot be-Schmirat ha-Teva* [Geist der Erde. Quellen zum Naturschutz, hebr.], Tel Aviv 1981.

Schama, Simon: *Der Traum von der Wildnis. Natur als Imagination*, aus dem Engl. übers. v. Martin Pfeiffer, München 1996.

Schamir, Mosche: *Alterman ke-Manhig* [Alterman als Führer, hebr.], Tel Aviv 1988.

Schamir, Mosche: *Hu Halach ba-Sadot* [Er ging durch die Felder, hebr.], Tel Aviv 1968.

Schaschar, Michael: *Sichot im Rechavam Gandi Ze'evi* [Gespräche mit Rechavam Gandi Ze'evi, hebr.], Tel Aviv 1992.

Schein, Sylvia: »Baudouin I.«, in: *Lexikon des Mittelalters*, Bd. 1, hg. v. Bettina Marquis/Charlotte Bretscher-Gisiger/Thomas Meier, Stuttgart/Weimar 1999, Sp. 1366.

Schiloa, Tzvi: *Aschmat Jeruschalajim* [Die Schuld von Jerusalem, hebr.], Tel Aviv 1989.

Schiva, Schlomo: *Derech ba-Midbar. Sipuro schel Solel Boneh* [Durch die Wüste: Die Geschichte von Solel Boneh, hebr.], Tel Aviv 1976.

Schoeps, Julius H.: *Der König von Midian. Paul Friedmann und sein Traum von einem Judenstaat auf der arabischen Halbinsel*, Leipzig 2014.

Scholem, Gershom: »Israel und die Diaspora«, in: ders., *Judaica 2*, Frankfurt a. M. 1970, S. 55-76.

Schueftan, Dan: *Hatascha: Ha-Estrategia ha-Medinit schel Mizrajim ha-Nazerit be-Ekvot Milchemet Scheschet ha-Jamim 1967* [Abnutzung: Die politische Strategie des nasseristischen Ägyptens nach dem Sechs-Tage-Krieg 1967, hebr.], Tel Aviv 1989.

Schwartz, Yigal: *The Zionist Paradox. Hebrew Literature & Identity*, Hanover/London 2014.

Schwarz, Jehoschua: »Sinai ba-Masoret ha-Jehudit ve ba-Machschevet Israel« [Sinai in der jüdischen Tradition und im Denken Israels, hebr.], in: Ze'ev Meshel/Israel Finkelstein (Hgg.), *Kadmuniot Sinai. Mechkarim ba-Toldot Chezi ha-Ai*, Tel Aviv 1980, S. 79-97.

Segal, Haggai: *Dear Brothers. The West Bank Jewish Underground*, New York 1988.

Segev, Tom: *David Ben Gurion. Ein Staat um jeden Preis*, aus dem Hebr. übers. v. Ruth Achlama, München 2018.

Segev, Tom: *1967. Israels zweite Geburt*, aus dem Engl. übers. v. Helmut Dierlamm, Hans Freundl u. Enrico Heinemann, Bonn 2007.

Segev, Tom: *Es war einmal ein Paläsina. Juden und Araber vor der Staatsgründung Israels*, aus dem Amerikan. übers. v. Doris Gerstner, München ²2005.

Senor, Dan/Singer, Saul: *Start-Up Nation. The Story of Israel's Economic Miracle*, New York/Boston 2011.

Shai, Aron: »Suez: The Last Imperial War or an Imperial Hangover?«, in: David Tal (Hg.), *The 1956 War. Collusion and Rivalry in the Middle East*, London/Portland 2001, S. 19-24.

Shamir, Moshe: *My Life with Ishmael*, London 1970.

Shapira, Anita: *Ben-Gurion: Father of Modern Israel*, New Haven 2014.

Shapira, Anita: *Yigal Allon. Native Son: A Biography*, Philadelphia 2008.

Shapira, Anita: »From the Palmach Generation to the Candle Children: Changing Patterns in Israeli Identity«, in: *Partisan Review*, 67/4, 2000, S. 622-634.

Shapira, Anita: »Native Sons«, in: Jehuda Reinharz/dies., *Essential Papers on Zionism*, New York u. a. 1996, S. 790-822.

Shapira, Anita: *Land and Power: The Zionist Resort to Force, 1881-1948*, New York u. a. 1992.

Shapira, Anita: *Berl Katznelson. Ein sozialistischer Zionist*, aus dem Hebr. übers. v. Leo u. Marianne Koppel, Frankfurt a. M. 1988.

Shapira, Anita: »Gedud ha-Avoda: A Dream that Failed«, in: *Jerusalem Quarterly*, Heft 30, 1984, S. 62-69.

Sharon, Ariel/Chanoff, David: *Warrior. The Autobiography of Ariel Sharon*, New York/London u. a. 1989.

Shavit, Ari: *Mein Gelobtes Land*, aus dem Amerikan. übers. v. Michael Müller, München 2015.

Shavit, Yaacov: *Mi-Ivri ad-Kna'ani* [Vom Hebräer bis zum Kanaanäer, hebr.], Jerusalem 1984.

Shilon, Avi: *Ben-Gurion. His Later Years in the Political Wilderness*, Lanham/London u. a. 2016.

Shilon, Avi: *Begin. A Life*, New Haven/London 2012.
Shindler, Colin: *The Rise of the Israeli Right. From Odessa to Hebron*, New York 2015.
Shindler, Colin: *The Triumph of Military Zionism. Nationalism and the Origins of the Israeli Right*, London/New York 2010.
Shindler, Colin: *The Land beyond Promise. Israel, Likud and the Zionist Dream*, London/New York 1995.
Shlaim, Avi: *The Iron Wall. Israel and the Arab World*, London/New York u. a. 2001.
Shlaim, Avi: »The Protocol of Sèvres, 1956: Anatomy of a War Plot«, in: David Tal (Hg.), *The 1956 War. Collusion and Rivalry in the Middle East*, London/Portland 2001, S. 119-143.
Soffer, Oren: »›The Noble Pirate‹: The Voice of Peace Offshore Radio Station«, in: *Journal of Israeli History: Politics, Society, Culture*, 29/2, 2010, S. 159-174.
Soustelle, Jacques: *Aimée et Souffrante Algérie*, Paris 1956.
Spicehandler, Ezra: »The Fiction of the Generation in the Land«, in: S. Ilan Troen/Noah Lucas (Hgg.), *Israel. The First Decade of Independence*, New York 1995, S. 313-330.
Sprinzak, Ehud: *The Ascendance of Israel's Radical Right*, New York/Oxford 1991.
Sprinzak, Ehud: »The Iceberg Model of Political Extremism«, in: David Newman (Hg.), *The Impact of Gush Emunim. Politics and Settlement in the West Bank*, Beckenham 1985, S. 27-45.
Staatliches Kontrollgremium (Hg.): *Doch al-ha-Bikoret ba-Chevrat Netivei Neft Ltd.* [Report über die Kritik am Unternehmen Netivei Neft Ltd., hebr.], Jerusalem 1973.
Stein, Rebecca L.: »Travelling Zion. Hiking and Settler-Nationalism in pre-1948 Palestine«, in: *Interventions*, 11/3, 2009, S. 334-351.
Sternhell, Zeev: *The Founding Myths of Israel. Nationalism, Socialism, and the Making of the Jewish State*, Princeton/Chichester 1998.
Strabo: *Erdbeschreibung in siebzehn Büchern*, Bd. XVI, aus dem Griech. übers. v. Christoph Gottlieb Groskurd, Berlin/Stettin 1833.
Syrkin, Nachman: *Essays on Socialist Zionism*, New York 1935.
Tabenkin, Jitzchak: *Lakach Scheschet ha-Jamim. Jeschuva schel Eretz biliti-Machloket* [Die Lehren aus dem Sechs-Tage-Krieg. Die Besiedlung des ungeteilten Landes, hebr.], Tel Aviv 1970.
Tabenkin, Jitzchak: *Ain lean Laseget* [Es gibt keinen Ort zum Zurückziehen, hebr.], Tel Aviv 1967.
Tal, Alon: *All the Trees of the Forest. Israel's Woodlands from the Bible to the Present*, New Haven/London 2013.

Tal, Alon: *Pollution in a Promised Land. An Environmental History of Israel*, Berkeley/Los Angeles u. a. 2002.
Taub, Gadi: *The Settlers. And the Struggle over the Meaning of Zionism*, New Haven/London 2010.
Tessler, Schmulik: *Schirim ba-Madim. Sipuran schel Lachakot ha-Zvajiot* [Lieder in Uniformen. Geschichte der Armeebands, hebr.], Jerusalem 2007.
Thon, Rafi: *Halachnu le-Chermon ve Higa'nu le-Damesek* [Wir gingen zum Hermon und gelangten nach Damskus, hebr.], Tel Aviv 1979.
Tomasevich, Jozo: *War and Revolution in Yugoslavia, 1941-1945. Occupation and Collaboration*, Stanford 2001.
Toye, Patricia (Hg.): *Palestine Boundaries, 1833-1947. Vol. 1. Palestine-Egypt*, London 1989.
Trietsch, Davis: *Jüdische Emigration und Kolonisation*, Berlin/Wien ²1923.
Troen, S. Ilan: »The Protocol of Sèvres: British/French/Israeli Collusion against Egypt, 1956«, in: *Israel Studies*, 1/2, 1996, S. 122-139.
Troen, S. Ilan: »Ben-Gurion's Diary: The Suez-Sinai-Campaign«, in: Moshe Shemesch/ders. (Hgg.), *The Suez-Sinai Crisis: A Retrospective and Reappraisal*, London 1990, S. 217-249.
Trumbull, Henry Clay: *Kadesh-Barnea. Its Importance and Probable Site. Including Studies of the Route of the Exodus and the Southern Boundary of the Holy Land*, London 1884.
Tsur, Yaacov: *Bein Aretz le-Medinah. ›Schlemut ha-Aretz‹ be-Darkam schel Tabenkin ve ha-Kibbutz ha-Meuchad* [Zwischen Land und Staat. Die Integrität des Landes Israel nach Tabenkin und der Vereinigten Kibbutzbewegung, hebr.], Haifa 2011 [unveröffentlichte Dissertation, Universität Haifa].
Tuchman, Barbara: »Geschichte – Gramm für Gramm«, in: dies., *In Geschichte denken. Essays*, aus dem Engl. übers. v. Rudolf Schultz u. Eugen Schwartz, Düsseldorf 1982, S. 40-54.
Turner, Victor W.: »Betwixt and Between: The Liminal Period in Rites de Passage«, in: June Helm (Hg.), *Symposium on New Approaches to the Study of Religion*, Seattle 1964, S. 4-21.
Tzfadia, Erez: »Trapped Sense of Peripheral Place in Frontier Space«, in: Haim Yacobi (Hg.), *Constructing a Sense of Place. Architecture and the Zionist Discourse*, Aldershot/Burlington 2004, S. 119-133.
Untersuchungskommission »Netivei Neft« (Hg.): *Din u-Heschbon* [Report, hebr.], Jerusalem 1972.
Van Creveld, Martin: *The Sword and the Olive. A Critical History of the Israeli Defense Force*, New York 1998.
Van der Kooij, Arie: *The Oracle of Tyre: The Septuagint of Isaiah XXIII as Version and Vision*, Leiden u. a. 1998.

Van Gennep, Arnold: *Les Rites de Passage. Étude Systématique des Rites*, Paris 1909.
Verreth, Herbert: *The Northern Sinai from the 7th Century BC till the 7th Century AD. A Guide to the Sources*, Bd. 1, Leuven 2006.
Vilnai, Ze'ev: *Ha-Tijul ve Erko ha-Chinuchi* [Die Wanderung und ihr pädagogischer Wert, hebr.], Jerusalem 1953.
Volterra, Meshullam da: *Von der Toskana in den Orient. Ein Renaissance-Kaufmann auf Reisen*, aus dem Hebr. übersetzt, komm. u. eingeleitet v. Daniel Jütte, Göttingen 2012.
Walser, Gerold: »Durchzugsstraßen und Schlachtfelder: Von der römisch-byzantinischen Zeit bis heute«, in: Beno Rothenberg (Hg.), *Sinai. Pharaonen, Bergleute, Pilger und Soldaten*, Bern 1979, S. 221-237.
Walther, Johannes: *Die Korallenriffe der Sinai-Halbinsel*, Leipzig 1888.
Watt, M. Montgomery: »Badr«, in: H.A.R. Gibb/J.H. Kramers/E. Lévi-Provencal/J. Schacht (Hgg.), *The Encyclopaedia of Islam*, Bd. 1, Leiden/London 1960, S. 867-868.
Wegner, Armin T.: *Jagd durch das tausendjährige Land*, Berlin 1932.
Wegner, Armin T.: *Am Kreuzweg der Welten. Eine Reise vom Kaspischen Meer zum Nil*, Berlin 1930.
Weisler, Israel »Puchu« (Hg.): *Sinai ba-Jarok. Album ha-Hitjaschvuiot ba-Sinai (1967-1982)* [Der grüne Sinai: Album der Sinai-Siedlungen (1967-1982), hebr.], Kibbutz Beeri 1984.
Weiss, Yfaat: *A Confiscated Memory: Wadi Salib and Haifa's Lost Heritage*, New York 2011.
Weitz, Ra'anan: *Peace and Settlement. Outline Plan for Rural and Urban Settlement in Israel*, Jerusalem 1978.
Weizman, Eyal: *Sperrzonen. Israels Architektur der Besatzung*, aus dem Engl. übers. v. Sophia Deeg u. Tashy Endres, Hamburg 2009.
Weizman, Ezer: *The Battle for Peace*, Toronto/New York 1981.
Wiesel, Eli: *The Jews of Silence. A Personal Report on Soviet Jewry*, New York 2011.
Wissa, Karim: *The Oil-Question in Egyptian-Israeli Relations, 1967-1979: A Study in International Law and Ressourcce Politics*, Kairo 1990.
Wolfsfeld, Gadi: *The Politics of Provocation. Participation and Protest in Israel*, New York 1988.
Wolfsfeld, Gadi: »Political Action and Media Strategy: The Case of Yamit«, in: *The Journal of Conflict Resolution*, 28/3, 1984, S. 363-381.
Woolley, C. Leonard/Lawrence, T.E.: *The Wilderness of Zin. Archaeological Report*, London 1914.
Wright, Lawrence: *Thirteen Days in September. The Dramatic Story of the Struggle for Peace*, New York 2015.

Yaari, Nurit: »Life as a Lost Battle: The Theater of Hanoch Levin«, in: Linda Ben-Zvi (Hg.), *Theater in Israel*, Ann Arbor 1996, S. 151-172.

Yanai, Nathan: »The Citizen as Pioneer: Ben Gurion's Concept of Citizenship«, in: *Israel Studies*, 1/1, 1996, S. 124-143.

Zakim, Eric: *To Build and Be Built. Landscape, Literature and the Construction of Zionist Identity*, Philadelphia 2006.

Zentralbüro der Zionistischen Vereinigung: *Zionisten-Congress in Basel. Officielles Protocoll*, 29.-31. 8. 1897, Wien 1898.

Zertal, Idith: *Nation und Tod. Der Holocaust in der israelischen Öffentlichkeit*, aus dem Hebr. übers. v. Markus Lemke, Göttingen 2003.

Zertal, Idith/Eldar, Akiva: *Die Herren des Landes. Israel und die Siedlerbewegung seit 1967*, aus dem Engl. übers. v. Markus Lemke, München 2007.

Zerubavel, Yael: »The ›Mythological Sabra‹ and Jewish Past: Trauma, Memory, and Contested Identities«, in: *Israel Studies*, 7/2, 2002, S. 115-144.

Zerubavel, Yael: »The Forest as a National Icon: Literature, Politics, and the Archeology of Memory«, in: *Israel Studies*, 1/1, 1996, S. 60-99.

Zerubavel, Yael: *Recovered Roots. Collective Memory and the Making of Israeli National Tradition*, Chicago/London 1995.

Zerubavel, Yael: »The Politics of Interpretation: Tel Hai in Israel's Collective Memory«, in: *AJS Review*, 1-2/16, 1991, S. 133-160.

Zerubavel, Yael: »New Beginning, Old Past: The Collective Memory of Pioneering in Israeli Culture«, in: Laurence J. Silberstein (Hg.), *New Perspectives on Israeli History. The Early Years of the State*, New York u. a. 1991, S. 193-215.

Ziv, Guy: *Why Hawks Become Doves. Shimon Peres and Foreign Policy Change in Israel*, New York 2014.

Ziviladministration des Südsinais (Hg.): *Tochnit li-Pituach Esrachi ba-Merchav Schlomo* [Ziviler Entwicklungsplan für den Südsinai, hebr.], o. O. 1973.

Ziviladministration des Südsinais (Hg.): *Reschimah Bibliographit schel Mechkarim ve-Sekerim al Drom Sinai* [Bibliographie über Studien und Untersuchungen zum Südsinai, hebr.], o. O. 1972.

Abbildungsverzeichnis

Abb. 1:   D320-032 / Israel Government Press Office, Moshe Milner
Abb. 2:   D320-027 / Israel Government Press Office, Moshe Milner
Abb. 3:   D318-038 / Israel Government Press Office, Moshe Milner
Abb. 4:   D319-102 / Israel Government Press Office, Moshe Milner
Abb. 5:   D324-044 / Israel Government Press Office, Ilan Brun
Abb. 6:   D320-106 / Israel Government Press Office, Moshe Milner
Abb. 7:   D320-108 / Israel Government Press Office, Moshe Milner
Abb. 8:   D322-034 / Israel Government Press Office, Moshe Milner
Abb. 9:   D322-056 / Israel Government Press Office, Ja'acov Sa'ar
Abb. 10: D322-115 / Israel Government Press Office, Moshe Milner
Abb. 11: D320-071 / Israel Government Press Office, Moshe Milner
Abb. 12: D320-100 / Israel Government Press Office, Gabai Nissim
Abb. 13: D329-063 / Israel Government Press Office, Fritz Cohen
Abb. 14: D91-073 / Israel Government Press Office, Ja'acov Sa'ar
Abb. 15: D320-066 / Israel Government Press Office, Moshe Milner
Abb. 16: D320-133 / Israel Government Press Office, Moshe Milner
Abb. 17: D320-122 / Israel Government Press Office, Ja'acov Sa'ar
Abb. 18: D319-061 / Israel Government Press Office, Moshe Milner
Abb. 19: D319-050 / Israel Government Press Office, Moshe Milner
Abb. 20: D319-065 / Israel Government Press Office , Moshe Milner
Abb. 21: D100-128 / Israel Government Press Office, Moshe Milner
Abb. 22: D319-039 / Israel Government Press Office, Tel Or Beni
Abb. 23: D319-018 / Israel Government Press Office, Tel Or Beni

Register

Fette Seitenangaben verweisen auf Einträge in Bildunterschriften, Kursiva auf Fußnoteneinträge.

A

Abbey, Edward 9, 172 ff., 290, 320
Abnutzungskrieg 18, 51 f., 54 ff., 89, 125
Abu Rudeis 100 f., 104, 107 f., **109**, 110, 112-115, *114*, 117, 128, 160 f., 195, 226, 274, *291*, 319
Abu Rudeis Sidri 104, 106
Abu Zenima 101, *101*, 112, 161
Achziv 197, 204, 207
Adan, Avraham 91
Agassi, Meir 179
Agnon, S. J. 46, 94
Agranat, Schimon 127 f.
Aharonowicz, Jitzchak 160, 227
Al-Arish 9, 21, 27 ff., 32 f., 47, 72, 76, 80-86, **87**, 88, 90 f., 243, 270, 273, 279 f., 289, 293, 297, 300
Al-Asal 104 ff.
Al-Assad, Hafiz 121
Al-Milga 145 ff., 156, 171
Al-Nasser, Gamal Abd 42 f., 50, 52, 56, 79, 101, 130, 132, 213 f.
Al-Raaba 145, 148, 150 f., 153, 156, *167*, 169 f., 174, 178 ff., 182, 184, 320
Al-Sadat, Anwar 20 f., 56 f., 121, 129, 132, 134-137, 183 f., 237, 242, *242*, 247, 270 f., 273, 275, 277 f., 287 ff.
Al-Shatt *52*, 101 f.
Al-Tih-Ebene 9, 33, 36, 159, 169
Al-Tur 22, 102 f., *103 f.*, 141, 147, 149, *164*, 169, 195, *212*, 227, **228**, 291, *291*, 319
Alexandria 9, 30, 136, 213
Algerien 98, 214

Alma-Ölfeld *291*, 319
Alon, Azarja 163 f., *166*, 169 f., 173 ff., 182, *321*
Alon, Jigal 68, 84, 124, 188, 241, *247*
Aloni, Reuven 187, 208, 227 f.
Aloni, Schulamit 208, 281, ,322 f.
Alterman, Natan 46 f., 75, 94, 192, 216, *216*, 285, **286**
Amichai, Jehuda 100, 197, 246
Appelfeld, Aharon 125
Arens, Mosche 165, 241, 281 f., 285
Ariel, Israel 301 f., 307
Ariel, Meir 131
Arieli, Jehoschua 97
Arkia-Fluggesellschaft 160, 181, 231
Arnon, Ja'acov 114
Artaxerxes III. 31
Aschdod 252 f.
Aschkelon 107, 144, 257, 264, 268, 280
Aschkenazi, Motti 126
Assyrer 10
Atlas, Jehuda 160
Atzmona 300 ff., **301**, 309, 318, 325
Aviner, Schlomo 302
Avivi, Eli 197
Avneri, Arieh L. 198, 200
Avschalom-Zentrum 252, 269, 318
Ägypten 10, 21 f., 24, 26, 28, 31 f., 36, 42, 44, 48, 50 f., *52*, 54-57, 61, 79, 82, 89, 102, *104*, 106 f., *114*, 122, 124, 128, 130, 132, 136, 147, 153, *179*, 184, 195, 198, 202, 209, 213-216, 219, 222, 237 f., 241-244, 247, 271, 273 f., 276, 278, 288 f., 292 f., 296, 300 ff., 305, 311-315, 323

B

Badr 121
Baedeker, Karl 100
Baez, Joan 208
Bailey, Clinton 8, 91
Balázs, Béla 185
Banai-Bewegung 242, 285, 287 f.
Barak, Aharon 170, 184
Bardawil-Lagune 32, 69 f., 72
Bareli, Meir 100
Bar-Lev, Chajim 52, 70, 79, 122 f., 264, 317
Bar-Lev-Linie 121, 124, 196, 244
Baschan, Jigal 206
Beatles 205, 211
Beduinen 19 f., 71, *71*, 77, *81*, 86, 88-94, 90, 96 f., **96**, *101*, 142, **143**, 144-150, 155 f., 158, 171, 182 ff., 190, 199, 201 f., 205, 207 f., 210, 229, 233, 252, 258, 290, 322
Beerscheva 80, 89, 224, 254, 257 f., 260 f., 264, 297, 319
Begin, Menachem 19, 21, 56, 124 f., 133-137, 165, 237-243, *243*, 245 ff., 267-271, *273*, 276-281, **279**, 288 f., 293 f., 297 f., *298*, 305, 323
Beilin, Jossi 200 f.
Beirut 32, 130, 217
Beitar 73, *284*, 288
Ben-Aharon, Jitzchak 115
Ben-Amotz, Dan 76, 202
Ben-Gurion, David 11-15, 44, 62, 65 ff., 66, 74, *104*, 125, 179, 191, 215-220, *216*, **218**, 237, 254 f., 278, *278*, 280, 282, 285
Ben-Harusch, David 280, *280*
Ben-Jehuda, Netiva 202, 262
Ben-Nun, Joel 302
Ben-Tzvi, Jitzchak 159
Ben-Tzvi, Rachel Janait 45, 166, *166*
Ben-Ze'ev, Mosche 115
Bentwich, Norman 102
Benvenisti, David 157, *159*
Bernstein, Burton 20, 129, 198, 205, 210
Bernstein, Leonard 44, 132, 205

Bessarabien 36
Bethlehem 167
Bewegung für einen Stopp des Rückzuges von der Sinai-Halbinsel (BSRS) 297 f., *297*, 300, 303, 306 f.
Bilajim 104, 106
Biran, Avraham 151, 223
Bittersee 50 f.
Bluwstein, Rachel 75
Bnei Akiva 267, 302
Bodenheimer, Simon F. 154, 163
Bonaparte, Napoleon 10
Borochov, Ber 63 ff., 67, 95, 97, 99
Bramly, W. Jennins 312
Braslavi, Josef 157
Breschnew, Leonid 80
British Empire 10, 17, 22, 24, 52, *52*, 72, 77, 213, *238*, 311
Broza, David *197*, 207
Brugsch, Heinrich 52
Burke, Edmund 31
Byle, John 179

C

Camp-David-Friedensabkommen 21, 237, 239 f., 242, 271, 273, 279 ff., 285, 305, 313, 323
Camus, Albert 61, 185
Carter, Jimmy 21, 137, 247
Ceaușescu, Nicolae 107, 135
Celan, Paul 41
Chamberlain, Joseph 25, 281
Chan Junis 80, 89
Chatzar Adar 301 ff., 309, 318
Chefer, Chajim 42, 76, *79*, 158, *160*, 297
Cherut 124 f., 165, 241, 278
Cheruvit 269, *269*, 318
Chizbatron 76
Cholit 269, *269*, 271, 309, 318
Cizik, Milka 179
Cohen, Geula 237, 239, 241, 243, 246, 297 f., 304
Cohen, Leonard 122

Compagnie Orientale des Petroles (COPE) 105
Continental 105, 112, 114
Cornfeld, Bernard 113 f.

D

Dahab *164,* 171, 188, 192, 194 f., 209 f., *209 f.,* 229, 322
Dajan, Jael 159
Dajan, Mosche *47,* 68, 77, 83 f., 87, 90 f., 94, 98, 124, 126 ff., 135 f., 160 f., 188, 215 f., *216,* **218,** 223 f., 245, *247,* 252 ff., 257, 273, 276, 317
Dajan, Ruth 166
Damaskus 122, 159, 312
Demokratische Bewegung für einen Wandel 281
Dinstein, Tzvi 112, 116
Diodor 31, 62
Di-Zahav 20, *199,* 209 f., *267,* 295 f., 317, 322
Dori, Ja'acov 45
Druckman, Chajim 242, 298, 302
Dylan, Bob 67, 206, 208

E

Eban, Abba 125
Eckenstein, Lina 16
Eden, Anthony 213 f.
Egged-Busgenossenschaft 108, 160 f., 196, 224
Egyptian General Petroleum Company (EGPC) 105
Eilat 20, 107, 148, 150, 155, 160, *160,* 162, 181, 188, 191 f., 194 f., 197, 199, 201 f., 209, 215, 218, 222, 224, 226, 229, 232, *291,* 295, 313
Ein al-Qudeirat 159
Ein Gedi 164
Ein Harod 62, 64 ff., 68, 134, 181
Einstein, Arik 130
Eisenberg, Eitan 8, 107, 319
Eisenstadt, Schmuel N. 116, 323

Elazar, David 127, *285*
Eldad, Israel 45, 286
Eliav, Arije 121
Elior, Rachel 8, 73
Elon, Amos 80, 96, 132, 244
Ente Nazionale Idrocarburi (ENI) 105
Eschkol, Levi 44, 54, 68 f., 84, 114, 255
Eshet, Pinchas 179
Etam 263, 269
Ettinger, Amos 197, 211
Etzel 43, 165, 238 f., 242, 275, 288

F

Fabri, Felix 9 f.
Far'un *154,* 295
Fatimiden 32
Feinberg, Avschalom 77 f., *77,* 252, 272
Feinerman, Uzi 45
Felix, Menachem 302
Frankreich 51, *104,* 214 ff., *238,* 287, 312, 314
Friedman, Mordechai 105 f., 110-116
Friedman, Thomas L. 314
Friedmann, Paul 211 f.
Frontsiedlung 15, 18, 21, 254, 300 f., 323

G

Gachal 56, 124
Gafni, Eitan 206
Gal, Michael 178
Galili, Israel 68, 99, 188, 253
Galon, Nurit 207
Gama, Vasco da 102
Gardos, Kariel 49, 165
Garstin, William 36
Gavisch, Jeschajahu 123
Gaza-Streifen 9, 18 f., 42, 44, 61, 72, 76, 80, *81,* 84 f., 88 f., 124, 135, 215, 219, 237, 240, 246, 252, 255, 259, 268 ff., 273 f., 300, *318,* 319, 324 f.
Gazit, Schlomo 90, 98
Geffen, Jonathan 197, *197,* 211

Gesellschaft für Naturschutz 8, 163f., 166, 168ff., 170, 173, 178, 230, 265, 320
Geva, Aharon 98f.
Ghali, Boutros 29, *242*
Gidi-Pass 128, 135
Gilboa, Amir 179
Giron, Meir 116
Golanhöhen 9, 42, 44, 80, 121, 124f., 198, 240, 246f., 259, 265, 305, 318, 325
Goldsmid, Albert 29, 32, 36
Golf von Akaba 9, 162, 171f. ,187f., 191, 194f., 198f., 202, 210, 218, 222, 295, 312, 318
Golf von Suez 9, 19, 22, 100ff., *101*, 107, 111, 114, 117, 195, 238, 291, *291*, 319
Gonen, Schmuel 122, 127, *127*
Goor, Ilana 197
Gordon, Aaron David 63ff., 95, 97
Goren, Avner 8, 150f., 154ff., 166
Goren, Schlomo 153, 174f., 307
Goschen 123, 126, 292
Gottgetreu, Erich 7, 251
Greenberg, Leopold 26, 29, 32f.
Grinberg, Uri Tzvi 46
Gronich, Schlomo 203
Groß-Israel-Bewegung 44-48, *46,* 61, 115, *241*, 242, 285-288
Gruenwald, Malchiel 165
Gudovitch, Israel 266
Guri, Chajim 19, 46, 94, 98, 115, 192, 195, 278, 298
Gusch Emunim 134, 238, 242f., 288, 300, 302-307, 324

H

Ha-Am, Achad 95f.
Ha-Etzni, Eljakim 166
Ha-Negbi, Tzachi 309
Ha-Schomer ha-Zair 92, 95, 158
Haifa *104, 154,* 216, 252f., 258, 280, 295, 318
Halal 33
Hanoch, Schalom 207

Harel, Isser 45, *241*
Harel, Menasche 168
Hassan, Sana 132
Havens, Richie 134, 208
Hebräische Arbeit 15, 18, 63, 65
Hebron 47, 167
Hecht, Reuven 166
Hendrix, Jimi 67, 206
Henniker, Frederick 141
Hermon 42, 61
Herodot 31
Herzl, Theodor 10, 17, 22-29, *24f.,* 32-37, 62, 70f., 82ff., 97, 110, 178, *242*, 262, 264, *269*, 281, *284*, 299, 311, 317
Herzog, Chajim 166
Hethiter 10, 31
Hirsch, Baron Maurice de 30
Hirsel, Fernando Martin 185ff., 195
Histadrut 12, 115, 157, 193
Holitscher, Arthur 64, 272, *284*, 318
Humphry, Thomas 30
Hurriter 31

I

International Egyptian Oil Company (IEOC) 105
Internationales Komitee vom Roten Kreuz (IKRK) 91f.
Investors Overseas Services (IOS) 113
Irak 246
Iran 105, 107, 130, 242
Ismailia 30, 53, 135f.

J

Ja'ari, Meir 125
Jabalija 145f., 148ff., 156, 171
Jabotinsky, Ari 45
Jabotinsky, Wladimir 45, 245, 258, *282*, 288
Jadin, Jigal 133
Jadlin, Aharon 165, *166*
Jaffe, Hillel 30, 33

Jamit 21, 90, 164, 233, 241, 252-269, **259**, **263**, *265*, **267**, 271-274, 294, 297, *297*, 299-303, 306f., **308**, 309, 318, 323
Jarkoni, Jaffa 78
Jarring, Gunnar 54, 56f.
Jarvis, Claude S. 10, 191
Jediat ha-Aretz 15, 18, 20, 156, 162, 168, 171f., 175, 177f., 189, 192, 284, 319, 321
Jehoschua, A. B. 65
Jerusalem 9f., 20, 42ff., 70f., 73f., 77, 82, 84, 95, 98, 108, 110, 124, 126, 129, 131ff., 135f., 141, 165ff., 170, 181ff., 185, 204, 215, 220, 238, 246, 257, 270, 275, 285, 289, 293, 299, 302, 304f., 311, 313, 317f.
Jesch Gvul 207
Jewish Agency 83, 85, 94, 99, 186, 255, 257, 260, 304
Jewish Eastern Company 26
Jischuv 11f., 14f., 18, 45f., 48, 62, 64, 66f., 73, 75f., *77*, 83, 86 ,94, 157, 159, 162, 179, 181, 196, 201, 255f., 258, 272, 276, 280-285, 300, 323, 325
Jizhar, S. 79, 86, 192, 201
Joffe, Avraham 165, 187, 194, *209*, 216, 233
Jom-Kippur-Krieg 19, 57, 92, 117, 121ff., 125, 133f., 150, 170, 172, 189, 198, 204f., 247, 258
Jordanien 42, 51, 56, 124, 159, 237f., 273, 313, 323
Josef, Ovadia 307
Josephus, Flavius 152f., 190
Juval, Chanan 207
Jüdischer Nationalfonds (KKL) 83, 163f., 199, 219, 222, 269

K

Kadesch Barnea 159, 275ff., 288, 301
Kadmoni, Asa 126, 128f.
Kahane, Meir 307, 309
Kahane, Schmuel Zangvil 153, 166, 178
Kairo 29f., 32ff., 36, 184, *101*, 122, 129, 135f., 142, 149, *154*, 242, 244f., 247, 278, 292, 311, 313
Kaiser, Alfred 212, *212*
Kaiser Wilhelm II. 24
Kalir, Avraham 115f.
Kalter Krieg 18, 51
Kanaan 11, 24, 63, 176, 178, 181, 217, 275, 317, 323
Kaniuk, Joram 20, 79, 131, 179ff., 183, 190, 207, 217, 233
Kantara 30, *52*, 53
Kanz, Jehoschua 71f.
Katharinenkloster 20, 141, *141*, 145-148, *146*, 150, 160, 167, 171, 265, 291, 295, 319
Katznelson, Berl 65, 275, 282
Katzover, Benjamin 302, 304
Kenan, Amos 20, 141, 181ff., *182*, 189, 192, 195, 207, 290, 295
Kessler, Leopold 29
Khartum 44, 48, 68
Kimche, David 313
Kimche, Jon 313
King, John McCandish 113f.
Kischon, Ephraim 49, 53
Kissinger, Henry 123f., 128f.
Klausner, Margot 166
Klysma 141
Kohel, Avraham 100
Koestler, Arthur 196, 201, 256
Kosygin, Alexei 80
König Balduin I. 32
Kraus, Karl 201
Kuk, Avraham Jitzchak ha-Kohen 133, *134*
Kuk, Tzvi Jehuda ha-Kohen 133f., *134*, 243, 304

L

Landau, Lola 108, 110
Lapid, Arnon 126
Lapidot 106, 112, 114
Lasker-Schüler, Else 23
Laskov, Chajim 165
Laurent, Emile-Ghislain 30

Lavie, Raffi 197
Lawrence, T. E. 275, 312
Lechi 43, 45, 181, 198, 238 f., 242 f., 286, 297
Leibowitz, Jeschajahu 50
Leopold, Aldo 172 ff., 320
Lesepps, Ferdinand de 50
Levi, Schabtai 182
Levin, Hanoch 50, 55 f.
Levinger, Mosche 302
Levy, Gideon 322
Libanon 69, 159
Libanon-Krieg 207
Libni 33
Likud 19, 122, 133, 239, 243, 281, 298
London 26, 29, 35, 65, 113, *146*, 191, 312
Lord Cromer 26, 29, 35 f., 311 f.
Lord Landsdowne 25 f., 28

M

Ma'arach 54, 124 ff., 133, 240, 247, 253 f.
Mafdal 242, 245, 298
Magnus, Hilik 8, 232 f.
Malta 28
Mapai 114, 165, 276
Mapam 110
Marmorek, Oskar 23, *23*, 32, 34, 84
Marokko 135 f., 214, 247
Marsa al-At 188, 195, 223
Marschak, Benni 45, 187
Masada 43, 158, 168, 285, *285*, 313
Matarma 104 ff.
May, Karl 27
Medina 33, 121
Meir, Golda 19, 54, 56 f., 70, 84, 91, 93 f., 99, 113, 116, *117*, 123 ff., 127 f., 252 f., 269, 286 f.
Megged, Aharon 130, 200
Mekka 10, 33, 102, 121
Mekorot 227
Mendelssohn, Heinrich 163
Meschel, Ze'ev 162, 222
Midbar 112 ff.
Midian 212
Mischmar ha-Emek 272, 281 f.
Mitla-Pass 128, 135
Mittelmeer 9 f., 18, 21, 26, 28, 30 f., 33, 61, 69 ff., 76, 81 f., 107, 122, 131, 136, 156, 177, 195 ff., 213, 221, 224, 252, 256, 312, 319
Mitzfaq 72
Mohar, Jehiel 151
Mollet, Guy *104*, 214
Mor-Goder, Rina 245
Morton, H. V. 142
Moskowitz, Irving 166
Mubarak, Hosni 247, 292
Muzeina 210

N

Na'ama 223, 229 ff.
Nabeq 194 f.
Nachal 18, 62, 67-70, 72 f., 75, 78, 144, 186, 205, 219, 222, 280, 319
Nachal Dikla 19, 78, 88
Nachal Jam 19, 62, 69-74, **69,** 318
Nachal Sinai 19, 72-75, **74,** 94, 280, 288
Nachal Tarschisch (Ophir) 219-223
Nachalal 87 f., 273
Nakhl 33
Naor, Arye 277
Nathan, Abie 130-133, 196
Navon, Jitzchak 170
Nazareth 167, 240
Ne'eman, Juval 165, *166*, 243, *243*, 246, 287, 298
Negba 254, 281 f.
Negev 72, 91, 156, 158 ff., 178, 191, 208, 228, 247, 252, 254 ff., 276, *278*, 282, 285, 301, 318
Nelson, Rafi 197 f., *197*, 204, 278, 312, 314
Neot Sinai 21, 269, *269*, 278 ff., **279,** 285, 288 f., 309
Nerija, Mosche Tzvi 45, 166, *166*, 302
Netanjahu, Benjamin 170
Netanjahu, Joni 194

Netiv ha-Asara 263, 268f., 318
Netivei Neft 106f., 111-117, 319
Neviot 20, 199-209, 267, 295f., 318, 322
Niebuhr, Carsten 154
Nili 77
Nir Avraham 268f., 303, 309
Niv, David 110, 112f., 115
Nixon, Richard 54, 247
Nordsinai 85, 91, 233, 263, 276, *300*
North Atlantic Treaty Organization (NATO) 216, 260, 281
Novomeysky, Moshe 108
Nuweiba 171, 188, 192, 194f., 198f., 203, 205ff., **229**, 322

O

Ofer, Avraham *133*, 226
Olmert, Ehud 152, 241
Ophira 20f., 223-229, 231ff., *254*, 259, *267*, 295f., 317, 322
Oren, Uri 144
Organization of the Petroleum Exporting Countries (OPEC) 106, 123
Osirak 246
Osmanisches Reich 10, 17, 22, 24, 29, 32f., 77, 213, *238*, 282, 311f.
Oz, Amos 11, 42, 47f., 61, 156, *179*, 196, 231, 256f., 323

P

Palästina 11f., 14f., 23f., 27f., 34, 37, 63-66, 75, 77, 83, 86, 95, 102, 133, 136, 156ff., 163, 176, 192, 196, 222, 238, 245, 251, 254, 262, 272, 277, 282f., *284*, 312
Palmach 43, 45, 66f., *66*, 76, 83, 115, 128, 158, *160*, 179
Palmer, Edward Henry 154
Papst Urban II. 26
Paris 30f., 71, 80, 113, 168, 179, 213, 216
Peel-Kommission 65
Peres, Schimon 70, 129, 166, 215, *216*, 240f.
Perevolotzki, Avi 169

Peters, Carl 220f.
Petra 83, 159, 191
Pick, Tzvika 207
Porat, Chanan 243, 246, 298
Port Said 130, 272
Priel 269, 274, 309, 318
Prigan 309

R

Rabin, Jitzchak 19, 41f., 83, 105, 128f., 133, 226f., **228**, 233, 265, 267, 277, 317
Rabinowitz, Dani 8, 173, 178f., 320f.
Rafach-Ebene *52*, 76ff., *78*, 88ff., 92ff., 99, 238, 251ff., 255, 257f., 260, 263, 266-274, 276ff., 293ff., 297-300, *301*, 302f., 305f., 312, 322, 323f.
Raithu 141f.
Ramallah 47, 325
Rapaport, Gavriel 195f.
Ras al-Sudar 104ff., *104*, 112, 128, 155, 195
Rath, Ari 142, 144, 244, 255
Ratosch, Jonathan 176, 178, 181, *182*
Rauchwerger, Jan 179
Refidim 245, 317
Rhinokorura 82
Rivlin, Joseph Joel 45
Rivlin, Reuven 45
Rogers, William 54, 56
Rogers-Plan 54, 241
Rogers-Plan B 56
Ronli-Rikli, Schalom 229
Rosenfeld, Jona 8, 296
Rotenstreich, Natan 116
Rotes Meer 9, 69, 155, 191, 194, 218, 224
Rothschild (Familie) 25, 196
Rotlevy, Jair 317
Rubinstein, Amnon 133
Russland 11, 36, 283, 286

S

Sabhat Bardawil 32
Saborai, Rachel 83f.

Register 367

Sadeh, Jitzchak 66
Sadot 19, 88, 92, 94, 96-99, **96,** 263, 268f., 273, *273, 297,* 309, 318f.
Sagi, Joav 174
Salomon, Maxim 197
Sapir, Pinchas 196, 252f.
Saudi-Arabien 121, 195, 202, 210, 212f., 219
Schacham, David 93f.
Schaked, Avraham 8, 172ff., 178, *179,* 184, 190, 289f., 295, 319ff.
Schalem, Nathan 157, *159*
Schalhevet 19, 107f., **109,** 117
Schalom Achschav 137, *137*
Schamir, Mosche 18, 22, 46f., 61, 72, 76f., 166, *166,* 179, 239, 241, 243, 281, 285, *286,* 287, 298
Schapira, Avraham 47
Schapiro, Ja'acov 114f., 117
Scharon, Ariel 89ff., 93f., 122f., 169, 252, 255, 276f., 292, 309, 324
Schazar, Salman 44, 53, 70
Schemer, Naomi 19, 74ff., 78, 94, 179, 201, 211, 288, 319
Schiffman, David 298
Schiloa, Tzvi 288
Schimschi, Siona 179
Scholem, Gershom 175f., 178
Schwarzenegger, Arnold 198
Sde Boker 91, 178, *278*
Sechs-Tage-Krieg 7, 9ff., 15, 197f., 17f., 42, 44, 46ff., 50ff., 55f., 61, 67ff., 71f., 74, 77, 79f., 83f., 97, 99, 103-106, 111f., 115, 122, 125, 133, 142, 145, 149, 151, 154, 159ff., 164f., 185, 187, 193f., *209,* 211, 222, 239, 241, *241,* 246, 251, 259, 266, 268, 280, 285, 288, 300, 319, 323
Sela, Mosche 144-147, 149f., 166, 169
Serabit al-Khadem 100, *141*
Sèvres 216
Sharm al-Sheikh 20, 135, 160, 162, 164f., 169, 188, 190, 192, 194f., 197f., 201f., *210,* 211ff., 216, 218ff., **218,** 222ff., *224,* **228f.,** 229, 233, 238, 241, 295f., 321f.
Silber, Ariel 207

Sinai-I-Abkommen 124
Sinai-II-Abkommen 128
Sinai Field Mission (S.F.M.) 129f.
Sirbonischer See 31f.
Solel Boneh 193f., 199, 209
Soustelle, Jacques 214
Sowjetunion 21, 55f., 80, 98, 124, 216, 251, 253, 257, 260f., 263f.
Stephens, George Henry 29
Stern, Avraham Jair 198, 243
Stern, Jossi 166
Strabo 31
Sufa 269, *269,* 309, 318
Suezkanal 9f., 18, 29f., 35f., 42, 50-56, *52,* 61, 72, 81, 89, 91, 102, 107, 121-126, 128, 132, 150, 169, 195, 202, 213f., 216, 238, 244, 247, 269, 311
Suez-Krise 10, 21, 151, 213
Sultan Abdül Hamid II. 24, 312
Sultan Selim I. 10
Südsinai 22, 34, 36, 80f., 123, 142, **143,** 147ff., 155, *155,* 160, 162, 171, 182, 187f., 191, **193,** 196f., 200, 208, 222ff., 227, *267,* 289f., 295, 314, 321f.
Swet, Tzvi 198
Syrien 31, 42, 44, 48, 121, 124, 247, 273
Syrkin, Nachman 63ff., 95, 97

T

Taba 20, 22, *154,* 194, 197, 278, 311-315, 321f.
Tabenkin, Jitzchak 45, 65f., 68ff., 242, 282
Tabenkin, Mosche 66, 166, 187
Tal, Chajim 156
Talmei Josef 269, 274, 303, 306, 309
Tamir, David 165, 170, 263
Tamir, Schmuel 165f., 168, 170
Tarabin 199
Techija 243, 246, 288, 297f.
Tel Aviv 7, 55, 95, 98, 107f., 122f., 130, 132, 134f., 160, 162f., 165, 180f., 183, 196f., 200f., 210, 224, 228, 238, 241,

243, 245, 254-258, 278, *291*, 317 f., 320, 322
Tel Chai 281-285, *282*, *285*, 288
Tel ha-Schomer 86
Thoreau, Henry David 172 ff.
Thulin, Ingrid 197
Tiran 42, 215 f., 218 f., *219*, 224
Tohami, Hassan 135
Topol, Chajim 165, *166*, 197
Totes Meer 108, 158, 164
Toubi, Tawfiq 240 f.
Trietsch, Davis 24, 27 f., *29*, 82
Trumbull, Henry C. 275
Trumpeldor, Joseph 62, 283 f., *284*, 288
Tumarkin, Jigal 46 ff.
Tunesien 214
Türkei 31

U

Um Bugma 101, **103**, 112
Unabhängigkeitskrieg 10, *42*, 66, 84, 115, 130, 136, 151, 159, 179, 197, 254 f.
UN-Resolution 48, 54, 56, 237
UNEF-Mission 124, 220
UNEF-II-Mission 129
Uganda 37, 224
Ugda 268, 309, 318
USA 19, 21, 51, 56, 67, 105, 122, 129, 133, 172 f., 185, 206, 216, 257 f., 260, 263, 270, 274, 286, 290, 309, 313, 321
Ustinov, Peter 201

V

Valle, Pietro Della 154
Via Maris 10, 195
Vilnai, Ze'ev 157, 166, *166*, 223
Vitkon, Alfred 115 f.
Vivante, Lea 197
Vereinigte Kibbutzbewegung 45, 65 f., 68 f., 73, 84, 162, 187

Volterra, Meschullam ben Menachem da 82
von Goethe, Johann Wolfgang 50
von Tischendorf, Konstantin 146
von Tudela, Benjamin 102

W

Wadi al-Arish 9, 28, 33, 91, 300
Wadi Firan 142, **143**, 144, 146
Wadi Maghara 100 f.
Waldman, Eliezer 302
Weitz, Josef 83, 94, 163, 269
Weitz, Ra'anan 83 ff., *224*, 260, 269 f., 273
Weizman, Ezer 166, 245, 276 f., *284*, 292, 313
Wertheimer, Stef 281
Westjordanland 9, 42, 44, 80, 83 f., 124, 135, 237 f., 240, 246 f., 259, 265, 300, 302 f., 305, 318 f., 324 f.
Wiart, Carton de 35 f.
Wiesel, Elie 166, 251, 263
Wilenski, Mosche 151
Wodak, Ernst 166
Woolley, Leonard 275
Wonder, Stevie 207

Z

Zaharon 318
Zahavi, Amotz 163 f., *166*
Zahavi, Natan 232
Zar Nikolaus II. 36
Ze'evi, Rechavam 223
Zerubavel, Gilead 66
Ziad, Tawfiq 240 f.
Zippori, Mordechai 272
Zoller, Henri 123
Zorea, Meir 115 f., *115*
Zuckerman, Tzivia 45
Zukei David 20, 169 ff., 289, 319
Zypern 24 f., *24*, 27, 142